普通高等教育"十四五"财政与税收专业系列教材
第三届国家优秀教材二等奖

西安交通大学"十四五"规划教材
XI'AN JIAOTONG UNIVERSITY

U0716725

政府预算管理

【第三版】

主编 王俊霞　副主编　胡克刚　王 庆

西安交通大学出版社
XI'AN JIAOTONG UNIVERSITY PRESS

内容提要

本教材以社会主义市场经济理论和公共财政理论为指导,以新的《中华人民共和国预算法》和《中华人民共和国预算法实施条例》为依据,立足于我国的政府预算法律法规和制度安排,并在借鉴国内外优秀教材的基础上,比较全面系统地阐述了政府预算的基本理论、基本原理及管理程序和管理方法,突出地反映了政府预算改革的最新理论与实践成果,既有一定的理论深度和前瞻性,又有较强的实务性和可操作性。本教材对近年来我国预算管理进行的重大改革,如部门预算管理、国库集中收付制度、政府采购制度、预算绩效管理、推进预决算公开、实施中期财政规划、完善转移支付制度等改革都进行了介绍,突出反映政府预算管理改革的进程和成果。

本教材将规范分析方法和实证分析方法并用,注重吸收国内外最新的研究成果和实践经验,并与我国实际相结合。为配合每章相关内容以专栏形式引入了一定数量的案例,借以提高对政府预算的认知性、解读性与可操作性。同时在每章后都附有思考题,有利于促进学生创新思维的培养,提高学生的综合分析能力和运用知识的能力。

本书既可以作为各大专院校经济类相关专业课程教材,也可以作为成人教育培训指导用书,还可以作为广大从事政府预算教学、科学研究和实际管理部门工作者的参考读物。

图书在版编目(CIP)数据

政府预算管理 / 王俊霞主编. — 3 版. — 西安 : 西安
交通大学出版社,2021.3(2025.7 重印)
普通高等教育"十四五"财政与税收专业系列教材
西安交通大学"十四五"规划教材
ISBN 978 - 7 - 5605 - 9429 - 3

Ⅰ.①政…　Ⅱ.①王…　Ⅲ.①国家预算-预算管理-
中国-高等学校-教材　Ⅳ.①F812.3

中国版本图书馆 CIP 数据核字(2020)第 223989 号

书　　名	政府预算管理(第三版)
主　　编	王俊霞
责任编辑	魏照民
责任校对	史菲菲

出版发行	西安交通大学出版社
	(西安市兴庆南路 1 号　邮政编码 710048)
网　　址	http://www.xjtupress.com
电　　话	(029)82668357　82667874(市场营销中心)
	(029)82668315(总编办)
传　　真	(029)82668280
印　　刷	西安五星印刷有限公司

开　　本	787mm×1092mm　1/16　印张 16　字数 400 千字
版次印次	2021 年 3 月第 3 版　2025 年 7 月第 3 版第 3 次印刷　累计第 11 次印刷
书　　号	ISBN 978 - 7 - 5605 - 9429 - 3
定　　价	49.80 元

如发现印装质量问题,请与本社市场营销中心联系。
订购热线:(029)82665248　(029)82667874
投稿热线:(029)82668133
读者信箱:xj_rwjg@126.com

普通高等教育"十四五"财政与税收专业系列教材

编写委员会

学术指导：刘尚希

总 主 编：邓晓兰（西安交通大学经济与金融学院财政系教授，博导，全国高校财政学教学研究会理事）

编委会委员（按姓氏笔画排序）：

策　　　划：魏照民

第三版前言

在市场经济体制下,社会经济活动的主体有三类——政府、企业和居民。政府预算就是反映政府社会经济活动的财务计划,是体现国家意志的财务载体。政府预算是国家制度安排的重要组成部分,政府预算管理是政府管理系统的一个重要分支。

近年来,伴随着公共财政框架体系的建立,特别是党的十八届三中全会所确立的"财政是国家治理的基础和重要支柱"的总体定位,我国政府预算管理从理论到实践、从法律法规到规章制度,进行了全方位的改革探索和实践。2015年新《中华人民共和国预算法》的实施,2020年10月修订后的《中华人民共和国预算法实施条例》的施行,标志着我国预算法律制度体系建设取得了阶段性成果,为国家治理体系和治理能力现代化提供了法治保障。本书就是在这样的背景之下,按照政府预算管理的内容和流程展开研究和修订,帮助大家在了解预算管理的基本内容和方法的基础上,通过分析政府预算的编制审批,了解预算管理的决策过程;通过分析政府预算的执行管理,了解预算组织、协调和处理各种预算收支实现的过程;通过分析政府决算、财务报告及绩效评价管理,了解落实政府责任、控制公共预算支出和预算风险管理过程。在此基础上又融合了经济学、政治学、法学等研究视角交叉分析政府预算管理问题。

政府预算管理是财税及公共管理等专业的重要专业课程之一,为了让学生们通过本课程的学习,掌握政府预算的基本理论与实务,在本教材的编写过程中,我们力图在阐述政府预算管理的基本原理、基本理论和基本方法的同时,注意按照预算管理流程去介绍预算的具体操作实务,既能为学生今后进一步研究和探讨政府预算理论打下基础,也使学生能够了解政府预算工作的一般业务流程,尽量使学生的知识结构能够适应市场对人才的多方位需要。

本书2007年9月由西安交通大学出版社出版后,2014年5月进行了第二次修订再版。多年来,受广大读者的厚爱与支持,这本教材得到了社会公众的认可,许多单位和个人,特别是不少高等院校都在使用这本教材,它已经成为广大读者学习政府预算管理知识的主要读物。此次第三次修订再版,是在新的预算法和预算法实施条例实行之后,本着科学性、时效性、实践性原则,对书内容进行了全面彻底的修订。第三版修订工作由西安交通大学王俊霞教授担任主编,负责拟定写作大纲、修改完善、总纂和最终定稿工作。西安财经大学胡克刚副教授、兰州财经大学王庆教授担任副主编。全书共分八章,编写及修改分工如下:第一章由西安交通大学教授王俊霞和中央财经大学教授李燕共同编写;第二章由西安财经大学讲师周宝湘编写;第三章由西安财经大学副教授袁文倩编写;第四章由西安交通大学讲师鄢哲明编写;第五章由西安财经大学副教授胡克刚编写;第六章由兰州财经大学教授王庆编写;第七章由西安交通大学教授王俊霞编写;第八章由西安交通大学教授王俊霞和西安交通大学博士研究生郝博爵共同编写。

在本书写作过程中,我们参阅了相关教材、专著和研究论文,注意吸收了国内外本学科的最新研究成果,在此一并表示真诚的感谢。

受时间和能力所限,第三版仍难免存在各种问题,我们诚挚地希望使用者对本书提出宝贵意见,以备来日再修改使用。

编　者

2020 年 12 月

目　录

第一章　政府预算概论

政府预算管理是对政府预算的计划、协调、监督等活动的总称。现代政府预算形式上是收支计划,但它还有着从本质到内容的丰富内涵;就现代预算制度来说,它并不是随财政而产生的,而是在新兴资产阶级与封建专制统治阶级的斗争中产生的;预算原则是一国预算立法、编制和执行所必须遵循的指导思想,它随着社会经济及预算制度的发展而不断变化;政府预算政策是一定时期的财政政策得以实现的重要手段和传导机制,它随宏观经济形势的变化而有不同的类型;现行政府预算的功能主要有财政分配、宏观调控和监督控制。本章主要介绍和分析了政府预算的概念及内涵、现代预算制度的产生、政府预算的原则、政府预算政策手段以及政府预算的功能等问题。

第一节　政府预算的概念

什么是预算? 从形式上看,预算是一个有关收支计划的报告或报告汇编,它涉及一个组织(家庭、企业、政府)的财务状况,包括收入、支出、活动及目的等信息。与会计报表相比,预算是前瞻性的,涉及未来期望的收入、支出和业绩,而会计报表是回顾性的,涉及已经过去的状况。在历史上,"预算"的英文词是"budget",意指皮质的钱袋、皮夹或手提包,在英国该词曾用来描述财政大臣用来装向议会提交的政府开支需求和收入来源报告的皮包,后演变为政府提交立法机构审批的财政收支计划。

一、政府预算的概念及内涵

(一)政府预算的概念

政府预算作为一种管理工具,是任何国家政府进行财政管理所必需的。国家的政府预算一般都要包括三方面的内容:第一,收入和支出的种类和数量,以及这些种类和数量所表现出来的收支的性质和作用;第二,各类国家机关和部门在处理这些收支问题上的关系,以及其所处的地位和所承担的责任;第三,在收入和支出的实现上所必须经过的编制、批准、执行、管理和监督等预算过程。

就公共财政而言,政府预算就是指经法定程序审核批准的具有法律效力的政府年度财政收支计划,是政府筹集、分配和管理财政资金的重要工具。狭义的预算指预算文件或预算书;广义的预算指编制、批准、执行、决算、审计结果的公布与评价等所有环节,实际上是整个预算制度。

(二)政府预算的内涵

作为政府公共财政收支计划的政府预算具有如下内涵:

1.从形式上看,政府预算是以年度政府财政收支计划的形式存在的

政府预算是政府对年度财政收支的规模和结构进行的预计、测算和安排,是按国家一定的政策意图和制度标准将政府预算年度的财政收支分门别类地列入各种计划表格,通过这个表格反映一定时期政府财政收支的具体来源和使用方向。

2.从性质上看,政府预算是具有法律效力的文件

政府预算不仅仅是计划,市场经济体制下的政府预算本质上是法律,是纳税人和市场通过立法机构对政府行政权力的约束和限制,是政府必须接受的立法机构对其作出的授权和委托,其整个活动过程要受到法律及立法机构的严格制约。政府预算的形成过程实际上是国家立法机关审定预算内容和赋予政府预算执行权的过程,即政府必须将所编预算提交国家立法机关批准后才能据以进行财政活动。各国宪法一般规定,政府预算经立法机关批准公布后便成为法律,政府必须不折不扣地贯彻执行,不允许有任何不受预算约束的财政行为。在预算执行中由于客观情况的变化必须修改预算,也必须经过一定的法律程序;紧急情况的处理要补报审批手续。行政部门对立法机构及其代表的广大民众负有法律责任。

3.从内容上看,政府预算反映政府集中支配的财力的分配过程

从预算收支的内容上看,政府预算的各项收入来源和支出用途体现了政府的职能范围,全面反映了公共财政的分配活动。从预算收入方面看,政府通过预算的安排,采用税收、利润、公债、收费等手段参与国民生产总值的分配,把各地区、各部门、各企业及个人创造的分散的一部分国民生产总值集中起来,集中收入的过程也反映和协调着政府与企业、部门及公民个人的分配关系;从预算支出方面看,通过预算安排,把集中的财政资金在全社会范围内进行分配,以保证政府行使其公共职能的需要。因此,政府预算收支体现着政府集中掌握的财政资金的来源、规模和流向,预算规模和结构又直接反映了公共财政参与国民生产总值分配及再分配的规模和结构。

4.从程序上看,政府预算是通过政治程序决定的

从政治角度看,政府预算是纳税人及其立法机构控制政府财政活动的机制。政府在社会中的本来角色是政治主体,而非经济主体。但政府为了进行政治活动,为社会提供一定的公共产品和服务,也要参与经济活动,也要进行资源配置、产品分配。但是政府在根本上还是在公共领域活动的政治主体,其经济活动就不能像民间部门的经济活动一样由市场控制,而必须有一个由政治过程决定的控制系统。这个控制系统不同于一般的政治过程,它要有把政治决定转换成经济决定的特别的系统,这种以政治决定为基础的控制政府经济活动的系统就是预算或预算制度。必须构造控制政府预算机制的深刻根源在于,具有独立财产权利的纳税人担负着政府的财政供应,就必然要求控制政府的财政,以政治、法律程序保证政府收支不偏离纳税人利益,保障个人的财产权利不受政府权力扩张的侵犯。政府财政是政府花纳税人的钱为众人办事,成本和效用都是外在的。如果没有预算约束,或预算没有法律约束效力,政府官员就不会对公共资金的使用后果承担责任,公共资金就不会基于公众的利益而合理、有效和正当地使用,就不可避免地出现效益低下,或贪污、腐化、挥霍、滥用。

5.从决策管理体制看,政府预算是公共选择机制

预算由编制、审议通过、执行实施、决算审计、向社会公布等一系列环节组成,通过这些环节保证财政活动能够满足公共需要。这个过程的实质是公共选择机制。第一,预算编制是公

共利益的发现过程。预算的提出和协调,首先是通过专门机构对国内外的经济、政治和社会形势做出分析、评估和预测,发现社会的主要矛盾和问题。在此基础上,通过一定的政治程序提出政府的任务和目标。财政部门据此提出预算指导方针和技术要求,政府各部门据此提出预算请求,并排列出先后次序。财政部门在最高行政机构领导下进行多方的充分协调,按重要性或紧迫性排序,形成预算草案提交给立法机构讨论。第二,预算在立法机构讨论和批准的过程是公共利益的继续发现和确认。立法机构对政府提交的预算草案进行辩论、听证、修改、宣读、投票批准等,是公共最大利益的继续寻找过程,公众代表和党派从中表述意愿,反映各自所代表的阶层或集团的要求,最后批准预算,公众利益被最后确认。第三,预算的实施和完成是公共利益的实现过程。预算实施依据严格的程序:各支出部门的领导对使用的资金负责,财政部门对其进行审核后批准拨款,遵循政府采购、中期报告、绩效审计等制度,最终执行结果要经过审计部门的审计,审计结果及其详细的说明材料报立法机构确认,并向社会公布。

(三)我国政府预算的组成

根据2015年我国实行的新的《中华人民共和国预算法》(以下简称《预算法》)规定:国家实行一级政府一级预算,设立中央,省、自治区、直辖市,设区的市、自治州,县、自治县、不设区的市、市辖区,乡、民族乡、镇五级预算。

全国预算由中央预算和地方预算组成。地方预算由各省、自治区、直辖市总预算组成。地方各级总预算由本级预算和汇总的下一级总预算组成;下一级只有本级预算的,下一级总预算即指下一级的本级预算。没有下一级预算的,总预算即指本级预算。

预算由预算收入和预算支出组成。政府的全部收入和支出都应当纳入预算。

预算包括一般公共预算、政府性基金预算、国有资本经营预算、社会保险基金预算。一般公共预算、政府性基金预算、国有资本经营预算、社会保险基金预算应当保持完整、独立。政府性基金预算、国有资本经营预算、社会保险基金预算应当与一般公共预算相衔接。

1.一般公共预算

一般公共预算是对以税收为主体的财政收入,安排用于保障和改善民生、推动经济社会发展、维护国家安全、维持国家机构正常运转等方面的收支预算。中央一般公共预算包括中央各部门(含直属单位,下同)的预算和中央对地方的税收返还、转移支付预算。中央一般公共预算收入包括中央本级收入和地方向中央的上解收入。中央一般公共预算支出包括中央本级支出、中央对地方的税收返还和转移支付。

地方各级一般公共预算包括本级各部门(含直属单位,下同)的预算和税收返还、转移支付预算。地方各级一般公共预算收入包括地方本级收入、上级政府对本级政府的税收返还和转移支付、下级政府的上解收入。地方各级一般公共预算支出包括地方本级支出、对上级政府的上解支出、对下级政府的税收返还和转移支付。

各部门预算由本部门及其所属各单位预算组成。

2.政府性基金预算

政府性基金预算是对依照法律、行政法规的规定在一定期限内向特定对象征收、收取或者以其他方式筹集的资金,专项用于特定公共事业发展的收支预算。政府性基金预算应当根据基金项目收入情况和实际支出需要,按基金项目编制,做到以收定支。

3.国有资本经营预算

国有资本经营预算是对国有资本收益作出支出安排的收支预算。国有资本经营预算应当按照收支平衡的原则编制,不列赤字,并安排资金调入一般公共预算。

4.社会保险基金预算

社会保险基金预算是对社会保险缴款、一般公共预算安排和其他方式筹集的资金,专项用于社会保险的收支预算。社会保险基金预算应当按照统筹层次和社会保险项目分别编制,做到收支平衡。

各级预算应当遵循统筹兼顾、勤俭节约、量力而行、讲求绩效和收支平衡的原则。各级政府应当建立跨年度预算平衡机制。

(四)政府预算与财政的关系

从预算与财政的关系看,它是公共财政的运行机制或基本制度框架。

财政是以公共权力进行的资源配置。公共性是财政的一般特征,这是由公共权力的性质决定的。财政公共性具有三个层次:

(1)从活动的目的看,财政活动的价值在于满足整个社会的公共需要,它是满足公共需要的手段,这与私人行为是为了追求个人利益最大化不同。

(2)从活动范围上看,由满足公共需要的目的所决定,财政活动范围应定位于私人不愿意干或没有能力干、干不好的事情。在理论上一般主要是指非营利领域、公共产品或半公共产品,在实践上财政活动范围要看当时的社会公共需要如何,公共意志如何表达和贯彻。

(3)从运行机制上看,由前两个规定性决定,财政运行机制基于公众意志,体现社会绝大多数人的偏好;应该是公开透明的、民主法治的、程序规范的,而不应该是隐性的、人治的、随意性的。

满足公共需要是财政的根本,由此决定财政必须把资源配置到能最大限度地满足公共需要的领域中去。这就需要有一个能够保证达到上述目的和要求的公共运行机制。反过来说,财政就是在一定的制度框架内运行的,运行机制的公共性如何,决定着财政对于公共需要的满足程度,财政活动范围是否合适以及财政效率高低。这个具有决定作用的财政制度或运行机制,其实质是如何运用公共权力,公共权力依据什么规则进行资源配置。正是公共权力的运行规则决定了不同的财政制度。不经公众的同意、不按法定的程序、随意性地取其钱用其钱者,是专制财政;经公众同意、按法定程序、公开透明地取其钱用其钱者,是公共财政。所以公共财政应该是民主财政,是法治财政。

建立公共财政的基本框架,就是要构造公共财政的运行机制——现代政府预算,要树立起正确的"预算观"。对于预算产生来说,是先有财政活动,后有预算;对于公共财政而言,应是先有预算,后有财政活动。预算规范到哪里,财政才能活动到哪里,不允许有任何超过预算边界的财政收支。不真正建立起具有法律效力的预算规范,就无法建立真正的公共财政。

二、政府预算的基本特征

政府预算作为一个独立的财政范畴,是财政发展到一定历史阶段的产物,从预算的产生到发展为现代预算制度,其内涵不断得到完善和充实,并形成其区别于其他经济范畴和财政范畴所特有的共性。政府预算的基本特征主要如下:

(一)法律性

所谓法律性是指政府预算的形成和执行结果都要经过立法机构审查批准。政府预算按照一定的立法程序审批之后就形成反映国家集中性财政资金来源规模、去向用途的法律性规范。政府预算的法律性具体体现在有关预算级次划分、收支内容、管理职权划分等,都是以预算法的形式规定的;预算的编制、执行和决算的程序也是在预算法的规范下进行的;政府预算编制后要经国家权力机构审查批准方能公布并组织实施;预算的执行过程要受严格制约,不经过法定程序审查批准,任何人无权改变预算规定的各项收支指标。这样就使政府的财政行为通过预算的法制化管理被置于社会公众的监督之下。

现代预算制度产生以来,任何国家的预算成立都必须由立法机构审核批准,并接受立法机构的监督,这突出地表明了政府预算的法律性。政府预算的法律性是预算计划性的前提和保证,缺乏法律约束的预算不能被称为真正意义上的现代预算制度。为适应建立公共财政的需要,必须把预算定位在"法律的本质上",赋予预算以法律效力。这就需要对原有预算在制度上进行改造,提高立法机构的财政法治能力,同时要在全社会培养纳税人意识、公共意识和法律意识。

(二)公共性

所谓的公共性是指预算分配的内容要满足社会公共需要,预算的运行方式要公开、透明、规范。相对于其他预算主体和传统的国家预算来说,政府预算具有很鲜明的公共性。

1. 与其他预算主体相比较

在现代社会当中,从某种意义上说人们对时间、金钱的分配都要做预算,个人要做预算,公司要做预算,政府也要做预算。个人、私营部门与政府预算的最大不同在于预算决策背后的动机不同,即个人及私营部门是用自己的钱为自己办事,而政府是在用众人的钱为众人办事。因此,个人预算的目的是如何在可获取资源的能力范围内及各种私人需要之间进行更合理、有效的分配,私营部门的预算决策往往建立在能否给企业带来预期效益的基础上,即私营部门预算的主要特征是要受利益的驱动;而由于政府职能的作用范围主要是提供于全社会有益的产品和服务,经济学家称这类产品和服务为公共品,它具有效用的不可分割性、消费的非竞争性和受益的非排他性特征,政府提供的目的在于弥补市场缺陷带来的不足。公共品在社会中存在的必要性以及它的特征,决定了政府在为提供这类产品和服务进行预算决策时更多考虑的是其为全社会带来的利益而不是利润。当然这并不应否定在政府预算决策时借助企业预算决策中的成本效益分析的思路和方法,而实践恰恰说明将绩效评估的方法引进政府预算是改进支出结果的一种有效的制度。

2. 与传统国家预算相比较

我国政府预算相对于传统的国家预算不只是简单的名称改变,而是一种新的预算模式,这种新既有预算理念上的转变,又有预算编制方式及运行方式的不同。第一,从预算理念上看,我国政府预算的公共性特征是伴随着我国的社会发展逐渐清晰的,这种转变还需置于我国经济社会转型、政府转型、财政转型及政府和纳税人关系改变的大背景之下。改革开放以后,我国经济由计划经济向市场经济转轨,资源配置主体由政府单一主体向政府、市场两个资源配置主体转变,在厘清政府与市场边界的要求下,按照解决政府"越位与缺位"的改革思路,政府的职能由无所不包的无限责任向有限责任转型。按照上述市场经济发展和政府转型的要求,财政改革的目标定位于建立公共财政框架体系,由此国家预算也要向公共预算转型,即在满足社会公共需要的市场失灵领域要"尽力而为",而在市场竞争领域则要"无为而治"。政府预算理念日益表现出其公共性特征。第二,从预算支出结构上看,随着政府职能的转变,预算的支出结构发生了重大的变化,生产性和盈利性的投资支出在逐步缩小,而用于提供公共品的公共性支出比例迅速上升,即支出的重点主要集中在四大公共领域:国家政权建设、公共事业发展、公共投资支出和收入分配调节。第三,从预算编制和运行方式上看,政府预算的公共性必然要求其规范和透明。因此,原有不适应的预算制度正被充分体现预算公共性理念的一套制度所取代:预算编制基础采用部门预算,预算支出实现方式采用政府采购,预算资金的运行采用国库集中收付等。

(三)计划性

所谓计划性是指政府通过编制预算可以对预算收支规模、收入来源和支出用途作出事先的设想和预计。各级政府及有关部门在本预算年度结束以前,都需要对下一年度的预算收支作出预测,编制出预算收入计划和预算支出计划,并进行收支对比,以便从宏观上掌握计划年度收支对比情况,进而研究对策。这种建立在预测基础上的计划是否符合实际,最终是否能够实现,一方面取决于预测的科学性和民主化程度,另一方面也决定于在计划成立后的预算执行中,客观条件变化后的应变措施以及预算管理水平。因此,为适应预测与实际的差异,在预算制度中,对于因某些原因引起的预算调整的内容以及相应的法律程序作出了规定。

(四)集中性

所谓集中性是指预算资金作为集中性的政府财政资金,它的规模、来源、去向、收支结构比例和平衡状况,由国家按照社会公共需要和政治经济形势的需要,从国家全局整体利益出发进行统筹安排,集中分配。即收入的来源是按照国家法定征收对象和标准在全社会范围内进行筹集,任何部门、单位或个人不能截留、坐支、挪用,以保证预算收入能及时、足额地缴入国库;预算资金是政府履行其职能所必需的财力,各地区、各部门、各单位必须按国家统一制定的预算支出用途、支出定额、支出比例等指标执行,不得各行其是。这主要是因为要保证实现政府基本职能,满足全社会的共同需要,必须建立集中性财政资金,在全社会范围进行集中分配。

(五)综合性

所谓综合性是指政府预算是各项财政收支的汇集点和枢纽,综合反映了国家财政收支活动的全貌。即预算内容应包含政府的一切事务所形成的预算收支,全面体现政府年度整体工作安排和打算。为了综合反映政府收支活动的全貌,预算应该包括一切收支,并以总额列入预算,而不应该以收抵支,只列入收支相抵后的净额。在收支范围上,政府预算收支比其他财政环节涉及的范围要广泛得多。由于政府预算全面地反映了国家的方针政策,因而通过计划就可以了解到政府在这个年度里的整体工作安排和打算。

第二节　　现代预算制度的产生

一、西方现代预算制度的产生

政府预算是财政体系的重要组成部分,但现代预算制度与财政两者并不是相伴而生的,历史上最早出现的财政范畴是税收。

　　从西方国家来看,现代政府预算制度产生于商品经济发展和资本主义生产方式出现时期,是新兴资产阶级同封建专制统治阶级进行斗争的过程中,作为一种斗争手段和斗争方式产生的。

　　在资本主义社会以前,从奴隶社会开始,就出现了国家的财政收支活动。但是,在当时的"普天之下,莫非王土;率土之滨,莫非王臣"的社会背景下,国家的生产资料基本上属于统治帝王所有,这样,统治者个人的财务收支活动和国家的财政收支活动就很难严格地区分,因此,不可能有完整、系统的国家财政管理制度。另外,在商品货币关系尚不发达的财政分配中,也不可能事先进行详细的收入和支出的计算,在组织收入和安排支出方面,也不可能有规范的程序和手续,而且封建统治阶级国家的各级政府机构在财政活动中所处的地位也是不明确的。因此,即使当时有些个别的政府收支预计,也尚未形成现代国家的预算制度。

　　在西欧封建社会末期,资本主义生产方式开始出现,商品货币关系也逐渐发展起来。随着商品经济的发展,新兴资产阶级阶层开始出现,社会财富逐渐向新兴资产阶级阶层聚集。如英国从最初的商业高利贷资本、商业资本,到商业资本拥有产业资本,到制造业独立为产业资本等。随着城市的发展,各地区间的经济联系日益加强,中世纪封建割据和关卡林立的局面严重妨碍商品的生产和流通,成为当时社会生产力进一步发展的阻力。经济的发展、生产关系的变化和统一市场的逐步形成导致了社会的变革,从 14 世纪起,西欧有些国家已出现政治统一和中央集权的趋势。在国家政权集中化过程中,国家机关的扩大,常备军的建立,封地制度的取消,国家机关官吏薪金俸给的增加,都使得国家的财政支出大量增加,于是产生了筹集经常性收入来源的要求。因此,掌握着国家政权的封建统治阶级,对新兴资产阶级和农民横征暴敛,而自己却挥霍浪费,不负担任何捐税,从而严重地损害了新兴资产阶级和广大劳动大众的利益。在这种情况下,从封建社会里成长起来的新兴资产阶级为维护自身的利益,以议会制度为手段与封建统治阶级展开尖锐的斗争。国家的预算制度就是在新兴资产阶级同封建专制统治阶级进行较量的过程中,作为一种经济斗争手段而产生的。这场斗争最初集中在限制国王的课税权上,即国王要开征新税种或增加税负,必须经议会的同意和批准;继而扩大到限制国王的财政资金支配权;最后发展到要求取消封建统治阶级对财政的控制权和在财政上享受的特权,国家财政与王室财政被分离,国家的收支受到议会的监督,现代意义上的预算制度基本形成。可以看出,利用议会审议监督王室财政收支是新兴资产阶级从经济上制约封建王朝的重要手段,现代政府预算制度的产生过程就是国家财政收支法制化的过程。

　　现代政府预算制度最早出现在英国。英国是资本主义发展最早、议会制度形成也最早的国家。在 14—15 世纪,英国的新兴资产阶级、广大农民和城市平民就起来反对封建君主横征暴敛,要求对国王的课税权进行一定的限制,即要求国王在取得财政收入开征新税或增加税负时,必须经代表资产阶级利益的议会同意和批准。随着新兴资产阶级的力量逐步壮大,他们充分利用议会同封建统治者争夺国家的财政权。他们通过议会审查国家的财政收支,政府各项财政收支必须事先做计划,经议会审查通过才能执行,财力的动用还要受议会的监督,从而限制了封建君主的财政权。1640 年资产阶级革命后,英国的财政权已受到议会的完全控制。议会核定的国家财政法案,政府必须遵照执行。在收支执行过程中,还要接受监督。最后,财政收支的结算,还必须报议会审查。到 1688 年,英国资产阶级议会还进一步规定皇室年俸由议会决定,国王的私人支出与政府的财政支出要区分开,不得混淆。1689 年还通过了《权利法案》,重申规定,财政权永远属于议会;君主、皇室和政府机关的开支都规定有一定的数额,不得随意使用。政府机关和官吏在处理国家的财政收支上,都有规定的权限和责任,必须遵守一定的法令和规章。这样,国家在财政工作上与各方面所发生的一切财政分配关系,都具有法律的形式,并由一定的制度加以保证。这种具有一定的法律形式和制度保证的财政分配关系,就是现代政府预算,其具体表现形式是政府年度财政收支计划。

但作为一个较规范的现代预算制度,还需经过很长时间才能建立起来。到 18 世纪末,英国首相威廉·皮特于 1789 年在议会通过一项《联合王国总基金法案》,把全部财政收支统一在一个文件中,至此才有了正式的预算文件。到 19 世纪初,才确立了按年度编制和批准预算的制度,即政府财政大臣每年提出全部财政收支的一览表,由议会审核批准,并且规定设立国库审计部和审计官员,对议会负责,监督政府按指定用途使用经费。

英国的预算制度从 14 世纪出现新兴资产阶级后,经过几百年的时间,到 19 世纪才发展成为典型的资本主义类型的政府预算。新兴资产阶级向封建专制君主夺取财权的斗争,是资产阶级革命斗争中的一项重要内容,是现代国家预算制度产生、建立和发展的前提条件;现代预算制度的产生是资本主义生产方式发展的必然结果。

二、我国现代预算制度的产生

(一)旧中国半封建半殖民地性质预算的形成

公元 779 年,唐朝宰相杨炎"量出制入"的财政原则,开创了我国预算制度之先河。我国漫长的封建社会,商品经济发展缓慢,没有形成独立的社会力量同封建王朝进行经济斗争。

在中国,现代预算制度在清朝末期才开始建立。清朝末年,西方的一些思潮,包括西方的理财制度开始传入我国,受其影响,清光绪三十四年(1908 年),清政府颁布《清理财政章程》,宣统二年(1910 年)起,由清理财政局主持编制预算工作,这是我国两千多年来的封建王朝第一次正式编制政府预算。第一个预算先由各省汇报,然后财政部加以审核,资政院加以修正奏请施行。与此同时,又拟定《预算册式及例言》,规定以每年 1 月到 12 月底为预算年度;预算册式方法是先列岁入,后列岁出;预算的执行有月报、季报;执行机关是大清银行。预算虽形似统一,但实际上,那时清政府统治已摇摇欲坠,各省形成割据状态。所谓统一,仅是账面上的统一而已。1911 年的辛亥革命推翻了清政府,因此,我国历史上的第一部现代意义上的政府预算是只有预算而无决算。以后,北洋军阀和国民党政府也有其政府预算,但都属于半封建、半殖民地性质的预算。

(二)新中国国家预算因新民主主义夺取国家政权而产生

新中国成立后,为了加强财政管理工作,也开始编制政府预算。1949 年 12 月 2 日,在中央人民政府委员会第四次会议上,中央人民政府批准了《关于 1950 年度全国财政收支概算草案报告》。为了促进预算的编制,1949 年 12 月 27 日,中央人民政府政务院发出《关于 1949 年财政决算及 1950 年财政预算编制的批示》,要求各级政府和中央直属企业部门对 1949 年的财政决算及 1950 年的财政预算按规定时间编制上报,并明确规定我国预算实行历年制。

第一个预算报告的编制是在非常复杂困难的条件下进行的。当时战争还未完全结束,军费开支仍是头等大事,接收旧中国军政公教人员达 900 多万,财政压力很大,国家经济又遭受严重破坏,通货不稳定,地方财政工作还没就绪,所以编好一个全国性预算很不容易,但又是迫在眉睫的事情。当时预算编制有两个方针:保证战争胜利,逐步恢复生产;量出为入与量入为出兼顾,取之合理,用之得当。

与现在的预算报告相比,第一份预算报告比较简单,只是画出一个轮廓、一个基本框架,所以称作概算草案。概算的许多数字虽是估计的,但都是有根据的,是接近实际的,比较可靠。因为在编制前,时任政务院财政经济委员会主任陈云曾赴天津考察,并根据天津的税收及各地人口的比例,推算了一下全国收支情况。最后批准的财政概算中,主要收入包括:公粮收入199.84亿斤,占总收入的41.4%;各项税收187.8亿斤,占总收入的38.9%。主要支出包括:军事费支出230.693亿斤,占总支出的38.8%;国营企业投资142.0482亿斤,占总支出的23.9%;文化教育卫生费支出24.3608亿斤,占总支出的4.1%。以上收入总计525.426亿斤,支出总计594.902亿斤,收入总额仅合支出总额的81.3%,其余的18.7%则是赤字。

由于是新中国第一个预算,从中央和地方,都积极努力执行,最后的执行结果大大超出了最初拟订的收支计划。其执行结果是:收入方面,全年收入完成预算数的178.53%,支出数完成预算的128.46%。自1951年起,预算编制开始以现金作为计算单位,这样,1950年的预算报告成为第一个恐怕也是最后一个以"斤"作为计算单位的预算报告。

1994年分税制的实施及《预算法》的通过,标志着各级政府都有了自己相对独立的预算权。计划经济条件下的大一统的政府预算局面被打破,我国真正意义上的政府预算产生。

三、现代预算制度产生的原因及意义

(一)现代预算制度产生的原因

1.现代预算产生的根本原因——资本主义生产方式的出现

从西方国家看,资本主义生产方式出现后,新兴资产阶级登上历史舞台,资产阶级强大的政治力量才有可能通过议会控制全部财政收支,要求封建君主编制财政收支计划。从中国看,也正是由于西方资本主义生产方式的发展,其理财的思潮影响我国,由此,在我国产生现代预算制度。

2.现代预算发展的决定性原因——加强财政管理和监督的需要

现代预算随资本主义生产方式产生后,又因财政管理监督的需要而得以进一步发展。在资本主义生产方式下,社会生产力迅速发展,财政分配规模日益扩大,财政收支项目增加,收支之间的关系也日益复杂,财政收支的发展变化客观上要求加强财政的管理和监督,要求编制统一的财政收支计划。因此,现代预算是适应财政管理的需要而发展的。

3.现代预算产生的必备条件——财政分配的货币化

随着商品经济的高度发展,货币关系渗透到整个再生产领域,财政分配有可能充分采取货币形式。只有在财政分配货币化的条件下,才能对全部财政收支事先进行比较详细的计算,并统一反映在平衡表中。这样不仅能完整反映国家财政分配活动,而且也有利于议会对国家预算的审查和监督。

(二)现代预算制度产生的意义

1.实现了新兴资本势力代替封建没落势力的社会变革

现代预算制度是作为新兴资产阶级与封建统治阶级进行斗争的一种经济手段而产生的。如英国现代预算制度是以君主为代表的没落封建势力和以议会为代表的新兴资本势力之间,长达数百年的政治角逐与较量的结果,体现着新兴资产阶级在其发展壮大的过程中,逐步形成的以独立的经济主体维护自身利益的要求。政府预算制度形成的表象是争夺经济利益的产物,但直接结果是国家政治权力格局的变动。

2.实现了政府财政制度与社会政治制度变革的衔接

从世界范围看,政府预算制度的产生是国家政治权力和财政权力在国王和议会之间争夺的最终结果。这场斗争,最初集中于课税权上,以后扩大到财政资金支配权,最终发展到取消封建统治阶级对财政的控制和在财政上的特权。政府预算制度的产生实现了国家财政权由封建王权制向有产者议会控制的转变,使国家财政管理与经济结构转变和社会结构转变相适应,实现了政府财政制度与社会政治制度变革的衔接。

3.确立了现代国家理财的法制管理模式

现代预算制度是政府管理财政资金的一项重要财政制度,它是具有一定的法律形式和制度保证的财政分配关系。从这一制度形成所经历的数百年的发展演变过程来看,只有现代预算制度产生后,才把封建统治阶级的皇室收支同国家的财政收支界限严格划分清楚,从而奠定了现代国家财政分配制度的基础。确立了与以法治国相适应的以法治财制度,赋予了财政管理更适应现代社会及经济发展的方法体系。因此,政府预算制度不只是资本力量发展壮大的被动产物,它反过来又积极推动着新兴资本力量和市场经济的发展,奠定了现代国家制度的经济基础。

4.确立了社会公众与政府的委托代理关系

政府预算体现的是公民将赋税委托政府代理的关系,以解决市场或个人不能解决或不能有效解决的社会公共事务。政府预算经立法机关审议批准,意味着纳税人授权政府按纳税人意愿使用其提供的资源。政府预算制度确保了政府开支向纳税人负责,并为立法机关监督约束政府财政提供了一种制度安排。

第三节　政府预算的原则

政府预算的原则是一个国家选择预算形式和体系的指导思想,是一国预算立法、编制及执行所必须遵循的基本要求。预算原则是伴随着现代预算制度的产生而产生的,预算制度的建立和完善,又需要遵循一定的原则,并且随着社会经济和预算制度的发展变化而不断变化。早期的预算原则比较注重控制性,即将预算作为监督和控制政府的工具;随着财政收支内容的日趋复杂,预算原则开始强调预算的周密性,即注重研究预算技术的改进;自功能预算理论发展以后,政府预算的功能趋于多样化,由此,预算原则又更注重发挥预算的功能性作用,即正确合理地运用预算功能来为实现国家的整体利益服务。

一、西方政府预算原则的介绍

自从现代预算制度产生以后,各国预算学者对预算原则进行了一系列的探索和研究,具有代表性的是意大利学者尼琪和德国学者诺马克提出的预算原则,对预算实践产生了较大的影响。西方财政预算理论界对这些原则加以归纳总结,形成了一套为多数国家所接受的一般性预算原则,主要包括:

(一)完整性原则

所谓完整性就是要求政府的预算包括政府全年的全部预算收支项目,完整地反映政府全部的财政收支活动。

（二）统一性原则

所谓统一性就是要求预算收支按照统一的程序、统一的格式来编制。

（三）年度性原则

所谓年度性是指政府预算的编制、执行以及决算,这一完整的工作程序是周期性进行的,通常为一年。这里的一年是指预算年度。预算年度指预算收支的起讫时间,它是各国政府编制和执行预算所依据的法定期限。要求政府预算按年度编制,预算中要列明全年的预算收支,并进行对比。预算年度有历年制和跨年制两种形式:历年制是按公历计的,即每年的1月1日起至12月31日止,如我国及法国等国的预算年度均采用历年制;跨年制是指一个预算年度跨越两个日历年度,主要考虑与本国立法机构的会期、预算收入与工农业经济的季节相关性,以及宗教和习俗等因素,如英国、日本、印度等国家将预算年度定为本年的4月1日至次年的3月31日,美国则将预算年度定为本年的10月1日至次年的9月30日。

（四）可靠性原则

所谓可靠性就是要求编制预算时,要正确地估计各项预算收支数字,对各项收支的性质必须明确区分。

（五）公开性原则

所谓公开性是指各级政府预算及决算不仅要经过各级权力机关审批,还须向社会公众全面公开。即预算属于公开性的法律文件,所以其内容必须明确,以便于社会公众能了解、审查政府如何支配纳税人的钱,并进行监督使用。

（六）分类性原则

所谓分类性就是要求各项财政收支必须依据其性质明确地分门别类,在预算中清楚列示。

一种预算原则的确立,不仅要以预算本身的属性为依据,而且要与本国的经济实践相结合,要充分体现国家的政治经济政策。资本主义发展到垄断阶段,西方国家政府加强了对经济的干预,在预算上明显地表现出主动性,传统的预算原则已不适应当时的经济形势和政府职能的转变。因此,就需要规定与以前不同的预算管理原则。

最具代表性的就是美国联邦政府预算局局长史密斯为了适应联邦政府加强对经济干预的需要,于1945年提出的旨在加强政府行政部门预算权限的八条预算原则。

（1）预算必须有利于行政部门的计划。说明美国联邦预算必须反映总统的计划,在国会通过后,就成为施政的纲领。

（2）预算必须加强行政部门的责任。说明国会只能行使批准预算的权力,至于预算中已经核准的资金如何具体使用,则是总统的责任。

（3）预算必须加强行政部门的主动性。说明国会只能对资金使用的大致方向和目标作原则性的规定。至于如何达到目标,要由总统及其所属各个部门来决定。

（4）预算收支在时间上要保证灵活性。说明国会通过的预算收支法案必须授权总统在一定范围内可以进行调整,有权把本年度预算中的拨款,在以后年度的适当时机随时支用。

（5）预算应以行政部门的情况报告为依据。说明当总统对国会提出预算草案及执行情况报告时,应当提供国内外的情况资料作为国会立法的依据。

（6）预算的"工具"必须充分。说明在总统领导下必须有预算编制和执行的专职机构和众多的成员,总统有权规定季度和月度的拨款额,有权建立准备金并在必要时使用。

（7）预算程序必须多样化。说明政府的各种活动在财政上应当采取不同的管理方式，财政收支数字上也应当采用不同的预算形式。

（8）预算必须"上下结合"。说明无论在编制还是执行预算时，总统必须充分利用他所领导的各种机构和成员的力量。

可以看出，上述八项原则总的精神是加强总统的财政权，缩小国会的权力。这一方面反映了政府加强对财政的控制，另一方面也反映了西方国家充分运用财政作为调节经济手段的倾向。

一个国家的预算原则一般是通过制定政府预算法来体现的。

二、我国的政府预算原则

依据我国预算法的要求，借鉴上述西方国家预算原则的精华，并结合我国实际赋予其新的内容，我国政府预算管理应该遵循以下原则。

（一）完整性原则

预算完整性要求政府的预算应包括政府的全部预算收支项目，完整地反映以政府为主体的全部财政收支活动，全面体现政府活动的范围和方向，不允许在预算规定范围之外还有任何以政府为主体的资金收支活动。预算的完整性有利于政府控制、调节各类财政性资金的流向和流量，完善财政的分配、调节和监督职能；预算的完整性也便于立法机关的审议批准和广大公众的了解，对政府预算收支起着监督和控制作用。

要保证预算的完整性，其重要的标准是预算文件的全面完整。一是各级政府预算应包括本级和所属下级政府的财政信息；二是政府预算应是各级政府全部预算资金信息的集合；三是财政政策目标、宏观经济筹划、预算的政策基础和可确认的主要财政风险等财政决策依据要完整。总之，预算报告要以量化了的经济收入可能和支出需要等预算信息，从政府对资源的消费、工作的履行以及外部影响的角度为社会公众提供一幅完整具体的财政分配画面。一般来说，预算文件所包括的内容和所提供的说明材料越完整，表明政府对所花费的资金支出、由这些支出所支持的活动以及这些活动所产生的外部效果的责任心越强。

目前，许多国家都在致力于扩展预算的范围，加强预算的完整性。如在预算报告中对税收支出、或有负债及贷款担保加以反映。我国实行部门预算和国库集中收付的制度性改革也反映了预算完整性原则的要求。

（二）公开性原则

公开性原则是指政府预算应该是对全社会公开的文件，其内容应为全社会了解。财政预算公开，对于保障群众对财政预算的知情权、参与权和监督权，促进基层预算管理法制化、民主化、科学化，具有重要的意义。

一个没有预算的政府是"看不见的政府"，一个"看不见的政府"不可能是负责任的政府。有了预算但不公开，也仍然是一个"看不见的政府"。政府预算是反映政府活动的重要窗口，也是公众了解政府活动、监督政府正确使用财政资金、评判政府活动成效的主要依据。因此政府预算的整个过程必须是公开透明的，预算信息也须向公众全面公开。

首先，财政预算公开是构建阳光政府的需要。阳光政府是现代社会文明进步的必然趋势，是人民群众期盼的理想政府。构建阳光政府是面对新形势新任务、顺应经济社会发展变化、完善政府自身建设体系的重要组成部分，是加强政府自身建设的一项重要举措。其次，财政预算公开是财政的核心特征。公开性强调的是，无论是财政的收入还是支出，都应当通过一定的方式向社会公开。尤其是财政收入如何被使用，使用是否合法、合理和有效，包括纳税人在内的社会公众都应当有知情权、监督权。再次，财政预算公开是公民知情权的具体表现。保障公民知情权，实现人民当家作主是社会主义民主政治发展的时代要求。为了实现公民知情权，除涉密内容以外，政府的所有行政行为都应该向社会公开。政府预算向公民公开也是公民知情权的必然要求。最后，财政预算公开是政府管理的内在要求。新财政管理倡导建立以公众为中心的政府管理理念。以公众为中心意味着财政预算决策要为公众提供更大的透明度、更全面的信息和更多的参与渠道。只有坚持公众对预算决策的最终评判权，公开财政预算信息，寻求潜在使用者参与预算决策，这些预算才可以取得更好的效果。

政府预算的本质内涵表明它始终都承担着公开政府财政的职责。预算过程本身就要求政府向立法机关说明并辩护其决策与行动。预算作为政府财政公开的有力说明，表明其财政活动的责任，是政府政绩的报道与政治职责的交代。通过预算将政府财政决策公之于众，可以加强政府与公众的沟通，使公众了解政府的决策，了解他们提供给政府的收入用于何种支出，是否有利于国计民生，从而更好地配合政府落实有关决策。不仅如此，通过预算向公众公布政府决策的过程，也体现了民主化、科学化的决策方法，这种决策程序的公开化反过来更能促进决策程序的民主化，更能充分地发挥预算的监督约束作用。如政府不对负担公共支出的公众作出公开的预算说明，必然会引起公众对政府的信任危机。

公开性原则要求公众不仅知其然，而且知其所以然。即公众不仅要知道政府作出了什么决策，而且要知道为什么要这样做以及怎么做。这不仅是保证知情权问题，更是要据此判断决策程序是否规范，决策结论是否正确。因此，政府预算的结构、内容要易于公众所理解以及便于其审查。这就在技术上要求预算收支的分类要科学、详细。如将财政收支采用按部门分类、按功能分类和按经济性质分类逐步细化的方法；采用预算附件的形式对基本预算文件进行详细说明等。

美国是以立法的形式保证预算公开性原则的贯彻。如《信息自由法》《阳光下的联邦政府法》就要求将政府预算和财政支出项目及金额公开，以利于舆论和民众的监督。

（三）效率性原则

效率是对行为效应的一种评价，是经济学中的一个重要概念。经济学迄今给予明确界定的经济效率概念就是"帕累托效率"，效率的标准就是资源配置的帕累托状态，是指资源配置达到了这样一种状态：如果再改变它，就不可能使任何一个人的利益有所增加而不影响其他人的利益，这就是最有效的状态。政府预算行为中的帕累托状态就是效率，它要实现以最低的投入取得既定的产出，或以既定的投入得到最多的产出。

首先，现代预算是源于效率产生的。从古今中外预算制度的产生和发展来看，其都是为了适应国家加强财政收支管理的需要，提高"效率"而产生的，并围绕"效率"而不断进行改进和完善。从资本主义制度下形成的预算制度到当今我国进行的部门预算、国库集中收付以及实施政府采购的预算制度改革都基于此。其次，政府通过非市场机制提供公共产品，进行资源配置。要使社会资源能够得到有效配置，就要使政府提供的公共产品符合消费者整体的偏好，而政府预算则是对政府决策偏好的表达。如何在不同产品和服务之间分配资源反映了资源分配者的偏好，它实际上是资源分配者在经过复杂的决策过程后形成的集体偏好，这就要求政府预算决策必须建立在认真考察政府的政策设计上，从而力求把政府干预引起的资源配置的无效和低效降低到最低程度。如果公共产品的供给是由消费者整体的偏好选择决定的,那么公共产品的供给也是有效率的。另外,还要以政府预算决策的社会机会成本作为评价预算决策效率的重要依据,即只有当一笔资金交由公共部门使用能够创造出比私人部门使用更大的效益时,这笔资金的预算决策才是具有效率的。所以,由于公共部门存在效率机制,公共选择存在交易成本,因此,政府预算客观上存在效率问题,它要求政府在预算决策过程中要考虑各个施政方案的效率,作出理性的抉择,以对有限的资源作出最有效的配置。这也是西方财政学的研究始终沿着如何使社会资源有效配置的主线进行的原因所在。世界各国所进行的预算改革,如施行"绩效预算""规划-项目预算""零基预算"等,都是以这一原则为主导的。

由于财政分配活动与一般的经济活动有所区别,它是以国家为主体,为满足社会公共需要而进行的分配活动,效率的主体是公共部门。因此,政府预算效率不同于一般的经济效率,有其特殊性,主要表现在效率指标存在多元性,即政府预算的效率指标既有经济效率指标,又有社会效率指标,以至政治效率指标。效率指标的多元性,决定了政府预算效率的测算和评价的复杂性。即单纯地以货币为尺度并不能对许多政府活动领域进行有效的分析,因此,在对政府预算进行效率评价时,应对不同的预算项目采用不同的评价方法。如成本-效益分析法可用于那些效益是经济的、有形的、可用货币计量的公共支出项目,如电站、水库的投资;最低费用选择法则多被用在成本易于计算,但效益难以衡量的项目上,如军事、政治;对于成本易于计算,效益不易衡量,但通过支出所提供的产品和服务,可以部分或全部进入市场交易的项目,则可以采用公共定价法,如公路、邮电等。

(四)年度性原则

预算的年度性是指各国政府编制和执行预算所依据的法定期限,通常为一年。具体形式一般有历年制(公历1月1日至12月31日)和跨年制。预算工作按时序通常包括预算编制、执行和决算等环节,各环节在预算年度内依次递进,在年度间循环往复。

传统的年度预算存在一些缺陷,一是年度预算容易忽略潜在的财政风险,因在年度预算的框架下,对一些预算决策在年度间的实施不易做到瞻前顾后,容易在决策的合理性和资金保证上出现偏差;二是在年度预算中,各项收支已由预算确定好了,具有法律性,这样,在一个预算年度内进行收支结构的调整就受到了限制,与年度内的不确定因素产生矛盾;三是年度预算限制了政府对未来的更长远的考虑。鉴于此,许多国家已采用了3~5年甚至更长期的多年预算,以弥补年度预算的不足。多年预算并不是一个法定的多年期预算资金分配方案,而是将年度预算纳入一个带有瞻前顾后特点的中长期财政计划中,并不断根据经济和财政情况的变化进行修订。其突出的优点就是有利于当前政策的长期可持续性,使决策者能够尽早发现问题,鉴别风险,采取措施,防患于未然。

在我国,国民经济和社会发展计划是决定预算年度性的先决条件,因为政府预算是国民经济和社会发展计划实现的重要资金保证。国民经济和社会发展计划每年都要在中长期规划的基础上编制年度计划,这也决定了政府预算必须具有年度性。

(五)统一性原则

预算的统一性是要表明一国或一级政府预算应按照统一的政策和程序进行,而不论是集权制国家政府预算或者是联邦制国家政府预算。

具体到我国来说,全国性的财政预算方针政策必须由中央制定,全国重要的财政规章制度,如预、决算制度,税收制度,企业成本开支范围等主要财务制度,必须由中央统一制定,各地区、各部门要保证贯彻执行,不得自行其是,任意改变。中央预算和地方预算要按照规定的程序编制,经各级人民代表大会批准以后,各地区、各部门必须坚决执行,如遇特殊情况需调整预算,要根据法定的程序进行。统一性还应体现各级政府只能编制一个统一的预算,不应当以临时预算或特种预算基金的名义另立预算。

(六)绩效性原则

预算绩效原则是指预算资金所达到的产出和结果。预算绩效管理原则是政府绩效管理的重要组成部分,是一种以支出结果为导向的预算管理模式。它强化政府预算为民服务的理念,强调预算支出的责任和效率,要求在预算编制、执行、监督的全过程中更加关注预算资金的产出和结果,要求政府部门不断改进服务水平和质量,花尽量少的资金、办尽量多的实事,向社会公众提供更多、更好的公共产品和公共服务,使政府行为更加务实、高效。推进预算绩效管理原则,有利于提升预算管理水平、增强单位支出责任、提高公共服务质量、优化公共资源配置、节约公共支出成本。这是深化行政体制改革的重要举措,也是财政科学化、精细化管理的重要内容,对于加快经济发展方式的转变,促进高效、责任、透明政府的建设具有重大的政治、经济和社会意义。

第四节　政府预算政策手段及分析

一、财政政策与预算政策手段

(一)财政政策的概念

20 世纪 60 年代初,美国财政学者 V.阿盖笛给财政政策作了如下解释:"财政政策可以认为是税制、公共支出、举债等种种措施的整体,通过这些手段,作为整个国家支出组成部分的公共消费与投资在总量和配置上得以确定下来,而且私人投资的总量与配置受到直接或间接的影响。"这一定义是从财政政策手段的运用及其影响方面对财政政策进行界定的。

另一位美国财政学家格劳维斯教授认为:"财政政策一词业已形成一种特殊的思想和研究领域,即研究有关国家资源的充分、有效利用以及维持价格水平稳定等问题。财政政策的短期目标是消除经济周期波动的影响;而它的长期目标则是防止长期停滞和通货膨胀,与此同时,为经济增长提供一个有利的环境。"这个定义已经从强调财政政策手段转移到强调财政政策目标方面。对财政政策概念所作界定的侧重点转移的原因主要是,随着经济、社会的发展和政府职能的扩展,宏观经济学理论的兴起,财政政策的各种手段越来越多地被应用,因此,人们更关心的领域自然是财政政策所能达到的政策目标。

对财政政策的这种理解的转变经历了一个过程。在自由资本主义时代,国家在社会经济活动中的职能被限定为"守夜人"的角色。亚当·斯密主张:国家应当尽量少地从社会经济中取走财富,以利于民间资本的形成,促进国民财富的增长;国家不应当干预经济,市场足以能协调经济的发展;国家只应负担三项任务,即履行三种职能,亦即著名的国防、司法、公共工程和公共机关三项职能。在这种"夜警国家"观之下,各国都固守着财政收支平衡的原则,反对财政赤字和发行公债。因此财政政策目标也就只限定在自身的收支平衡上。在这种情形下,财政政策的目标当然极其有限。

在 1929—1933 年的资本主义经济大危机之后,凯恩斯主义经济学成为西方经济学的主流。凯恩斯主张放弃自由放任的经济原则,力主通过政府的财政-货币政策调节消费需求和投资需求,来实现充分就业的均衡。这时候政府的宏观经济管理职能被突出,财政政策的目标得以确立,只有在这时候财政政策手段才被视为是实现政策目标的工具。

因此,对于财政政策的界定,可以认为:财政政策就是通过政府预算、税收和公共支出等手段,来实现一定的经济、社会发展等宏观经济目标的长期财政战略和短期财政策略。

(二)预算政策手段

财政政策目标的实现离不开一些政策手段。为实现财政政策目标,必须有一定的手段可供操作,一定的财政政策手段是财政政策效果的传导机制。

经济学家一般把财政政策手段分为三大类,即预算、公共收入和公共支出。公共收入包括税收和公债;公共支出(广义公共支出)包括一般性公共支出(狭义公共支出)和政府投资。因此,财政政策手段主要包括预算、税收、公债、公共支出和政府投资等五大类。

预算作为一种控制财政收支及其差额的机制,在各种财政政策手段中居于核心地位,它能系统地和明显地反映政府财政政策的意图和目标。预算政策作为一种财政政策工具,主要通过年度预算的预先制定和在执行过程中的收支追加追减变动,来实现其调节功能。从预算的不同级次来看,中央预算比地方预算担负着更为重要的宏观调节任务。作为国家财政政策手段的预算,一般是中央预算或联邦预算。中央预算政策通过对政府财政集中性的分配,决定着全国主要公共设施投资、消费性支出的总量及结构,决定着国家物资储备的数量等,因此对整个社会的供求总量及结构有着重要的影响。

预算政策手段的调节功能主要体现在财政收支规模、收支差额和收支结构上。预算通过对国民收入的集中性分配与再分配,可以决定民间部门的可支配收入规模,可以决定政府的投资规模和消费总额,可以影响经济中的货币流通量,从而对整个社会的总需求以及总需求和总供给的关系,产生重大影响。

预算收支差额包括三种情况:赤字预算、盈余预算和平衡预算。赤字预算对总需求产生的影响是扩张性的,在有效需求不足时可以对总需求的增长起到刺激作用;盈余预算对总需求产生的影响是收缩性的,在总需求膨胀时,可以对总需求膨胀起到有效的抑制作用;平衡预算对总需求的影响是中性的,在总需求和总供给相适应时,可以维持总需求的稳定增长。预算手段有两个显著的特点:首先,预算手段既影响收入,又影响支出和收支差额,所以,预算手段的作用范围和途径更广泛;其次,预算手段只涉及对经济总量的调节,不涉及对个量(如相对价格)和个体的经济行为的调节。

预算政策表明了一定时期内政府的施政方针和国计民生状况,所以其目标在于提高就业水平,稳定物价,促进经济增长,以及约束政府的不必要支出和提高政府效率。

二、预算政策的类型及分析

政府预算包括了政府每一财政年度的收入与支出,预算是否保持平衡,会对宏观经济产生扩张或紧缩作用。因此,政府可以根据宏观经济形势运用预算政策,有计划地使政府预算产生赤字、盈余或实现平衡,来达到有效调节国家宏观经济的政策目标。预算政策来源于实际,在20世纪以前,由于战争和经济危机等原因,预算赤字在一些国家中已经不同程度地存在着,而且在有些国家中已经有了较长的历史。例如,法国由于拿破仑时期的不断战争,就已经常出现预算赤字。但在传统理念上仍然力求要保持预算收支的平衡,并且认为预算的收支平衡是检验一个国家财政是否健全的标志。进入 20 世纪,特别是 20 世纪 30 年代的经济大危机以后,凯恩斯主义风行于西方各国,预算政策被作为政府干预经济的手段加以运用。这样,不仅在战争和经济危机时期发生预算赤字,即使在平时,也不能维持预算收支的平衡状态,因而,经济学家们提出了不同的预算政策。

(一)年度平衡预算政策

年度平衡预算是指每一年的财政收支结果都应是平衡的预算。这一理财思想基于政府预算行为应"量入为出"这一观念上,即政府预算应根据收入能力安排支出,不能出现赤字,认为预算的平衡就能表明政府是具有责任感和高效率的。这一理论是健全财政政策的具体反映。

年度预算平衡政策是古典学派经济学家的一贯主张。在资本主义自由竞争时期,经济学家主张尽量节减政府支出,力求保持年度预算收支的平衡,并以此作为衡量财政是否健全的标志。上述观点一直延续到 20 世纪初期。在此期间,虽然有些国家的预算存在赤字,但舆论认为这是财政的不健全,而健全财政的标志是保持预算平衡。

古典经济学家亚当·斯密曾经把国家的收支和个人家庭的收支相比拟,认为个人平衡收支的节俭行为同样适用于国家。不允许国家无益地耗费由个人节俭而形成的一切财富。但同时也承认国家的作用,即认为国家在发生诸如战争那样的特殊事件时可以去借债。

英国经济学家巴斯坦布尔,在 19 世纪末曾就预算平衡问题作如下的表述:"在正常情况下,在财务活动的……两方之间应该存在平衡,支出不得超过收入。税收收入应该保持有支付支出需要的数量。"并提出:"实践中最安全的法则是规定估算适度盈余的策略,从而使赤字的可能性减少到最小。"

古典经济学家将年度预算平衡作为政府预算行为准则的主要理由是:第一,政府通过发行公债弥补赤字,使得私人部门能够用来取得资本产品的资金转移到了公共部门,会造成公共部门相对扩张,从而阻碍了私人部门的经济发展,即认为公共部门的发展是以牺牲私人部门为代价的;第二,政府施行赤字预算会导致国家债务累积额增加,进而引发通货膨胀和财政危机。

从经济资源合理配置的角度看,古典经济学家关于政府预算年度平衡的理论有其合理性,因为,在以市场为导向进行资源配置的社会里,年度预算平衡政策具有控制政府超额支出、防止公共部门过度扩张而造成社会发展不平衡的作用。但到了 20 世纪中叶,由于社会高度的工业化,市场失灵和宏观经济的失衡,以及公众要求公共部门所应提供的服务范围的不断扩大,使得政府支出呈现不断增长的趋势。这些情况与年度预算平衡的政策发生了较大的冲突,各国政府发现年度预算平衡政策对经济波动的调节作用十分有限。所以,尽管年度预算平衡政策在相当长的时期内、在约束政府财政行为上发挥了重要作用,但随着资本主义市场经济的发展,它也受到了与之相反的观点的冲击。该观点认为,在市场经济条件下,为实现经济稳定和发展的目标,政府可以将预算政策作为调节工具加以运用。比如,凯恩斯学派经济学家认为,年度平衡预算政策的缺陷主要表现在:①政府实行年度预算平衡,将会加大经济的波动幅度,使经济更加不稳定。在累进税率制度下,经济繁荣会导致税收收入自动增加,按预算平衡政策,财政支出必须随之增加,结果无疑要增加通货膨胀压力;相反,经济衰退将导致税收收入自动减少,按这种政策,财政支出也必须相应减少,结果必然是加重经济萎缩。因此,这种试图保持年度预算平衡的政策更会使经济走向萧条或膨胀。②政治经济制度的限制,使年度预算平衡政策无法实现。如经济高度发展和实行高福利制度的发达资本主义国家,年度预算很难维持平衡;在资本主义国家政党竞选中,习惯采用减税、增加公共支出以刺激经济发展的策略,其结果也使年度预算平衡政策的控制效果无法实现。凯恩斯学派的经济理论使各国政府摆脱了年度预算平衡观点的约束,从隐瞒预算收支不能平衡的实际情况转为公开推行赤字预算政策,即政府在编制预算时有意使预算支出大于收入的一种政策。一些经济学家也提出政府的预算,特别是中央政府的预算是国民经济的一个重要组成部分。预算收支的对比关系不能仅仅就预算本身来考虑,而是应当从整个国民经济的平衡来考虑。经济学家依据不同时期的经济发展状况,提出了不同的预算理论。

(二)功能财政预算政策

功能财政预算是指应以财政措施实施的后果对宏观经济所产生的作用为依据来安排政府的预算收支。功能财政预算政策是与年度平衡预算政策截然相反的预算政策。年度平衡预算政策强调的是对政府财政活动实施"控制"和"管理"的重要性,功能财政预算政策强调的是实现宏观经济"目标",保持国民经济整体平衡的重要性,而不单纯强调政府预算收支之间的对比关系,保持预算收支的平衡。前者关心的是分配和配置问题,后者则特别注重总体经济运行和经济增长目标。

功能财政概念创建于凯恩斯时期之初,以凯恩斯经济理论为基础。该政策的早期表述主要考虑的是稳定,强调的是消除 20 世纪 30 年代存在的失业,并没有强调经济增长的功能。著名经济学家勒纳(Lerner)于 20 世纪 40 年代提出了较为完整的功能预算政策观点,勒纳认为政府不应只保持健全财政的观点,而应当运用公共支出、税收、债务等作为调节经济的重要工具。当整个社会的需求不足,以致失业率过高时,政府就应当增加支出和减少税收;当社会上需求过多,导致通货膨胀发生时,政府就应当减少财政支出和提高税收;当社会上借贷资本过剩时,就应当出售政府债券;当社会上现金不足时,就应当收回政府债券。即按照功能财政预算政策的要求,政府行政部门和立法部门应当根据经济周期的不同状况,采取恰当的预算收支策略:①为消除失业和通货膨胀,政府可以采取赤字预算或盈余预算,以实现政府政策目标。当经济萧条时,以赤字预算的方式主动刺激经济的复苏;当经济繁荣时,采取盈余预算方式主动削减过度的需求,以抑制通货膨胀的发生。②为达到社会最佳的投资水平和利率水平,政府可以利用公债的发行和清偿,来调整社会货币或公债的持有水平。当市场利率水平偏低或投资压力过大以至可能发生通货膨胀时,需要减少私人部门的货币支出而增加公共部门支出,政府则应发行债务;反之,政府则应偿还一定数量的债务。③当政府的公共支出大于税收收入和债务收入时,其差额应采取向中央银行借款或增发货币的方式弥补;反之,如政府税收收入超过公共支出时,其预算盈余应用于偿还以往政府借款或采取买入公债等方式,使超额收入以货币形式重新流入社会。以上措施的选择应以价格稳定和充分就业的政策目标为依据,采用相机抉择方式来实现政策目标。

所以,功能财政预算政策是把政府的课税、支出、举债等行为作为一种具有调节经济功能的工具加以采用。

功能财政预算政策在实际应用时,存在着以下困难:①政府是根据对经济趋势的推测,决定预算支出和税收的增减,由于对未来的经济情况很难做出完整准确的预测,往往不易及时地和恰当地适应社会经济情况的变化而采取措施。②政策的实施与产生效果之间存在着时滞,通过政府预算调节经济的政策,可能会引起人为的通货膨胀或经济紧缩而产生不利后果。在经济繁荣时期,如果政府过早为防止经济过度扩张而紧缩支出和增加税收,就会使生产过早收缩,使得经济由原来的繁荣转向萧条的自然变动趋势过于急剧;而在经济萧条时期,如果政府为促使经济恢复而扩大支出和减少税收的措施不及时,则无助于经济的恢复,但如措施力度过大,也可能使经济从原来萧条转向复苏的自然变动趋势过度扩张,从而使得所采用的预防经济衰退或膨胀的措施达不到预期效果。③一些财政政策的实施需要立法程序,通常耗时长,甚至不能通过,从而影响了政策实施的适当时机。

(三)周期平衡预算政策

周期平衡预算是指在预算收支的对比关系上,应在一个完整的经济周期内保持收支平衡,而不是在某一个特定的财政年度或一个日历时期内保持平衡。

周期预算平衡政策是美国经济学家阿尔文·汉森(Alvin Hansen)于20世纪40年代提出的。他主张预算的平衡不应局限于年度预算的平衡,而是应从经济波动的整个周期来考察预算收支的平衡,政府应以繁荣年份的预算盈余补偿萧条年份的预算赤字。在经济发展下降的阶段,政府应当扩大支出(包括购买支出和转移支出)和减少税收,以增加消费和促进投资,恢复经济的活力。这时从预算收支的对比关系上看,表现为支大于收,在年度预算上必然会产生赤字。当经济已经复苏,在投资增加和失业减少的情况下,政府可以适当减少支出,或酌量提高税率以增加税收,减轻通货膨胀的压力。这时在年度预算上就会出现收大于支的盈余,这样就可以用繁荣年份的盈余补偿萧条年份的赤字,预算盈余和预算赤字会在一个周期内相互抵消。因此,从各个年度来看,预算不一定是平衡的,但从整个经济周期来看,则是平衡的,即所谓"以丰补歉、以盈填亏",从而可以达到维持和稳定经济的目的。

周期预算平衡政策突出的优点表现在以下两个方面:①该政策接受了功能财政预算政策的合理要素,即肯定调整预算收支会对宏观经济产生积极的影响,有助于宏观经济目标的实现;②它仍然保持了有效配置经济资源的预算控制机制,继承了年度平衡预算政策的主要优点。

但是,这一政策在实际应用时,也产生了一些问题:①经济周期波动不一定是对称的,也就是说,经济繁荣与衰退的时间长短不一,影响程度不同。所以,在繁荣时期为抑制通货膨胀产生的盈余不一定等于在衰退时期为刺激经济复苏所出现的赤字,因此,在一个经济周期内预算并不一定能维持平衡,收支差额可能依然存在。严格的周期平衡只能是一种巧合,经济体系没有一种能够确保周期对称出现的内在机制,使得周期预算平衡政策缺乏实践性。②在经济周期处于波峰时,即经济处于繁荣时期,有时社会生产能力不一定能满足充分就业条件下所需要的就业水平,经济中也不一定存在严重的通货膨胀。此时,如立即采取盈余预算政策,反而会加剧经济的波动。③有些制度因素也妨碍周期平衡预算政策的实现。如在资产阶级民主政治制度下,各利益集团对立法有很大影响。由于政府高公共支出、低税收负担的政策更容易受到欢迎,结果存在着一种内在的支持赤字预算而反对盈余预算的倾向。因此,政治制度对盈余预算的阻碍也使周期平衡的预算政策难以实施。

(四)充分就业预算平衡政策

充分就业预算就是要求按充分就业条件下估计的国民收入规模来安排预算收支,这样达到的预算平衡,就是所谓充分就业预算平衡。也就是设想在现有的经济资源能够得到充分利用的条件下,国民生产总值可以达到最大值,税收收入也随着国民生产总值的增长而增长。此时,政府在安排预算时,为了达到充分就业水平,就必须增加财政支出以刺激生产和增加就业。但由于当年的实际国民生产总值要低于希望达到的充分就业水平,所以在预算上就会出现赤字。安排这样的赤字有利于实现充分就业预算平衡,也是达到充分就业水平所必需的。

这一政策是由美国企业领导人的一个组织——美国经济发展委员会——于1947年首先提出来的。该政策要求政府在确定税率水平时,不仅要考虑平衡预算收支,而且还要考虑创造充分的就业水平。在适当的国民收入水平上,税收应为政府偿还债务提供一个盈余的预算。税率一旦被确定下来,就不应频繁改变,除非国家政策和社会经济情况发生较大的变动。可以看出充分就业预算平衡政策认为政府不一定在每一年度或每一经济周期都保持预算收支平衡,在实现充分就业以前,预算可以永远是赤字。但该政策原则上要求在整个经济周期过程中产生一个平衡的预算,以充分繁荣时期的结余抵消衰退时期的赤字;而且,为了偿还债务,预算在充分就业收入水平上最好还是"略有盈余"。

那么,税率确定的依据是什么?凯恩斯学派的经济学家认为,税率的制定应使在充分就业条件下的税收收入能满足支出的需要。什么是充分就业?凯恩斯学派的经济学家提出了"充分就业"的假定。所谓充分就业是指在一定的货币工资水平下,所有愿意工作的人都得到了就业。实际上由于种种原因(如结构性失业等),充分就业并不是失业率等于零。美国在20世纪60年代将4%的失业率定为充分就业的标准,以后又认为5%或6%左右的失业率接近于充分就业水平。他们认为在充分就业条件下,一个国家的国民生产总值可以达到相对高的水平。因为在现代工业社会中,劳动力的失业总是伴随着其他经济资源(如厂房、机器设备等)的未能充分有效的利用,如设备利用能力和开工率不足等。在低于充分就业水平的条件下,国民生产总值只能达到一个较低的水平。

充分就业预算平衡政策的突出特点是,以财政自动稳定器理论为基础。由于政府的主要税种都与国民收入水平有密切联系,所以税收收入与国民收入的升降呈正相关的关系。与周期性预算平衡政策不同的是,其预算收支的调整是自动发生的,并不取决于对税率的人为变动。即随着国民收入的不断提高将伴随着税收收入的增加,同时,由于失业人数的减少,失业保险等转移性支付也将随之减少;相反,国民收入的下降将伴随着税收收入的减少,而失业保险支付将增加。所以无论是在经济繁荣抑或是衰退时期,税收与政府转移性支出都具有自动调整预算收支的内在机制,进而可以起到熨平经济周期的波动、促进经济增长的作用。

可以看出,充分就业预算平衡政策正是依靠财政的内在稳定器特征,以合理的反周期调节方式起作用:在经济扩张时期,总需求会自动受到"抑制",在经济衰退时期,总需求会自动得到"激励",从而达到在充分就业和价格稳定的目标条件下,仍可以保持预算的平衡并有一定的盈余,以作为调节公债的需要。因此,充分就业预算平衡政策与功能预算政策及周期平衡预算政策有很大不同,在实现预算政策目标及达到一定经济周期内预算收支平衡的方式上,前者主张主要利用自动稳定机制,后者则主张充分利用人为的财政措施。

充分就业预算平衡政策利用的是税收和支出的自动反应,表现出两方面的优点:①自动稳定机制可以避免对经济波动预测可能出现的不准确,也无须政府组织大量人力、物力去研究经济形势的走向,而只要安排好税收、支出等自动稳定机制,财政政策的调节作用就能发挥。②自动稳定机制也克服了税收与公共支出措施在通过立法程序上,以及在执行部门具体实施上,在时间上的滞后问题。也有一些经济学家对充分就业预算平衡政策提出了质疑:①这种预算机制的建立、执行、修改以及取消都要求通过"人为决策"来完成,因此,真正的自动稳定机制是否存在很难说;②财政自动稳定器的能量有限,不足以应付重大的经济波动或私人部门开支的变动,以确保充分就业的实现;③衡量是否达到充分就业的指标数值经常变化,难以确定预算在什么时候应该平衡;④在充分就业状态下,由于累进税的作用,税收收入会随着国民收入的增长而增加,充分就业预算盈余将会发生,这虽然有抑制通货膨胀的作用,但另一方面却阻碍了经济增长。

实际上,政府应利用充分就业平衡预算政策所主张的自动稳定机制,但在一些情况下相机抉择的财政措施也是需要的:①当人口的不断增长和劳动生产率的持续提高,引起就业水平和国民收入不断提高以及税基的不断扩大时,可以采取适当的相机抉择措施,如以人为的方式重新调整税率等。②在一些偶然情况或紧急情况下,造成支出用途异常而且数额较大时,可以采取适当的人为措施。由于这种情况所造成的超支短收,一般数额都大,而且具有临时性;采取在超支时大幅度提高税率,在减支时大幅度降低税率的做法不太现实。在这种情况下,这类支出可以通过增加一段时期的而不是一年的税收收入来满足。所以,任何预算政策的实施都不能摒弃必要的人为的财政手段,如出现严重的经济萧条或通货膨胀,仍需采用相机抉择的财政政策,而且最好的办法就是调整税率。

(五)综合性的预算政策

可以看出,以上各种预算政策都存在着各自的优点及缺陷。①年度平衡预算政策,其目标在于限制或控制预算或财政,这对于主要以市场配置资源的社会尤为重要。但是,过分强调这种"财政纪律"预算政策,很可能导致经济稳定和增长的巨大牺牲。②功能财政预算政策,它的目标在于在市场经济中实现充分就业、稳定物价、经济增长以及国际收支平衡等宏观经济目标。但是,这个政策的最大缺陷是忽视了"财政纪律",也就是说不受预算控制,把部门间的资源配置问题放在了次要位置上。一些经济学家认为,上述两个政策都走向了极端。合理的财政政策应包括"控制"和"宏观经济目标"两方面因素。③周期平衡预算政策和充分就业预算平衡政策都包括了有关实现资源配置的预算控制和改善总体经济运行的预算行为这两方面的内容。

因此,为了取得"稳定"和"增长"的宏观经济目标以及"配置"和"分配"的微观经济目标,一种有效而合理的经济政策应包括各项预算政策的合理因素,必须设计一种兼具上述各种预算政策优点的综合性预算政策,其政策内容除包括上述各种预算政策的特点外,还应合理运用自动稳定和相机抉择政策措施以及协调运用财政政策与货币政策。

总之,为实现充分就业、物价稳定、经济增长及国际收支平衡等综合的国民经济发展目标,建立一种能够综合而富有弹性、灵活的预算政策是必要的,它有助于促进资源的合理配置,实现宏观经济的健康运行。

第五节　政府预算的职责功能

准确理解预算职责功能的前提是把握预算与财政的关系。财政收支活动是预算的执行过程,因此,预算的职责功能是就预算与财政的关系而言的,是预算对财政以及对经济的影响和作用。

按照预算职责功能的历史演进,在预算发展的早期阶段,预算在分配中担负着两个职责:首先是法律控制职责,通过控制税收来控制支出,实际上是监督、限制财政"不能干什么";其次是管理职责,即行政管理凭预算展开。如在欧洲,预算的主要目的是确立立法机关的职责。先使立法机关控制税收,在取得课税权、批税权之后,预算又把注意力转移到控制支出上,要求每年提送既包括支出说明书也包括为此组织收入的说明书的预算报告,在此基础上形成制度。逐步确立起规范与节约等有关收支的原则,在政府内部建立起相关机构,控制、监督政府资金管理和使用。预算及其执行结果直接地表明政府活动的成本、效率,其作为政府确立行政标准的依据,目的是提高行政效率和管理水平。因此,分配和监督是公共财政制度确立及自由市场经济时期产生的预算职责功能,是最基本的职责功能。

在政府职能日益扩大,尤其是第一次世界大战以后各国政府支出急剧增加,经济大萧条影响到就业与稳定,此时财政负担起更多的职责,成为政府调节经济、实施经济政策的手段,预算的职责功能随之发生了变化,派生出积极的调节经济的职责功能,决定财政应该"干什么"——主要是树立财政政策甚至货币政策的结构框架。为了达到某项政治、经济、社会目标,政府制定政策;为了实现政策,政府选择行动方案;为了实现方案,政府统筹资金的获得和使用,所以方案一经决定,政策就在预算框架中反映出来并通过预算实施得以实现。第一,从政策操作角度来讲,预算要分析、判断经济变化趋势,表达有效利用社会资源的意向,决定政府预算规模在国民收入中的份额。更具体地说,就是政府通过税收、消费、转移支出及投资支出等手段,决定资源在各个部门之间的资源配置。第二,预算要确定促进宏观经济平衡的财政政策。要求对收入、支出和货币政策作通盘考虑,作出与就业、价格稳定、国际收支平衡相协调的经济增长的政策选择;预算必须力求使支出的社会效益与向私人部门抽取资源的社会成本相等;预算要对政府债务作谨慎评估。第三,预算已成为减少不公平的工具。税收和财政支出的作用及其对分配产生的影响及影响方式,必须由预算进行筹划。尽管分配目标须通过各种手段来达到,但预算是一个重要的手段。第四,对于财政政策对国民经济总体的影响,预算要作出接近实际的评价。进入这样的历史时代以后,政府的主动性大大提升,无论在客观上还是在主观上都产生了弱化立法机构控制的倾向。

通过预算制度发展的历史,可以看出现行政府预算职责功能包括财政分配、宏观调控、监督控制。

一、政府预算的分配功能

政府预算是财政分配资金的主要手段。财政分配是指财政参与国民生产总值的分配和再分配集中必要的资金,用以满足社会的公共需要。财政分配职能需要由财政部门运用预算、税收、财政投资、财政补贴、国有企业上缴利润等一系列分配工具来实现,其中主要是通过预算进行的。这是因为,政府预算集中了我国财政的主要财力。政府总预算直接集中了相当数量的以货币表现的社会资源,国家通过税收、公债、上缴利润等分配工具把分散在各地区、各部门、各企业单位和个人手中的一部分国民生产总值集中上来,形成政府预算收入。

政府预算集中资金只是手段,分配资金满足国家各方面的需要才是目的。公共产品的特性决定了市场不能有效地提供,往往需要政府预算对其进行资源的配置,因此,国家根据社会共同需要,将集中的预算收入在全社会范围内进行再分配,合理安排各项支出,保证重点建设、行政、国防和科教文卫等方面的需要,为公共产品提供必要的财力保证。因此,政府预算的收入来源和支出用途能够全面反映财政的分配活动,体现集中性财政资金的来源结构和去向用途,即政府预算收入的来源结构、数量规模和增长速度能够反映国民经济的收支结构、发展状况、经济效益、积累水平和增长速度;政府预算支出的比例结构、支出流向体现国民经济和社会发展以及政府各部门之间的比例关系。

二、政府预算的调节功能

政府预算是政府进行财政宏观调控的重要手段,是因为政府预算作为财政分配的中心环节,在对财政资金的筹集、分配和使用过程中,不仅仅是一般的财政收支活动,如果通过收支活动有意识地为财政的调控功能服务,那么收支手段就又成为对经济进行宏观调控的重要工具。虽然调控离不开分配,但调控也是财政分配对经济能动作用的具体表现。

从范围上讲政府预算分为中央预算和地方预算,作为国家财政政策工具的预算一般是指中央预算或联邦预算。它主要通过年度预算的预先制定和在执行过程中的收支平衡调整,实现其调节国民经济的功能。

在市场经济条件下,宏观调控也是不可缺少的,因为单靠市场调节往往会造成资源配置浪费,也会失去社会公平。所以,当市场难以保持自身均衡发展时,政府可以根据市场经济运行状况,选择适当的预算政策,以保持经济的稳定增长和社会的公平发展。政府预算的调控功能主要表现在以下几个方面。

(一)通过预算收支规模的变动,调节社会总供给与总需求的平衡

在市场经济条件下,社会总供给与总需求平衡的控制是国民经济正常进行的基本条件。社会总供给是指已经生产出来并进入市场交换的全部商品总和,而总需求是指有货币支付能力的对商品物资的需求总和。只有在商品经济中,商品价值形态和使用价值形态运动相分离,才产生了总供给与总需求的平衡问题。在两者的平衡关系中,预算宏观调控基本上是作用于社会总需求的。这是因为,在市场经济下,企业和个人的经济活动是市场主要和基本的活动,企业和个人的生产或劳务活动直接由市场机制所支配。对于他们来说,只要存在着市场需求,为满足这些需求的生产经营活动具有获得平均利润率的合理预期,他们就会在市场价格的引导下提供市场所需要的产品和劳务。此时政府对企业和个人的活动是不能直接以计划安排的,预算也不能替代企业和个人去直接从事市场经营活动。因此,预算对宏观经济的调控,就应主要作用于社会总需求。即要求预算通过自身收支的运作,去影响社会总需求,作用于市场的运行。

由于预算收入代表可供政府集中支配的商品物资量,是社会供给总量的一部分;预算支出代表通过预算分配形成的社会购买力,是社会需求总量的一部分。因此通过调节政府预算收支之间的关系,就可以在一定程度上影响和调节社会供求总量的平衡。具体表现在:当社会总需求大于社会总供给时,预算可采取紧缩支出和增加税收的办法,采取收大于支的盈余政策进行调节,以减少社会总需求,使供求之间的矛盾得以缓解;当社会总需求不足时,可以适当扩大预算支出和减少税收,采取支大于收的赤字政策进行调节,以增加社会总需求;当社会供求总量基本平衡时,预算可实行收支平衡的中性政策与之相配合。预算调节经济的作用主要反映在收支规模和收支差额的调节上。赤字预算体现的是一种扩张性财政政策,在有效需求不足时,可以对总需求的增长起到刺激作用。盈余预算体现的是紧缩性财政政策,在总需求过旺时,可以对总需求膨胀起到有效的抑制作用。平衡预算体现的是一种均衡财政政策,在总需求和总供给相适应时,可以保持总需求的稳定增长。

(二)通过调整政府预算收支结构,进行资源的合理配置

资源配置,是社会可利用的经济资源在公共部门和民间部门之间以及在它们各自的内部各领域之间的分配。其中,民间部门资源的最优配置是通过市场价格机制实现的,公共部门和民间部门之间的资源配置和公共部门内部的资源配置是通过政治程序编制预算实现的。政府预算首先决定整个资源在公共部门和民间部门之间分配的比例,即各自的规模,然后决定被分配在公共部门的资源规模的内部配置,即配置结构。可以说,在现代市场经济国家,市场是资源配置的基础机制,而政府预算则是整个社会资源配置的引导机制。

1. 调节公共部门与民间部门的资源配置

我国的经济体制改革的着力点之一，就是资源配置机制的重构问题。即由计划经济体制下的政府一元化配置资源，转变为现代市场经济体制下的政府与市场，也即公共部门与民间部门的二元化资源配置。政府配置资源的机制是预算，市场配置资源的机制是价格。社会可利用的经济资源通过预算在公共部门与民间部门之间如何分配，实际是政府财政参与国民生产总值的分配比例问题。在对国民生产总值的分配中，通过政府预算集中资金的比重，应当有一个比较符合我国国情的合理的数量界限。在国民生产总值一定的情况下，政府集中多了，会挤占社会其他方面的利益，不利于国民经济和社会的发展；集中少了，资金过于分散，政府掌握不了足够的财力，会影响政府职能的充分发挥。因此，应合理确定符合我国国情的政府预算收入占国民生产总值比重的数量界限，确定的依据是以政府预算支出的范围为导向，而政府预算支出的范围又取决于市场经济条件下政府的职能范围。在我国传统的计划经济体制下，政府是社会资源配置的主体，财政作为以国家为主体的分配，必然在社会资源配置中居于主导的地位。因此，形成了大而宽的财政职能范围，覆盖了社会生产、投资、消费的各个方面。在市场经济条件下，社会资源的主要配置者是市场，而不是政府。西方财政理论认为，政府不仅是纯消费的单位，也是一个创造价值的生产部门，是同私人部门和企业部门等民间部门相对应的一个重要的经济部门，即公共经济部门。这个部门的任务就是提供公共产品，满足社会公共需要，即政府财政只应在社会资源配置中起补充和配角的作用。财政所要解决的只能是通过市场不能解决，或者通过市场不能得到满意解决的事项，诸如提供公共产品和部分准公共产品、纠正外部效应、维持有效竞争、调节收入分配和稳定经济等。在这一理论基础上，各国政府配置资源的领域通常是：政权建设、事业发展、公共投资、收入分配调节等领域。在我国社会主义市场经济条件下，就需要转变政府职能，重新认识在社会主义市场经济条件下我国财政职能的范围。并在此基础上，调整作为财政分配重要手段的政府预算集中社会资源的比例，以调节社会资源在公共部门和民间部门的配置。

2. 调节国民经济和社会发展中的各种比例关系结构

民间部门的经济活动通过市场由价格机制确定其活动方向，即价格机制引导私人部门的资源配置。财政活动通过政治程序编制预算，决定其活动方向，调整各种利益关系，即预算机制引导政府部门的资源配置，如预算支出增加对某个地区和部门的投资，就能促进该地区和部门的发展；相反，减少对某个地区和部门资金的供应，就能限制该地区和部门的发展。因此，调整政府预算的收入政策和支出结构，就能起到调节国民经济各种比例关系和社会发展结构的作用，并且这种调节具有直接、迅速的特点。

(1) 调节资源在地区之间的配置。

在世界范围内，地区之间经济发展不平衡是普遍现象，这一问题在我国显得更加突出，这有自然和历史等多方面的原因。解决这一问题，仅仅依靠市场机制是难以完全奏效的，有时利用市场机制还会产生逆向调节，使资源从经济落后地区向经济发达地区转移，这与整个经济和社会的发展与稳定是相悖的。因此，要求财政资源配置职能发挥作用，其主要手段是通过预算安排，以税收、投资、财政补贴和转移支付等政策形式来实现。

(2) 调节资源在经济和社会各部门之间的配置。

合理的部门结构对提高宏观经济效果，促进国家健康发展具有重要意义。预算调整部门结构有两条途径：一是调整投资结构。如增加对国家需要优先发展的部门的投资，则会加快该部门的发展；相反，减少对某部门的投资，就必然会延缓其发展。二是改变现有产业部门的生产方向。即调整资产的存量结构,进行资产重组,来调整产业结构。政府预算在这两个方面发挥着调节作用:一是调整预算支出中的直接投资,如增加教育、能源交通和原材料等基础产业和基础部门的投资,减少一般加工部门的投资;二是利用预算收支,安排有利于竞争和对不同产业区别对待的税收、财政补贴等引导企业的投资方向,以调整资产存量结构。

(三)公平社会分配

改革开放以来,由于打破旧的分配格局以及进行经济结构调整,加之市场经济的消极作用,我国收入分配出现了地区之间收入相差悬殊和个人之间的分配不公的问题。这种状况将影响经济的持续、均衡发展及社会的安定。因此,可以充分利用政府预算在财政分配中的中心地位,采取税收、财政转移支付及财政补贴等手段,调节社会分配,调节中央与地方之间、地区之间、行业之间以及公民个人间的收入分配。

政府预算调节经济功能的特征:一是具有直接调控性。因为政府预算是由收支两类指标组成的,这些指标一经权力机构即各级人民代表大会通过,都具有指令性,带有强制执行的效力。二是调节力度强。这不仅是因为政府预算是一种直接调控手段,而且因为它是政府集中对社会产品的分配。预算资金的统一安排使用,对于解决国民经济和社会发展中迫切需要的重大项目资金来源,可以做到时效强、收效快。

三、预算的反映和监督功能

(一)反映国民经济和社会发展状况

政府预算具有综合性强的特点,即预算收入可反映国民经济发展规模、结构和经济效益水平,预算支出可反映国家各项经济及社会事业发展的基本情况。而这些综合情况可通过国民经济各部门、各企事业单位、国家金库以及财政部门内部各职能单位的预算报告制度,按照一定的信息渠道及时反映到预算管理部门。也就是说,通过预算收支指标及其完成情况,可反映政府活动的范围和方向,反映国家经济和社会发展各方面的活动状况以及政府各部门的情况。这就使预算的编制及执行情况本身成为整个国民经济和社会发展的观察哨,通过它可以掌握国民经济和社会发展的趋势,发现问题,及时采取对策,以使国民经济和社会发展植根于稳固的基础之上。

(二)监督各方依法理财

预算监督是预算对财政活动的规范和控制,是对预算履行其职责的状况及其结果的检验,是预算的最终目的。内涵于预算之中的法律控制职责始终支配着预算:一方面,预算本身具有法律效力;另一方面,预算是在法令规章的网络中形成和执行的。检验预算的优劣,不仅在于预算本身形式或内容如何完善,而更重要的是在于它能否起到对财政活动的控制作用。在政府财政活动的每一阶段上都有政府行为是否合法问题,而且随着社会、经济、技术的发展越来越突出,尤其表现在防止滥用职权或转移公款方面,因此,预算的监督控制职责也日益加重。

预算监督的理论依据是,政府与公民之间存在着一种社会契约关系,在这种契约关系中,政府向公民提供公共产品及服务,而公民则向政府缴纳政府提供公共产品的价值补偿——税收。作为财政资金的提供者——公民,有权全面了解政府是如何花费自己所缴纳的税款的。历史实际也说明,实行代议制的政体比实行专制王权的政体更有利于取得财政收入。原因无非是前者给公民参与决策与监督的机会,公民相信由代议机构做出的决定具有合法性,因此更愿意依法纳税。反之,在专制王权下,如何征税、税款如何使用都是统治者说了算,因此,人们千方百计地逃税,致使政府征税代价高而成效低。由此得出的结论是:民主决策与监督有利于政府财力的动员,原因在于,公民通过行使民主决策与监督权,可以使政府将有限的资金投向人们最需要的公共产品;可以有效防止政府官员对公共财产的侵蚀,而其监督政府对公共资金使用情况的一个重要工具就是政府预算。

预算作为财政的控制系统,本身是制度体系。预算的监督控制效力乃是制度效力问题。美国的预算管理者进行预算改革的理论观点认为,腐败现象的根源不是出在人品上,而是出在制度上。从此意义上看,预算实际上是一种对政府及政府官员实施的制度控制方法。因此,应通过一系列的制度建设来保证预算监督效力的发挥。

专栏 1-1　　　　　　　1998 年我国积极财政(预算)政策运行案例(一)

一、积极财政(预算)政策启动背景

1. 受东南亚金融危机的影响,出口受阻,内需不振

以 1997 年泰国政府宣布放弃联系汇率制为标志而爆发的东南亚金融危机,引出一浪又一浪的冲击波。到 1998 年已席卷了几乎整个亚洲,并扩展到俄罗斯,波及拉美,进而使欧洲和美国也受到影响。中国经济在此次危机中被评价为在亚洲表现最好,受影响最小。但到 1998 年,外贸的增长幅度明显放缓,并于 5 月出现负增长。

受金融危机影响,长期累积的结构性矛盾和体制性矛盾不断加剧,我国经济增长速度放慢。GDP 增长率从 1993 年的 13.5％回落到 1997 年 8.8％的水平。同时物价水平持续负增长,不少专家学者认为是通货紧缩的表现。中国经济在经历了 1992 年的过热和此后的"软着陆"之后,在 1997—1998 年走到了"过剩经济"时期。1993—2002 年商品价格变动情况见图 1-1。

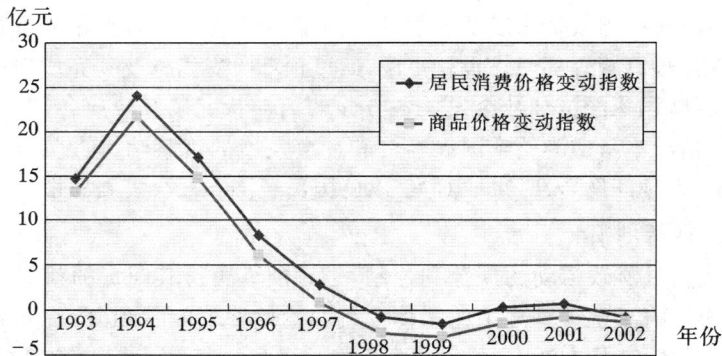

图 1-1　1993—2002 年商品价格变动情况

2. 国有经济战略性改组带来了大量的下岗分流人员和失业压力

在"软着陆"后需求不旺的宏观环境下,为了对国有企业维持必要的优胜劣汰压力,不再沿用过去的种种优惠和关照手段,而是采取积极措施促进企业的兼并重组乃至破产,于是出现了大量的下岗分流人员,一年约 1 000 余万人。缓解失业压力成为决策层和社会关注的重大问题。

3. 货币政策连续运用,但政策效果不够明显

1996 年 5 月之后的两年多的时间里,中央银行先后多次降低存贷款利率,并在 1998 年初取消国有商业银行的贷款限额开支(改行资产负债比例管理和风险管理)、降低存款准备金率、颁布实行贷款支持的指导意见等,以求扩大企业贷款需求、刺激投资,可以说,货币政策的连续、密集

运用已"竭尽全力"。然而,迟迟没有产生足够明显的政策效果,其操作余地已经相对狭小。

二、积极财政(预算)政策实施内容

启动财政(预算)政策时,有关部门加紧研究了对原预算安排作出调整的方案,这一方案在1998年8月的全国人大常委会上提请审议并获得批准。积极财政(预算)政策由此开始实施。

(1)1998年积极财政(预算)政策的主要内容包括:一是发行1 000亿元长期建设国债,加强基础设施建设;二是国家财政发行2 700亿元特别国债,充实国有银行资本金;三是调整税收政策,清理整顿收费。在方式上以国债投资为主,以基础设施建设为投资方向。其特点是,以政府直接投资拉动总需求的增长,注意发挥地方和金融部门的积极性。

(2)1999年根据当年第二季度表现出来的固定资产投资增幅回落、出口下降、消费需求持续不振的情况,积极财政(预算)政策作了一定的调整:一是发行1 100亿元长期国债继续扩大固定资产投资。二是调整税收政策,刺激需求增长。主要措施包括:1999年内两次提高出口退税率,下半年减半征收固定资产投资方向调节税,从当年11月起对居民储蓄存款利息所得征收个人所得税等。三是运用收入分配政策直接增加居民收入。重点是增加中低收入者的收入,包括适当提高社会保障"三条保障线"(国有企业下岗职工基本生活保障、失业保险金、城镇居民最低生活费),提高机关事业单位职工收入,适当提高离退休人员的待遇等。

(3)2000年财政(预算)政策的内容主要有:一是继续发行1 500亿元建设国债进行固定资产投资;二是落实停征固定资产投资方向调节税;三是落实对符合条件的国产设备技术改造投资实行抵免新增企业所得税的政策;四是加快社会保障体系建设,增加社会保障支出;五是加大税费改革力度。

(4)2001年积极财政(预算)政策的要点:一是发行1 500亿元长期建设国债用于投资;二是继续运用收入分配政策,增加机关事业单位职工工资和离退休人员养老金;三是调整多项税收政策,包括消费税、营业税等。当年财政政策的特点是:扩大西部开发投资,增加居民收入,调整税收政策,扩大消费。

(5)2002年积极财政(预算)政策的主要内容是:继续发行长期建设国债1 500亿元;加快社会保障体系建设,确保社会保障支出需要。在政策操作上注意与调整经济结构、深化体制改革、增加就业、改善人民生活和实现可持续发展结合起来,努力增加城乡居民特别是低收入群体的收入,以扩大和培育内需,实现效率和公平的统一。1998—2003年长期建设国债发行情况见图1-2。

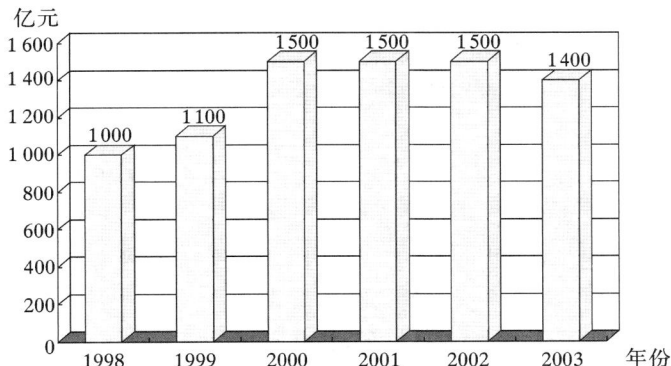

图1-2　长期建设国债发行情况

三、积极财政(预算)政策实施成效

　　积极财政预算政策的实施使中国经济形势发生明显转机,对于经济持续增长发挥了不可磨灭的促进作用。首先是对 GDP 增幅的贡献率,据有关部门测算,积极财政预算政策对经济的拉动作用见图 1-3、图 1-4。

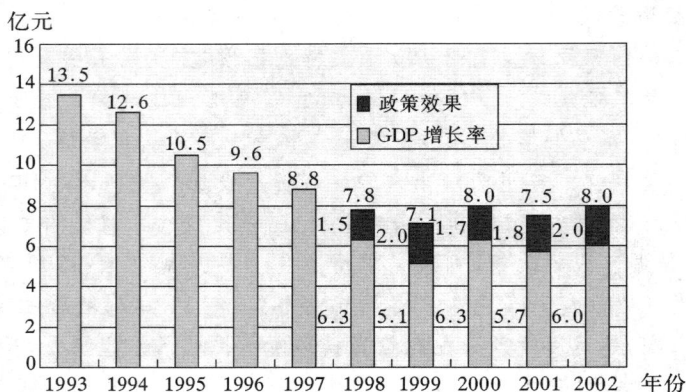

图 1-3　1993—2002 年 GDP 增长情况

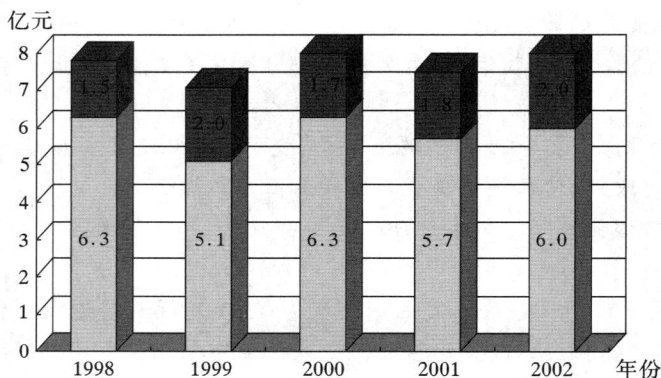

图 1-4　财政政策效果——拉动 GDP 增长情况

　　积极财政预算政策的效果突出表现在以下几个方面:

　　(1)有效扩大了投资需求,促进了经济发展。1998 年至 2003 年累计发行长期国债 8 000 亿元,直接带动地方、部门和企业投入项目配套资金和安排银行贷款近万亿,对促进经济增长发挥了重大作用。

　　(2)集中力量建成了一批重大基础设施项目,办成了一些多年想办而未办成的大事。如治理大江大河、改善交通运输条件、改善粮食仓储设施等。

　　(3)加快了企业技术进步,促进了产业升级。利用国债资金实施了一大批技术改造、高科技产业化、装备国产化项目,有力地配合了国企改革工作。

　　(4)促进了地区生产力布局的调整和优化,推动西部大开发工作迈出了实质性步伐。

　　(5)加强了环境保护和生态建设,促进了可持续发展。

　　(6)改善了人民生产生活条件,促进了社会事业发展。

资料来源:根据江建平.积极财政政策:回顾 分析 选择[J].财政研究,2004(1):40-42;何乘材.积极财政政策的回顾与评价[J].经济研究参考,2003(81):2-12;贾康.我国1998年以来的积极财政政策及其效果评价[J].天津财税,2002(5):4-10等整理。

思考提示:从1998年我国政府实施积极财政(预算)政策的案例中我们可以获得怎样的启迪?

专栏1-2　　　　　2008年我国积极财政(预算)政策运行案例(二)

一、积极财政(预算)政策启动背景

1998年我国为了应对亚洲金融危机引起的外需不畅、内需不振、经济滑坡、物价低迷、失业率上升等问题,决定实施积极的财政政策。2007年8月美国次贷危机恶化在全球引起了一场金融风暴。美国的金融风暴随机影响到了美国的实体经济,进而直接造成我国的出口企业面临严峻形势,我国经济下滑、就业等问题突出。2008年9月,国际金融危机全面爆发后,中国经济增速快速回落,出口出现负增长,大批农民工返乡,经济面临硬着陆的风险。为了应对这种危局,2008年11月,国务院常务会议决定对财政政策作出重大调整,实行积极的财政政策,这是继1998年我国为应对亚洲金融危机实施积极的财政政策之后,再次实施积极的财政政策。出台了十项更加有力的扩大内需的措施。实施十大措施,到2010年底需要投资4万亿元。

4万亿元投资的资金来源,其中新增中央投资共11 800亿元,占总投资规模的29.5%,主要来自中央预算内投资、中央政府性基金、中央财政其他公共投资,以及中央财政灾后恢复重建基金;其他投资28 200亿元,占总投资规模的70.5%,主要来自地方财政预算、中央财政代发地方政府债券、政策性贷款、企业(公司)债券和中期票据、银行贷款以及吸引民间投资等。

二、积极财政(预算)政策实施内容

4万亿元投向的都是国民经济和社会发展的重点领域和薄弱环节,中央强调,要防止盲目投资和低水平重复建设,防止投向"两高一资"项目。根据国务院批准的十大产业调整和振兴规划的要求,4万亿元投资用于各重点领域的情况是:

一是加快建设保障性安居工程。加大对廉租住房建设支持力度,加快棚户区改造,实施游牧民定居工程,扩大农村危房改造试点。

二是加快农村基础设施建设。加大农村沼气、饮水安全工程和农村公路建设力度,完善农村电网,加快南水北调等重大水利工程建设和病险水库除险加固,加强大型灌区节水改造。加大扶贫开发力度。

三是加快铁路、公路和机场等重大基础设施建设。重点建设一批客运专线、煤运通道项目和西部干线铁路,完善高速公路网,安排中西部干线机场和支线机场建设,加快城市电网改造。

四是加快医疗卫生、文化教育事业发展。加强基层医疗卫生服务体系建设,加快中西部农村初中校舍改造,推进中西部地区特殊教育学校和乡镇综合文化站建设。

五是加强生态环境建设。加快城镇污水、垃圾处理设施建设和重点流域水污染防治,加强重点防护林和天然林资源保护工程建设,支持重点节能减排工程建设。

六是加快自主创新和结构调整。支持高技术产业化建设和产业技术进步,支持服务业发展。

七是加快地震灾区灾后重建各项工作。

八是提高城乡居民收入。提高2009年粮食最低收购价格,提高农资综合直补、良种补贴、农机具补贴等标准,增加农民收入。提高低收入群体等社保对象待遇水平,增加城市和农村低保补助,继续提高企业退休人员基本养老金水平和优抚对象生活补助标准。

九是在全国所有地区、所有行业全面实施增值税转型改革,鼓励企业技术改造,减轻企业负担1 200亿元。

十是加大金融对经济增长的支持力度。取消对商业银行的信贷规模限制,合理扩大信贷规模,加大对重点工程、"三农"、中小企业和技术改造、兼并重组的信贷支持,有针对性地培育和巩固消费信贷增长点。初步匡算,实施上述工程建设,到2010年底约需投资4万亿元,见表1-1。为加快建设进度,会议决定,2008年四季度先增加安排中央投资1 000亿元,2009年灾后重建基金提前安排200亿元,带动地方和社会投资,总规模达到4 000亿元。

表1-1　2008年四季度到2010年底4万亿投资的重点投向和资金测算

重点投向	资金测算
廉租住房、棚户区改造等保障性住房	约4 000亿元
农村水、电、路、气、房等民生工程和基础设施	约3 700亿元
铁路、公路、机场、水利等重大基础设施建设和城市电网改造	约15 000亿元
医疗卫生、教育、文化等社会事业发展	约1 500亿元
节能减排和生态工程	约2 100亿元
自主创新和结构调整	约3 700亿元
灾后恢复重建	约10 000亿元

资料来源:发展改革委网站。

三、积极财政(预算)政策实施成效

为了管好用好4万亿元投资,防止形成盲目投资和低水平重复建设,提高投资的质量和效益,从中央到地方已采取了一系列的监管措施:突出的是做到"两个明确、两个严格"。"两个明确":第一明确投资方向,不搞一般性加工工业,不搞重复建设,重点投向是民生工程、农业、基础设施、社会事业、节能环保、技术进步等。第二明确项目的责任主体,地方项目的责任主体是省级人民政府,中央项目的责任主体是有关行业主管部门和中央管理企业。各责任主体要对所属项目的投资安排、项目管理、资金使用、实施效果负总责,并细化落实各实施环节的责任制,实行责任追究。"两个严格":第一严格遵循建设程序,严格执行规划、产业政策和市场准入标准,落实项目审核、土地、环评、节能等管理要求。第二严格项目建设和资金使用监管。最终4万亿元投资计划取得了明显成效。

一是对拉动全社会投资和稳定经济发挥了重要作用。按照中央"快、重、准、实"的总体要求,各地各部门迅速完善落实中央投资项目组织、政策、监管三大保障体系,加快推进项目建设。在中央扩大投资政策带动下,全社会投资增长势头强劲。从需求情况看,扩大内需对促进经济回升发挥了重要作用。

二是为进一步加强"三农"和改善民生夯实了基础。农业农村经济稳定发展。强农惠农政策力度大,落实快,效果好。

三是积极推进了经济结构战略性调整和发展方式转变。围绕增强经济发展动力、优化资源配置和加强民生保障等,一些重点领域的改革取得新突破。

四是重大基础设施建设稳步推进,汶川地震灾后恢复重建有力有序开展。着眼于缓解基础设施的瓶颈制约,加快重大基础设施建设,为长远发展增强后劲。

我国推出的 4 万亿元扩大内需的 10 项举措,覆盖面广,方向正确,对世界经济贡献很大。这一政策不仅拉动了基础设施的建设,同时增加了对社会服务、民生需求的投入,它有效地拉动我国国内的消费需求、促进了进口增长。我国推出的强有力的扩大内需政策,不仅为遏制世界经济衰退作出了重要贡献,同时也为世界经济复苏打下了良好的基础。这 4 万亿元的投资计划,不仅对提振我国市场信心发挥了重要的作用,它在全世界也产生了重大的影响。

资料来源:根据全球金融风暴对中国经济冲击严重[N].京华时报,2009 - 02 - 21;专访央行行长周小川:解疑释惑 M2[N].第一财经日报,2013 - 03 - 08;国家发展和改革委.关于 2008 年国民经济和社会发展计划执行情况与 2009 年国民经济和社会发展计划草案的报告[EB/OL].http://www.gov.cn/2009lh/content_1259872.htm;发改委:万亿新增中央投资有四大来源[N].中国证券报,2009 - 05 - 22 等资料整理。

思考提示:我国 4 万亿元投资计划的目的是什么?是如何刺激经济的?取得了哪些成效?

专栏 1 - 3　　　　2020 年我国积极财政(预算)政策运行案例(三)

喜看积极财政"及时雨"
——两会代表委员热议预算报告点赞财政政策

2020 年我国的政府预算报告提出,2020 年积极的财政政策要更加积极有为,围绕做好"六稳"工作、落实"六保"任务,以更大的政策力度对冲疫情影响,真正发挥稳定经济的关键作用。宏观政策加力创新不同凡响,字里行间惠企利民时时不忘,2020 年财政政策和财政工作重点突出,亮点纷呈,受到两会代表委员的热议和点赞。

热议话题一:积极的财政政策更加积极有为

2020 年预算报告围绕"积极的财政政策要更加积极有为"提出多项举措,包括加大减税降费力度、多渠道筹措资金、扩大政府投资规模等,财政部门在经济发展遇到前所未有挑战之时勇于探索、敢于担当,得到两会代表委员的充分肯定。

"今年的赤字率安排从去年的 2.8% 提高到 3.6% 以上,赤字额为 3.76 万亿元,再加上发行抗疫特别国债 1 万亿元,地方政府专项债券 3.75 万元,'三支利箭'总计约 8.5 万亿元,这意味着我国推出一个 8.5 万亿元的财政政策大礼包,表明政府加大财政政策力度,明确释放积极信号。"全国政协常委、财政部会计标准战略委员会委员、中国税务学会副会长张连起认为,2020 年积极的财政政策要更加积极有为,一方面,要体现更加积极取向,加大财政政策对冲力度,稳住经济基本盘,兜牢基本民生底线;另一方面,要大力提质增效,该减的税减下去,该降的费降到底,该压的支出压到底,把钱用在刀刃上,提高资金使用效率,最大限度下沉财力。

在全国政协委员、中国社会科学院副院长高培勇看来,我国经济面临的问题中,新冠肺炎疫情的冲击是突如其来的,而日常性、结构性的矛盾是长期性的,要解决这方面的矛盾和问题,不能指望一项经济政策将所有问题"一锅煮""一勺烩"。他说:"今年政府加大了对经济的刺激力度,包括财政赤字规模比去年增加 1 万亿元,同时发行 1 万亿元抗疫特别国债等,全都体现了国家在提振经济时'对症下药'的态度。"

热议话题二:减税降费

"留得青山,赢得未来",政府工作报告中这句话令很多代表委员印象深刻;"加大力度,更大规模",预算报告中有关 2020 年减税降费的一系列安排让广大代表委员备受鼓舞。这其中,来自企业的代表、委员最有切身体会、最为满意。

预算报告指出,2019 年实施更大规模减税降费,全年减税降费 2.36 万亿元;2020 年要加大减税降费力度,强化阶段性政策,与制度性安排相结合,重点减轻中小微企业、个体工商户和困难行业企业税费负担。

"去年以来,国家从增值税、所得税、社会保险费等许多方面陆续出台了一系列减税降费政策,给企业带来了明显的、看得见的、实实在在的好处。"全国人大代表、江苏万顺集团董事长周善红说,作为一家制造行业企业,受益最大、感受最深的便是增值税税率降低,推动企业税负降低了 20% 左右。在其他税收方面,企业也尝到了政策的甜头。2019 年,得益于减税降费政策,企业总成本降低了约 1%,这是一个相当大的比例。

全国人大代表、吉林敖东药业集团股份有限公司董事长李秀林说:"近年来,国家对中小企业的发展非常重视,各地陆续出台多项针对中小企业的鼓励政策,支持企业技术改造、科技创新。2019 年空前的减税降费力度为我们发展送来了'定心丸',全年敖东享受减税降费 6 689 万元,帮助企业发展增强后劲。今年国家实施更大力度的减税降费政策,我们期待相关政策落实落细,做到应减尽减、应退尽退、应免尽免。"

得知 2020 年减税降费规模继续扩大,全国政协委员、恒银金融董事长江浩然难掩激动之情说:"我们去年是超预期的减税,预期是 2 万亿元,实际是 2.36 万亿元,而今年目标是 2.5 万亿元。我觉得这种给企业'卸包袱'的政策举措落实到位后,更能使企业克服疫情带来的影响,能够让我们的经济稳定健康发展。"

热议话题三:保基层运转

2020 年预算报告中提出,新增加的财政赤字和抗疫特别国债全部安排给地方,要不折不扣用在落实"六保"任务和减税降费等方面。建立特殊转移支付机制,资金直达市县基层,直接惠企利民,主要用于保就业、保基本民生、保市场主体,强化公共财政属性,决不允许截留挪用……全部安排、不折不扣、直达直接、决不允许,一个个铿锵有力的措辞,反映出中央保基层运转的决心意志绝不动摇。

如此的牵挂和关怀,代表委员都感受到了。全国人大代表、海南省陵水黎族自治县英州镇母爸村党总支书记、村委会主任陈飘表示,2020 年新增加财政赤字和抗疫特别国债两个 1 万亿元全部安排给地方,资金直达市县。这体现出了越是艰难的时候,党中央对基层和老百姓越是充满了关心关怀。中央政府带头过紧日子,也要支持基层保运转,对此他深有感触。"我们将借助财政资金的支持发展好热带瓜果蔬菜种植等农业产业,不让农业农村拖了海南省加快建设自由贸易港的后腿!"

如此的用意和目的,代表委员都领会到了。全国政协委员、中国财政科学研究院院长刘尚希表示,保基本民生、保市场主体、保产业链供应链稳定等,都离不开保基层运转,要保证基层财政有基本能力,才能贯彻落实好中央的决策部署,实现"六保"。"通过特殊转移支付机制使资金直达市县基层,是非常重要的举措,有利于对冲疫情给基层财政带来的巨大冲击,有助于缓解基层财政能力不足,以及其他次生风险。"刘尚希提醒,在筹措资金的同时,要更加注重资金使用效率,把资金用到"六保"上,让相关政策有效落地。

资料来源:苏望月,张思楠.喜看积极财政"及时雨":代表委员热议预算报告点赞财政政策[N].中国财经报,2020 - 05 - 26.

思考提示:查找资料并比较分析我国三次积极财政政策实施的背景是什么?其作用和方式有何异同?对我国经济运行产生了怎样的影响?

关键术语

政府预算　政府预算原则　年度平衡预算政策　功能财政预算政策
周期平衡预算政策　充分就业预算平衡政策

思考与练习

1.如何理解政府预算的内涵？

2.政府预算有哪些基本特征？

3.如何理解现代预算制度产生的原因及意义。

4.怎样认识政府预算的原则？

5.政府预算政策手段有哪些类型？它们是如何发挥作用的？

6.政府预算的职责功能有哪些？它们是如何发挥作用的？

第二章　政府预算形式与分类

　　政府预算管理的形式与分类,包括对预算形式的选择和对预算收支的分类,是政府预算管理的基础。

　　自现代预算产生以来,出现了多种预算形式。按照不同的标准,可以将其分成不同的类别,每种预算形式都有其特点,每个国家都需要根据本国特点选择最适合本国国情的预算形式。预算形式的选择对于加强预算管理,提高财政资金使用效益,增强政府宏观调控能力有着至关重要的作用。

　　政府预算的具体分类是通过预算收支科目反映的。政府预算收支科目是政府收支的总分类,由财政部制定,全国统一执行。预算科目按层次分为类、款、项、目,其关系是前者是后者的概括和汇总,后者是前者的具体化和补充。它是财政编制政府预决算、组织预算执行以及预算部门和单位进行会计明细核算的重要依据,也是了解政府具体收支活动和内容的重要窗口。

　　对政府预算收支进行科学的分类,涉及政府预算管理的各个环节、层次,关系预算管理的水平与质量。新中国成立以来,我国政府预算收支分类有过多次调整,2007 年,我国再次对政府预算收支科目做出重大调整,这是我国政府预算管理制度的一次深刻创新,对于进一步提高政府预算透明度,强化预算管理与监督,促进社会主义民主政治等,都具有十分重要的意义。2007 年以后,我国政府预算收支科目分类进入了一个全新的阶段。

第一节　政府预算形式选择

　　政府预算作为财政收支计划,在技术操作上要解决的主要是两个问题:一是计划表格的安排;二是计划指标(数字)的确定。前者通常称为政府预算的形式,后者则是政府预算的内容。这里所论述的预算组织形式指预算的技术组织形式,即指在同预算层次内的预算项目的划分、编列、分块、平衡和评估。也就是说这种预算组织形式是预算编制方法、结构和格式等表现预算内容的载体。

　　预算形式不仅要符合立法要求,而且还要满足决策者的需要。从预算形式的分类来看,有单式预算、复式预算、基数预算、零基预算、投入预算和绩效预算等。选择科学合理的预算形式,是强化政府预算管理,提高政府支出效益的基本前提。

一、单式预算与复式预算

　　按照预算的组织形式划分,我们可以将预算分为单式预算和复式预算。

(一)单式预算

　　单式预算是传统的预算组织形式,其做法是在预算年度内,将全部的财政收入与支出汇集编入统一的总预算内,而不去区分各项或各种财政收支的经济性质。其优点是把全部的财政收入与支出分列于一个统一的预算表上,单一汇集平衡,这就从整体上反映了年度内政府总的预算收支状况,整体性强,便于立法机构审议批准和社会公众的了解与监督。此外,只要是收入项目,不管经济性质如何,一概列入"收入"栏内,只要是支出项目就一概列入"支出"栏内,简便易行,对政府部门的预算编制能力的要求也较低。但单式预算也有不足,即不能反映各项预算收支的性质,如资本性支出与一般性支出的区别,难以对支出项目和资金使用效益进行深入考察,不利于预算管理,也不利于体现政府在不同领域活动的性质与特点。

20 世纪 30 年代之前,世界各国普遍采用单式预算的组织形式。当时各国信奉的是以亚当·斯密为代表的古典学派的经济理论。古典经济学派认为,市场机制这只"看不见的手"调节经济运行是最有效率的,而政府这只"看得见的手"对于经济的干预会导致资源配置的低效,所以他们坚决反对政府干预经济,主张缩小政府职能,压缩政府收支,力求预算平衡,避免赤字,谋求所谓的"廉价政府""健全财政"。可见,在当时的历史条件下,单式预算的组织形式完全可以满足预算管理的需要,对监督和控制政府的预算收支,维持预算平衡起着重要作用。

(二)复式预算

1.复式预算的一般内容

复式预算是从单式预算演变发展而来的。其做法是在预算年度内,按照财政收支的经济性质,将全部的财政收入与支出汇集编入两个或两个以上的收支对照表,从而编成两个或两个以上的预算。常见的复式预算是把政府预算分成经常性预算和资本预算两个部分。经常性预算主要反映政府日常收支,收入以一般性税收为主要来源,支出主要用于国防、外交、行政管理等。经常性预算在性质上体现了政府为履行基本职责,提供公共产品所发生的消耗,这部分支出虽然不形成资本,但却是政府实现其职能必不可少的。而资本预算则反映政府在干预经济过程中的投资等活动,这部分支出可形成一定量的资本,在较长时间内为社会提供公共服务。资本预算的收入包括国有资产经营收益、资产处置收入、债务收入、经常预算结余转入等,支出有各类投资、贷款等。在性质上,资本预算收支体现了政府给予经济活动干预的广度和深度,所发生的支出不是社会财富的消耗,而是形成一定量的资本,可在较长时间内发挥作用。

20 世纪 30 年代,经济大危机席卷了整个资本主义世界,为了挽救危机、复苏经济,资本主义国家逐步放弃了"自由放任"的经济政策,纷纷推行凯恩斯主义。随着政府对经济活动干预程度的加深,政府活动范围扩大,预算支出也随之增加,正常的收入已经不能满足支出的需要,政府只有通过举债来弥补。由于举债收入是要偿还的,并且要支付利息,因此用债务收入安排的支出应该是有效益的项目,这样就有必要将政府的支出划分为一般性支出和有收益的资本性支出。另外,当时一些西方经济学家也逐步认识到,一国收入分配的变化与该国年度预算的规模以及支出结构关系极为密切,因而主张在长期的经济计划中应该将年度预算的内容作合理的安排,以减缓经济波动和促进经济增长。也就是说,在新的历史条件下,预算不仅是监督和控制政府收支的手段,而且还应当成为政府对国民经济进行宏观调控的重要手段。显然,传统的单式预算有很大的局限性,于是,复式预算便应运而生。

2.西方国家的复式预算形式

目前,世界上实行复式预算制度的发达国家有英国、法国、意大利、日本、比利时、荷兰、瑞典、挪威、卢森堡、葡萄牙、新加坡、韩国、以色列等国,发展中国家有印度、巴基斯坦、印度尼西亚、伊拉克、科威特、沙特阿拉伯及 80% 以上的非洲国家。在不同的国家,复式预算有不同的名称和形式。

法国的复式预算制度,是把政府预算分为"经常性业务"和"临时性业务"两部分。经常性业务又称固定项目。这类收支是无偿的,它由总预算、专项账户和附属预算组成。总预算收入包括税收、罚款收入、互助基金、财产收入、财政性摊派收入、国有企业上缴利润、贷款偿还收入和其他收入等。总预算支出主要包括债务支出、国家直接投资、国家给予提供贷款的补助金、国家机关人员的工资和购置费等。专项账户是指一些事业项目,如电视、森林、公路、旅游等方面的收支账户。附属预算是指向社会提供商品或劳务的国家机构可另立的一个账目。目前附属预算包括邮电、国家印刷、造币、农业社会补助、勋章会、航运和政府公报。临时性业务又称临时性项目。这类收支是有偿的,其账户有 6 种:专项账户、贸易账户、贷款账户、预付款账户、货币业务账户与国外政府结算账户。

日本中央复式预算分为"一般会计预算""特别会计预算""政府关联机构预算"三大类。一般会计预算是管理中央政府的一般性财政收支,它以税收、国债收入等为来源,为中央政府的行政管理、社会保障、教育、公共投资等活动提供财力支持。在日本,通常情况下所讲的预算就是一般会计预算。特别会计预算是分类管理型事业预算。它包括五大类:

(1)事业特别会计预算。它是指经营特定事业的预算,如邮政事业特别会计预算、道路建设特别会计预算等。

(2)管理特别会计预算。它是由 1956 年之前的贸易特别会计转化而来的,是指从事特定产品、业务管理或调节供求关系的特别预算,如粮食管理和外汇资金特别会计预算等。

(3)保险特别会计预算。它是指管理政府社会保险业务的特别会计预算。

(4)融资特别会计预算。它是指管理中央政府融资贷款的特别预算。

(5)整理特别会计预算。它是指管理中央政府特殊资金的特别会计预算,如国债偿还基金特别会计预算等。

英国的复式预算分为统一基金预算和国家借贷基金预算。统一基金预算相当于经常性预算,收入包括税收、社会保障收入、捐款、股息收入等,支出包括议会批准的日常支出和不经过议会批准的永久性支出;国家借贷基金预算相当于资本预算,收入主要包括国有企业及地方政府长期贷款的利息及贷款的回收资金、英格兰银行的发行局利润收入、统一基金的结余和国债利息收入,支出包括长期贷款、国债费用及统一基金转入的赤字等。

可见,各国的复式预算都有明显的国别特色。

3.复式预算的优缺点

复式预算的优点在于区分了各项收入和支出的经济性质和用途,便于政府权衡支出性质,分别轻重缓急,做到资金使用的有序性,比较合理地安排使用各类资金,便于经济分析和科学的宏观决策与控制。

但是,复式预算也有不足,由于全部政府收支编入两个或两个以上的预算,在反映政府预算的整体性、统一性方面不如单式预算,有些收支在不同预算之间划分有一定困难。另外,复式预算也不能完全反映政府预算赤字的真正原因,在预算分为经常性预算和资本预算的条件下,财政赤字主要表现为资本性预算赤字,似乎财政赤字是因为政府经济建设类支出过多造成的,但现实并不完全如此。

二、基数预算与零基预算

按照预算的编制方法划分,我们可以将预算分为基数预算和零基预算。

(一)基数预算

基数预算又被称为增量预算,是指在安排预算年度收支时,以上年度或基期的收支为基数,综合考虑预算年度国家政策变化、财力增加额及支出实际需要量等因素,确定一个增减调整比例,据以测算预算年度有关收支指标,并编制预算的方法。基数预算的规模结构及各项收支指标,与上年度预算执行情况和计划年度社会经济发展趋势引起的各项收支变动因素密切相关。基数法是我国预算编制过程中常用的方法之一。

基数法编制预算的优点,一是简便易行,在数据资料有限、工作人员知识水平较低、预算管理的科学性和规范性要求不高的条件下,可满足财政决策和预算编制的需要;二是预算中使用的各项指标具有连续性,既便于指标的确定又便于相关指标的比较,同时又有利于对某些要长期发展项目的持续性支持。

该方法的缺点,首先是收支基数的科学性、合理性难以界定。在实际工作中,往往以上年度实际数,或以前若干年度平均数为预算收支基数,以承认既得利益为前提,使以前年度不合理的收支因素继续延续;其次,基期各项收支指标成为刚性的维持性指标,项目之间的指标变动,在维持性指标规模内难以调整,各项收支指标规模的调整基本上限于发展性增量中调节,不利于政府对财政资金的统筹安排和合理使用,也不利于提高支出效益;再次,方法简单、粗糙。在预算编制中,年度国家政策变化、财力增加额及支出实际需要量等因素的分析,以及增减变化率确定,主要依靠预算编制人员的主观判断,主观随意性较大,缺乏准确的科学依据。

(二)零基预算

零基预算是指在编制预算时对预算收支指标的安排,根据当年政府预算政策要求、财力状况和经济与社会事业发展需要,以零为基点重新核定,而不考虑该指标以前年度收支的状况或基数。零基预算的基本特征是不受以往预算安排和预算执行情况的影响,一切预算收支都建立在成本效益分析的基础上,根据需要和可能来编制预算。

一般来说,零基预算贯穿四个步骤:

第一,定义基本"决策单元"。决策单元是零基预算的基本构成,是零基预算的起点。它可以是一个项目、一个机构下属单位或一个工程。在预算编制中,对于经常性的预算,基层组织作为"决策单元";如属重大的预算项目,则由地位较高的部门作为"决策单元"。

第二,建立项目的"决策包",也称"一揽子决策"。决策包描述了项目的活动和目标,计划者在追求这些目标时要考虑实现目标的不同方式和活动的不同层次的情况,就可能制定不同的决策包。决策包有最低标准的决策包、按以前年度的支出水平确定的决策包或者在以前年度基础上明显增加的决策包等。

第三,对"决策包"进行排序。部门官员应用成本效益分析方法,按照优先顺序对决策包进行排队,并在预算合并后统一排序。在较高层次上,官员们将各个部门提交的名单顺序合并成为政府的总体排序。高层单位将各代替方案与原拟的方案加以比较后,选出最佳的方法。

第四,有序地分配资金。对应于按顺序排列的项目,决策者实施资金分配直到现有资源用完为止。排列在较高级别的项目会优先获得资金。使用资金的单位,应对其所耗用的成本和绩效负责。

零基预算的优点在于不受现行预算执行情况的约束,预算编制有较大的回旋余地,对编制预算的各级单位赋予一定的权力,从而能够充分发挥各级管理人员的积极性和创造性,按照轻重缓急确定优先项目,使预算管理工作更符合节约和效益原则,防止出现预算收支结构僵化。同时,零基预算也大大加强了主管部门和执行单位的责任感和成本意识。

零基预算也是有缺陷的,首先是在实际工作中,并不是所有的预算项目都能采用零基预算方法来编制,一些支出项目在一定时期内是具有刚性的,如公务员的薪金支出、跨年度的基础设施投资支出、国债还本付息支出等;其次,由于在政治、法律、技术上存在各种困难,在各国的零基预算实践中,对于大多数预算项目都不是真正从“零”开始编制的,只是在原有基数上做一些修正,比如,在美国,零基预算一般是从一个规定的最低水平开始的(例如,上一年预算拨款的 80%),管理者再将决策包集中起来,在这个最低水平的基础之上增加一定的数量(比如上年预算的 90%、100% 或 110%);再次,实行零基预算,要求每年对所有收支项目都进行审核,这需要消耗大量的人力、物力和财力,对于预算编制人员素质的要求也较高。

三、投入预算与绩效预算

按照预算编制的政策侧重点不同,我们可以将预算分为投入预算和绩效预算。

(一)投入预算

所谓投入预算是指预算编制、执行时主要强调严格遵守预算控制规则,限制甚至禁止资金在不同预算项目之间转移。投入预算的主要目的是使预算符合财务管理的要求,所以也称为合规性预算。即政府只需对公共资源的使用负责,而不是对资源的使用结果负责,政府预算资金按照国家法律法规所规定的用途去使用成为预算管理的中心目标。投入预算是对预算资金的投入进行预算,对预算执行过程的监控也着眼于投入方面,而预算中安排的投入取得的结果,并不是预算需要特别关注的方面。在投入预算下,每一个支出部门、支出单位、支出项目安排多少预算,每一笔预算资金用来做什么,每个项目上花多少钱都是根据一定的标准定额确定的,且这些标准定额具有强制性。所以有助于对支出的控制,确保各支出项目的进行。至于预算执行中公共资源的使用产生了什么结果,以及结果怎样,并不计算和考核。因此,投入预算强调的是服从而不是效率,而在公共资源普遍稀缺的情况下,无法体现预算资金的使用效率。同时,投入预算也可能产生各级政府在投入管理方面的过度集权,使得部门对于预算资金的运作和管理缺乏必要的自主性和灵活性。

(二)绩效预算

1.绩效预算的定义

对绩效预算的定义可以追溯到 1950 年美国总统预算办公室的定义:“绩效预算是这样一种预算,它阐述请求拨款是为了达到何种目标,为实现这些目标而拟订的计划需要花费多少钱,以及用哪些量化的指标来衡量其在实施每项计划的过程中取得的成绩和完成工作的情况。”美国国家绩效评估委员会将绩效预算定义为“使命驱动、结果定位的预算”。这里,我们将其定义为,一种强调预算投入与产出关系,通过成本-效益分析,决定支出项目是否必要及其金额大小的预算形式。具体说,就是有关部门先制定所要从事的事业计划和工程计划,再依据政府职能和施政计划选定执行实施方案,确定实施方案所需的支出费用所编制的预算。

2.绩效预算的产生与发展

绩效预算是美国政府于 1949 年首次提出的一种预算方法。1951 年美国联邦预算局据此编制了基于政府职能的联邦政府预算,第一次明确使用了"绩效预算"概念。但由于当时缺乏相应的理论支撑和合理的技术方法,因而绩效预算一直处于摸索之中。

绩效预算的真正广泛实施必须以财政支出绩效评价方法的推广应用作为支撑。美国推行财政支出绩效评价在世界上处于领先地位,1993年就颁布了相关法律,并就绩效评价的目的、标准、程序以及具体指标做出规定。此后,美国所有的联邦政府部门都制定了绩效目标并评估其实现绩效目标的结果,同时制定了长期战略规划、年度绩效计划和年度绩效报告。在州政府层次,绩效评价与绩效管理也得到广泛开展,到20世纪90年代中期,美国50个州中有47个建立了绩效评价与绩效管理制度,83%的州政府部门和44%的城市政府建立了绩效评价制度,65%的州政府部门和31%的城市政府建立了评估产出或结果的绩效指标。虽然经过多年的实践,但据美国联邦政府管理和预算办公室(Office of Management and Budget)提供的资料,在2002年美国政府曾就各部门的执行状况进行了一次以所谓"五个核心标准"为指标的专项评估,结果显示,26个部门和相关独立机构中没有一个能全部达标;4个部门大部分达标,其余22个部门因为各种原因未能合格。这充分说明,财政支出绩效评价要达到预期的理想效果需要经历一个相当长的过程,同时也需要相当多的辅助工具。

目前,世界上有近50个国家采用了绩效预算。除美国外,过去20余年间,其他一些西方国家,如英国、瑞典、加拿大、法国等国也纷纷对其预算管理制度进行了改革,建立了以计划为中心、以成本-效益为考核标准的预算制度。

3.绩效预算的三要素

绩效预算要求政府每笔支出必须符合绩、效、预算三要素的要求。

(1)"绩"是指请求财政拨款所要达到的目标,这些目标应当尽量量化,并以此来编制预算。

(2)"效"是指用哪些具体指标来衡量财政支出完成以后取得的成绩和完成工作的情况。其中,有些指标是可以具体量化的。例如,对学校的拨款应当以其在校学生的数量为依据,而不是以教师人数为依据,这仅仅是其效果的一个方面;另一方面,还应当考核其非量化指标,例如,学生素质的提高情况。即使那些非量化指标,也应当尽可能加以指标化。效的考核是对于该部门拨款评价的依据,也是对部门工作的考核提供依据,避免只拿钱、不办事的情况出现。

(3)"预算"是指政府应当对这一支出项目拨款额是多少,这部分预算的编制应当和绩效挂钩。具体地说,它可以分为两种情况来处理:第一种,凡是可以用实物量指标来衡量其业绩的,按取得这一业绩的单位成本,加上某些变动因素确定;第二种,若不能用实物量指标来衡量其业绩的,则政府制定某些统一标准来确定。例如,日本政府对于警察的预算,就规定了都、道、县、府的地区类别,各地区每万人应当配备的警察数量,以及各地区警察的经费标准等。变动因素包括各类案件的结案率、接案反应的平均时间、群众对于警察提供服务的满意率等指标。

4.绩效预算在我国的发展

2002年,我国开始引入绩效预算理念,预算绩效管理改革不断推进。其发展过程大致经历了三个阶段。

第一阶段:2003年至2010年是预算绩效管理改革的试点阶段。2003年10月,党的十六届三中全会通过了《中共中央关于完善社会主义市场经济体制若干问题的决定》,提出要在推进财政管理体制改革的过程中建立预算绩效评价体系;2005年,财政部发布《中央部门预算支出绩效考评管理办法(试行)》;2009年,财政部发布《财政支出绩效评价管理暂行办法》和《关于进一步推进中央部门预算项目支出绩效评价试点工作的通知》。与此同时,各地也积极开展了关于绩效预算改革的试点工作,探索绩效预算发展的可能路径,形成了"焦作模式""闵行模式""南海模式"等绩效预算的多种模式。

第二阶段:2012年至2017年是预算绩效管理改革的推进阶段。2011年,财政部出台了《关于推进预算绩效管理的指导意见》,提出建立预算编制有目标、预算执行有监控、预算完成有评价、评价结果有反馈、反馈结果有应用的全过程预算绩效管理机制;2012年,财政部出台了《预算绩效管理工作规划(2012—2015年)》,内容上明确了到"十二五"期末绩效目标逐步覆盖,评价范围明显扩大,重点评价全面开展,结果应用实质突破,支撑体系基本建立的总体目标;2015年实行的新《预算法》中,明确提出了各级预算应当遵循统筹兼顾、勤俭节约、量力而行、讲求绩效和收支平衡的原则,倡导"用钱必问效,无效必问责"的理念。

第三阶段:2018年至今我国预算绩效管理改革进入了全面深化的新阶段。2018年9月1日,国务院下发了《中共中央 国务院关于全面实施预算绩效管理的意见》,这一文件的出台,标志着我国预算绩效管理改革进入了全面实施阶段;2018年11月8日,财政部下发《关于贯彻落实〈中共中央 国务院关于全面实施预算绩效管理的意见〉的通知》。从实践情况来看,各级地方政府积极推进全面实施预算绩效管理工作,我国预算绩效管理已逐步实现了从事后绩效评价到全过程管理、从局部地区探索到全国范围实施、从个别项目试点到全面预算绩效管理的重大跨越。

专栏2-1　　　　　　　　　美国政府绩效与成果法
1993年1月5日美国第103次国会通过

为联邦政府制定战略规划和绩效评估以及其他目的,由美国国会参议院和众议院通过生效。
第一部分　名称
本法案的名称为《1993政府绩效与成果法》。
第二部分　发现和目的
一、发现
国会有如下发现:
(1)在联邦项目中的浪费和效益低下,不仅破坏了美国人民对政府的信心,而且削弱了联邦政府满足公众最基本需要的能力;
(2)由于项目目标不够清晰以及有关项目绩效的信息不够充分,联邦政府管理者在改进项目成果和效率方面很不得力;
(3)由于没有充分重视项目的绩效和成果,国会的政策制定、支出决策以及项目的考察都存在着严重的缺陷。
二、目的
本法案的目的如下:
(1)通过制度使联邦部门负责任地达到项目成果,以提高美国人民对联邦政府的信心;
(2)启动项目绩效改革,在设定项目目标、按照目标衡量项目的绩效、公开报告进度方面采取一系列试点措施;
(3)将重点放在关注成果、服务质量和用户的满意度,改善联邦项目的效果和公开性;

（4）通过要求制定项目目标计划和为其提供有关项目成果和服务质量的信息，帮助联邦管理者改进所提供的服务；

（5）提供更多关于达到法定目标方面的信息，以及有关联邦项目和支出成效及效率方面的信息，改善国会的政策制定；

（6）改进联邦政府的内部管理。

第三部分　战略规划

美国第 5 号法律将在第三章 305 条之后增加新的条款：

第 306 条　战略规划

（a）各部门负责人应于 1997 年 9 月 30 日之前向管理和预算办公室主任和国会呈交项目行动的战略规划。该规划包括：

（1）涵盖该部门主要职能和工作的综合任务陈述书；

（2）为完成该部门主要职能和工作的总目标和具体指标，包括与目标和指标有关的成果；

（3）如何完成这些目标和指标的说明，包括为达到目标和指标的工作进度、手段和技术、人力、资本、信息以及其他所需资源的说明；

（4）关于 31 号法案第 1115（a）条所要求计划的绩效目标如何与战略规划中的总目标和具体指标相联系的说明；

（5）指出部门外部的和无法控制的、但能对总目标和具体指标结果产生重大影响的关键因素；

（6）说明为制定和修改总目标和具体指标而进行的项目评估，以及未来项目评估的时间表。

以下（b）、（c）、（d）、（e）、（f）等条款略。

第四部分　年度绩效计划和报告

一、美国法律 31 号法案第 1115（a）条——预算内容和提交，应在结尾处增加如下新的段落

（29）从 1999 财政年度开始，与总预算相关的联邦政府绩效计划按第 1115 条规定提供。

二、美国法律 31 号法案第 11 章在第 1114 条后增加新的条款——绩效计划和报告

第 1115 条　绩效计划

（a）在执行 1105（a）（29）条款时，管理和预算办公室主任应要求各部门准备包括执行该部门预算的各项目行动的年度绩效计划，该计划应达到：

（1）设定绩效目标并确定通过项目行动所要达到的绩效水平；

（2）将这些目标用客观的、数量化的、可衡量的方式来表达，除非在条款（b）中授权可以通过其他方式表达；

（3）简要说明为达到绩效目标所需的运作程序、手段和技术，以及人力、资本、信息和其他资源；

（4）制订在衡量或评估各项目的产出、服务水平和成果时所使用的绩效指标；

（5）提出一个可以与所制定的绩效目标进行比较的基准；

（6）说明用于检验和验证衡量绩效价值的手段。

以下（b）、（c）、（d）、（e）等条款略。

（f）本条及 1116 条至 1119 条，还有 9703 条和 9704 条中的词汇解释：

（1）"部门"与 5 号法令 306 条（f）中的定义相同；

（2）"成果衡量"指的是对项目行动的成果对照其目标进行评估；

（3）"产出衡量"指的是能够通过定量或定性的方式表示的行动或工作的图表、计算或记录；

　　(4)"绩效目标"指的是以切实的、可衡量的指标表示的绩效目标水平,能够依此对实际成果进行对比,包括以数量指标、价值或比例表示的指标;

　　(5)"绩效指标"指的是用于衡量产出或成果的具体价值或特定指标;

　　(6)"项目方案"指的是美国政府年度预算中所列出的项目和拨款安排的具体行动或方案;

　　(7)"绩效评估"指的是通过客观衡量和系统分析,对联邦政府项目发挥作用的方式和程度进行评估。

　　第 1116 条　项目绩效报告

　　(a)在 2000 年 3 月 31 日之前,以及之后各年度的 3 月 31 日之前,各部门负责人应准备并向总统和国会提交上一财年的项目绩效报告。

　　(b)(1)每份项目绩效报告应列出根据 1115 条制订的部门绩效计划中的绩效指标,并将项目实际达到的绩效与该财年计划中所表述的绩效目标进行比较。

　　(2)如果绩效目标是根据 1115(b)条以其他替代方式表示的,应说明该项目的成果与这些替代指标的关系,包括该项目是否没有达到最起码是有效的或成功的标准。

　　(c)2000 财年的报告应包括上一财年的实际结果,2001 财年的报告应包括上两个财年的实际结果,相应地,2002 财年的报告应包括上三个财年的实际结果。

　　(d)各报告应做到:

　　(1)检查是否达到了本财年的绩效目标。

　　(2)对比报告财年完成绩效目标的情况,评估当前财年的绩效计划。

　　(3)解释和说明在哪些方面没有达到绩效目标(包括对那些采用替代方式进行衡量的项目):

　　(A)为什么没有达到目标;

　　(B)为达到绩效目标而制订的计划和进度表;

　　(C)如果绩效目标不切实际或不可行,为什么要这样制定,以及应采取什么措施。

　　(4)说明根据本法案 9703 条为达到绩效指标放宽了哪些权限和评估的作用。

　　(5)包括对那些报告财年中已完成评估的项目的发现进行概括说明。

　　以下(e)、(f)等条款略。

　　第五部分　管理责任和机动权

　　一、美国法律第 31 号第 97 章,在 9702 条之后增加以下新的条款——管理责任和机动权

　　9703 条　管理责任和机动权

　　(a)自 1999 财年开始,1115 条要求的绩效计划中可以包括,对为达到绩效目标返还给具体个人或组织的托付责任,放宽行政程序要求和控制,这包括具体的员工结构、补贴和薪酬的限制,以及禁止或限制资金在预算科目之间进行调剂的限制,这里指的是按 1105 条提交的各年度预算中的第 20 类和第 11、12、31、32 分类科目。在按照 1105(a)(29)条准备和提交绩效计划过程中,管理和预算办公室主任将审查并可以批准关于权力下放的建议。权力下放将在批准的财年开始时生效。

　　(b)(a)条中提出的建议,要对因扩大了管理者和组织的机动权和自主决策权而对绩效成果可能产生的影响进行说明,并对因放宽控制而预期能提高的绩效成果进行量化说明。预期提高的成果要与现行的实际绩效进行比较,应具体到各方案因放权所能独立达到的绩效水平。

(c)任何关于放宽对补贴和薪酬限制的建议均应准确说明补贴和薪酬资金数额的变动,例如在完成、超过或未完成绩效目标时得到的奖金或奖品。

(d)任何执行部门(除制定要求的部门或管理和预算办公室外)不能在绩效计划中包括关于放宽程序要求或控制的建议,除非该建议已得到制定要求的部门认可,且已经包括在该部门的绩效计划之中。

(e)权力下放的有效期按管理和预算办公室主任批准的,为一年或二年,其后可以进行更新,在连续实行三年之后,除了关于补贴和薪酬的限制权,可以在按 1115 条准备的绩效计划中建议将该权力永久下放。

(f)根据本条的目的,执行 1115(f)条款的定义。

第六部分　试点方案

一、美国法律第 31 号第 11 章,在 1117 条之后增加以下新的条款(如本法案第四条所增加的)——绩效计划和报告

1118 条　绩效目标的试点方案

(a)管理和预算办公室主任在与各部门负责人协商之后,应指定 10 个以上部门作为 1994—1996 财年绩效衡量的试点方案,被选上的部门应在政府职能和项目绩效衡量、报告的能力方面具有代表性。

(b)指定的试点部门应针对本部门的一项或多项职能和工作,按照 1115 条准备绩效计划,按照 1116 条[除 1116(c)外]准备项目绩效报告,在制订部门一年或多年试点期的绩效计划时应运用战略规划。

(c)管理和预算办公室主任应在 1997 年 5 月 1 日之前向总统和国会提交一份报告,内容包括:

(1)评价试点部门按《1993 年政府绩效和成果法》要求所准备的计划和报告,其受益、成本和有用性。

(2)找出试点部门在准备计划和报告时遇到的主要困难;

(3)提出对于《1993 年政府绩效与成果法》有关条款、5 号法案第 306 条,以及本法案 1105、1115、1116、1117、1119、9703 条以及本条的修改建议。

二、美国法律第 31 号第 97 章,在 9703 条之后增加以下新的条款(如本法案第五条所增加的)——管理责任和机动权

9704 条　管理责任和机动权的试点方案

(a)管理和预算办公室主任应指定不少于 5 个部门作为 1995、1996 财年管理责任和机动权的试点,入选部门应从按 1118 条试点的部门中选择,并应在政府职能和项目绩效衡量、报告的能力方面具有代表性。

(b)入选部门的试点方案应包括根据 9703 条提出的一至多项对本部门职能和工作的权力下放建议。

(c)管理和预算办公室主任应按照 1118(c)条款的要求,在向总统和国会的报告中包括:

(1)对由于权力下放,扩大了管理者和组织的机动权和自主决策权从而改善了绩效的好处、成本和有用性进行评估;

(2)找出试点部门在准备放权建议时遇到的主要困难;

(d)根据本条的目的,执行 1115(f)条款的定义。

三、美国法律第 31 号第 11 章,在 1118 条之后增加以下新的条款(如本法案第六条所增加的)——绩效预算

1119 条　绩效预算的试点方案

(a)管理和预算办公室主任在与各部门负责人协商之后,应指定不少于 5 个部门作为 1998、1999 财年绩效预算的试点,其中至少应有 3 个部门要从按 1118 条进行试点的部门中选择,并应在政府职能和项目绩效衡量、报告的能力方面具有代表性。

(b)指定部门的试点方案应包含绩效预算的准备工作。该预算应在部门的一项或多项职能和工作方面代表绩效的各种不同水平,包括与成果相关的绩效,它将会因预算数额的不同而变化。

(c)1999 财年,管理和预算办公室主任按 1105 条提交的预算报告,应包括指定试点部门该年度的绩效预算。

(d)管理和预算办公室主任应在 2001 年 3 月 31 日之前向总统和国会转交一份绩效预算试点方案,它将包括:

(1)评价在按 1105 条提交的年度预算中包括绩效预算的部分是否可行与明智;

(2)说明试点部门在准备绩效预算时遇到的主要困难;

(3)就立法以及任何立法的总条款中是否应要求实行绩效预算提出意见;

(4)提出对于《1993 政府绩效与成果法》的其他要求、5 号法案第 306 条,以及本法案 1105、1115、1116、1117、1119、9703 条以及本条的修改建议。

(e)在收到按(d)条所做的报告后,国会可以将所提交的绩效预算指定为根据 1105 条提交的年度预算的一部分。

第七部分　美国邮政服务(略)

第八部分　国会的监督和立法

一、概括地说,本法案对国会设置、修改、延迟或废除绩效目标的权力没有任何限制,所有这方面行动都将有效地替代按美国法律 31 号 1105(a)(29)条提交的计划目标。

二、审计总署的报告:美国总审计长应在 1997 年 6 月 1 日之前向国会报告本法案的执行情况,包括根据 1118 条和美国法律 31 号 9704 条纳入试点方案之外的联邦部门预期的执行情况。

第九部分　培训

人事管理办公室应与管理和预算办公室主任及美国总审计长进行磋商,为其管理培训项目开办以制定战略规划和进行绩效评估为内容的培训班,同时应使管理者们树立开发和利用战略规划和项目绩效评估的理念。

第十部分　法案的实施

本法案的任何条款及修改都不能被解释为:

(1)给了任何非政府官员或雇员权力、特权、受益或授权使他们照本法案执行,或使任何非政府官员或雇员有权力、特权、受益或授权在美国法庭上坚持本法案的任何条款或修改;

(2)替代任何法定的要求,包括美国第 5 号法律第 553 条的要求。

第十一部分　修改的技术问题和再次确认(略)

资料来源:http://www.whitehouse.gov.

专栏 2-2　　　　　　　　英国政府绩效预算体制和流程

作为政府绩效管理应用最持久、最广泛、技术方法较为成熟的国家之一,英国自 20 世纪 90 年代后期开始推行更为精细化的绩效预算改革,形成了较为完善的绩效预算管理体制框架和流程,取得了显著成效。在 2016 年经济合作与发展组织(OECD)进行的成员国绩效预算管理比较研究中,英国绩效预算管理水平位列 35 个 OECD 成员国第三、欧盟 28 个成员国第一。英国的许多成功经验和做法被欧盟及 OECD 成员国吸收应用。

一、英国绩效预算体制

英国预算绩效管理虽然在议会立法层面没有制定专门法律,但是在中央政府层面已经形成了比较完善的绩效预算体制框架,并在中央政府各部门和地方政府得到严格执行。英国为君主立宪制政体,实行议会民主,国王或女王为国家元首。首相(prime minister)为政府首脑,从下议院多数党领袖中产生,并对议会负责。首相及 22 个重要部门的部长(ministers)组成最高决策机构,即政府内阁(cabinet)。下议院对应政府职能部门设立 20 个专责委员会(commons select committees),对政府及其部门提出的财政、经济政策及预算、业务计划等重大议题进行审查、辩论及表决通过。财政部和税务海关总署两个部门对应一个下议院专责委员会——财政专责委员会(Treasury Select Committee)。

英国总审计长和审计署是议会特设官员和机构,负责对政府及其部门的业务计划、预决算、绩效管理等进行审计。政府及其部门均为政策执行机关,必须严格执行议会通过的预算案及其他决议事项,并在其年度报告中详细报告经过审计的绩效管理情况、履职情况和预算执行情况等重要内容。

中央政府各部门的预算绩效管理活动由财政部统一组织和协调。英国财政部主管英国财政金融和经济事务,统管政府各部门预算绩效活动具有得天独厚的优势。预算绩效管理理念贯穿于中长期财政规划、部门年度预算编制、部门年度报告和年度统计数据之中。政府各部门在编制预算的过程中,不但要将部门单一计划中制定的绩效目标与政府优先政策紧密结合,而且提出的预算建议数也要优先保障绩效目标的实现。财政部之下设有政府内部审计局,属财政部的执行机构,以改善公共服务质量和绩效为主要目标,负责制定政府内部审计政策、实施政府内部审计、提供审计咨询服务、实施反欺诈调查等。

二、英国绩效预算流程

英国绩效预算的流程从头到尾是前后连贯、互相有联系的,也是逐步落实的过程、公开的过程、接受监督的过程。支出评审(蓝皮书)实质是政府及其部门的中长期财政规划;部门单一计划是部门的行政和业务规划,与财政规划相衔接;预算报告(红皮书)是年度筹资计划和支出计划,以及以后年度财政形势的预测,站在当今,着眼未来;拨款评估(黄皮书)是政府当年用款计划,是预算落实过程,也是议会制衡政府的重要控制节点,拨款评估文件经下议院审查通过后成为拨款法案(Supply and Appropriation Act);年度报告是部门工作计划实施情况和支出情况总结,注重绩效分析;政府总决算是政府整体预算执行结果的总结;统计资料既是经验总结、决策依据,也是公众监督政府的依据。财政部明确要求,整个流程的账项处理必须一致,均应遵循国际财务报告准则(IFRS)和欧洲国民账户系统(ESA10)。

（一）支出评审（spending review，即中长期财政规划）

支出评审由财政部主持编制并向议会呈报，目的是结合政府优先政策目标，对未来数年（三年到五年）的收入和支出进行预测和评估，同时按照经济、效率和效能（3E）原则，确保各年度支出达到"物有所值"。预测和评估是基于各部门提供的基础信息，特别是预算责任办公室定期提供的财政形势预测分析报告。支出评审结束后，最终形成《支出评审报告》，阐明本届政府的优先政策目标、行动纲领、资源配置，并一一开列支出评审所涉及的每个财政年度各部门支出上限。

支出评审确定了未来数年各部门可动用的财力，巩固了对预期资源的信心，使得各部门能够将当期计划和长远计划相结合，避免短期行为。支出评审并不是每年进行，而是每隔几年进行一次，最近一次支出评审在 2015 年完成，涵盖了 2017—2021 五个财政年度。

支出评审完成后，政府各部门根据确定的支出上限，编制本部门在政府任期内的业务计划，称为部门单一计划。

（二）部门单一计划（single departmental plan）

新一届政府于 2015 年引入部门单一计划代替原来的部门业务计划，以达到改善部门计划质量的目的。部门单一计划必须与支出评审和预算程序紧密结合，作为绩效实施框架。其涵盖的期间与支出评审所包含的期间一致。部门单一计划设定部门在本届政府任期内的绩效目标，如何动员可用资源实现预期目标，以及部门绩效如何测量等。部门单一计划根据形势变化每年进行修订，以反映政府最新优先政策和部门职责更新。如果某项业务涉及多个部门，则这些部门协商一致，在各部门的计划中明确各部门承担的具体职责，避免出现真空地带。部门单一计划必须征得内阁办公厅和财政部同意，以保证其目标与政府优先政策目标一致，并且在支出评审确定的支出上限内能够实现。在每个财政年度结束后，部门单一计划实施的产出和成果反映在其年度报告中。

（三）预算报告（the budget）

预算报告是财政部部长向下议院陈述国家财政经济状况、收支变动情况以及经济预测的重要文件。每份预算报告都辅之以预算责任办公室做出的财政政策效益和成本预测。在预算报告中，财政部会根据政府优先政策变化情况，对支出评审报告中确定的部门支出上限进行适当调整，部门根据调整后的支出上限修订部门单一计划，以反映政策和预算变动情况。

下议院用 4 天时间对预算报告展开辩论，通常由反对党领袖发问，每天集中辩论一个政策主题，如医疗卫生、教育、防卫等。同时，下议院财政专责委员会组织专家、收集证据，对预算报告提出的政策建议进行审查，并发表审查结论和意见。

（四）拨款评估（supply estimates）

拨款评估是政府各部门在一个财政年度内的用款计划，分为主要拨款评估和补充拨款评估。拨款评估额不得突破支出评审过程中确定的部门支出上限。拨款评估文件由财政部提交给议会审查，包括下议院专责委员会审核，个别重要拨款需要经过下议院辩论。一旦议会审议通过拨款评估文件，即成为拨款法案，政府部门便可动用国库资金。审计署和公共账目专责委员会分别对各部门的支出活动进行审计和核查，确保部门用款在规定限额之内（不超支），并达到"物有所值"的绩效目标。

（五）年度报告（annual report and resource accounts）

部门年度报告是上个财政年度部门整体工作总结，是反映部门政策执行情况、工作成果和预算绩效的重要载体,通常由绩效报告、尽责报告和财务报告三部分组成。内阁组成部门的年度报告由审计署进行审计,总审计长发表并签署审计意见。其中绩效报告以大众易于理解的语言配合图表客观叙述一年来部门绩效目标完成情况,包括绩效简评、绩效分析和财务绩效等内容。部门年度报告不但要在议会夏季休会之前报送议会,同时还要在部门网站公布,供公众查阅。

从财政部 2017—2018 年度报告前言部分的阐述,可以观察到部门内部绩效管理关系:

"作为政府的经济和财政部,本部门必须对全球和英国发生的经济事件做出反应,确保公共财政可持续发展。作为一个中央部门和雇主,本部门必须确保为实现其目标而合理分配部门预算,必须确保实现保物有所值,必须履行关心职员和他人的职责。"

"在过去的一年中,行政管理团队和司长们积极思考财政部风险管理框架中的风险,将风险识别和管理与部门单一计划中的战略目标相结合,并在绩效分析中加以应用。用以评估战略目标的关键绩效指标列示如下,管理报告提供了进一步的细节。"

(六)政府总决算(whole of government accounts)

政府总决算(WGA)是英国所有公共领域的合并财务报告,涵盖了中央政府部门、学术机构、国民医疗系统、地方政府、公营企业等 6000 多个实体单位经过审计的财务报表。WGA 全面反映了政府的收支状况、资产和负债以及绩效实现情况,是对国家统计局发布的年度国民账户分析资料的重要补充。WGA 由财政部按年度汇编,经审计署审计、公共账目委员会审查后发布。

(七)公共支出统计分析(public expenditure statistical analysis)

公共支出统计分析是财政部向议会提交的分析报告。内容包括:部门预算限额控制情况、按功能分类的支出(联合国统计体系规定的政府十个功能分类及子类别)、按经济分类的支出(如工资、设备采购、补助)。统计报表通常列示五年的决算数据。

(八)统计数据发布(publication of statistics)

有关绩效、公共支出、政府建设项目、劳动力等方面的正式统计数据和资料,会适时发布在政府门户网站。国家统计局发布经济社会统计数据,如国民账户数据、月度公共财政统计;财政部发布季度公共支出统计数据;部门发布政府重点工程项目执行进度数据等。这些统计数据统一发布在英国政府门户网站(GOV. UK)的统计数据栏目中(https://www.gov.uk/government/statistics)。

作为公共服务改革计划的一部分,英国政府于 2012 年开始实施政府数字化战略,致力于打造数字化政府。其中一项内容是如何测量并展示公共服务绩效。为此,英国政府门户网站根据公共服务手册和数字化服务标准,建立了公共服务绩效展示平台,倡议所有政府部门包括内阁部门及其下属机构,按照数据技术规范,将其提供的公共服务统计数据在绩效展示平台实施动态化链接。绩效展示平台设立了可视化数据展板,要求每个服务事项必须展示四项绩效测量指标:每笔交易的成本、交易完成率、用户满意度和交易数字化办理率。截至 2018 年 8 月末,在绩效展示平台上已经按部门和业务分类汇集了 781 项服务展板,每年完成 8.92 亿笔交易。

三、第三方评价

在政府自上而下组织的绩效管理活动之外,独立于政府的第三方机构也积极参与绩效评价。自 2017 年起,英国政府研究院联合英国特许公共财政与会计协会对英国政府绩效完成情况实施评价,并公布了 2017 年春季版和秋季版两份《绩效跟踪报告》。《绩效跟踪报告》聚焦占财政支出份额绝大部分的民生服务领域,涵盖了医疗与社会保障、教育、司法、社区服务、英国签证与移民服务,肯定了政府财政政策实施成效,同时指出了这些领域存在的困难和问题,提出了克服困难和解决问题的政策建议。《绩效跟踪报告》同时还建议财政部建立自己的绩效跟踪制度,通过整合专家、政府官员、社会公众力量,通过大数据分析等技术手段,使其成为制度化的计划和绩效管理工具。

　　资料来源:缑小平.英国绩效预算及启示[J].民生周刊,2019(11):80.
　　思考提示:试比较美英两国的绩效预算管理体制有何不同? 对我国有什么借鉴意义?

第二节　　政府预算形式的发展变化

　　最初的政府预算形式是十分简单的,政府将财政收支数字按一定程序填入特定的表格,政府预算也就形成了。因此,通常将政府预算称为政府收支一览表。但随着经济发展与社会进步,需要政府提供的公共产品规模不断增加、结构日趋复杂,政府职能相应拓展,政府预算的形式也经历了由简单到复杂、由低级到高级的发展过程,特别是在现代信息技术推动下,预算形式得到了迅速发展。

　　20世纪90年代以来,随着社会主义市场经济体制基本框架的逐步建立,为适应国家职能的转变和政企分开的需要,作为财政体制改革的一项重要配套改革措施,我国的单式预算制度在借鉴西方国家预算制度的基础上,开始试行复式预算制度。同时,财政支出的绩效问题也越来越受到社会公众的关注,传统的投入预算已不能满足需求,推动绩效预算的实施势在必行。

一、由单式预算向复式预算转变,加强预算的监督管理职能

　　实行复式预算,将经常性支出与发挥政府调节职能的资本性支出分开,在保证经常性支出需要,满足政府一般职能发挥的前提下,使政府能根据宏观经济的要求,通过资本预算发挥起调控职能。正是由于这一需要,在20世纪初,西方主要国家就完成了由单式预算向复式预算的制度变迁。就我国而言,实行复式预算制度具有其客观必然性。

(一)实行复式预算的客观必然性是由单式预算的缺陷和复式预算的优点所决定的

　　单式预算不利于对复杂的财政活动进行深入的分析与管理,特别是随着市场经济的发展与财政活动的日趋复杂,单式预算弊端愈益明显:它提供假象,不能反映政府赤字的内容、原因和本质,不利于宏观经济的正确决策,容易将临时性收入作经常性支出安排,人为地抬高支出基数,加剧供求不平衡的矛盾。而实行复式预算则可克服上述弊端,客观地反映财政收支对比状况,表明财政的承受能力,为国家实行正确的宏观决策提供可靠的依据,有利于控制投资规模,提高投资效益等。

(二)实行复式预算的客观必然性也是由社会主义国家的双重身份所决定的

　　社会主义国家是以生产资料公有制为基础的,既是政权组织,又是全民所有制生产资料所有者的代表,政府具有社会管理和国有资产管理的双重职能。这就决定了在现实经济生活中社会主义国家必须以两种不同的身份出现。作为社会管理者的国家,它所支配的资金应属"公共财政"范围,而作为国有资产所有者,它所支配的资金应属"国有资产管理"范围。两种资金的性质是有差别的,因此根据资金性质的不同分列预算,可以防止不同性质的资金互相挤压。从更深层次来说,有利于适应计划经济体制向市场经济体制政府职能的转变,促进政企分离。

为此,也可以说,实行复式预算是社会主义市场经济体制的客观需要。

需要附带指出的是,20世纪70年代后期,一些发达国家陆续停止了将预算划分为经常性预算和资本预算的做法,不再使用复式预算。这是有其原因的,其中最主要的原因是这些国家国有企业的规模不断缩小。而我国作为社会主义国家,国有经济在社会经济中占主导地位,针对国有经济的特点单列国有资产经营预算是必要的。我们借鉴西方国家的有益做法,应该结合国情,不能盲目地跟随西方国家的变化而变化。

1991年,我国颁布的《国家预算管理条例》中规定:自1992年起,我国财政实行复式预算制度。1995年1月1日实施的《预算法》第26条正式以法律的形式规定:"中央预算和地方政府预算按照复式预算编制。"

我国于1992年开始试行的复式预算包括经常性预算和建设性预算两个组成部分。国家以社会管理者身份取得的一般收入和用于维护政府活动的经常费用,用于保障国家安全和稳定、发展教育科学卫生等各项事业以及人民生活等方面的支出,编入经常性预算。国家以资产所有者身份取得的收入以及国家特定用于建设方面的某些收入和直接用于国家建设方面的支出,列为建设性预算。

为适应市场经济下政府预算管理的要求,我国于2014年和2018年对《预算法》进行了两次修正,将政府预算划分为一般公共预算、政府性基金预算、国有资本经营预算、社会保险基金预算。这四本预算应当保持完整、独立,并与一般公共预算相衔接。

一般公共预算是对以税收为主体的财政收入,安排用于保障和改善民生、推动经济社会发展、维护国家安全、维持国家机构正常运转等方面的收支预算。中央一般公共预算包括中央各部门(含直属单位)的预算和中央对地方的税收返还、转移支付预算。地方各级一般公共预算包括本级各部门(含直属单位)的预算和税收返还、转移支付预算。各部门预算由本部门及其所属各单位预算组成。

政府性基金预算是对依照法律、行政法规的规定在一定期限内向特定对象征收、收取或者以其他方式筹集的资金,专项用于特定公共事业发展的收支预算。政府性基金预算应当根据基金项目收入情况和实际支出需要,按基金项目编制,做到以收定支。

国有资本经营预算是对国有资本收益作出支出安排的收支预算。国有资本经营预算应当按照收支平衡的原则编制,不列赤字,并安排资金调入一般公共预算。

社会保险基金预算是对社会保险缴款、一般公共预算安排和其他方式筹集的资金,专项用于社会保险的收支预算。社会保险基金预算应当按照统筹层次和社会保险项目分别编制,做到收支平衡。

二、由投入预算向绩效预算转变,提高财政资金使用效益

绩效预算是市场经济条件下政府管理模式发展到一定阶段,进一步加强公共支出管理,提高财政资金有效性的客观选择。绩效预算不仅是预算方法的一种创新,而且是政府管理理念的一次革命。绩效预算将政府预算建立在可衡量的绩效基础上,强调的是"结果导向",或者说强调的是责任和效率,增强了预算资源分配与政府部门绩效之间的联系,有助于提高财政支出的有效性。

与传统的投入预算相比,绩效预算有以下一些优点:

(一)从追求合规到追求成果

传统的预算强调的是合规性,也就是"预算资金的取得和使用是否符合规定"。诚然,合规

性即遵守各种财经纪律是预算管理的一项重要目标,但是公共支出的根本目标不在于此,而在于如何最大程度地促进公共利益。因此必须追踪的问题是公共资金的使用到底取得了什么样的成果,而不是只重视控制投入的合规性。

而绩效预算强调的是成果,即一定数量的公共资金支出之后必须实现某种社会期望的效果。

(二)改变部门支出的动机

政府部门扩张支出似乎成了财政学中的定律之一。各部门都是从自身利益出发来申请公共资金的,但公共资金运行的综合结果可能与它们各自的利益并不一致。这个"共同悲剧"的原因在于传统的预算申请程序。共同利益(不管它是以土地、金钱或其他任何共有价值的形式出现的)通常都有三个基本特征:有限的资源、众多的资金需求者、过度使用就会耗尽。尽管对共有资源进行限量使用时符合所有使用者的集体利益,但是对于每一个资金使用者来说,都会从他个人利益出发尽可能攫取更多的资源。在预算过程中,每一个部门都会希望政府保持良好的财政状况,但是每个部门又都从自身利益出发,尽可能多地要求资源。因为没有一个单独的支出部门需要对支出总额负责,所以他们并不认为自己在破坏政府的财政能力,即使所有个别支出活动的总和可能会导致这种结果的出现。

而绩效预算模式在资源配置的过程中引入了绩效合同来改变支出部门的支出动机。预算机构与支出部门签订绩效合同,支出部门的预算要求必须与某种和政府的目标相关的成果相联系。支出部门在使用了公共资金后必须实现该成果,否则就要承担相应的管理责任。在这种模式下,支出机构将会通过重组机构来更好地实现公共支出所要达到的成果,而不是仅仅追求预算的最大化。

(三)调动了支出部门管理者的积极性

绩效预算实际上把预算的执行权还给了部门,在确定了部门的业绩指标和预算指标后,部门可以在这些指标的指导下,自行调整实现业绩指标的技术路线,从而一方面使政府能较好地控制预算规模,另一方面,可以极大地调动预算单位的积极性,使它们能更好地进行资源配置。一个简单的例子,政府部门为了完成某项目标,如城市绿化,在政府核定的预算指标内,既可以选择通过招投标的方式,让市场力量来完成城市的绿化及维护工作,也可以通过组建公共园林局等形式,由政府部门来完成这项任务。这种选择权的下放,可以促进政府行为符合市场经济的要求,从而使政府行为与市场经济的要求更为协调。

另外,绩效预算中实施的"利润分享",使得各部门可以将预算结余结转到下一预算年度使用,这样,支出部门的管理者就不必担心没有用完的预算将被预算部门收回,也不用担心下一预算年度会被削减预算。有助于克服传统预算模式下支出部门年底突击花钱的冲动,从而节约资金,减少浪费。

第三节　　政府预算收支分类

政府预算收支分类,就是对政府预算收入和支出进行类别和层次划分,以全面、准确、清晰地反映政府收支活动。政府预算收支分类科目是编制政府预决算、组织预算执行以及预算单位进行会计明细核算的重要依据。如何对政府预算收支进行科学的分类,涉及政府预算管理的各个环节、层次,关系预算管理的水平与质量。

一、政府预算收支分类的意义和原则

(一)政府预算收支分类的意义

对各项政府预算收支进行科学、系统的分类，一是有利于全面、准确、清晰地反映政府的收支活动，合理把握财政调控力度，优化支出结构，提高财政运行效率；二是有利于增加预算透明度，强化财政监督，从源头上防止腐败；三是有利于建立高效实用的财政统计分析体系，不断推进国际合作与交流。具体来说，政府预算收支分类在财政管理中主要应用于以下几个方面：

1.编制和汇总预决算

各地区、各部门、各单位的预决算收支，都要按照政府收支分类统一规定的科目填报汇总。

2.办理预算缴、拨款

各单位和个人都要按照政府收支分类科目填制专用凭证，办理缴、拨款，进行对账和结算。

3.组织会计核算

各级财政总会计、各部门和各单位预算会计的收支明细账，都要按政府收支分类科目进行核算。

4.报告预算执行情况

各地区、各部门、各单位都要按照政府收支分类科目，定期汇编总预算、部门和单位预算收支执行情况表，以便各级立法机构、政府、社会公众及时了解预算收支执行情况。

5.进行财务考核分析

行政事业单位可以综合运用支出功能分类和经济分类，对既定的行政事业计划任务和单位预算进行分析比较、绩效考核。

6.进行财政收支统计

政府财政收支数据只有按统一的政府收支分类科目进行归集、整理，才可与有关历史数据、国际数据进行合理的对比分析。

(二)政府预算收支分类的原则

建立完整规范的政府预算收支分类体系，一般应遵循如下原则：

1.全面、准确地反映政府收支活动的原则

政府预算收支科目的设置，必须能够全面、准确地反映政府所有收支活动，这是进行科学财政管理和有效宏观调控的重要前提。所有政府预算部门、单位均应使用统一的政府收支科目。

2.规范和细化的原则

要适应预算管理规范化、法制化的要求，对所有政府收支科目进行科学划分和合理细化，增强其经济分析功能，为进一步提高财政透明度，提高政府宏观经济管理水平创造条件。

3.国际惯例与本国国情相结合的原则

既要合理借鉴国际经验，实现与国际口径的有效衔接与可比，又要充分考虑本国实际情况，尽可能满足各方面的管理需要。

4.便于操作的原则

预算科目在内容和层次设计上既要充分满足管理的要求，又要尽可能简化，不能太复杂。

二、政府预算收入的分类和内容

政府收入是预算年度内通过一定的形式和程序,有计划地筹措到的归国家支配的资金,是国家参与国民收入分配的主要形式,是政府实现职能的财力保障。

政府收入分类即将各类政府收入按其性质进行归类和层次划分,以便全面、准确、明细地反映政府收入的总量、结构及来源情况。

(一)新中国成立以来我国预算收入分类的主要演变情况

新中国成立以来,与预算管理体制改革以及国家重大经济政策调整相适应,我国预算收入分类在不同时期也有较大的变化和调整。主要演变情况如下:

新中国成立初期,我国预算收支科目表现出较强的统收统支色彩。比如,1953年,各级财政统一预算科目包括各项税收类、企业收入类、信贷保险收入类、其他收入类。其中,企业收入类包括企业利润收入、企业上缴折旧基金收入、企业固定资产变价收入、企业缴回流动资金收入;其他收入类包括事业收入、特种资金收入等。

1956年,收入分类适当简化。类级科目按收入性质划分为税收收入、国营企事业单位收入、借款收入、其他收入、调拨收入。

1979年,由于合并税种,简化税制,收入科目划分更趋简单。类级科目主要包括企业收入、企业上缴基本折旧基金、各项税收、其他收入、预算调拨收入。

1984年至1986年,经过国营企业第一步、第二步利改税,税收已成为我国预算收入的主要形式。同时,为体现新税制和加强财务管理的需要,国家预算收入分类体系有了较大的调整。主要收入大类包括工商税收类、关税类、农业税类、国营企业所得税类、国营企业调节税类、国营企业上缴利润类、国营企业计划亏损补贴类、国家能源交通重点建设基金收入类、债务收入类、专款收入类、其他收入类、预算调拨收入类。

1994年及以后年度,由于国家进行分税制和工商税制改革,并将政府性基金逐步纳入预算管理,收入分设了一般预算收入科目和基金预算收入科目。其中,一般预算收入科目分类体系也有所调整,主要包括增值税、消费税、营业税、企业所得税、企业所得税退税、个人所得税、资源税、国有资产经营收益、国有企业计划亏损补贴、行政性收费收入、罚没收入、海域场地矿区使用费收入、专项收入、其他收入、一般预算调拨收入等;基金预算收入科目包括工业交通部门基金收入、商贸部门基金收入、文教部门基金收入等。

2007年,我国对政府预算收支科目进行了重大调整,这也是新中国成立以来我国财政收支分类统计体系变化最大的一次,是我国政府预算管理制度的又一次深刻创新,对于进一步提高政府预算透明度,强化预算管理与监督,促进社会主义民主政治等,都具有十分重要的意义。2007年以后,我国政府预算收支科目分类进入了一个全新的阶段。根据预算管理的实际需要,财政部每年都会在上年科目的基础上作出适当修改和补充,然后正式下发至各级政府、各部门及各预算单位执行。

(二)国际货币基金组织对政府收入的分类

按照国际货币基金组织的政府财政统计标准,政府预算收入分类如下:

1. 税收收入

类下细分为:对所得、利润和资本收益征收的税收,对工资和劳动力征收的税收,对财产征收的税收,对商品和服务征收的税收,对国际贸易和交易征收的税收,其他税收等。

2.社会缴款

类下细分为:社会保障缴款和其他社会缴款。其中社会保障缴款又按缴款人细分为雇员缴款、雇主缴款、自营职业者或无业人员缴款、不可分配的缴款。

3.赠与

类下细分为:来自外国政府赠与、来自国际组织赠与和来自其他广义政府单位的赠与。

4.其他收入

类下细分为:财产收入,出售商品和服务,罚金、罚款和罚没收入,除赠与外的其他自愿转移,杂项和未列明的收入等。

(三)我国预算收入分类的主要内容

收入分类主要反映政府预算收入的来源和性质。根据我国政府预算收入构成情况,结合国际通行分类方法,按经济性质将政府预算收入分为类、款、项、目四级。2020年我国政府预算收入类、款、项三级科目设置情况如下:

1.税收收入

税收收入分设20款:

(1)增值税。该款反映按《中华人民共和国增值税暂行条例》征收的国内增值税、进口货物增值税和经审批退库的出口货物增值税。分设国内增值税、进口货物增值税、出口货物退增值税、改征增值税、改征增值税出口退税等5项。

(2)消费税。该款反映按《中华人民共和国消费税暂行条例》征收的国内消费税、进口消费税和经审批退库的出口消费品消费税。分设国内消费税、进口消费品消费税、出口消费品退消费税等3项。

(3)企业所得税。该款反映按《中华人民共和国企业所得税法》征收的企业所得税(包括外商投资企业和外国企业所得税)。凡国有企业,一般按照行业设置项级科目,如国有冶金工业所得税、国有有色金属工业所得税、国有煤炭工业所得税、国有电力工业所得税等。其他类型的企业按所有制性质设置项级科目,如集体企业所得税、股份制企业所得税、联营企业所得税、港澳台和外商投资企业所得税、私营企业所得税、其他企业所得税等。此外还设置了企业所得税税款滞纳金、罚款、加收利息收入等48项。

(4)企业所得税退税。该款反映财政部门按"先征后退"政策审批退库的企业所得税。其口径与"企业所得税"相同。

(5)个人所得税。该款反映按《中华人民共和国个人所得税法》征收的个人所得税。分设个人所得税、个人所得税汇算清缴退税、个人所得税代扣代缴手续费退库、个人所得税税款滞纳金、罚款、加收利息收入等4项。

(6)资源税。该款反映按《中华人民共和国资源税暂行条例》征收的资源税,分设海洋石油资源税、水资源税收入、其他资源税和资源税税款滞纳金、罚款收入等4项。

(7)城市维护建设税。该款反映按《中华人民共和国城市维护建设税暂行条例》征收的城市维护建设税。分设国有企业城市维护建设税,集体企业城市维护建设税,股份制企业城市维护建设税,联营企业城市维护建设税,港澳台和外商投资企业城市维护建设税,私营企业城市维护建设税,中国铁路总公司集中缴纳的铁路运输企业城市维护建设税待分配收入,其他城市维护建设税,城市维护建设税税款滞纳金、罚款收入,成品油价格和税费改革城市维护建设税划出，成品油价格和税费改革城市维护建设税划入等 11 项。

（8）房产税。该款反映按《中华人民共和国房产税暂行条例》征收的房产税。分设国有企业房产税、集体企业房产税、股份制企业房产税、联营企业房产税、港澳台和外商投资企业房产税、私营企业房产税、其他房产税和房产税税款滞纳金、罚款收入等 8 项。

（9）印花税。该款反映按《中华人民共和国印花税暂行条例》征收的印花税。分设证券交易印花税、其他印花税和印花税税款滞纳金、罚款收入等 3 项。

（10）城镇土地使用税。该款反映按《中华人民共和国城镇土地使用税暂行条例》征收的城镇土地使用税。分设国有企业城镇土地使用税、集体企业城镇土地使用税、股份制企业城镇土地使用税、联营企业城镇土地使用税、私营企业城镇土地使用税、港澳台和外商投资企业城镇土地使用税、其他城镇土地使用税和城镇土地使用税税款滞纳金、罚款收入等 8 项。

（11）土地增值税。该款反映按《中华人民共和国土地增值税暂行条例》征收的土地增值税。分设国有企业土地增值税、集体企业土地增值税、股份制企业土地增值税、联营企业土地增值税、港澳台和外商投资企业土地增值税、私营企业土地增值税、其他土地增值税和土地增值税税款滞纳金、罚款收入等 8 项。

（12）车船税。该款反映按《中华人民共和国车船税法》征收的车船税。分设车船税和车船税税款滞纳金、罚款收入等 2 项。

（13）船舶吨税。该款反映按《中华人民共和国船舶吨税法》征收的船舶吨税。分设船舶吨税和船舶吨税税款滞纳金、罚款收入等 2 项。

（14）车辆购置税。该款反映按《中华人民共和国车辆购置税暂行条例》征收的车辆购置税。分设车辆购置税和车辆购置税税款滞纳金、罚款收入等 2 项。

（15）关税。该款反映海关按《中华人民共和国进出口关税条例》征收的关税，按《中华人民共和国反倾销条例》征收的反倾销税，按《中华人民共和国反补贴条例》征收的反补贴税，按《中华人民共和国保障措施条例》征收的保障措施关税以及财政部按"先征后退"政策审批退税的关税。分设关税，特别关税，关税和特别关税税款滞纳金、罚款收入，关税退税等 4 项。

（16）耕地占用税。该款反映按《中华人民共和国耕地占用税法》征收的耕地占用税。分设耕地占用税、耕地占用税退税和耕地占用税税款滞纳金、罚款收入等 3 项。

（17）契税。该款反映按《中华人民共和国契税暂行条例》征收的契税。分设契税和契税税款滞纳金、罚款收入等 2 项。

（18）烟叶税。该款反映按《中华人民共和国烟叶税法》征收的烟叶税。分设烟叶税和烟叶税税款滞纳金、罚款收入等 2 项。

（19）环境保护税。该款反映按《中华人民共和国环境保护税法》征收的环境保护税。分设环境保护税和环境保护税税款滞纳金、罚款收入等 2 项。

（20）其他税收收入。该款反映除上述项目以外其他税收收入。分设其他税收收入和其他税收收入税款滞纳金、罚款收入等 2 项。

2. 社会保险基金收入

社会保险基金收入分设 9 款：

（1）企业职工基本养老保险基金收入。该款分设企业职工基本养老保险费收入、企业职工基本养老保险基金财政补贴收入、企业职工基本养老保险基金利息收入、企业职工基本养老保险基金委托投资收益、其他企业职工基本养老保险基金收入等 5 项。

（2）失业保险基金收入。该款分设失业保险费收入、失业保险基金财政补贴收入、失业保险基金利息收入、其他失业保险基金收入等4项。

（3）职工基本医疗保险基金收入。该款分设职工基本医疗保险费收入、职工基本医疗保险基金财政补贴收入、职工基本医疗保险基金利息收入、其他职工基本医疗保险基金收入等4项。

（4）工伤保险基金收入。该款分设工伤保险费收入、工伤保险基金财政补贴收入、工伤保险基金利息收入、其他工伤保险基金收入等4项。

（5）城乡居民基本养老保险基金收入。该款分设城乡居民基本养老保险基金缴费收入、城乡居民基本养老保险基金财政补贴收入、城乡居民基本养老保险基金利息收入、城乡居民基本养老保险基金委托投资收益、城乡居民基本养老保险基金委托集体补助收入、其他城乡居民基本养老保险基金收入等6项。

（6）机关事业单位基本养老保险基金收入。该款分设机关事业单位基本养老保险费收入、机关事业单位基本养老保险财政补助收入、机关事业单位基本养老保险利息收入、机关事业单位基本养老保险基金委托投资收益、其他机关事业单位基本养老保险基金收入等5项。

（7）城乡居民基本医疗保险基金收入。该款分设城乡居民基本医疗保险基金缴费收入、城乡居民基本医疗保险基金财政补贴收入、城乡居民基本医疗保险基金利息收入、其他城乡居民基本医疗保险基金收入等4项。

（8）国库待划转社会保险费利息收入。

（9）其他社会保险基金收入。该款分设保险费收入、其他社会保险基金财政补贴收入和其他收入等3项。

3. 非税收入

非税收入分设10款：

（1）政府性基金收入。该款分设农网还贷资金收入、铁路建设基金收入、民航发展基金收入、海南省高等级公路车辆通行附加费收入、港口建设费收入、旅游发展基金收入、国家电影事业发展专项资金收入、国有土地收益基金收入、农业土地开发资金收入、国有土地使用权出让收入、大中型水库移民后期扶持基金收入、大中型水库库区基金收入、三峡水库库区基金收入、中央特别国债经营基金收入、中央特别国债经营基金财务收入、彩票公益金收入、城市基础设施配套费收入、小型水库移民扶助基金收入、国家重大水利工程建设基金收入、车辆通行费、核电站乏燃料处理处置基金收入、可再生能源电价附加收入、船舶油污损害赔偿基金收入、废弃电器电子产品处理基金收入、污水处理收入、彩票发行机构和彩票销售机构的业务费、其他政府性基金收入等。

（2）专项收入。该款分设教育费附加收入、铀产品出售收入、三峡库区移民专项收入、场外核应急准备收入、地方教育附加收入、文化事业建设费收入、残疾人就业保障金收入、教育资金收入、农田水利建设资金收入、森林植被恢复费、水利建设专项收入、油价调控风险准备金收入、专项收益上缴收入、其他专项收入等。

（3）行政事业性收费收入。行政性事业性收费收入款级科目下按主管部门设置项级科目，如公安行政事业性收费收入、法院行政事业性收费收入、司法行政事业性收费收入、外交行政事业性收费收入、商贸行政事业性收费收入、财政行政事业性收费收入、税务行政事业性收费收入、海关行政事业性收费收入、审计行政事业性收费收入、国管局行政事业性收费收入、科技行政事业性收费收入、教育行政事业性收费收入、体育行政事业性收费收入、卫生行政事业性收费收入、民政行政事业性收费收入、其他行政事业性收费收入等。

（4）罚没收入。该款分设一般罚没收入、缉私罚没收入、缉毒罚没收入、罚没收入退库等4项。

（5）国有资本经营收入。该款分设利润收入，股利、股息收入，产权转让收入，清算收入，国有资本经营收入退库，国有企业计划亏损补贴，烟草企业上缴专项收入，其他国有资本经营预算收入，其他国有资本经营收入等9项。

（6）国有资源（资产）有偿使用收入。该款分设海域使用金收入、场地和矿区使用费收入、特种矿产品出售收入、专项储备物资销售收入、利息收入、非经营性国有资产出租收入、出租车经营权有偿出让和转让收入、无居民海岛使用金收入、转让政府还贷道路收费权收入、石油特别收益金专项收入、动用国家储备物资上缴财政收入、铁路资产变现收入、电力改革预留资产变现收入、矿产资源专项收入、排污权出让收入、航班时刻拍卖和使用费收入、农村集体经营性建设用地土地增值收益调节金收入、新增建设用地土地有偿使用费收入、水资源费收入、国家留成油上缴收入、其他国有资源（资产）有偿使用收入等21项。

（7）捐赠收入。该款分设国外捐赠收入和国内捐赠收入等2项。

（8）政府住房基金收入。该款分设上缴管理费用、计提公共租赁住房资金、公共租赁住房租金收入、配建商业设施租售收入、其他政府住房基金收入等5项。

（9）专项债券对应项目专项收入。该款分设海南省高等级公路车辆通行附加费专项债务对应项目专项收入、港口建设费专用专项债务对应项目专项收入、国家电影事业发展专项资金专项债务对应项目专项收入、国有土地使用权出让金专项债务对应项目专项收入、农业土地开发资金专项债务对应项目专项收入、大中型水库库区基金专项债务对应项目专项收入、城市基础设施配套费专项债务对应项目专项收入、小型水库移民扶助基金专项债务对应项目专项收入、国家重大水利工程建设基金专项债务对应项目专项收入、车辆通行费专项债务对应项目专项收入、污水处理费专项债务对应项目专项收入、其他政府性基金专项债务对应项目专项收入等12项。

（10）其他收入。该款分设主管部门集中收入、免税商品特许经营费收入、基本建设收入、差别电价收入、债务管理收入、南水北调工程基金收入、其他收入等7项。

4.贷款转贷回收本金收入

贷款转贷回收本金收入分设4款：

（1）国内贷款回收本金收入。该款反映收回的技改贷款及其他财政贷款本金收入等。

（2）国外贷款回收本金收入。该款分设外国政府贷款回收本金收入、国际组织贷款回收本金收入、其他国外贷款回收本金收入等3项。

（3）国内转贷回收本金收入。该款反映收回的政府部门向国外政府、国际金融机构借款转贷给地方政府、相关部门和企业的款项。

（4）国外转贷回收本金收入。该款反映收回的中央政府部门向国外政府、国际金融机构借款转贷给国外相关机构和企业的款项。

5.债务收入

债务收入分设2款：

（1）中央政府债务收入。该款分设中央政府国内债务收入、中央政府国外债务收入等2项。

（2）地方政府债务收入。该款分设一般债务收入、专项债务收入等2项。

6.转移性收入

转移性收入分设 13 款:

(1)返还性收入。该款分设所得税基数返还收入、成品油税费改革税收返还收入、增值税税收返还收入、消费税税收返还收入、增值税"五五分享"税收返还收入、其他税收返还收入等 6 项。

(2)一般性转移支付收入。该款分设体制补助收入、均衡性转移支付收入、县级基本财力保障机制奖补资金收入、结算补助收入、资源枯竭型城市转移支付补助收入、企业事业单位划转补助收入、产粮(油)大县奖励资金收入、重点生态功能区转移支付收入、固定数额补助收入、革命老区转移支付收入、民族地区转移支付收入、边境地区转移支付收入、贫困地区转移支付收入、一般公共服务共同财政事权转移支付收入、住房保障共同财政事权转移支付收入、粮油物资储备共同财政事权转移支付收入、灾害防治及应急管理共同财政事权转移支付收入、其他共同财政事权转移支付收入、其他一般性转移支付收入等。

(3)专项转移支付收入。该款分设一般公共服务、外交、国防、公共安全、教育、科学技术、文化旅游体育与传媒、社会保障和就业、卫生健康、节能环保、城乡社区、农林水、交通运输、资源勘探信息等、商业服务业等、金融、国土海洋气象等、住房保障、粮油物资储备、灾害防治及应急管理、其他收入等 21 项。

(4)国有资本经营预算转移支付收入。该款分设国有资本经营预算转移支付收入、国有资本经营预算上解收入等 2 项。

(5)上解收入。该款分设体制上解收入、专项上解收入等 2 项。

(6)上年结余收入。该款分设政府性基金预算上年结余收入、社会保险基金预算上年结余收入、其他上年结余收入等 3 项。

(7)调入资金。该款分设调入一般公共预算资金、调入政府性基金预算资金、其他调入资金等 3 项。

(8)债务转贷收入。该款分设地方政府一般债务转贷收入、地方政府专项债务转贷收入等 2 项。

(9)接受其他地区援助收入。该款反映受援方政府接受的可统筹使用各类援助、捐赠等资金收入。

(10)社会保险基金上解下拨收入。该款分设社会保险基金上级补助收入、社会保险基金下级上解收入等 2 项。

(11)动用预算稳定调节基金。该款反映用于弥补收支缺口的预算稳定调节基金。

(12)社会保险基金转移收入。该款反映社会保险参保对象跨统筹地区或跨制度流动而划入的社会保险基金。

(13)收回存量资金。该款分设收回部门预算存量资金、收回转移支付存量资金、收回财政专户存量资金等 3 项。

三、政府预算支出的分类和内容

政府支出是指政府为履行其职能,将筹集与集中的资金进行有计划的社会再分配过程。

政府支出分类,是为了按照不同的标准,对政府支出的内容进行科学的归类划分和比较分析,以便全面、准确、明细地反映政府支出的总量、结构和具体用途等。

(一)2007 年政府预算收支分类改革前的科目划分

原政府支出科目主要有两种分类方法:

1.根据经费性质将政府支出划分为类、款、项三级

类级科目包括基本建设支出、企业挖潜改造资金、地质勘探费、科技三项费用、流动资金、农林水等事业支出、文教科学卫生事业费、国防费、行政管理费、政策性补贴支出等。这种分类便于财政部门按不同经费性质分配资金,同时也便于对政府支出中的生产性支出与非生产性支出比例、积累和消费比例等进行统计分析。但这种分类有一个最大的缺点,就是不能集中反映政府在某一方面(例如教育)的全部支出情况。

2.按具体开支用途设置目级科目

在行政事业费支出类、款、项科目之后设置支出目级科目,如基本工资、办公费、福利费等,反映各项行政事业经费的具体开支用途。各行政事业单位则在国家统一规定的目级科目下,再分节级科目,分析考核各项费用开支的具体用途。这类科目相当于新的支出经济分类,但涵盖范围不全,没有对基本建设支出、企业挖潜改造资金等进行明细反映。

从 2007 年预算开始,政府预算支出被分成两个体系,即支出功能分类体系和支出经济分类体系。

(二)国际货币基金组织对政府预算支出的分类

1.政府预算支出的功能分类

按照国际货币基金组织的政府财政统计标准,政府支出功能分类主要包括:

(1)一般公共服务。一般公共服务包括行政和立法机关、金融和财政事务、对外事务、对外经济援助、一般服务、基础研究、一般公共服务"研究和发展"、未另分类的一般公共服务、公共债务操作、各级政府间的一般公共服务等。

(2)国防。国防包括军事防御、民防、对外军事援助、国防"研究和发展"、未另分类的国防等。

(3)公共秩序和安全。公共秩序和安全包括警察服务、消防服务、法庭、监狱、公共秩序和安全"研究和发展"、未另分类的公共秩序和安全等。

(4)经济事务。经济事务包括一般经济、商业和劳工事务,农业、林业、渔业和狩猎业,燃料和能源,采矿业、制造业和建筑业,运输,通信,其他行业,经济事务"研究和发展",未另分类的经济事务等。

(5)环境保护。环境保护包括废物管理、废水管理、减轻污染、保护生物多样性和自然景观、环境保护"研究和发展"、未另分类的环境保护等。

(6)住房和社会福利设施。住房和社会福利设施包括住房开发、社区发展、供水、街道照明、住房和社会福利设施"研究和发展"、未另分类的住房和社会福利设施等。

(7)医疗保障。医疗保障包括医疗产品、器械和设备,门诊服务,医院服务,公共医疗保障服务,医疗保障"研究和发展",未另分类的医疗保障等。

(8)娱乐、文化和宗教。娱乐、文化和宗教包括娱乐和体育服务,文化服务,广播和出版服务,宗教和其他社区服务,娱乐、文化和宗教"研究和发展",未另分类的娱乐、文化和宗教等。

(9)教育。教育包括学前和初等教育、中等教育、中等教育后的非高等教育、高等教育、无法定级的教育、教育的辅助服务、教育"研究和发展"、未另分类的教育等。

(10)社会保护。社会保护包括伤病和残疾、老龄、遗属、家庭和儿童、失业、住房、社会保护"研究和发展"、未另分类的社会保护等。

2.政府预算支出的经济分类

按照国际货币基金组织的政府财政统计标准,政府支出经济分类主要包括:

(1)雇员补偿。雇员补偿包括工资和薪金(分现金形式的工资和薪金、实物形式的工资和薪金)和社会缴款(分实际的社会缴款和估算的社会缴款)。

(2)商品和服务的使用。

(3)固定资产的消耗。

(4)利息。利息包括向非居民支付的、向除广义政府外的居民支付的和向其他广义政府单位支付的。

(5)补贴。补贴包括向公共公司提供的(分向金融公共公司提供的和向非金融公共公司提供的)和向私人企业提供的(分向金融私人企业提供的和向非金融私人企业提供的)。

(6)赠与。赠与包括向外国政府提供的(分经常性和资本性两种)、向国际组织提供的(分经常性和资本性两种)和向其他广义政府单位提供的(分经常性和资本性两种)。

(7)社会福利。社会福利包括社会保障福利(分为现金形式的社会保障福利和实物形式的社会保障福利)、社会救济福利(分为现金形式的社会救济福利和实物形式的社会救济福利)、雇主社会福利(分为现金形式的雇主社会福利和实物形式的雇主社会福利)。

(8)其他开支。其他开支包括除利息外的财产开支和其他杂项开支(分为经常性和资本性)。

(三)我国政府预算支出的功能分类

所谓支出功能分类,就是按政府主要职能活动分类。我国政府支出功能分类设置一般公共服务、外交、国防、公共安全等大类,类下再分款、项两级。这种分类主要有以下优点:

一是能够清晰反映政府各项职能活动支出的总量、结构和方向,便于根据建立公共财政体制的要求和宏观调控的需要,有效进行总量控制和结构调整。

二是支出功能分类与支出经济分类相配合,可以形成一个相对稳定的、既反映政府职能活动又反映支出性质、既有总括反映又有明细反映的支出分类框架,从而为全方位的政府支出分析创造了有利条件。

三是便于国际比较。支出按功能分类符合国际通行的做法,这种分类方法将各部门和单位相同职能的支出归于同一功能下,不受国家政府组织机构差别的影响,从而有利于进行国际比较。

支出功能分类主要反映政府各项职能活动及其政策目标。根据社会主义市场经济条件下政府职能活动情况及国际通行做法,将政府支出分为类、款、项三级,主要根据政府职能,按由大到小、由粗到细分层次设置。其中:类级科目反映政府主要职能,包括一般公共服务、国防、教育、公共安全等;款级科目反映政府履行某项职能所要从事的主要活动,如教育类下的普通教育、特殊教育等;项级科目反映某活动下的具体事项,如普通教育下的小学教育、初中教育等。2020年我国政府预算支出功能分类科目设置情况如下:

1.一般公共服务支出

一般公共服务支出分设27款:

(1)人大事务。该项支出反映各级人民代表大会的支出,分设行政运行、一般行政管理事务、机关服务、人大会议、人大立法、人大监督、人大代表履职能力提升、代表工作、人大信访工作、事业运行、其他人大事务支出等11项。

（2）政协事务。该项支出反映各级政治协商会议支出，分设行政运行、一般行政管理事务、机关服务、政协会议、委员视察、参政议政、事业运行、其他政协事务支出等8项。

（3）政府办公厅（室）及相关机构事务。该项支出反映各级政府办公厅（室）及相关机构的支出，分设行政运行、一般行政管理事务、机关服务、专项服务、专项业务活动、政务公开审批、信访事务、参事事务、事业运行、其他政府办公厅（室）及相关机构事务支出等10项。

（4）发展与改革事务。该项支出反映发展与改革事务方面的支出，分设行政运行、一般行政管理事务、机关服务、战略规划与实施、日常经济运行调节、社会事业发展规划、经济体制改革研究、物价管理、事业运行、其他发展与改革事务支出等10项。

（5）统计信息事务。该项支出反映统计、信息事务方面的支出，分设行政运行、一般行政管理事务、机关服务、信息事务、专项统计业务、统计管理、专项普查活动、统计抽样调查、事业运行、其他统计信息事务支出等10项。

（6）财政事务。该项支出反映财政事务方面的支出，分设行政运行、一般行政管理事务、机关服务、预算改革业务、财政国库业务、财政监察、信息化建设、财政委托业务支出、事业运行、其他财政事务支出等10项。

（7）税收事务。该项支出反映税收征管方面的支出，分设行政运行、一般行政管理事务、机关服务、税务办案、发票管理及税务登记、代扣代收代征税款手续费、税务宣传、协税护税、信息化建设、事业运行、其他税收事务支出等11项。

（8）审计事务。该项支出反映政府审计方面的支出，分设行政运行、一般行政管理事务、机关服务、审计业务、审计管理、信息化建设、事业运行、其他审计事务支出等8项。

（9）海关事务。该项支出反映海关事务方面的支出，分设行政运行、一般行政管理事务、机关服务、缉私办案、口岸管理、信息化建设、海关关务、关税征管、海关监管、检验检疫、事业运行、其他海关事务支出等12项。

（10）人力资源事务。该项支出反映人力资源、机构编制、公务员管理、外专等方面的支出，分设行政运行、一般行政管理事务、机关服务、政府特殊津贴、资助留学回国人员、博士后日常经费、引进人才费用、事业运行、其他人事事务支出等9项。

（11）纪检监察事务。该项支出反映纪检、监察方面的支出，分设行政运行、一般行政管理事务、机关服务、大案要案查处、派驻派出机构、巡视工作、事业运行、其他纪检监察事务支出等8项。

（12）商贸事务。该项支出反映商贸事务方面的支出，分设行政运行、一般行政管理事务、机关服务、对外贸易管理、国际经济合作、外资管理、国内贸易管理、招商引资、事业运行、其他商贸事务支出等10项。

（13）知识产权事务。该项支出反映知识产权等方面的支出，分设行政运行、一般行政管理事务、机关服务、专利审批、国家知识产权战略、专利试点和产业化推进、国际组织专项活动、知识产权宏观管理、商标管理、原产地地理标志管理、事业运行、其他知识产权事务支出等12项。

（14）民族事务。该项支出反映用于民族事务管理方面的支出，分设行政运行、一般行政管理事务、机关服务、民族工作专项、事业运行、其他民族事务支出等6项。

（15）港澳台侨事务。该项支出反映用于港澳台侨事务方面的支出，分设行政运行、一般行政管理事务、机关服务、港澳事务、台湾事务、事业运行、其他港澳台侨事务支出等7项。

(16)档案事务。该项支出反映档案事务方面的支出,分设行政运行、一般行政管理事务、机关服务、档案馆、其他档案事务支出等5项。

(17)民主党派及工商联事务。该项支出反映各民主党派(包括民革、民盟、民建、民进、农工、致工、九三、台盟等)及办事机构的支出,工商联的支出。该项支出分设行政运行、一般行政管理事务、机关服务、参政议政、事业运行、其他民主党派及工商联事务支出等6项。

(18)群众团体事务。该项支出反映各级人民团体、社会团体、群众团体以及工会、妇联、共青团组织(包括中华青年联合会)等方面的支出,分设行政运行、一般行政管理事务、机关服务、工会事务、事业运行、其他群众团体事务支出等6项。

(19)党委办公厅(室)及相关机构事务。该项支出分设行政运行、一般行政管理事务、机关服务、专项业务、事业运行、其他党委办公厅(室)及相关机构事务支出等6项。

(20)组织事务。该项支出分设行政运行、一般行政管理事务、机关服务、公务员事务、事业运行、其他组织事务支出等6项。

(21)宣传事务。该项支出分设行政运行、一般行政管理事务、机关服务、宣传管理、事业运行、其他宣传事务支出等6项。

(22)统战事务。该项支出分设行政运行、一般行政管理事务、机关服务、宗教事务、华侨事务、事业运行、其他统战事务支出等7项。

(23)对外联络事务。该项支出分设行政运行、一般行政管理事务、机关服务、事业运行、其他对外联络事务支出等5项。

(24)其他共产党事务支出。该项支出分设行政运行、一般行政管理事务、机关服务、事业运行、其他共产党事务支出等5项。

(25)网信事务。该项支出分设行政运行、一般行政管理事务、机关服务、信息安全事务、事业运行、其他网信事务支出等6项。

(26)市场监督管理事务。该项支出分设行政运行、一般行政管理事务、机关服务、市场主体管理、市场秩序执法、信息化建设、质量基础、药品事务、医疗器械事务、化妆品事务、质量安全监管、食品安全监管、事业运行、其他市场监督管理事务等14项。

(27)其他一般公共服务支出。该项支出反映上述项目未包括的一切公共服务支出,分设国家赔偿费用支出、其他一般公共服务支出等2项。

2.外交支出

外交支出分设9款:

(1)外交管理事务。该项支出反映政府外交管理事务支出,分设行政运行、一般行政管理事务、机关服务、专项业务、事业运行、其他外交管理事务支出等6项。

(2)驻外机构。该项支出反映驻外使领馆、公署、办事处、留守组及驻国际机构代表团、代表处等方面的支出,分设驻外使领馆(团、处)、其他驻外机构支出等2项。

(3)对外援助。该项支出反映对外国政府(地区)提供的各种援助和技术合作支出,分设援外优惠贷款贴息、对外援助等2项。

(4)国际组织。该项支出反映向国际组织交纳的会费、捐款、联合国维和摊款以及股金、基金等支出,分设国际组织会费、国际组织捐赠、维和摊款、国际组织股金及基金、其他国际组织支出等5项。

(5)对外合作与交流。该项支出反映党政、人大、政协领导人和外交部门出国访问、出席国际会议支出,招待来访、参观以及来华参加各项国际活动的外国代表团的支出,在我国召开国际会议支出等。该项支出分设在华国际会议、国际交流活动、对外合作活动、其他对外合作与交流支出等4项。

(6)对外宣传。该项支出反映用于外交目的的对外宣传支出。

(7)边界勘界联检。该项支出反映我国在与周边国家进行划界、勘界和联合检查等方面的支出,分设边界勘界、边界联检、边界界桩维护、其他支出等4项。

(8)国际发展合作。该项支出反映政府国际发展合作事务支出,分设行政运行、一般行政管理事务、机关服务、事业运行、其他国际发展合作支出等5项。

(9)其他外交支出。该项支出反映除上述项目以外其他用于外交方面的支出。

3.国防支出

国防支出分设5款:

(1)现役部队。该项支出反映用于现役部队建设与管理等方面的支出。

(2)国防科研事业。该项支出反映用于国防科研等方面的支出。

(3)专项工程。该项支出反映用于国防专项工程建设方面的支出。

(4)国防动员。该项支出反映国防动员方面的支出,分设兵役征集、经济动员、人民防空、交通战备、国防教育、预备役部队、民兵、边海防、其他国防动员支出等9项。

(5)其他国防支出。该项支出反映其他用于国防方面的支出。

4.公共安全支出

公共安全支出分设11款:

(1)武装警察部队。该项支出反映武装警察部队的支出,分设武装警察部队、其他武装警察部队支出等2项。

(2)公安。该项支出反映公安事务及管理支出,分设行政运行、一般行政管理事务、机关服务、信息化建设、执法办案、特别业务、特勤业务、移民事项、事业运行、其他公安支出等10项。

(3)国家安全。该项支出反映国家安全部门的支出,分设行政运行、一般行政管理事务、机关服务、安全业务、事业运行、其他国家安全支出等6项。

(4)检察。该项支出反映检察事务的支出,分设行政运行、一般行政管理事务、机关服务、"两房"建设、检查监督、事业运行、其他检察支出等7项。

(5)法院。该项支出反映法院(包括各专门法院)的支出,分设行政运行、一般行政管理事务、机关服务、案件审判、案件执行、"两庭"建设、事业运行、其他法院支出等8项。

(6)司法。该项支出反映司法行政事务支出,分设行政运行、一般行政管理事务、机关服务、基层司法业务、普法宣传、律师公证管理、法律援助、国家统一法律职业资格考试、仲裁、社区矫正、司法鉴定、法制建设、信息化建设、事业运行、其他司法支出等15项。

(7)监狱。该项支出反映监狱管理事务支出,分设行政运行、一般行政管理事务、机关服务、犯人生活、犯人改造、狱政设施建设、信息化建设、事业运行、其他监狱支出等9项。

(8)强制隔离戒毒。该项支出反映强制隔离戒毒管理事务支出,分设行政运行、一般行政管理事务、机关服务、强制隔离戒毒人员生活、强制隔离戒毒人员教育、所政设施建设、信息化建设、事业运行、其他强制隔离戒毒支出等9项。

(9)国家保密。该项支出反映国家保密事务支出,分设行政运行、一般行政管理事务、机关服务、保密技术、保密管理、事业运行、其他国家保密支出等7项。

（10）缉私警察。该项支出反映海关缉私警察的支出，分设行政运行、一般行政管理事务、信息化建设、缉私业务、其他缉私警察支出等5项。

（11）其他公共安全支出。该项支出反映除上述项目以外其他用于公共安全方面的支出。

5. 教育支出

教育支出分设10款：

（1）教育管理事务。该项支出反映教育管理方面的支出，分设行政运行、一般行政管理事务、机关服务、其他教育管理事务支出等4项。

（2）普通教育。该项支出反映各类普通教育支出，分设学前教育、小学教育、初中教育、高中教育、高等教育、化解农村义务教育债务支出、化解普通高中债务支出、其他普通教育支出等8项。

（3）职业教育。该项支出反映各部门举办的各类职业教育支出，分设初等职业教育、中等职业教育、技校教育、高等职业教育、其他职业教育支出等5项。

（4）成人教育。该项支出反映各部门举办函授、夜大、自学考试等成人教育的支出，分设成人初等教育、成人中等教育、成人高等教育、成人广播电视教育、其他成人教育支出等5项。

（5）广播电视教育。该项支出反映广播电视教育支出，分设广播电视学校、教育电视台、其他广播电视教育支出等3项。

（6）留学教育。该项支出反映经国家批准，由教育部统一归口管理的出国、来华留学生支出。该项支出分设出国留学教育、来华留学教育、其他留学教育支出等3项。

（7）特殊教育。该项支出反映各部门举办的盲童学校、聋哑学校、智力落后儿童学校、其他生理缺陷儿童学校和工读学校支出，分设特殊学校教育、工读学校教育、其他特殊教育支出等3项。

（8）进修及培训。该项支出反映教师进修及干部继续教育方面的支出，分设教师进修、干部教育、培训支出、退役士兵能力提升、其他进修及培训等5项。

（9）教育费附加安排的支出。该项支出反映教育附加及教育基金安排的支出，分设农村中小学校舍建设、农村中小学教学设施、城市中小学校舍建设、城市中小学教学设施、中等职业学校教学设施、其他教育费附加安排的支出等6项。

（10）其他教育支出。该项支出反映除上述项目以外其他用于教育方面的支出。

6. 科学技术支出

科学技术支出分设11款：

（1）科学技术管理事务。该项支出反映各级政府科学技术管理事务方面的支出，分设行政运行、一般行政管理事务、机关服务、其他科学技术管理事务支出等4项。

（2）基础研究。该项支出反映从事基础研究、近期无法取得实用价值的应用研究机构的支出、专项科学研究支出，以及重点实验室、重大科学工程的支出。该项支出分设机构运行、自然科学基金、重点实验室及相关设施、重大科学工程、专项基础科研、专项技术基数、其他基础研究支出等7项。

（3）应用研究。该项支出反映在基础研究成果上，针对某一特定的实际目的和目标进行的创造性研究工作的支出。该项支出分设机构运行、社会公益研究、高技术研究、专项科研试制、其他应用研究支出等5项。

（4）技术研究与开发。该项支出反映用于技术研究与开发等方面的支出，分设机构运行、科技成果转化与扩散、其他技术研究与开发支出等3项。

（5）科技条件与服务。该项支出反映用于完善科技条件及从事科技标准、计量和检测，科技数据、种质资源、标本、基因的收集、加工处理和服务，科技文献信息资源的采集、保存、加工和服务等为科技活动提供基础性、通用性服务的支出。该项支出分设机构运行、技术创新服务体系、科技条件专项、其他科技条件与服务支出等4项。

（6）社会科学。该项支出反映用于社会科学方面的支出，分设社会科学研究机构、社会科学研究、社科基金支出、其他社会科学支出等4项。

（7）科学技术普及。该项支出反映科学技术普及方面的支出，分设机构运行、科普活动、青少年科技活动、学术交流活动、科技馆站、其他科学技术普及支出等6项。

（8）科技交流与合作。该项支出反映科技交流与合作方面的支出，分设国际交流与合作、重大科技合作项目、其他科技交流与合作支出等3项。

（9）科技重大项目。该项支出分设科技重大专项、重点研发计划、其他科技重大项目等3项。

（10）核电站乏燃料处理处置资金支出。该项支出分设乏燃料运输，乏燃料离堆贮存，乏燃料后处理，高放废物的处理处置，乏燃料后处理厂的建设、运行、改造和退役，其他核电站乏燃料处理处置资金支出等6项。

（11）其他科学技术支出。该项支出反映除以上各项以外科技方面的支出。分设科技奖励、核应急、转制科研机构、其他科学技术支出等4项。

7. 文化旅游体育与传媒支出

文化旅游体育与传媒支出分设9款：

（1）文化和旅游。该项支出分设行政运行、一般行政管理事务、机关服务、图书馆、文化展示及纪念机构、艺术表演场所、艺术表演团体、文化活动、群众文化、文化和旅游交流与合作、文化创作与保护、文化和旅游市场管理、旅游宣传、文化和旅游管理事务、其他文化和旅游支出等15项。

（2）文物。该项支出分设行政运行、一般行政管理事务、机关服务、文物保护、博物馆、历史名城与古迹、其他文物支出等7项。

（3）体育。该项支出分设行政运行、一般行政管理事务、机关服务、运动项目管理、体育竞赛、体育训练、体育场馆、群众体育、体育交流与合作、其他体育支出等10项。

（4）新闻出版电影。该项支出分设行政运行、一般行政管理事务、机关服务、新闻通讯、出版发行、版权管理、电影、其他新闻出版电影支出等8项。

（5）国家电影事业发展专项资金安排的支出。该项支出分设资助国产影片放映、资助影院建设、资助少数民族语电影译制、购买农村电影公益性放映版权服务、其他国家电影事业发展专项资金支出等5项。

（6）广播电视。该项支出反映广播、电视等方面的支出，分设行政运行、一般行政管理事务、机关服务、广播、电视、监测监管、其他广播电视支出等7项。

（7）旅游发展基金支出。该项支出分设宣传促销、行业规划、旅游事业补助、地方旅游开发项目补助、其他旅游发展基金支出等5项。

（8）国家电影事业发展专项资金对应专项债务安排的支出。该项支出分设资助城市影院、其他国家电影事业发展专项资金对应专项债务收入的支出等2项。

（9）其他文化体育与传媒支出。该项支出分设宣传文化发展专项支出、文化产业发展专项支出、其他文化旅游体育与传媒支出等3项。

8.社会保障和就业支出

社会保障和就业支出分设24款：

（1）人力资源和社会保障管理事务。该项支出反映人力资源和社会保障管理事务方面的支出，分设行政运行、一般行政管理事务、机关服务、综合业务管理、劳动保障监察、就业管理事务、社会保险业务管理事务、信息化建设、社会保险经办机构、劳动关系和维权、公共就业服务和职业技能鉴定机构、劳动人事争议调解仲裁、其他人力资源和社会保障管理事务支出等13项。

（2）民政管理事务。该项支出反映民政管理事务支出，分设行政运行、一般行政管理事务、机关服务、社会组织管理、行政区划和地名管理、基层政权建设和社区治理、其他民政管理事务支出等7项。

（3）补充全国社会保障基金。该项支出反映用于补充全国社会保障基金的支出，分设用一般公共预算补充基金、国有资本经营预算补充社保基金支出、用其他财政资金补充基金等3项。

（4）行政事业单位养老支出。该项支出反映用于行政事业单位离退休方面的支出，分设行政单位离退休、事业单位离退休、离退休人员管理机构、机关事业单位基本养老保险缴费支出、机关事业单位职业年金缴费支出、对机关事业单位基本养老保险基金的补助、其他行政事业单位养老支出等7项。

（5）企业改革补助。该项支出反映财政用于企业改革的补助，分设企业关闭破产补助、厂办大集体改革补助、其他企业改革发展补助等3项。

（6）就业补助。该项支出反映财政用于就业方面的补助支出，分设就业创业服务补贴、职业培训补贴、社会保险补贴、公益性岗位补贴、职业技能鉴定补贴、就业见习补贴、高技能人才培养补助、求职创业补贴、其他就业补助支出等9项。

（7）抚恤。该项支出反映用于各类优抚对象和优抚事业单位的支出，分设死亡抚恤，伤残抚恤，在乡复员、退伍军人生活补助，优抚事业单位支出，义务兵优待，农村籍退役士兵老年生活补助、其他优抚支出等7项。

（8）退役安置。该项支出反映用于退伍军人的安置和军队移交政府的离退休人员安置及管理机构的支出，分设退役士兵安置、军队移交政府的离退休人员安置、军队移交政府离退休干部管理机构、退役士兵管理教育、军队转业干部安置、其他退役安置支出等6项。

（9）社会福利。该项支出反映社会福利事务支出，分设儿童福利、老年福利、康复辅具、殡葬、社会福利事业单位、养老服务、其他社会福利支出等7项。

（10）残疾人事业。该项支出反映政府在残疾人事业方面的支出，分设行政运行、一般行政管理事务、机关服务、残疾人健康、残疾人就业和扶贫、残疾人体育、残疾人生活和护理补贴、其他残疾人事业支出等8项。

（11）红十字事业。该项支出反映政府支持红十字会开展红十字社会公益活动等方面的支出，分设行政运行、一般行政管理事务、机关服务、其他红十字事业支出等4项。

（12）最低生活保障。该项支出反映城乡最低生活保障对象的最低生活保障金支出，分设城市最低生活保障金支出、农村最低生活保障金支出等2项。

(13)临时救助。该项支出反映除居民最低生活保障之外,用于城乡生活困难居民的临时救助等支出。该项支出分设临时救助支出、流浪乞讨人员救助支出等2项。

(14)特困人员救助供养。该项支出反映特困人员救助供养支出,分设城市特困人员救助供养支出、农村特困人员救助供养支出等2项。

(15)大中型水库移民后期扶持基金支出。该项支出分设移民补助、基础设施建设和经济发展、大中型水库移民扶助基金支出等3项。

(16)小型水库移民扶助基金安排的支出。该项支出分设移民补助、基础设施建设和经济发展、小型水库移民扶助基金支出等3项。

(17)补充道路交通事故社会救助基金。该项支出分设交强险增值税补助基金支出、交强险罚款收入补助基金支出等2项。

(18)其他生活救助。该项支出分设其他城市生活救助、其他农村生活救助等2项。

(19)财政对基本养老保险基金的补助。该项支出分设财政对企业职工基本养老保险基金的补助、财政对城乡居民基本养老保险基金的补助、财政对其他基本养老保险基金的补助等3项。

(20)财政对其他社会保险基金的补助。该项支出分设财政对失业保险基金的补助、财政对工伤保险基金的补助、财政对生育保险基金的补助、其他财政对社会保险基金的补助等4项。

(21)退役军人管理事务。该项支出分设行政运行、一般行政管理事务、机关服务、拥军优属、部队供应、事业运行、其他退役军人事务管理支出等7项。

(22)小型水库移民扶助基金对应专项债务收入安排的支出。该项支出分设基础设施建设和经济发展、其他小型水库移民扶助基金对应专项债务收入安排的支出等2项。

(23)财政代缴社会保险费支出。该项支出分设财政代缴城乡居民基本养老保险费支出、财政代缴其他社会保险费支出等2项。

(24)其他社会保障和就业支出。该项支出反映除上述项目以外其他用于社会保障和就业方面的支出。

9.社会保险基金支出

社会保险基金支出分设8款:

(1)企业职工基本养老保险基金支出。该项支出分设基本养老金、医疗补助金、丧葬抚恤补助、其他企业职工基本养老保险基金支出等4项。

(2)失业保险基金支出。该项支出分设失业保险金、医疗补助金、丧葬抚恤补助、职业培训和职业介绍补贴、技能提升补贴支出、稳定岗位补贴支出、其他费用支出、其他失业保险基金支出等8项。

(3)职工基本医疗保险基金支出。该项支出分设职工基本医疗保险统筹基金、职工医疗保险个人账户基金、其他职工基本医疗保险基金支出等3项。

(4)工伤保险基金支出。该项支出分设工伤保险待遇、劳动能力鉴定支出、工伤预防费用支出、其他工伤保险基金支出等4项。

(5)城乡居民基本养老保险基金支出。该项支出分设基础养老支出、个人账户养老支出、丧葬抚恤补助支出、其他城乡居民基本养老保险基金支出等4项。

(6)机关事业单位基本养老保险基金支出。该项支出分设基本养老金支出、丧葬抚恤补助支出、其他机关事业单位基本养老保险基金支出等3项。

(7)城乡居民基本医疗保险基金支出。该项支出分设城乡居民基本医疗保险基金医疗待遇支出、城乡居民大病保险支出、其他城乡居民基本医疗保险基金支出等3项。

（8）其他社会保险基金支出。该项支出反映除上述项目以外用其他社会保险基金安排的支出。

10.卫生健康支出

卫生健康支出分设13款：

（1）卫生健康管理事务。该项支出反映卫生、中医等管理事务方面的支出。分设行政运行、一般行政管理事务、机关服务、其他卫生健康管理事务支出等4项。

（2）公立医院。该项支出反映政府举办的各级各类医院的支出。分设综合医院、中医（民族）医院、传染病医院、职业病防治医院、精神病医院、妇幼保健医院、儿童医院、其他专科医院、福利医院、行业医院、处理医疗欠费、康复医院、其他公立医院支出等13项。

（3）基层医疗卫生机构。该项支出反映用于基层医疗卫生机构方面的支出。分设城市社区卫生机构、乡镇卫生院、其他基层医疗卫生机构支出等3项。

（4）公共卫生。该项支出分设疾病预防控制机构、卫生监督机构、妇幼保健机构、精神卫生机构、应急救治机构、采供血机构、其他专业公共卫生机构、基本公共卫生服务、重大公共卫生服务、突发公共卫生事件应急处理、其他公共卫生支出等11项。

（5）中医药。该项支出分设中医（民族医）药专项、其他中医药支出等2项。

（6）计划生育事务。该项支出分设计划生育机构、计划生育服务、其他计划生育事务支出等3项。

（7）行政事业单位医疗。该项支出分设行政单位医疗、事业单位医疗、公务员医疗补助、其他行政事业单位医疗支出等4项。

（8）财政对基本医疗保险基金的补助。该项支出分设财政对职工基本医疗保险基金的补助、财政对城乡居民基本医疗保险基金的补助、财政对其他基本医疗保险基金的补助等3项。

（9）医疗救助。该项支出分设城乡医疗救助、疾病应急救助、其他医疗救助支出等3项。

（10）优抚对象医疗。该项支出分设优抚对象医疗补助、其他优抚对象医疗支出等2项。

（11）医疗保障管理事务。该项支出分设行政运行、一般行政管理事务、机关服务、信息化建设、医疗保障政策管理、医疗保障经办事务、事业运行、其他医疗保障管理事务支出等8项。

（12）老龄卫生健康事务。该项支出反映老龄卫生健康事务方面的支出。

（13）其他卫生健康支出。该项支出反映除上述项目以外其他用于卫生健康方面的支出。

11.节能环保支出

节能环保支出分设17款：

（1）环境保护管理事务。该项支出反映政府环境保护管理事务支出。该项支出分设行政运行，一般行政管理事务，机关服务，生态环境保护宣传，环境保护法规、规划及标准，生态环境国际合作及履约，生态环境保护行政许可，应对气候变化管理事务，其他环境保护管理事务支出等9项。

（2）环境监测与监察。该项支出反映政府环境监测与监察支出，分设建设项目环评审查与监督、核与辐射安全监督、其他环境监测与监察支出等3项。

（3）污染防治。该项支出反映大气、水体、噪声、固体废弃物与化学品、放射性物质等方面的污染治理支出，分设大气、水体、噪声、固体废弃物与化学品、放射源和放射性废物监管、辐射、其他污染防治支出等7项。

(4)自然生态保护。该项支出反映生态保护、生态修复、生物多样性保护、农村环境保护和生物安全管理等方面的支出,分设生态保护、农村环境保护、生物及物种资源保护、其他自然生态保护支出等4项。

(5)天然林保护。该项支出反映专项用于天然林资源保护工程的各项补助支出,分设森林管护、社会保险补助、政策性社会性支出补助、天然林保护工程建设、停伐补助、其他天然林保护支出等6项。

(6)退耕还林还草。该项支出反映专项用于退耕还林还草工程的各项补助支出,分设退耕现金、退耕还林粮食折现补贴、退耕还林粮食费用补贴、退耕还林工程建设、其他退耕还林还草支出等5项。

(7)风沙荒漠治理。该项支出反映用于风沙荒漠治理方面的支出,分设京津风沙源治理工程建设、其他风沙荒漠治理支出等2项。

(8)退牧还草。该项支出反映退牧还草方面的支出,分设退牧还草工程建设、其他退牧还草支出等2项。

(9)已垦草原退耕还草。该项支出反映已垦草原退耕还草方面的支出。

(10)能源节约利用。该项支出反映用于能源节约利用方面的支出。

(11)污染减排。该项支出分设生态环境监测与信息、生态环境执法监察、减排专项支出、清洁生产专项支出、其他污染减排支出等5项。

(12)可再生能源。该项支出反映用于可再生能源方面的支出。

(13)循环经济。该项支出反映用于循环经济方面的支出。

(14)能源管理事务。该项支出分设行政运行、一般行政管理事务、机关服务、能源预测预警、能源战略规划与实施、能源科技装备、能源行业管理、能源管理、石油储备发展管理、能源调查、信息化建设、农村电网建设、事业运行、其他能源管理事务支出等14项。

(15)可再生能源电价附加收入安排的支出。该项支出分设风力发电补助、太阳能发电补助、生物质能发电补助、其他可再生能源电价附加收入安排的支出等4项。

(16)废弃电器电子产品处理基金支出。该项支出分设回收处理费用补贴、信息系统建设、基金征管经费、其他废弃电器电子产品处理基金支出等4项。

(17)其他节能环保支出。该项支出反映除上述项目以外其他用于节能环保方面的支出。

12.城乡社区支出

城乡社区支出分设16款:

(1)城乡社区管理事务。该项支出反映城乡社区管理事务支出。该项支出分设行政运行,一般行政管理事务,机关服务,城管执法,工程建设标准规范编制与监管,工程建设管理,市政公用行业市场监管,住宅建设与房地产市场监管,执业资格注册、资质审查,其他城乡社区管理事务支出等10项。

(2)城乡社区规划与管理。该项支出反映城乡社区、防灾减灾、历史名城规划制定与管理等方面的支出。

(3)城乡社区公共设施。该项支出反映城乡社区道路、桥涵、供水、排水、燃气、供暖、公共交通(含轮渡、轻轨、地铁)、道路照明等公共设施建设维护与管理方面的支出。分设小城镇基础设施建设、其他城乡社区公共设施支出等2项。

(4)城乡社区环境卫生。该项支出反映城乡社区道路清扫、垃圾清运与处理、公厕建设与维护、园林绿化等方面的支出。

（5）建设市场管理与监督。该项支出反映各类建筑工程强制性和推荐性标准及规范的制定与修改、建筑工程招投标等市场管理、建筑工程质量与安全监督等方面的支出。

（6）国有土地使用权出让收入安排的支出。该项支出分设征地和拆迁补偿支出、土地开发支出、城市建设支出、农村基础设施建设支出、补助被征地农民支出、土地出让业务支出、廉租住房支出、支付破产或改制企业职工安置费、棚改区改造支出、公共租赁住房支出、保障性住房租金补贴、其他国有土地使用权出让收入安排的支出等12项。

（7）国有土地收益基金安排的支出。该项支出分设征地和拆迁补偿支出、土地开发支出、其他国有土地收益基金支出等3项。

（8）农业土地开发资金安排的支出。该项支出反映农业土地开发资金安排的支出。

（9）城市基础设施配套费安排的支出。该项支出分设城市公共设施、城市环境卫生、公有房屋、城市防洪、其他城市基础设施配套费安排的支出等5项。

（10）污水处理费安排的支出。该项支出分设污水处理设施建设和运营、代征手续费、其他污水处理费安排的支出等3项。

（11）土地储备专项债券收入安排的支出。该项支出分设征地和拆迁补偿支出、土地开发支出、其他土地储备专项债券收入安排的支出等3项。

（12）棚改区改造专项债券收入安排的支出。该项支出分设征地和拆迁补偿支出、土地开发支出、其他棚户区改造专项债券收入安排的支出等3项。

（13）城市基础设施配套费对应专项债务收入安排的支出。该项支出分设城市公共设施、城市环境卫生、公有房屋、城市防洪、其他城市基础设施配套对应专项债务收入安排的支出等5项。

（14）污水处理费对应专项债务收入安排的支出。该项支出分设污水处理设施建设和运营、其他污水处理费对应专项债务收入安排的支出等2项。

（15）国有土地使用权出让收入对应专项债务收入安排的支出。该项支出分设征地和拆迁补偿支出、土地开发支出、城市建设支出、农村基础设施建设支出、廉租住房支出、棚改区改造支出、公共租赁住房支出、其他国有土地使用权出让收入对应专项债务收入安排的支出等8项。

（16）其他城乡社区支出。该项支出反映除上述项目以外其他用于城乡社区方面的支出。

13.农林水支出

农林水支出分设13款：

（1）农业农村。该项支出分设行政运行、一般行政管理事务、机关服务、事业运行、农垦运行、科技转化与推广服务、病虫害控制、农产品质量安全、执法监管、统计监测与信息服务、行业业务管理、对外交流与合作、防灾救灾、稳定农民收入补贴、农业结构调整补贴、农业生产发展、农村合作经济、农产品加工与促销、农村社会事业、农业资源保护修复与利用、农村道路建设、成品油价格改革对渔业的补贴、对高校毕业生到基层任职补助、农田建设、其他农业农村支出等25项。

（2）林业和草原。该项支出分设行政运行、一般行政管理事务、机关服务、事业机构、森林资源培育、技术推广与转化、森林资源管理、森林生态效益补偿、自然保护区等管理、动植物保护、湿地保护、执法与监督、防沙治沙、对外合作与交流、产业化管理、信息管理、林区公共支出、贷款贴息、成品油价格改革对林业的补贴、森林草原防灾减灾、国家公园、草原管理、行业业务管理、其他林业和草原支出等 24 项。

（3）水利。该项支出分设行政运行、一般行政管理事务、机关服务、水利行业业务管理、水利工程建设、水利工程运行与维护、长江黄河等流域管理、水利前期工作、水利执法监督、水土保持、水资源节约管理与保护、水质监测、水文测报、防汛、抗旱、农村水利、水利技术推广、国际河流治理与管理、江河湖库水系综合整治、大中型水库移民后期扶持专项支出、水利安全监督、信息管理、水利建设征地及移民支出、农村人畜饮水、南水北调工程建设、南水北调工程管理、其他水利支出等 27 项。

（4）扶贫。该项支出分设行政运行、一般行政管理事务、机关服务、农村基础设施建设、生产发展、社会发展、扶贫贷款奖补和贴息、"三西"农业建设专项补助、扶贫事业机构、其他扶贫支出等 10 项。

（5）农村综合改革。该项支出分设对村级一事一议的补助、国有农场办社会职能改革补助、对村民委员会和村党支部的补助、对村集体经济组织的补助、农村综合改革示范试点补助、其他农村综合改革支出等 6 项。

（6）普惠金融发展支出。该项支出分设支持农村金融机构、涉农贷款增量奖励、农业保险保费补贴、创业担保贷款贴息、补充创业担保贷款基金、其他普惠金融发展支出等 6 项。

（7）目标价格补贴。该项支出分设棉花目标价格补贴、其他目标价格补贴等 2 项。

（8）大中型水库库区基金安排的支出。该项支出分设基础设施建设和经济发展、解决移民遗留问题、库区防护工程维护、其他大中型水库库区基金支出等 4 项。

（9）三峡水库库区基金支出。该项支出分设基础设施建设和经济发展、解决移民遗留问题、库区维护和管理、其他三峡水库库区基金支出等 4 项。

（10）国家重大水利工程建设基金安排的支出。该项支出分设南水北调工程建设、三峡后续工、地方重大水利工程建设、其他重大水利工程建设基金支出等 4 项。

（11）大中型水库库区基金对应专项债务收入安排的支出。该项支出分设基础设施建设和经济发展、其他大中型水库库区基金对应专项债务收入支出等 2 项。

（12）国家重大水利工程建设基金对应专项债务收入安排的支出。该项支出分设南水北调工程建设、三峡工程后续工作、地方重大水利工程建设、其他重大水利工程建设基金对应专项债务收入支出等 4 项。

（13）其他农林水支出。该项支出分设化解其他公益性乡村债务支出、其他农林水支出等 2 项。

14. 交通运输支出

交通运输支出分设 17 款：

（1）公路水路运输。该项支出分设行政运行、一般行政管理事务、机关服务、公路建设、公路养护、交通运输信息化建设、公路和运输安全、公路还贷专项、公路运输管理、公路和运输技术标准化建设、港口设施、航道维护、船舶检验、救助打捞、内河运输、远洋运输、海事管理、航标事业发展支出、水路运输管理支出、口岸建设、取消政府还贷二级公路收费专项支出、其他公路水路运输支出等 22 项。

（2）铁路运输。该项支出分设行政运行、一般行政管理事务、机关服务、铁路路网建设、铁路还贷专项、铁路安全、铁路专项运输、行业监管、其他铁路运输支出等 9 项。

（3）民用航空运输。该项支出分设行政运行、一般行政管理事务、机关服务、机场建设、空管系统建设、民航还贷专项支出、民用航空安全、民航专项运输、其他民用航空运输支出等9项。

(4)成品油价格改革对交通运输的补贴。该项支出分设对城市公交的补贴、对农村道路客运的补贴、对出租车的补贴、成品油价格改革补贴其他支出等4项。

(5)邮政业支出。该项支出分设行政运行、一般行政管理事务、机关服务、行业监管、邮政普遍服务与特殊服务、其他邮政业支出等6项。

(6)车辆购置税支出。该项支出分设车辆购置税用于公路等基础设施建设支出、车辆购置税用于农村公路建设支出、车辆购置税用于老旧汽车报废更新补贴支出、车辆购置税其他支出等4项。

(7)海南省高等级公路车辆通行附加费安排的支出。该项支出分设公路建设、公路养护、公路还贷、其他海南省高等级公路车辆通行附加费用安排的支出等4项。

(8)车辆通行费安排的支出。该项支出分设公路还贷、政府还贷公路养护、政府还贷公路管理、其他车辆通行费安排的支出等4项。

(9)港口建设费安排的支出。该项支出分设港口设施、航道建设和维护、航运保证系统建设、其他港口建设费安排的支出等4项。

(10)铁路建设基金支出。该项支出分设铁路建设投资、购置铁路机车车辆、铁路还贷、建设项目辅底资金、勘测设计、注册资本金、周转资金、其他铁路建设基金支出等8项。

(11)船舶油污损害赔偿基金支出。该项支出分设应急处置费用、控制清除污染、损失补偿、生态恢复、监视监测、其他船舶油污损害赔偿基金支出等6项。

(12)民航发展基金支出。该项支出分设民航机场建设、空管系统建设、民航安全、航线和机场补贴、民航节能减排、通用航空发展、征管经费、其他民航发展基金支出等8项。

(13)海南省高等级公路车辆通行附加费对应专项债务收入安排的支出。该项支出分设公路建设、其他海南省高等级公路车辆通行附加费对应专项债务收入安排等2项。

(14)政府收费公路专项债务收入安排的支出。该项支出分设公路建设、其他政府收费公路专项债券收入安排的支出等2项。

(15)车辆通行费对应专项债务收入安排的支出。

(16)港口建设费对应专项债务收入安排的支出。该项支出分设港口设施、航运保障系统建设、其他港口建设费对应专项债务收入安排的支出等3项。

(17)其他交通运输支出。该项支出分设公共交通运营补助、其他交通运输支出等2项。

15.资源勘探工业信息等支出

资源勘探工业信息等支出分设8款:

(1)资源勘探开发。该项支出反映煤炭、石油和天然气、黑色金属、有色金属、非金属矿等的资源勘探支出。分设行政运行、一般行政管理事务、机关服务、煤炭勘探开采和洗选、石油和天然气勘探开采、黑色金属矿勘探和采选、有色金属矿勘探和采选、非金属矿勘探和采选、其他资源勘探业支出等9项。

(2)制造业。该项支出反映纺织、轻工、化工、医药、机械、冶炼、建材、交通运输设备、烟草、兵器、核工、航空、航天、船舶、电子及通信设备等制造业支出,分设行政运行,一般行政管理事务,机关服务,纺织业,医药制造业,非金属矿物制品业,通信设备、计算机及其他电子设备制造业,交通运输设备制造业,电气机械及器材制造业,工艺品及其他制造业,石油加工、炼焦及核燃料加工业,化学原料及化学制品制造业,黑色金属冶炼及压延加工业,有色金属冶炼及压延加工业,其他制造业支出等15项。

(3)建筑业。该项支出反映土木工程建筑业以及线路、管道和设备安装业等方面的支出,分设行政运行、一般行政管理事务、机关服务、其他建筑业支出等4项。

(4)工业和信息产业监管。该项支出反映工业和信息产业方面的支出,分设行政运行、一般行政管理事务、机关服务、战备应急、信息安全建设、专用通信、无线电监管、工业和信息产业战略研究与标准制定、工业和信息产业支持、电子专项工程、行业监管、技术基础研究、其他工业和信息产业监管支出等13项。

(5)国有资产监管。该项支出分设行政运行、一般行政管理事务、机关服务、国有企业监事会专项、中央企业专项管理、其他国有资产监管支出等6项。

(6)支持中小企业发展和管理支出。该项支出分设行政运行、一般行政管理事务、机关服务、科技型中小企业技术创新基金、中小企业发展专项、其他支持中小企业发展和管理支出等6项。

(7)农网还款资金支出。该项支出分设中央农网还贷资金支出、地方农网还贷资金支出、其他农网还贷资金支出等3项。

(8)其他资源勘探工业信息等支出。该项支出分设黄金事务、技术改造支出、中药材扶持资金支出、重点产业振兴和技术改造项目贷款贴息、其他资源勘探工业信息等支出等5项。

16.商业服务业等支出

商业服务业等支出分设3款:

(1)商业流通事务。该项支出分设行政运行、一般行政管理事务、机关服务、食品流通安全补贴、市场监测及信息管理、民贸企业补贴、民贸民品贷款贴息、事业运行、其他商业流通事务支出等9项。

(2)涉外发展服务支出。该项支出分设行政运行、一般行政管理事务、机关服务、外商投资环境建设补助资金、其他涉外发展服务支出等5项。

(3)其他商业服务业等支出。该项支出分设服务业基础设施建设、其他商业服务业等支出等2项。

17.金融支出

金融支出分设5款:

(1)金融部门行政支出。该项支出分设行政运行、一般行政管理事务、机关服务、安全防卫、事业运行、金融部门其他行政支出等6项。

(2)金融部门监管支出。该项支出分设货币发行、金融服务、反假币、重点金融机构监管、金融稽查与案件处理、金融行业电子化建设、从业人员资格考试、反洗钱、金融部门其他监管支出等9项。

(3)金融发展支出。该项支出分设政策性银行亏损补贴、利息费用补贴支出、补充资本金、风险基金补助、其他金融发展支出等5项。

(4)金融调控支出。该项支出分设中央银行亏损补贴、中央特别国债经营基金支出、中央特别国债经营基金财务支出、其他金融调控支出等4项。

(5)其他金融支出。

18.援助其他地区支出

援助其他地区支出分设一般公共服务、教育、文化体育与传媒、医疗卫生、节能环保、农业、交通运输、住房保障、其他支出等 9 款。

19. 自然资源海洋气象等支出

自然资源海洋气象等支出分设 3 款:

(1)自然资源事务。该项支出分设行政运行、一般行政管理事务、机关服务、自然资源规划及管理、自然资源利用与保护、自然资源社会公益服务、自然资源行业业务管理、自然资源调查与确权登记、土地资源储备支出、地质矿产资源与环境调查、地质勘查与矿产资源管理、地质转产项目财政贴息、国外风险勘查、地质勘查基金(周转金)支出、海域与海岛管理、自然资源国际合作与海洋权益维护、自然资源卫星、极地考察、深海调查与资源开发、海港航标维护、海水淡化、无居民海岛使用金支出、海洋战略规划与预警监测、基础测绘与地理信息监管、事业运行、其他自然资源事务支出等 26 项。

(2)气象事务。该项支出分设行政运行、一般行政管理事务、机关服务、气象事业机构、气象探测、气象信息传输及管理、气象预报预测、气象服务、气象装备保障维护、气象基础设施建设与维修、气象卫星、气象法规与标准、气象资金审计稽查、其他气象事务支出等 14 项。

(3)其他自然资源海洋气象等支出。

20. 住房保障支出

住房保障支出分设 3 款:

(1)保障性安居工程支出。该项支出分设廉租住房、沉陷区治理、棚户区改造、少数民族地区游牧民定居工程、农村危房改造、公共租赁住房、保障性住房租金补贴、老旧小区改造、住房租赁市场发展、其他保障性安居工程支出等 10 项。

(2)住房改革支出。该项支出分设住房公积金、提租补贴、购房补贴等 3 项。

(3)城乡社区住宅。该项支出分设公有住房建设和维修改造支出、住房公积金管理、其他城乡社区住宅支出等 3 项。

21. 粮油物资储备支出

粮油物资储备支出分设 5 款:

(1)粮油事务。该项支出分设行政运行、一般行政管理事务、机关服务、粮食财务与审计支出、粮食信息统计、粮食专项业务活动、国家粮油差价补贴、粮食财务挂账利息补贴、粮食财务挂账消化款、处理陈化粮补贴、粮食风险基金、粮油市场调控专项资金、事业运行、其他粮油事务支出等 14 项。

(2)物资事务。该项支出分设行政运行、一般行政管理事务、机关服务、铁路专用线、护库武警和民兵支出、物资保管与保养、专项贷款利息、物资转移、物资轮换、仓库建设、仓库安防、事业运行、其他物资事务支出等 13 项。

(3)能源储备。该项支出分设石油储备、天然铀能源储备、煤炭储备、其他能源储备支出等 4 项。

(4)粮油储备。该项支出分设储备粮油补贴、储备粮油差价补贴、储备粮(油)库建设、最低收购价格政策支出、其他粮油储备支出等 5 项。

(5)重要商品储备。该项支出分设棉花储备、食糖储备、肉类储备、化肥储备、农药储备、边销茶储备、羊毛储备、医药储备、食盐储备、战略物资储备、其他重要商品储备支出等 11 项。

22. 国有资本经营预算支出

国有资本经营预算支出分设 5 款:

(1)解决历史遗留问题及改革成本支出。该项支出分设厂办大集体改革支出、"三供一业"移交补助支出、国有企业办职教幼教补助收入、国有企业办公共服务机构移交补助支出、国有企业退休人员社会化管理补助支出、国有企业棚户区改造支出、国有企业改革成本支出、退休干部医药费补助支出、其他解决历史遗留问题及改革成本支出等9项。

(2)国有企业资本金注入。该项支出分设国有经济结构调整支出、公益性设施投资支出、前瞻性战略性产业发展支出、生态环境保护支出、支持科技进步支出、保障国家经济安全支出、对外投资合作支出、其他国有企业资本金注入等8项。

(3)国有企业政策性补贴。

(4)金融国有资本经营预算支出。该项支出分设资本性支出、改革性支出、其他金融国有资本经营预算支出等3项。

(5)其他国有资本经营预算支出。

23.灾害防治及应急管理支出

灾害防治及应急管理支出分设8款:

(1)应急管理事务。该项支出分设行政运行、一般行政管理事务、机关服务、灾害风险防治、国务院安委会专项、安全监管、安全生产基础、应急救援、应急管理、事业运行、其他应急管理支出等11项。

(2)消防事务。该项支出分设行政运行、一般行政管理事务、机关服务、消防应急救援、其他消防事务支出等5项。

(3)森林消防事务。该项支出分设行政运行、一般行政管理事务、机关服务、森林消防应急救援、其他森林消防事务支出等5项。

(4)煤矿安全。该项支出分设行政运行、一般行政管理事务、机关服务、煤矿安全监察事务、煤矿应急救援事务、事业运行、其他煤矿安全支出等7项。

(5)地震事务。该项支出分设行政运行、一般行政管理事务、机关服务、地震监测、地震预测预报、地震灾害预防、地震应急救援、地震环境探察、防震减灾信息管理、防震减灾基础管理、地震事业机构、其他地震事务支出等12项。

(6)自然灾害防治。该项支出分设地质灾害防治、森林草原防灾减灾、其他自然灾害防治支出等3项。

(7)自然灾害救灾及恢复重建支出。该项支出分设中央自然灾害生活补助、地方自然灾害生活补助、自然灾害救灾补助、自然灾害灾后重建补助、其他自然灾害救灾及恢复重建支出等5项。

(8)其他灾害防治及应急管理支出。

24.预备费

预备费反映预算中安排的预备费。

25.其他支出

其他支出分设5款:

(1)年初预留。

(2)其他政府性基金对应专项债务收入安排的支出。该项支出分设其他政府性基金安排的支出、其他地方自行试点项目收益专项债务收入安排的支出、其他政府性基金债务收入安排的支出等3项。

(3)彩票发行销售机构业务费安排的支出。该项支出分设福利彩票发行机构的业务费支出、体育彩票发行机构的业务费支出、福利彩票销售机构的业务费支出、体育彩票销售机构的业务费支出、彩票兑奖周转金支出、彩票发行销售风险基金支出、彩票市场调控资金支出、其他彩票发行销售机构业务费安排的支出等8项。

(4)彩票公益金安排的支出。该项支出分设用于补充全国社会保障基金的彩票公益金支出、用于社会福利的彩票公益金支出、用于体育事业的彩票公益金支出、用于教育事业的彩票公益金支出、用于红十字事业的彩票公益金支出、用于残疾人事业的彩票公益金支出、用于文化事业的彩票公益金支出、用于扶贫的彩票公益金支出、用于法律援助的彩票公益金支出、用于城乡医疗救助的彩票公益金支出、用于其他社会公益事业的彩票公益金支出等11项。

(5)其他支出。

26.转移性支出

转移性支出分设14款：

(1)返还性支出。该项支出分设所得税基数返还支出、成品油税费改革税收返还支出、增值税税收返还支出、消费税税收返还支出、增值税"五五分享"税收返还支出、其他税收返还支出等6项。

(2)一般性转移支付。该项支出分设体制补助支出、均衡性转移支付支出、县级基本财力保障机制、奖补资金支出、结算补助支出、资源枯竭型城市转移支付补助支出、企业事业单位划转补助支出、产粮(油)大县奖励资金支出、重点生态功能区转移支付支出、固定数额补助支出、革命老区转移支付支出、民族地区转移支付支出、边境地区转移支付支出、贫困地区转移支付支出、一般公共服务共同财政事权转移支付支出、外交共同财政事权转移支付支出、国防共同财政事权转移支付支出、公共安全共同财政事权转移支付支出、教育共同财政事权转移支付支出、科学技术共同财政事权转移支付支出、文化旅游体育与传媒共同财政事权转移支付支出、社会保障和就业共同财政事权转移支付支出、医疗卫生共同财政事权转移支付支出、节能环保共同财政事权转移支付支出、城乡社区共同财政事权转移支付支出、农林水共同财政事权转移支付支出、交通运输共同财政事权转移支付支出、资源勘探信息等共同财政事权转移支付支出、商业服务业等共同财政事权转移支付支出、金融共同财政事权转移支付支出、自然资源海洋气象等共同财政事权转移支付支出、住房保障共同财政事权转移支付支出、粮油物资储备共同财政事权转移支付支出、灾害防治及应急管理共同财政事权转移支付支出、其他共同财政事权转移支付支出、其他一般性转移支付支出等。

(3)专项转移支付。该项支出分设一般公共服务、外交、国防、公共安全、教育、科学技术、文化旅游体育与传媒、社会保障和就业、卫生健康、节能环保、城乡社区、农林水、交通运输、资源勘探信息等、商业服务业等、金融、自然资源海洋气象等、住房保障、粮油物资储备、灾害防治及应急管理、其他支出等21项。

(4)政府性基金转移支付。该项支出分设政府性基金补助支出、政府性基金上解支出等2项。

(5)国有资本经营预算转移支付。该项支出分设国有资本经营预算转移支付支出、国有资本经营预算上解支出等2项。

(6)上解支出。该项支出分设体制上解支出、专项上解支出等2项。

(7)调出资金。该项支出分设政府性基金预算调出资金、国有资本经营预算调出资金、其他调出资金等3项。

(8)年终结余。该项支出分设一般公共预算年终结余、政府性基金年终结余、社会保险基金预算年终结余、其他年终结余等4项。

(9)债务转贷支出。该项支出反映向下级政府转贷的债务支出,分设海南省高等级公路车辆通行附加费债务转贷支出、港口建设费债务转贷支出、国家电影事业发展专项资金债务转贷支出、国有土地使用权出让金债务转贷支出、农业土地开发资金债务转贷支出、大中型水库库区基金债务转贷支出、城市基础设施配套费债务转贷支出、小型水库移民扶助基金债务转贷支出、国家重大水利工程建设基金债务转贷支出、车辆通行费债务转贷支出、污水处理费债券转贷支出、土地储备专项债券转贷支出、政府收费公路专项债券转贷支出、棚户区改造专项债券转贷支出、其他地方自行试点项目收益专项债券转贷支出、其他地方政府债务转贷支出等20项。

(10)援助其他地区支出。该项支出反映援助方政府安排的由受援方政府统筹使用的各类援助、捐赠等资金支出。

(11)社会保险基金上解下拨支出。该项支出分设社会保险基金补助下级支出、社会保险基金上解上级支出等2项。

(12)安排预算稳定调节基金。该项属线下支出科目,反映设置和补充预算稳定调节基金的支出。

(13)补充预算周转金。该项属线下支出科目,反映设置和补充预算周转金的支出。

(14)社会保险基金转移支出。该项支出反映政府的转移交付以及不同性质资金之间的调拨关系。

27.债务还本支出

债务还本支出分设4款:

(1)中央政府国内债务还本支出。该项是反映中央政府用于归还国内债务本金所发生的支出。

(2)中央政府国外债务还本支出。该项是反映中央政府用于归还国外债务本金所发生的支出。

(3)地方政府一般债务还本支出。该项支出分设地方政府一般债券还本支出、地方政府向外国政府借款还本支出、地方政府向国际组织借款还本支出、地方政府其他一般债务还本支出等4项。

(4)地方政府专项债务还本支出。该项支出分设海南省高等级公路车辆通行附加费债务还本支出、港口建设费债务还本支出、国家电影事业发展专项资金债务还本支出、国有土地使用权出让金债务还本支出、农业土地开发资金债务还本支出、大中型水库库区基金债务还本支出、城市基础设施配套债务还本支出、小型水库移民扶助基金债务还本支出、国家重大水利工程建设基金债务还本支出、车辆通行费债务还本支出、污水处理费债务还本支出、土地储备专项债券还本支出、政府收费公路专项债券还本支出、棚户区改造专项债券还本支出、其他地方自行试点项目收益专项债券还本支出、其他政府性基金债务还本支出等16项。

28.债务付息支出

债务付息支出分设4款:

(1)中央政府国内债务付息支出。该项是反映中央政府用于归还国内债务利息所发生的支出。

(2)中央政府国外债务付息支出。该项是反映中央政府用于归还国外债务利息(含管理费)所发生的支出。

(3)地方政府一般债务付息支出。该项支出分设地方政府一般债券付息支出、地方政府向外国政府借款付息支出、地方政府向国际组织借款付息支出、地方政府其他一般债务付息支出等4项。

(4)地方政府专项债务付息支出。该项支出分设海南省高等级公路车辆通行附加费债务付息支出、港口建设费债务付息支出、国家电影事业发展专项资金债务付息支出、国有土地使用权出让金债务付息支出、农业土地开发资金债务付息支出、大中型水库库区基金债务付息支出、城市基础设施配套债务付息支出、小型水库移民扶助基金债务付息支出、国家重大水利工程建设基金债务付息支出、车辆通行费债务付息支出、污水处理费债务付息支出、土地储备专项债券还本付息支出、政府收费公路专项债券付息支出、棚户区改造专项债券付息支出、其他地方自行试点项目收益专项债券付息支出、其他政府性基金债务付息支出等16项。

29.债务发行费用支出

债务发行费用支出分设4款：

(1)中央政府国内债务发行费用支出。该项是反映中央政府用于国内债务发行兑付费用的支出。

(2)中央政府国外债务发行费用支出。该项是反映中央政府用于国外债务发行兑付费用的支出。

(3)地方政府一般债务发行费用支出。该项是反映地方政府用于一般债务发行兑付费用的支出。

(4)地方政府专项债务发行费用支出。该项支出分设海南省高等级公路车辆通行附加费债务发行费用支出、港口建设费债务发行费用支出、国家电影事业发展专项资金债务发行费用支出、国有土地使用权出让金债务发行费用支出、农业土地开发资金债务发行费用支出、大中型水库库区基金债务发行费用支出、城市基础设施配套债务发行费用支出、小型水库移民扶助基金债务还本发行费用支出、国家重大水利工程建设基金债务发行费用支出、车辆通行费债务发行费用支出、污水处理费债务发行费用支出、土地储备专项债券发行费用支出、政府收费公路专项债券发行费用支出、棚户区改造专项债券发行费用支出、其他地方自行试点项目收益专项债券发行费用支出、其他政府性基金债务发行费用支出等16项。

(四)我国政府预算支出的经济分类

支出经济分类是按支出的经济性质和具体用途所做的一种分类。在支出功能分类明确反映政府职能活动的基础上，支出经济分类明细反映政府的钱究竟是怎么花出去的，是付了人员工资、会议费还是买了办公设备等。支出经济分类与支出功能分类从不同侧面、以不同方式反映政府支出活动。它们既是两个相对独立的体系，二者又相互联系，可结合使用。

政府收支分类单设支出经济分类的主要原因：

一是为了使政府收支分类体系更加完整。依照国际通行做法，政府收入分类、支出功能分类以及支出经济分类共同构成一个全面、明晰地反映政府收支活动的分类体系。如果我们只设支出功能分类而不设支出经济分类，政府每一项支出的具体用途便无法反映。

二是为了使原有支出目级科目反映的内容更加明晰、完整。我国2001年以前只设有12个反映支出经济性质、具体用途的支出目级科目。2002年以后有关具体科目虽然细化，扩展到了30多个，但仍存在不够完整、不够明细的问题。比如，一些资本性支出就无法得到明细反映。新的支出经济分类设类、款两级，可以更加全面、清晰地反映政府支出情况。

三是为了规范管理。支出经济分类既是细化部门预算的重要条件，同时也是预算单位执行预算和进行会计核算的基础。因此，单设支出经济分类对进一步规范和强化预算管理具有十分重要的意义。

支出经济分类设类、款两级。2020年支出经济分类具体科目设置情况如下：

（1）机关工资福利支出。该项支出反映机关和参照公务员法管理的事业单位（以下简称参公事业单位）在职职工和编制外长期聘用人员的各类劳动报酬，以及上述人员缴纳的各项社会保险费等。

该项支出分设4款：工资奖金津补贴、社会保障缴费、住房公积金、其他工资福利支出。

（2）机关商品和服务支出。该项支出反映机关和参公事业单位购买商品和服务的各类支出，不包括购置固定资产、战略性和应急性物资储备等资本性支出。

该项支出分设10款：办公经费、会议费、培训费、专用材料购置费、委托业务费、公务接待、因公出国（境）费用、公务用车运行维护费、维修（护）费、其他商品和服务支出。

（3）机关资本性支出（一）。该项支出反映机关和参公事业单位资本性支出。切块由发展改革部门安排的基本建设支出中机关和参公事业单位资本性支出不在此科目反映。

该项支出分设7款：房屋建筑物购建、基础设施建设、公务用车购置、土地征迁补偿和安置支出、设备购置、大型修缮、其他资本性支出。

（4）机关资本性支出（二）。该项支出反映切块由发展改革部门安排的基本建设支出中机关和参公事业单位资本性支出。

该项支出分设6款：房屋建筑物购建、基础设施建设、公务用车购置、设备购置、大型修缮、其他资本性支出。

（5）对事业单位经常性补助。该项支出反映对事业单位（不含参公事业单位）的经常性补助支出。

该项支出分设3款：工资福利支出、商品和服务支出、其他对事业单位补助。

（6）对事业单位资本性补助。该项支出反映对事业单位（不含参公事业单位）的资本性补助支出。

该项支出分设2款：资本性支出（一）、资本性支出（二）。

（7）对企业补助。该项支出反映政府对各类企业的补助支出。对企业资本性支出不在此科目反映。

该项支出分设3款：费用补贴、利息补贴、其他对企业补助。

（8）对企业资本性支出。该项支出反映政府对各类企业的资本性支出。

该项支出分设2款：对企业资本性支出（一）、对企业资本性支出（二）。

（9）对个人和家庭的补助。该项支出反映政府用于对个人和家庭的补助支出。

该项支出分设5款：社会福利和救助、助学金、个人农业生产补贴、离退休费、其他对个人和家庭补助。

（10）对社会保障基金补助。该项支出反映政府对社会保险基金的补助以及补充全国社会保障基金的支出。

该项支出分设2款：对社会保险基金补助、补充全国社会保障基金。

（11）债务利息及费用支出。该项支出反映政府债务利息及费用支出。

该项支出分设4款：国内债务付息、国外债务付息、国内债务发行费用、国外债务发行费用。

（12）债务还本支出。该项支出反映政府债务还本支出。

该项支出分设2款：国内债务还本、国外债务还本。

(13)转移性支出。该项支出反映政府间和不同性质预算间的转移性支出。

该项支出分设 6 款：上下级政府间转移性支出、援助其他地区支出、债务转贷、调出资金、安排预算稳定调节基金、补充预算周转金。

(14)预备费及预留。该项支出反映预备费及预留。

该项支出分设 2 款：预备费、预留。

(15)其他支出。该项支出反映不能划分到上述经济科目的其他支出。

该项支出分设 4 款：赠与、国家赔偿费用支出、对民间非营利组织和群众性自治组织补贴、其他支出。

专栏 2-3　　　　　2007 年政府收支分类改革全面实施
——积极财政（预算）政策启动背景

1.案例内容

2006 年温家宝总理在政府工作报告中指出，实施政府收支分类改革，完善预算管理制度，是 2006 年中国财政体制改革的重点。2007 年，经国务院批准，政府收支分类改革全面实施。

2007 年以前，我国的政府预算收支体系主要是按"经费"性质进行分类的。这种分类方法使政府究竟办了什么事在政府预算上看不出来，很多政府的重点支出如农业、教育、科技等都分散在各类科目之中，形不成一个完整的概念，往往造成"外行看不懂，内行说不清"。

2007 年新的政府收支分类体系主要包括三个方面内容，即收入分类、支出功能分类和支出经济分类：

第一，对政府收入进行统一分类。收入分类主要是完整反映政府收入的来源和性质，说明政府的钱是从哪里来的。具体的变化主要是三个方面：一是扩大了范围。在原有一般预算收入、基金预算收入和债务预算收入的基础上，将预算外收入和社会保险基金收入纳入政府收支分类范畴，并形成了统一编码，从而形成了完整、统一的政府收入分类，使财政预算真正能够全面地反映政府的各项收入。二是体系上作了调整。新的收入分类按照科学标准和国际通行做法将政府收入划分为税收收入、社会保险基金收入、非税收入、贷款转贷回收本金收入、债务收入以及转移收入等。三是科目层次更为细化。比如各部门的行政事业性收费，过去科目中没有具体的收费项目，新的收入科目则作了反映，新的收入分类可以清晰地反映政府各项收入的具体来源。

第二，建立新的政府支出功能分类体系。对政府支出按功能分类，就是按政府主要职能活动分类，这是这次科目改革的核心。改革前政府支出总体上是按经费性质分类的，把预算支出分为基建费、行政费、事业费等。它是抽象的，每个部门都用这些科目，看不出部门的职能是什么，究竟干了什么事。改革后支出功能分类则从根本上作了改变，不再按经费性质设置科目，而是按政府职能和活动设置科目，政府各项支出究竟做了什么事，就能直接从科目上看出来。按照这种思路，支出功能分类设置类、款、项三级。类级科目反映政府的某一项职能，款级科目反映为完成某项政府职能所进行的某一方面工作，项级科目反映某一方面工作的具体支出。比如教育是类级科目，普通教育是款级科目，普通教育下的小学教育就是项级科目。这样，政府的钱做了些什么事，做每项事情花了多少钱，在预算上就能直接从支出科目上清晰地反映出来。

第三,建立新型的支出经济分类体系。支出经济分类简单地说就是对支出的具体经济构成进行分类。比如用于小学教育的支出,究竟是盖了校舍还是发了工资,就要通过经济分类来反映。如果说功能分类是反映政府支出"做了什么事"的问题,经济分类则是反映"怎么样去做"的问题。按照这种思路,支出经济分类对原来的支出目级科目作了扩充和完善,按照简便、实用的原则,设置类、款两级。类级科目具体包括:"工资福利""商品和服务支出""对个人和家庭的补助""转移支付""基本建设支出""其他资本性支出"等。款级科目是对类级科目的细化,如"其他资本性支出"进一步细分为"房屋建筑物购建""专用设备购置""大型修缮""土地资源开发"等。全面、明细的支出经济分类为加强政府预算管理、部门财务管理以及政府统计分析提供了重要工具和手段。

在新的政府收支分类改革完全到位后,结合财政收支的部门属性,通过财政信息管理系统,可对任何一项财政收支进行"多维"定位,清楚地说明政府的钱是怎么来的,做了什么事,谁做的,怎么做的,为预算管理、统计分析、宏观决策和财政监督等提供全面、真实、准确的经济信息。

2.案例点评

政府收支分类,就是按照一定的原则和方法对政府收入和支出进行类别和层次划分,以全面、准确、清晰地反映政府收支活动。政府收支分类科目是编制政府预决算、组织预算执行以及预算单位进行会计明细核算的重要依据,直接关系到财政预算管理的透明度,关系到财政预算管理的科学化和规范化,是公共财政体制建设的一个重要环节。2007年实施的政府收支分类改革是新中国成立以来我国财政收支分类统计体系最为重大的一次调整,也是我国政府预算管理制度的又一次深刻创新。我国现行的政府收支分类科目都是在这一次改革的基础上,每年由财政部进行一定的修改后发布实施。

资料来源:财政部网站。

思考提示:

1.政府收支分类改革以前原政府预算科目体系的弊端是什么?

2.政府收支分类改革对我国预算管理的意义是什么?

关键术语

单式预算　复式预算　基数预算　零基预算　投入预算　绩效预算
政府预算支出功能分类　政府预算支出经济分类

思考与练习

1.我国现阶段实行复式预算的客观必然性表现在哪些方面?

2.与投入预算相比,绩效预算有哪些优点?

3.政府预算收支分类的意义和原则是什么?

4.我国政府预算支出功能分类的优点是什么?

5.我国政府收支分类单设支出经济分类的主要原因是什么?

第三章 政府预算管理体制

政府间的财政关系主要是通过确立政府预算管理体制解决的。预算管理体制是国家经济体制的重要组成部分,是确定中央和地方以及地方各级政府之间分配关系的根本制度,是中央与地方财政分配关系的集中表现形式。本章首先界定了财政管理体制和预算管理体制,并介绍了建立政府预算管理体制的基本原则;其次,重点阐述了我国政府预算职权划分、预算收支划分、地方预算机动财力的确定和政府间转移支付制度的选择等政府预算管理体制的主要内容;再次,介绍了我国政府预算管理体制的历史演变;最后,分析了我国现行分税制预算管理体制的主要内容、取得的成效、存在的缺陷,以及进一步完善预算管理体制的构想。

第一节 政府预算管理体制概述

一、政府预算管理体制的概念

政府预算管理体制是财政管理体制的重要组成部分。财政管理体制有广义和狭义之分,广义的财政管理体制一般由预算管理体制、税收管理体制、国有资产管理体制等组成。其中预算管理体制是财政管理体制的主导环节,故狭义的财政管理体制就是指政府预算管理体制。

政府预算管理体制是一国财政体系中各级政府之间在组织预算收入和预算支出活动中确定各级政府之间的分配关系,确定各级政府预算收支范围、管理权限及相互间制衡关系的一项基本制度。其中预算收支范围涉及的是国家财力在中央与地方以及地方各级政府间如何分配的问题。收入划分是各级政府为履行其职能而对财政收入在各级政府间进行分配的制度和办法,事权划分是各级政府在公共事务和服务中应承担的职责;而预算管理职权是各级政府在支配国家财力上的权限和责任问题。政府预算管理体制是政府间财政关系的具体体现,政府预算管理体制的核心问题是政府预算收支范围的划分,因为政府预算收支范围的划分实际上是确定中央和地方以及地方各级政府各自的事权和财权,一般而言各级政府的事权应与财权相适应。建立政府预算管理体制的根本任务,就是通过正确划分各级政府预算的收支范围,规定预算管理权限及相互间的制衡关系,合理分配国家财力。

政府预算是为实现政府职能服务的,因而政府预算管理体制与政府政治管理体制具有内在联系,主要表现为预算管理中的级次划分与政府体制中分级管理相一致。世界大多数国家的政府都实行分级管理制度,政府按层级设置。政府体系由中央政府和地方政府组成,其中地方政府还可进一步划分级次,有二级、三级和四级等模式。政府预算管理体制的级次划分和政府行政级次划分一致,一般是一级政府对应一级事权,这也有利于国家的管理,有助于提高公共产品的配置效率。每一层级政府的财政收入与支出在很大程度上依赖于其他层次的政府所做的有关财政收入和支出的决策。此外,政治制度、历史文化因素、政治和经济的重大事件都会影响和导致政府间财政关系的制定和选择。

政府预算管理体制与经济管理体制也有密切联系。经济管理体制指以何种方式配置资源。计划经济体制下资源配置是计划方式(主要是行政手段)为主,政府预算管理体制同样具有明显的集权管理的特征,财权、事权、财力都主要集中于中央,地方对中央的依附性较强;市场经济体制下市场对资源配置起主要作用,市场经济要求建立规范的公共财政体制与之相适应,政府的职能也发生了转变。政府预算管理体制遵循公共资金公平分配和有效配置的原则,划分各级政府间收支范围和管理权限,有效履行政府宏观调控、收入分配、资源配置等财政职能。

二、建立政府预算管理体制的基本原则

为了正确处理中央与地方以及地方各级政府之间的财政分配关系,建立政府预算管理体制必须坚持一定的原则,在西方国家普遍遵循两个原则:一是明确行政职责的原则,即划分各级政府的事权范围,明确各自的义务和责任;二是效率原则,即对于那些跨区域、需要协调关系的事务要以办事效率高、费用低作为划分事权的标准。借鉴西方国家的经验并结合我国国情,建立政府预算管理体制应遵循以下两大原则:

(一)统一领导、分级管理、权责结合的原则

统一领导、分级管理、权责结合是我国政府预算管理体制的基本原则。

1.统一领导和分级管理

实行统一领导是由我国的政治制度和经济制度决定的,表现在预算管理体制上就是有关全局的财政方针、政策必须由中央统一制定,国家主要财力必须由中央统一支配,以保证国家政治上的集中统一、经济上的合理布局和重点发展。因此,政府预算必须在中央统一领导下,按照国家整体利益的要求,有计划地组织供应财政资金,以保证国家财力的统筹安排和重点使用。

实行分级管理是因为我国各地区在经济上、文化上、自然环境上都有很大的差异,许多事情要由各级政府因地制宜地去办理;同时由于预算资金的筹集与分配有很大部分由地方、部门和单位组织实施,应赋予地方统筹安排和调节本地区预算的权力,实行分级管理有其客观必然性。

统一领导和分级管理具有相辅相成的辩证关系。统一领导是主导方面,是全局性的。分级管理是局部的,必须服从于统一领导。统一领导解决中央集权方面的问题,分级管理解决地方分权方面的问题,集权和分权反映着中央和地方的物质利益关系。在社会主义市场经济条件下,中央集权和地方分权在根本利益上是一致的,这是由建立在公有制基础上的社会主义国家的性质所决定的。当然集权和分权仍然存在着矛盾,主要反映在国家整体利益与地方局部利益上的矛盾,并且,在发生矛盾的时候应该是局部利益服从整体利益。实行统一领导、分级管理这个基本原则的根本目的就是充分发挥中央和地方两个积极性,为国家的建设和社会的发展筹集更多的资金并管好用好这些资金,做到既能适当集中资金保证国家重点建设又能统筹兼顾地方的合理需要,以促进整个国民经济持续、稳定、健康地发展。

2.权责结合

权责结合主要解决同级财政的财权与事权的结合问题。这里的财权指一级政府的财政收入权,事权指政府进行公共事务管理、提供公共产品和服务的职责。事权的界定其实就是划分清楚中央与地方、国家与企业、政府与市场之间的边界。在事权清晰的基础上权责结合,实现

权责匹配。一般来说,一级政府有多大事权必须由相应的财权财力作保证,才能实现权责匹配。如果事权不属于本级政府或者本级政府的财力无法承担,则本级政府应获得相应的转移支付收入。总之,财权财力和事权的统一是各级政府完成所承担的社会经济职能的前提和保证。

实行权责结合的原则就是说预算管理体制不只是解决分权分钱的问题,而且还要解决分权分钱的依据问题,也就是财政责任问题。分权不是放权,而是财政责任与财权的结合与匹配。这也就是我们通常所说的要做到一级政权、一级事权、一级财权、一级预算。在实际工作中贯彻这个原则就是要求各级政府根据财权财力与事权相统一的精神负责本地区的预算管理。

(二)公平与效率的原则

预算是政府的一种分配活动,其目的和其他社会分配目的一样,主要包括两个方面:一是财政资金如何在各社会成员之间恰当地进行分配;二是如何通过合理分配社会资源使政府能生产和提供更多的公共产品与服务。这样就产生了评价一切经济活动的两个准则:一是公平准则;二是效率准则。预算分配也必须同时考虑公平与效率两方面的影响。

1.公平性原则

政府预算管理体制的公平性原则是指各级政府的财权财力划分应相对平衡,包括中央与地方政府间财政关系的纵向均衡和地方政府间财政关系的横向均衡。中央与地方政府间财政关系的纵向均衡是指各级政府的财权与事权相对称,使各级政府在行使各自的职权或履行各自的职责时有必要的财力作保障。事权包括制定权、决策权、执行权、监督权等,但在实践中决策权、财权和支出管理并不完全由一个政府主体承担,此外,收入范围的划分和支出范围的划分标准并不相同。支出范围的划分要符合公共产品的层次性(全国性公共产品与地方性公共产品)和提高公共产品配置效率的要求,而收入范围的划分要根据各税种的特点加以设计,以有利于实现税收的收入功能和调节功能为前提,因此通过预算管理体制中各级财政收支范围的规定达到纵向均衡的要求往往是困难的。因此,在一定的预算管理体制下中央政府通常通过转移支付进行调节,达到财权与事权的最终统一。

地方政府间财政关系的横向均衡是指基本公共产品的供给标准和供给数量在各地区的均等化。均等化不等于平均化,主要指各地区对基本公共产品的供给水平符合与国家经济实力和发展状况相符的起码水平,如义务教育、公共安全、基本医疗保健、水电设施、交通设施等。由于各地区自然条件和经济发展水平的非均衡性,各地区财力也存在较大的差异,部分地区对基本公共产品的供给水平仍然不能达到最低标准,存在财政困难,这就需要通过预算管理体制的合理设计如转移支付等方式兼顾不同地区的财政需要,采取相应措施保证横向均衡目标的实现。这种横向均衡是社会公平的要求在公共资金分配上的体现。

2.效率性原则

确定国家预算管理体制时遵循的效率性原则,是指各级政府财政职权的配置和收支关系的划分应有利于提高公共资源配置、管理和使用的效率。效率性原则包括收入划分效率、支出划分效率和转移支付效率三个方面。

(1)中央和地方政府收入划分效率要求在同样的征税成本下最大限度地防止税收收入的流失。收入的划分要考虑不同税种的性质、征管难度和征收效应等情况,合理划分中央政府和地方政府的税收征管权,充分发挥税收的应有功能。收入划分要考虑到中央政府的主导性,即中央政府的财政职能。一般来说,为提高税收征管效率和有利于税收功能的发挥,税源宽广、税基流动性较强、课税对经济活动影响较大的税收应由中央政府实施征管,如所得税、增值税;反之可由地方政府实施征管,如财产税。一个合理、有效的政府预算管理体制要使中央财政有足够的财力进行宏观调控和收入分配调节,同时使地方财政拥有必要财力实施地方性公共资源配置的规范的分级管理体系。

(2)中央和地方政府支出划分效率要求在同等的财政支出水平下,政府提供尽可能多的公共产品和服务,最大化满足公共产品的需求。支出范围的划分要根据公共产品的受益范围在各级政府间具体划分。全国性公共产品的受益范围覆盖整个国家,凡本国公民或居民都可以无差别地享有它所带来的利益,因而适合于由中央政府来提供;地方性公共产品的受益范围局限于本地区以内,适合于由地方政府来提供。而受益具有地区外溢性的公共产品或部分地区共同受益的公共产品则适合由中央与地方联合提供,即或由地方为主、中央给予资助,或由中央为主、地方适量出资。

(3)政府间财政转移支付效率是以较低的转移支付成本向受援地区提供尽可能多的公共产品或服务。转移支付是解决一定预算管理体制框架内存在的财政收支纵向非均衡和横向非均衡的基本手段。因此在安排财政转移支付时必须选择合理的转移支付方式,确定恰当的转移支付规模,健全转移支付制度,减少资金调拨过程中的渗漏,提高资金的使用效果,使转移支付资金的拨出尽可能地等于受援地区社会成员的得益。

在实践中,公平与效率二者既矛盾又统一,且相互影响。预算管理体制应在讲求效率的基础上利用财政收支、社会保障、政府间转移支付等各种手段促进地区之间的公平分配。我国的国情是经济发展的不平衡带来财力分布的不平衡,以至于地区之间差距很大。因此在预算体制上,应体现在公平分配方面由政府通过一定的制度安排实现地区间均衡发展和保证居民达到一定福利水平,而在效率方面市场机制则可以给各地区提供一个公平的竞争环境。

三、政府预算管理体制的类型

政府预算管理体制是处理中央政府和地方政府以及地方各级政府间财政关系的基本制度。根据财政集权和分权程度的不同,预算管理体制可分为集权型预算管理体制和分权型预算管理体制。集权和分权的主要区别在于地方政府是否有一定的自主权和支出责任。按照中央政府和地方政府的法律关系和法律地位,国家可分为单一制国家和联邦制国家。一般来说,单一制政府体制下财政集权特征比较明显,而联邦制政府体制下财政分权特征比较明显。不同国家和同一国家的不同时期也具有不同类型的政府预算管理体制。目前世界上大多数国家都实行适度分权与适度集权相结合的多级预算管理体制。

(一)集权型预算管理体制

集权型预算管理体制指财政权力集中在中央政府,地方政府仅具有少量的财政权力,地方政府财政对中央政府具有较强的依赖性。这种体制下中央政府具有高度的宏观经济调控能力,能集中财力提供对国计民生有重要影响的全国性公共产品。我国集权型预算管理体制主要是1950—1979年实行的统收统支型管理体制。在这种预算管理体制下,财力高度集中于中央,地方的财权很少,机动财力很有限。该体制在当时的历史条件下,对我国快速恢复国民经济起到了积极的作用。

(二)分权型预算管理体制

分权型预算管理体制指地方政府有一定的自主权和支出责任范围,能自主决定预算支出规模和结构。为适应市场经济体制改革的需要,我国从 20 世纪 80 年代的财政包干制开始试行财政分权实践,财政权限逐步下放。1994 年分税制实行,财政权力进一步下放,财政分权逐步规范。分税制的改革,一方面完善了分级财政管理体制,另一方面也从法律形式上规范了各级政府间的财权和事权。财政从集权到分权的变化过程就是预算管理体制的变化过程。

第二节　政府预算管理体制的主要内容

一、政府预算管理体系

　　政府预算管理体系是根据国家政权结构、行政区划和财政管理体制的要求而确定的各预算级次和预算单位,按一定组合方式组成的统一体。我国是统一的多民族的单一制的国家,是由若干不享有独立主权的一般行政区域单位组成的统一主权国家。国家机构由全国人民代表大会、国务院、地方各级人民代表大会和各级人民政府组成。结合我国行政区域的划分,按预算管理级次划分,我国政府预算的组织管理体系分为五级,即一级政府一级预算。具体来说,我国政府预算由中央预算和地方预算组成。地方预算又分为四级预算,即省(自治区、直辖市)预算、设区的市(自治州)预算、县(自治县、不设区的市、市辖区)预算、乡(民族乡、镇)预算。它们之间的关系如图 3-1 所示。

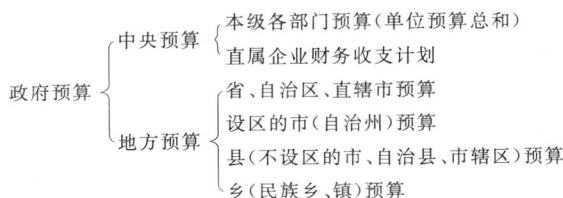

政府预算 ┤
  中央预算 ┤
    本级各部门预算(单位预算总和)
    直属企业财务收支计划
  地方预算 ┤
    省、自治区、直辖市预算
    设区的市(自治州)预算
    县(不设区的市、自治县、市辖区)预算
    乡(民族乡、镇)预算

图 3-1　我国政府预算管理体系

二、预算管理权的划分

　　预算管理权是确定和支配预算管理的权力,包括预算管理法律法规及方针政策等的制定权、解释权和修订权,国家预决算的编制、审查、批准、执行、调整、监督权力等。预算管理权是一种经济权力。各级政府的预算收入与预算支出,中央政府的转移性支出、项目的绩效预算等都显示预算管理权的经济性质。预算管理权的主体有立法机关、行政机关以及部门预算编制单位等。预算管理权的主体不同,其管理权限也不同。根据《预算法》的规定,预算管理权的具体职权有:

(一)立法机关的预算管理职权

1. 各级人民代表大会的职权

　　各级人民代表大会行使预算和预算执行情况的审批权,预算、决算不适当决定的撤销权。即全国人民代表大会有权审查中央和地方预算草案及中央和地方预算执行情况的报告,批准中央预算和中央预算执行情况的报告,改变或者撤销全国人民代表大会常务委员会关于预算、决算的不适当决议;县级以上地方各级人民代表大会有权审查本级总预算草案及本级总预算执行情况的报告,批准本级预算和本级预算执行情况的报告,改变或者撤销本级人民代表大会常务委员会关于预算、决算的不适当决议,撤销本级政府关于预算、决算的不适当的决定和命令;设立预算的乡、民族乡、镇的人民代表大会有权审查和批准本级预算和本级预算执行情况的报告,监督本级预算的执行,审查和批准本级预算的调整方案,审查和批准本级决算,撤销本级政府关于预算、决算的不适当决定和命令。

2.各级人民代表大会常务委员会的职权

县级以上的地方各级人民代表大会设立常务委员会。各级人民代表大会常务委员会主要有审批权、执行监督权及调整权。国务院财政部门编制中央决算草案,经国务院审计部门审计后,报国务院审定,由国务院提请全国人民代表大会常务委员会审查和批准;县级以上地方各级政府财政部门编制本级决算草案,经本级政府审计部门审计后,报本级政府审定,由本级政府提请本级人民代表大会常务委员会审查和批准;乡、民族乡、镇政府编制本级决算草案,提请本级人民代表大会审查和批准。县以上各级人民代表大会常务委员会有权监督各级总预算的执行,中央预算的调整方案应当提请全国人民代表大会常务委员会审查和批准,县级以上地方各级预算的调整方案应当提请本级人民代表大会常务委员会审查和批准。全国人民代表大会常务委员会监督中央和地方预算的执行;审查和批准中央预算的调整方案;审查和批准中央决算;撤销国务院制定的同宪法、法律相抵触的关于预算、决算的行政法规、法定和命令;撤销省、自治区、直辖市人民代表大会及其常务委员会制定的同宪法、法律和行政法规相抵触的关于预算、决算的地方性法规和决议。

(二)各级人民政府的预算管理职权

各级人民政府是预算管理的组织领导机构,各级人民政府的预算管理职权主要有编制权、报告权、执行权、决定权、监督权和变更撤销权。编制权指各级政府有权编制本级预算、决算草案,有权编制本级预算调整方案;报告权指各级政府有权向本级人民代表大会作关于本级总预算草案的报告,有权将下一级政府报送备案的预算汇总后报本级人民代表大会常务委员会备案,有权向本级人民代表大会及其常务委员会报告本级总预算的执行情况;执行权指各级政府有权组织本级总预算的执行;决定权指各级政府有权决定本级预算预备费的动用;监督权指各级政府有权监督本级各部门和下级政府的预算执行;变更撤销权指各级政府有权改变或撤销本级各部门和下级政府关于预算、决算的不适当的决定、命令。

(三)各级财政部门的预算管理职权

各级财政部门是预算管理的职能部门。各级政府财政部门具体编制本级预算、决算草案,具体组织本级总预算的执行,提出本级预算预备费动用方案,具体编制本级预算的调整,定期向本级政府和上一级政府财政部门报告本级总预算的执行情况。

(四)各部门的预算管理职权

政府各部门有负责编制本部门预算、决算草案的编制权,有组织和监督本部门预算的执行的组织和监督权,有向本级政府财政部门报告预算的执行情况的报告权。

(五)各单位的预算管理权

各单位负责编制本单位的预算、决算草案;按照规定上缴预算收入、安排预算支出;接受国家有关部门的监督。

三、预算收支范围的划分

政府预算收支划分是指将政府预算的全部收入和支出在中央和地方政府之间进行分配。预算收支的划分,是预算管理体制中比较重要的和复杂的一项任务。收支划分是否得当,关系到宏观经济的调控、重点建设项目的发展,地方积极性的调动,全国性财政支出的保证,以及地方经济文化建设事业的发展等。预算收支的划分反映了各级预算活动范围和财力分配的大小,是正确处理中央与地方之间分配关系的重要方面。

(一)预算收支划分原则

预算收支划分是实现预算管理的一种有效的技术手段。预算收支划分是预算体制的主要内容之一,预算收支划分是否恰当、合理则是能否达到预算管理目标的关键。因此预算收支的划分必须遵循以下原则:

1.事权和财权相一致的原则

事权指政府的行政权力和责任,具体指政府对公共产品和服务的提供。财权指各级政府负责筹集和支配收入的财政权力。政府是提供公共产品与服务的机构,由于公共产品受益范围不同,不同层级政府提供不同范围的公共产品。预算应保证预算资金能满足不同层级政府提供公共产品和服务的需求。长期以来,地方政府的事权大于财权,地方政府财力紧张,严重妨碍了地方政府职能的实行。政府预算是为实现政府职能服务的,财权是为事权服务的,因此事权是确定财权的基本依据和前提,财权是事权得以实现的物质基础和保证。

2.适度分权并保证中央宏观调控需要的原则

适度分权原则,是指在财政收支权的划分上应兼顾中央和地方的利益,在适度分权的基础上强调优先保证中央宏观调控需要的原则。这是因为一方面地区间经济发展不平衡导致的地方公共产品和服务的供给不均等,需要中央财政的转移支付调节;另一方面市场经济体制要求中央政府有较强的宏观调控能力,提高资源的配置效率。因此预算收支的划分要保证预算收入能够满足中央政府的宏观调控需要。

3.收支挂钩、责权利相结合的原则

为了使各级财政在承担预算收支任务时做到有职、有权、有利,采用收支挂钩、责权利相结合的办法把责任、权力、物质利益三者紧密地结合起来。所谓收支挂钩、责权利相结合就是在划分收支时使各级预算的收入与支出挂起钩来,只有在完成收入时才能满足其支出的需要。如果地方超额完成收入任务,便可以相应增加其支出,即多收多支;如果地方没有按规定完成收入任务,就要相应地减少其支出,使其自求收支平衡。因此它是有利于调动各级预算增收节支的积极性、保证预算顺利完成的一项重要措施。

4.保证各级政府都有稳定的收入来源的原则

为保证国民经济快速健康地发展,必须要建立一个稳定的预算管理体制,保证各级预算拥有稳定的收入来源。即预算收入的划分既能保证支出的需要又要力求稳定。从一级预算来看,首先是其固定收入,然后才是收入的留成和中央补助收入。从目前来看就是要坚决贯彻分税制,只有划清各级预算的税源,使各级预算都有自己的固定收入,才不会因企业隶属关系的变更而影响收入,也不会出现各级政府相互挤占收入的状况,从而使各级预算的收入趋于稳定和规范化。

(二)预算收支划分依据

1.各级政府承担的职能任务

各级政府的职能任务,即事权,是划分各级预算收支范围的基本依据。在市场经济条件下,需要根据建立社会主义市场经济体制的要求界定各级政府的职责范围。

市场经济条件下的资源配置是由市场机制起基础性作用的,但由于存在着市场缺陷,仍需要政府对宏观经济活动进行干预或调节。我国是发展中大国,市场机制不健全、基础设施供给不足等现实存在更离不开政府的宏观经济调控。由于政府调节的是市场机制不能起作用或不能起有效作用的领域,政府的职能就是提供公共产品或服务,其范围主要包括:提供行政管理和国防服务,维护国家独立、统一、安全,保护企业和居民的正当权益;提供不能进行商业性开发和经营的公用基础设施和城市基础设施建设;提供教育科学、社会保障等公共服务;调节经济总量以及大的产业结构平衡,维持充分就业、稳定物价和国际收支平衡,促进资源有效配置和经济稳定增长;调节国民收入在地区间、居民间的分配关系,促进收入公平合理分配,制定市场经济运行的基本规范及其法规制度,建立社会保障体系强化监督,协调维护市场公平竞争秩序;负责生态平衡、环境保护、人口控制等。

在界定政府职责范围的基础上还要根据分职治事原则与受益范围原则划定中央政府与地方政府的职责,确定各自提供公共产品和劳务的范围。所谓分职治事是指下一级政府能做的事一般就不交上一级政府,上一级政府只处理下一级地方政府不能处理的事务。所谓受益范围是指按公共产品或劳务的受益范围来划分事权,如果政府行使某项政治、经济职能的受益范围遍及全国所有地区,受益对象为全体公民就应由中央负责;如果受益范围局限于某一地区,就应由地方负责。此外在中央政府与地方政府之间还有职能交叉领域,公共产品的地域属性并不都是很清晰。例如教育、科研以及环境保护等,在全国各地方都是存在的,这就需要根据受益的覆盖面进行大致的划分。例如中央政府资助的科研部门应主要是基础研究,因为其研究成果是全社会共享的。

2.企事业单位的隶属关系

即凡隶属于中央直接管辖的企事业单位的预算收支列入中央预算,凡是隶属于地方管辖的企事业单位其预算收支列入地方预算。

从根本上说事权是收支划分的根本依据,事权决定隶属关系,隶属关系随着事权的变动而变动。过去有些地方不能办的事情现在也可以由地方办,像港口建设、对外贸易、地方铁路和民航等。体制改革和事权转换使有些企业隶属关系随之发生变更。可见隶属关系说到底是由事权决定的,支出的划分依据还是事权。为了保证各级政府的事权即支出需要,必须通过在各级政府之间划分收入来源来实现,而收入又依据支出的需要而定,所以以收入划分的依据还是事权,要尽可能使财权和事权达到统一。但一般而言中央政府的财源及收入范围应略大于其本级支出需要,以保证中央政府对财政和经济全局的控制力。

四、地方预算机动财力的确定

地方预算机动财力是指在国家规定的范围内,由地方政府自行支配的预算资金,在当年预算中未安排具体使用项目,由各级政府按当年预算执行情况灵活运用的一笔预算资金。地方预算机动财力的所有权和使用权均归地方财政,地方可以根据本地区需要安排项目或用于解决特殊性开支,但是必须在国家统一政策指导下,它是财力分配的一种特殊形式。

(一)地方预算机动财力的内容

地方预算的机动财力一部分来自预算年初的安排,一部分是在预算执行过程中由于增收节支形成的。具体地说,预算的机动财力主要包括以下主要内容。

1.地方预算的预备费

预算预备费是指预算中一笔不规定具体用途的备用金。如果在预算年度中发生意外事件而可能使原定预算收支不平衡时,即可由政府根据程序酌情动用。其目的是解决问题的同时并不影响预算平衡。关于预备费设置的比例和用途,《预算法》第四十条规定:"各级一般公共预算应当按照本级一般公共预算支出额的百分之一至百分之三设置预备费,用于当年预算执行中的自然灾害等突发事件处理增加的支出及其他难以预见的开支。"在这种情况下动用预备费可以补充预算经费的不足,从而使正常预算支出不受冲击,有利于各级预算的收支平衡。

预备费一般应控制在下半年使用并经过一定的程序批准。动用时首先由本级政府财政部门提出本级预算预备费动用方案,然后由本级政府决定预备费的动用。这样规定是为了更严格、更有效地控制预备费的动用,防止预备费在上半年甚至在年初就动用,而失去预备费设置的意义。

2.地方预算超收分成、增收分成和支出结余

超收分成是对地方年度决算收入超过年度计划的部分,按规定比例实行中央与地方分成。地方多收可以多留多支,超收留用部分则由地方在原订支出计划以外另行安排支出,因而扩大了地方机动财力。增收分成是指当年决算收入超过上年决算收入的增收部分实行中央与地方分成。采用这种体制的优点是既有利于避免年初争指标的现象,又鼓励地方增收节支,自求平衡,结余留用。支出结余是指地方在完成事业计划的前提下,各级财政预决算收入和支出年终相抵后的结余资金。

3.体制分成

这是指中央根据地方全年预算收入的总额和规定的收入留成比例划给地方的一笔固定的财力。如某省全年预算收入为 20 亿元,体制规定的收入留成比例为 2%,则某省体制分成为 20 亿元×2%=0.4 亿元。

体制分成产生于"文化大革命"的后期,由于当时生产停滞,预算收入既无超收也无增收,地方除预备费外没有任何机动财力,中央为照顾地方按预算收入总额确定一个固定比例留给地方作为地方的机动财力,使地方能因地制宜地解决某些问题。

上述不同形式的机动财力除预备费是在实行任何预算管理体制时都采用外,其余形式则分别在不同时期根据当时预算管理体制的需要分别采用。

(二)机动财力的使用管理

地方预算机动财力的所有权和使用权均归地方。这部分资金在预算中一般没有固定用途,地方可以根据本地区需要,因地制宜地安排项目或用于解决某些特殊开支和事先预料不到的开支。因此,机动财力的使用管理办法由各地自行规定。关于机动财力的审批、动用、使用程序、用途等均由各地政府发文做出具体规定。

五、预算调整

预算在执行过程中,由于政治、经济、社会、自然等情况的变化,预算执行时很难与预算案完全一致。因此,预算调整是预算执行的必然和重要的环节。

(一)预算调整的标准

根据《预算法》第六十七条规定,经全国人民代表大会批准的中央预算和经地方各级人民代表大会批准的地方各级预算,在执行中出现下列情况之一的,应当进行预算调整:①需要增加或者减少预算总支出的;②需要调入预算稳定调节基金的;③需要调减预算安排的重点支出

数额的;④需要增加举借债务数额的,凡是符合上述四条标准之一的都是预算调整。

预算法对调增预算总支出的收入来源作了规定,主要有三种预算收入作为合法收入来源,分别是预算稳定调节基金、增加举借债务数额和接受上级的转移支付收入。

需要注意的是,以下情况并不属于预算调整。《预算法》第七十一条第一款规定:"在预算执行中,地方各级政府因上级政府增加不需要本级政府提供配套资金的专项转移支付而引起的预算支出变化,不属于预算调整。"《预算法》第六十九条规定,"在预算执行中,由于发生自然灾害等突发事件,必须及时增加预算支出的,应当先动支预备费"。因此仅动用预备费或其他已经批准的调剂性支出不列入预算调整方案。

(二)预算调整的程序

关于预算调整的程序,《预算法》作了明确的规定。《预算法》第六十九条规定:"中央预算的调整方案应当提请全国人民代表大会常务委员会审查和批准。县级以上地方各级预算的调整方案应当提请本级人民代表大会常务委员会审查和批准;乡、民族乡、镇预算的调整方案应当提请本级人民代表大会审查和批准。未经批准,不得调整预算。"

第三节　政府间转移支付制度

一、政府间转移支付制度的基本原理

政府间转移支付制度是在处理中央财政与地方财政关系时,协调上下级之间关系的一项重要制度。转移支付是指政府间财政资金的无偿转移,是一个特殊的财政分配范畴。由于客观条件差异的不可避免性,各级政府之间的收入来源和支出需求之间的不均衡是客观存在的,各预算主体之间也存在着财政能力的差异,为了解决好经济发展中的公平与效率之间的关系,这就需要政府间转移支付这一协调机制来理顺各级政府间财政关系,促进各级政府财政收支均衡的基本实现。

(一)财力分配的纵向不均衡是转移支付存在的客观基础

各级政府支配的财权大小是通过划分收支来决定的,由于国家管理及其宏观调控的客观需要,任何一个国家出于政治和经济的考虑都会要求维护中央政府的权威和国家的统一,提高全体国民的福利水平,避免地方政府实力过度膨胀。因此,在规范的财政体制下,中央与地方之间的收入划分会朝着中央方面倾斜,造成中央相对集中过多的局面。但是,根据财政活动有效性的原则,较多的政府事务交由地方政府承担更为合理。这样,中央政府与地方政府在收入来源与支出负担上存在着明显的不协调,当财力较多地集中于中央,而支出责任更多地让地方政府承担时,就需要一种财政资金由中央政府向地方政府的流动,以弥补地方政府的"财政缺口",增强地方政府提供本地区公共产品和公共服务的能力,以及地方政府实现预算平衡的可能性,保证了政府间财政关系的纵向平衡。

(二)财力分布的横向不均衡是转移支付制度存在的现实基础

一个国家中不同地区之间经济发展程度差异体现在财政上,就是这样的局面:较为发达的地区经济基础好,财政收入能力强;落后地区经济基础差,财政收入能力弱。这种财源分布的横向不均衡将会导致地区间公共服务的数量和质量有相当大的差异,不利于公共服务水平的均衡提高。为了抑制地区发展差异的扩大,促进地区经济的均衡发展,有必要由中央政府来对各地的财政能力进行调节,运用倾斜性政策,采取转移支付的调节办法,给经济基础薄弱、财源不充裕地区以补助,增加它们的可支配财力,保证全国范围内各个行政管辖区至少能够提供最低标准的公共服务,促进社会公平目标的实现。

(三)纠正由于行政管辖区之间的利益及成本过高而产生的低效益公共服务是转移支付制度存在的必要前提

与企业生产经营所能产生的外部效应相比较,政府提供公共产品的外部效应问题更应引起人们的重视。因为,地方政府提供的区域性公共产品的受益范围不可能恰好被限定在地方政府的辖区之内,区域性公共产品的受益(或受害)范围很有可能会超出地方政府辖区界限,而使其他地区在受益或受害的同时并不承担任何成本及补偿;这样,对于地方政府来说,在外部效应存在而成本自担的条件下,其提供公共产品的策略便容易产生扭曲和偏差。比如,控制环境污染、治理大江大河等公共服务的受益地区都可能超过本行政管辖区域,面对区域性公共产品的外溢性,地方政府因本身财力所限或出于本地区利益的考虑,可能会降低公共服务的标准或采取其他消极措施。扭转这一局面的有效措施是实行政府间转移支付,中央政府对地方政府给予专项补助,鼓励地方政府提供具有外溢性的公共产品,从而限制外部不经济,利用外部经济优化资源配置。

转移支付的实质是一种补助。这一制度的最大优点是,帮助地方政府解决履行职能时财力不足的困难,使地方政府代替中央政府或与中央政府共同提供某些公共产品与服务,最大限度地实现政府间财政关系的纵向公平和横向公平。

二、政府间转移支付制度的目标与类型

(一)政府间转移支付制度的目标

政府间财政转移支付的主要目标是实现基本公共服务均等化。由于基本公共服务具有非排他性和非竞争性的特征,基本公共服务不适合由市场提供。因此基本公共服务均等化的目标由政府完成。在我国,2006年《中华人民共和国国民经济和社会发展第十一个五年规划纲要》提出了基本公共服务的概念,2012年《国家基本公共服务体系"十二五"规划》提出了基本公共服务的范围和项目。在基本公共教育、劳动就业服务、社会保险、基本社会服务、基本医疗卫生、基本住房保障、公共文化体育等基本公共服务领域,确定了44类80个基本公共服务项目,如公共教育领域的义务教育免费、寄宿生生活补助、农村义务教育等,并按照服务对象、保障标准、支出责任、覆盖水平等四个方面,提出了每一项基本公共服务的国家基本标准,旨在体现公民权利、政府责任和基本公共服务工作目标,以明确基本公共服务在国家层面的管理和技术规范。"十三五"时期国家建立基本公共服务清单制,基本公共服务能力和均等化水平显著提高,社会服务兜底能力有效提升。《中共中央关于制定国民经济和社会发展第十四个五年规划和二〇三五年远景目标的建议》提出完善转移支付制度,加大对欠发达地区财力支持,在全国范围内逐步实现基本公共服务均等化。

2018年国务院办公厅下发了《基本公共服务领域中央与地方共同财政事权和支出责任划分改革方案》。该方案指出:调整完善转移支付制度,实现基本公共服务均等化。在一般性转移支付下设立共同财政事权分类分档转移支付,原则上将改革前一般性转移支付和专项转移支付安排的基本公共服务领域共同财政事权事项,统一纳入共同财政事权分类分档转移支付,完整反映和切实履行中央承担的基本公共服务领域共同财政事权的支出责任。

(二)政府间转移支付的类型

目前世界各国实行的转移支付形式大致分为专项转移支付和一般转移支付两种。专项转移支付指上级政府按照特定的目的将财政资金转作下级政府收入来源的补助形式,其主要目的是支持地方政府难以承担的一些项目的开发或是支持某一地方政府开发那些有利于周边区域甚至有利于全国的社会经济发展项目。专项转移支付通常具有可选择性和有附加条件的特征,较强地体现中央政府或上级政府的政策取向,有利于对地方宏观调控政策的推行。专项转移支付可划分为配套性转移支付和非配套性转移支付,前者要求下级政府在接受上级政府补助时必须准备一定比例的配套资金,后者不要求下级政府准备配套资金。一般转移支付指上级政府根据不同级次的政府在税收能力、支付需求及资源、人口、贫富等方面存在的差别,按照统一标准或公式计算出给予下级政府补助的转移支付形式。上级政府主要通过有关法律进行约束管理,对其投向不加以明确限制,下级政府可以根据本地区情况自行决定这部分支出的投向,具有无选择性和无条件性特征。一般转移支付主要分为收入分享转移支付和均衡性转移支付两类。收入分享转移支付是中央政府把各级政府视为一个整体,并依据不同级次政府事权所需支出和自身财政收入的差额给予的补助,其主要目的是消除纵向不平衡。均衡性转移支付是当同一级政府存在少量或没有财政赤字的情况下,上级政府把从富裕地区集中的一部分收入转移到贫困地区的补助。其主要目的是消除各地方政府间存在的税收能力与基本需求开支的投向不均衡,力求保证各地区间社会公共服务水平的一致性。

目前我国也实行的是这两种转移支付形式。在我国专项转移支付是指上级政府为实现特定政策目标补助给下级政府的专项支出。专项转移支付规定了资金的具体用途,接受资金的一方必须按照规定的方式使用该资金,也就是专款专用。2020年修订后的《中华人民共和国预算法实施条例》第六条指出:专项转移支付向社会公开应当细化到地区和项目。第十条第二款指出:"县级以上各级政府财政部门应当会同有关部门建立健全专项转移支付定期评估和退出机制。对评估后的专项转移支付,按照下列情形分别予以处理:(一)符合法律、行政法规和国务院规定,有必要继续执行的,可以继续执行;(二)设立的有关要求变更,或者实际绩效与目标差距较大、管理不够完善的,应当予以调整;(三)设立依据失效或者废止的,应当予以取消。"

一般性转移支付指中央政府对有财力缺口的地方政府(主要是中西部地区),按照规范的办法给予的补助。《中华人民共和国预算法实施条例》第九条指出:一般性转移支付的内容包括:①均衡性转移支付;②对革命老区、民族地区、边疆地区、贫困地区的财力补助;③其他一般性转移支付。《中华人民共和国预算法实施条例》第六条规定:一般性转移支付向社会公开应当细化到地区。与专项转移支付不同,一般性转移支付不指定具体用途,由接受拨款的政府自主安排使用。一般性转移支付资金主要参照各地标准财政收入和标准财政支出的差额及可用于转移支付的资金数量等客观因素,按统一公式计算确定。一般性转移支付又可分纵向转移支付和横向转移支付。纵向转移支付的目的是弥补财政收支差额,横向转移支付的目的是提高贫困地区财政服务水平。

三、市场经济国家政府间转移支付制度借鉴

(一)美国政府间转移支付制度

美国是实行联邦制的国家,分为联邦、州和地方三级政府,与联邦制国家体制相适应,美国的财政体制也按此分设三级。根据宪法,联邦和州政府纵向分权,联邦政府地位高于州政府并

具有优先权,二者在各自权限范围内享有独立的权力。在不同层次的政府之间,政府职责以法律为基础作了比较清晰的划分。

美国政府间转移支付可分为联邦对州和地方政府的转移支付、州对地方政府的转移支付两个层次。美国的财政转移支付主要包括一般拨款、分类拨款、整块拨款三种形式。

1. 一般拨款

一般拨款属于无条件转移支付。所有的州和地方政府都有资格获得。受补助者可根据需要自主决定其用途。拨款额度由拨款公式确定,考虑因素主要有人口数量、人均收入、课税条件等。联邦政府拨给一个州的一般拨款,其中拨款额度的 1/3 分配给各州政府,其余分配给地方政府。由于这种拨款的资金使用效率低,已于 1986 年废止。

2. 分类拨款

分类拨款属于有条件的转移支付。分类拨款地位最重要,美国联邦政府占全国转移支付比重近 90% 都是分类拨款。分类拨款有公式拨款和项目拨款两种形式。其中项目拨款占 2/3,公式拨款占 1/3。公式拨款根据适龄人口和人均收入等指标,在各个州进行测算并确定补助份额。项目拨款是一种审批拨款机制,由拟受补者提出申请,经审批通过后,联邦或州政府以先前提出的款项用途建议为基础进行拨款。

3. 整块拨款

整块拨款是按照一定的公式对所有地区进行财政转移支付,补助对象和拨款公式都由法律或法规作出明确规定。接受整块拨款的州政府和地方政府拥有较大程度的资金使用自主权,但完成项目必须达到联邦政府的要求。美国的整块拨款主要用于社区发展、社会服务、健康、就业与培训、低收入家庭能源补助等大项目。

(二)德国政府间转移支付制度

德国也是一个联邦制国家,其财政体制分为联邦、州和地方三级。德国实行的是以共享税为主体的分税制,各级政府在立法上都保持一致,全国实行统一的税制。三级政府各自拥有相对独立的财权和责任明确的事权。一般情况下,联邦财政支出约占国家财政总支出的 45%,各州约占 35%,地方约占 20%。德国政府间转移支付制度包括联邦政府对州、州对地方的纵向财政平衡体系和州与州之间的横向平衡体系。德国的转移支付是以纵向平衡为主、纵横交错的体系。

1. 德国的纵向财政平衡体系

德国的纵向转移支付包括增值税分享、联邦补充拨款和共同任务拨款三部分内容。

联邦政府对州的转移支付采取增值税分享的方式。德国在税收划分中把所得税、工资税和增值税划为共享税,法律规定了所得税由联邦和州各占一半,但没有明确规定增值税的划分比例。增值税初次分配时,联邦政府将州政府中的 75% 根据人口因素进行分配,其余的 25% 在各州间进行二次分配,用于补助贫困州。

州对地方的转移性支付主要采取联邦补充拨款和共同任务拨款,其中联邦补充拨款约占州对地方财政拨款的 70%。

联邦补充拨款属于一般性转移支付补助,是无条件拨款,拨款的上级政府并不规定款项的具体用途,补充拨款根据特殊需求进行补助,不采取公式进行分配。

共同任务拨款则属于一种有条件财政转移支付,是拨款时根据目标任务所提供的专项拨款,主要用于学校、医院、道路、公共交通等。

2.德国的横向财政平衡体系

德国的横向转移支付是富裕地区对贫困地区的直接财政补助。横向转移支付由联邦政府组织实施。联邦政府按统一的公式计算各州的平均财力后区分贡献州和补贴州,并确定贡献州向补贴州资金转移的支付水平。

(三)澳大利亚政府间转移支付制度

澳大利亚财政体制分为联邦、州和地方三级。财政收入中联邦政府占比较大,州和地方政府尤其是州政府存在较大的支出缺口,纵向财政不均衡比较突出。同时由于各州之间自然条件、历史背景以及产业结构的不同,横向财政不均衡也是客观存在的事实。为了弥补各州的财政收支缺口,实现财政均等化,澳大利亚联邦政府将大约1/4的支出用于转移支付,形成了比较完善的转移支付制度。澳大利亚联邦对各州的转移支付包括一般转移支付和专项转移支付两个部分。

1.一般转移支付

一般转移支付包括商品和服务税、预算平衡援助拨款和国家竞争政策拨款三个项目。一般性转移支付的主体是商品和服务税转移支付,它是联邦政府实现州际公共服务能力均等化的主要手段,联邦拨款委员会通过一套公式尽可能保障每个州在合理税负水平下,所提供的公共服务水平不落后于其他州。预算平衡援助拨款作为过渡性拨款,用来弥补商品和服务税与州保证的最小财力值的差距。国家竞争政策拨款是为了实施国家竞争政策和改革措施,由联邦政府对州政府发放的财政补助。

2.专项转移支付

专项转移支付占财政转移支付总规模的40%。专项财政转移支付的条件主要包括政策条件、特定目的、资金配套和配套要求,以实现国家的政策目标。专项转移支付主要包括三种形式:一是直接拨给各州的专款,其中最多的是卫生领域的专项拨款;二是通过各州拨给地方政府和非政府学校等其他机构的专项拨款;三是直接支付给地方政府,支持道路、托儿及助残等地方政府项目的拨款。

(四)日本政府间转移支付制度

日本是单一的中央集权制国家。日本政府在行政级次上分为中央、都道府县和市町村三级,在财政体制上分为中央和地方,地方分为都道府县和市町村两级,地方的两级政府在财政体制上是平行的,直接与中央政府发生关系。收入上中央政府占全部财政收入的三分之二,支出上地方政府占总财政支出比重约为66%,这样就出现了地方政府的财权与事权极不相称、纵向不平衡的情况。为弥补这种不平衡中央政府就要以大量的转移支付来保证地方政府履行职能的资金需要。日本政府间转移支付的主要形式包括地方交付税、地方让与金和国库支付金等。

1.地方交付税

地方交付税属于一般性财政转移支付。地方交付税由中央立法征收,然后地方交付税总额按照个人所得税、公司所得税、酒税、消费税、烟草税的一定比例提取划归地方。地方交付税又分为普通交付税和特别交付税。普通交付税用于弥补地方财政收支缺口,地方在取得补助后仍可能存在较大的收支缺口,中央就采取特别交付税的形式给予补助。

2.地方让与金

地方让与金是由中央代征的地方税,中央出于征管便利的目的,在征收后全额返还地方,有均衡财政收入的作用。

3.国库支付金

国库支付金属于专项财政转移支付,严格规定用途和附加条件。这是中央政府对地方政府特定项目进行的补助。国库支付金数额很大且绝大部分是配套补助,具体包括三种类型:一是国库负担金,主要是地方政府兴办关系全国整体利益的项目时,中央全部或部分承担;二是国库委托金,当中央委托地方承办事务时,所需费用由中央安排;三是国库补助金,主要用于中央特定的政策项目。

(五)美国、德国、日本等国外政府间转移支付制度的共同特点及启示

1.明确设定均等化目标,有效协调了中央和地方政府的利益冲突

国家将财政转移支付的目标直接定位于地方政府的财政收支能力或公共服务能力的均衡上。如德国规定,转移支付目标是确保任一州的财政收入能力不会明显低于全国平均水平。而美国具有均等化性质的联邦分类拨款,其目标是实现居民个体之间的受益均衡。目标的明确设定,调节了政府间的纵向和横向失衡,协调地方政府和中央政府的利益冲突,矫正了外部性。

2.财政转移支付制度的法制化

上述国家大都通过具有较高层次效力的法律对转移支付的规模、数量、程序等相关事宜进行明确、清晰的界定,体现了一个国家法制的完善和对财政均衡制度的高度重视。如德国的《基本法》强调了"生存条件一致"的原则,规定经济发展水平高的州必须对经济发展水平低的州提供一定的财政补助,《德国财政平衡法》明确了联邦与州以及州与州之间的税收分配,各联邦州之间的财政平衡,增值税分配和财政平衡的实施与结算的主要内容,为联邦政府进行纵向和横向财政转移支付提供了必要的依据。

3.财政转移支付的程序化和公式化

各国的财政转移支付虽然在支付对象、项目数量和规模结构方面差异很大,但是具体实施过程中都实现了程序化和公式化,并且有章可循,有法可依。财政转移支付的公式选择客观因素作为分配资金的依据,可以大幅减少转移支付中的随意性和盲目性。

4.让中央政府拥有较多的财力

中央财政在全国财政收入中占据主导地位是一个国家,特别是幅员辽阔、地区经济发展不平衡的国家维持统一和稳定的重要前提。因为只有中央财政具有足够的财力才能通过转移支付逐步促进经济落后地区的经济发展、提高社会公共服务水平、缩小地区间的发展差距和维护社会稳定。如果中央政府不能掌握超出其本身需求的财力,那么中央政府对地方政府的调节也就无从谈起。

5.政府间事权划分明晰

明确的政府间职责划分是政府间财政体制有效运转的基础。在事权明晰的前提下,上级政府将属于自己事权的项目或中央、地方共同完成的项目交由地方完成,中央政府只需相应地全部或部分地将本级财力转移到地方,从而使转移支付操作简便。同时在明晰事权下的转移支付,可以对基层政府履行职能予以足额的财力保障。

四、建立规范转移支付制度是我国政府的必然选择

(一)转移支付制度法制化的必要性和紧迫性

财政转移支付制度是现代财政制度的重要内容,是政府管理的重要手段。1994年我国实行分税制改革后,中央政府财力增加,中西部地区转移支付的规模也在不断增大。转移支付规模的扩大,减少了地区差距,促进了地区间基本公共服务均等化。财政资源的初次分配是分税制,分税制带来的各级政府财力资源的不均衡则通过财政转移支付解决。按照建立现代化财政制度的要求,为确保转移支付有法可依、有章可循,需要建立一套包含法律、法规、部门规章在内的完善的法律体系。

1.财政转移支付预期功能的实现依赖于健全的法制

转移支付是政府的财政行为,政府间转移支付是财政支出权的具体表现形式,是财权的重要组成部分。政府间转移支付制度中,财政资金从支出决策、拨付、使用与监督的整个过程就是财政资金的转移支付过程,实际上也是财政权实施的过程。财政权是公权,财政权发生的时间和空间如果不进行规范和约束,就易于产生浪费或者寻租现象。因此我国应加强建立和完善有关财政转移支付方面的相关法律,作为执行主体的政府应该按照国家指定的法律、法规办事,以保证财政活动合法有序地开展。只有以法律形式对转移支付的系统工程加以规范和协调,才能有序地发挥转移支付宏观调控作用。如果单纯地依靠行政命令只能加大运作过程中的随意性。法律应涉及转移支付权力的授予、实施、执行和监督。

2.应加快财政转移支付法的制定

各国政府间转移支付作为财政预算管理的一种手段,其最大的共性是都具有明确的法律依据。以美、德、日为例,美国、德国等发达国家对各级财政的划分都是通过最高层级的法律加以确定的。美国宪法明确规定了联邦中央与各州分别拥有的专有权力和共同行使的权力,美国的各项转移支付都要根据有关法律决定,并以法律形式确定下来作为各级政府间进行补助和接受补助的基本依据。德国不但在《德意志联邦共和国基本法》对财政均衡和转移支付做了明确的规定,还颁布了《联邦财政均衡法》和《联邦与各州之间的财政转移支付法》等法律,对财政转移支付的主体、程序、权责、监督等作了非常详细的规定,日本各类转移支付的主要测算依据和具体补助标准都在《地方预算法》中给予明确规定。在我国,2007年12月,财政部起草了《财政转移支付暂行条例(讨论稿)》,财政部2020年立法工作安排提出,对财政转移支付开展立法研究。

3.只有通过立法才能使我国财政转移支付制度走向完善

1995年《过渡期转移支付办法》的出台标志着我国正式建立起了以均等化公共服务为目标的财政转移支付制度,转移支付规模逐年增大,对平衡财政收支发挥了积极的作用。但是,目前我国的转移支付仍然存在很多问题,主要表现为转移支付立法工作滞后,需要通过健全和完善相关的法律来解决。从法律层面来看,目前我国只有《预算法》,但这部法律对转移支付也只是做了一些原则性规定,实践中参照的主要是财政部门的《中央对地方均衡性转移支付办法》和《中央对地方专项转移支付管理办法》以及地方的一些法规。这些法规的权威性是低于法律效力的。大量的部门规范性文件的存在,导致对财政转移支付这个涉及国家公共财政资金支出的重要问题没有一部专门的法律予以规制,立法层次低。

(二)完善转移支付制度

1.优化转移支付结构,以法律形式明确转移支付法定总规模

我国转移支付有一般性转移支付和专项转移支付两种形式。一般性转移支付规模小,专项转移支付规模大。一般性转移支付按财政部规定的计算公式,采用因素法进行测算。专项转移支付按项目采用项目法进行分配,具有一定的竞争性。专项支付的项目金额、项目类型每年都不同,差别大。专项转移支付名目繁多,部分项目涉及多个部门,形成多头管理,也增加了资金的监管难度。财政部明确规定从 2010 年起,提前下达第二年的一般性转移支付金额,但是,专项转移支付金额不确定性比较大,因此明确转移支付总规模有利于规范上级政府的行为和明确下级政府的预期,保障基本公共服务均等化。

2.加强转移支付执行管理,建立和完善跨年度预算平衡机制

我国预算年度采用日历年度制,从每年的 1 月 1 日开始至 12 月 31 日止。全国两会召开的时间是每年的 3 月份,因此,当全国人民代表大会审议批准通过后,转移支付资金按照中央、省、市、县、乡 5 个层级逐级拨付,有的已到下半年才拿到财政资金。下拨的滞后性使得地方政府预算执行中上半年不敢过多安排预算支出项目,下半年,尤其是第四季度财政年度结束前,地方政府又突击花钱,因为结余资金会被上收并影响第二年的预算金额。财政部 2018 年 5 月制定和发布了《地方财政预算执行支出进度考核办法》,督促地方加快预算执行支出进度,提高财政资金使用效益。但是加快地方预算执行支出进度,一方面应减少资金在中间层级政府停留的时间,一方面应建立跨年度预算平衡机制,缓解年底突击花钱的弊端。

3.提高转移支付透明度,完善省以下转移支付制度

转移支付透明度是对政府权力的约束与限制,2016 年财政部建立"中央对地方转移支付管理平台",该平台公开各类除涉密信息外的转移支付信息。具体包括转移支付项目基本情况、资金管理办法、申报指南、分配结果等内容,便于社会公众查询监督。但是平台公开的信息主要包含资金管理办法、资金分配结果两项内容,而对于转移支付项目的设立、批准、监督等过程并未涉及,因此应继续完善平台信息建设。省以下各级政府转移支付应参照中央对省一般性转移支付办法,改革和完善省以下转移支付制度。对于上级下达的一般性转移支付,应确保用到重点支出,而对于专项转移支付,可根据实际情况进行专项转移支付整合。

专栏 3-1　　　　　　　　　　美国公共消防安全转移支付制度

20 世纪 60 年代以前,美国公共消防安全由州和地方政府负责,是典型的地方事权。1968 年由国会授权总统任命的全国火灾防控委员会,首次系统提出了联邦政府在消防事务方面的职责定位:改善公共消防安全水平的倡导者,向地方政府提供经费和教育培训帮助的支持者,推动地方消防部门提高效能、扩展职能的拓展者。

美国联邦政府在公共消防安全领域对州和地方政府的转移支付,可划分为三个阶段。

(1)以人员培训为主的初始阶段。联邦政府可以提供拨款,支持州和地方消防部门以及科研单位开展消防人员培训、消防技术研发、收集分析发布火灾信息等工作。

(2)侧重装备配备的发展阶段。20 世纪 90 年代,特别是"9·11"事件后,消防部门越来越多地承担火灾以外其他事故灾难、自然灾害的应急抢险救援工作,并成为处理恐怖袭击等非传统威胁的重要力量。2000 年,国会授权联邦政府自 2001 财年起实施面向州和地方政府消防部门的"消防人员援助"专项拨款,资助范围细分为 14 类,主要集中于采购消防车辆装备和消防员个人防护装备。

(3)兼顾增加人员和装备配备的均衡阶段。2003 年,国会授权联邦政府自 2004 财年起设立"消防和应急救援人员补充配备"专项拨款,支持地方消防部门增配专职、志愿消防人员,以满足相关标准的最低要求。

资料来源:http://fiih22bc427e30dd4c919bd6653f4d4f34a3ou5qxu65cpokw6vwf. fiaf. wap. gxlib. org/paperpic/?pid=newspaper. article&metaid=nw. D110000xuexisb_20160428_3-A2&wd=&cult=CN.

思考提示:美国公共安全转移支付制度对我们有哪些借鉴意义?

专栏 3-2 **巴西教育扶贫中的有条件转移支付制度案例**

2003 年 10 月巴西有条件现金转移支付(CCT)家庭补助金项目成立。该项目惠及家庭 1 100 万户左右。该项目的主要内容为:

(1)人均年收入 60 雷亚尔(约 33 美元)的家庭,可以接收到 58 雷亚尔(约 32 美元)的基础补助,极端贫困家庭最多可以接收到 112 雷亚尔(约 61 美元)的补助;人均年收入 60 雷亚尔(约 33 美元)家庭的每名孕妇或者儿童(至多 3 人)都能接收到 18 雷亚尔(约 19 美元)的补助。

(2)人均年收入 120 雷亚尔(约 66 美元)的家庭,每名孕妇或者儿童(至多 3 人)都能接收到 18 雷亚尔(约 19 美元)的补助。

(3)项目的限制条件是:家中的 6~15 岁儿童必须保证 85% 的学校出勤率,6 岁以下儿童都要确认接种疫苗,孕妇必须定期接受产检。

资料来源:司树杰,赵红.巴西家庭补助金项目:有条件转移支付项目在教育扶贫中的应用[J].中国教育发展与减贫研究,2018(1).

思考提示:巴西的有条件转移支付教育扶贫对我国有哪些借鉴意义?

专栏 3-3 **2020 年我国"特殊转移支付"政策**

一、"特殊转移支付"政策的主要内容

国务院总理李克强 2020 年 6 月 9 日主持召开国务院常务会议,会议确定建立特殊转移支付机制。2020 年《政府工作报告》指出:"积极的财政政策要更加积极有为。今年赤字率拟按 3.6% 以上安排,财政赤字规模比去年增加 1 万亿元,同时发行 1 万亿元抗疫特别国债。这是特殊时期的特殊举措。上述 2 万亿元全部转给地方,建立特殊转移支付机制,资金直达市县基层、直接惠企利民,主要用于保就业、保基本民生、保市场主体,包括支持减税降费、减租降息、扩大消费和投资等,强化公共财政属性,决不允许截留挪用。要大力优化财政支出结构,基本民生支出只增不减,重点领域支出要切实保障,一般性支出要坚决压减,严禁新建楼堂馆所,严禁铺张浪费。各级政府必须真正过紧日子,中央政府要带头,中央本级支出安排负增长,其中非急需非刚性支出压减 50% 以上。各类结余、沉淀资金要应收尽收、重新安排。要大力提质增效,各项支出务必精打细算,一定要把每一笔钱都用在刀刃上、紧要处,一定要让市场主体和人民群众有真真切切的感受。"

二、特殊转移支付机制直达基层的资金来源

财政部副部长许宏才表示,按照《政府工作报告》和国务院常务会议精神,通过特殊转移支付机制直达基层的资金重点就是新增财政赤字 1 万亿元和抗疫特别国债 1 万亿元,总共加起来是 2 万亿元。具体包括四方面内容:

一是列入特殊转移支付的部分。2020 年设立了特殊转移支付,主要是应对 2020 年疫情带来的对经济、财政的影响而单独设立的。

二是列入政府性基金转移支付的抗疫特别国债。抗疫特别国债不列入财政赤字,纳入政府性基金预算管理,通过政府性基金转移支付下达给地方。

三是列入正常转移支付的增量和存量的部分。除了安排特殊转移支付和抗疫特别国债之外,疫情带来的冲击导致财政收入大幅度下降,但是依靠原有财政收入安排的财政支出没有资金来源了,新增的财政赤字补充这一部分资金来源,纳入正常的转移支付范围里。对正常转移支付中,属于新增赤字安排的,纳入直达机制当中。

四是地方新增财政赤字的部分。新增赤字 1 万亿元当中有 9 500 亿元是中央财政赤字,用来安排特殊转移支付或是安排正常的转移支付。地方还安排了赤字 500 亿元,加上中央 9 500 亿元,这样就全纳入特殊转移支付直达的机制当中来。

三、建立特殊转移支付机制的监控系统

一是实现全链条的监控。直达资金监控系统贯穿中央、省、市县财政部门和资金使用管理的相关部门,我们叫"一杆子插到底"。就是从中央财政资金下达源头到资金使用的最末端,到企业或者居民,全过程的信息都要留痕,都要监控。各级财政部门、资金使用的管理部门要将直达资金的分配使用数据及时传送到监控系统当中。监控系统的设置不改变地方原来资金拨付有关流程,但是针对在流程当中的一些痕迹和数据,制定了标准化的数据规范,流程的数据只要发生了,就要及时传到监控系统中,有关部门在这个监控系统当中就都能看到。这是实行全链条的监控,专门针对特殊机制设立的这样一套系统。

二是推进市县实名台账制。要求市县在中央建立监控体系的基础上,建立细化直观的实名台账。市县有关部门要按照规定去确定企业和人员的名单,要按照确定的名单拨付资金,确保资金精准落到困难企业和老百姓的身上。

三是健全部门的联动机制。直达资金监控系统与资金使用部门资金的发放系统对接,原来财政部门资金运行系统主要在财政部门内部,到了资金发放时就是资金使用管理部门的系统,这次要实现这两个系统之间的对接。同时,加大数据的共享力度,系统对接后,将数据抽取出来,相关部门共享,包括人民银行国库系统、人力资源和社会保障部门、民政部门等相关资金使用管理部门以及审计部门,这个系统对这些部门都开放,不同层级对应不同的部门开放。这些部门要对开放的监控系统中的数据进行分析、对比和监督,进而实现有效监控,及时发现资金投向不精准、超范围使用等问题,然后提出叫停或者整改的意见,各个部门也要负责任。

四是同步加强审计监督。审计部门将会把新增财政资金使用作为审计工作的重点,开展专项审计。由于直达资金的监控系统向审计部门全面开放,审计部门能够及时获取相关信息,能够有效开展审计工作,审计署也在研究,也会作出专门的部署,形成监督的合力。

五是强化公开公示制度。市县财政部门,还有资金的管理和使用部门,要按照有关规定进行公开,包括预算的公开、执行情况的公开等。涉及企业和相关人员的基层单位,还要进行公示,通过公开和公示自觉接受社会的监督。

四、建立特殊转移支付机制的特点与优势

一是资金来源特殊。中央财政通过增加财政赤字、发行抗疫特别国债、大力压减中央本级支出等措施增加对地方的转移支付资金。同时,省级财政统筹中央转移支付和省级自有资金,切实承担主体责任,增加对县级财政的转移支付规模;共同推动加大资金下沉市县基层力度。

二是资金用途特殊。通过特殊转移支付机制转移的资金将直达市县基层,精准缓解市县基层"三保"压力,直接惠企利民。受疫情冲击最大的是中小微企业、个体工商户和困难群众,这些主体扎根于市县基层。同时,因经济减速和减税降费政策加力,市县财力面临较大缺口。将资金直达市县基层,是切中要害、有的放矢之举,将直接提高市县基层财政实力,有利于贯彻落实"保就业、保民生、保市场主体"任务,有效救助和改善中小微企业、个体工商户和困难群众的现实困境,以实现放水养鱼的目标。

三是资金转移渠道特殊。特殊转移支付渠道不仅包括一般公共预算转移支付,也包括政府性基金预算转移支付。预算报告指出,中央对地方转移支付中新增设立特殊转移支付,2020年一般公共预算支出安排资金 6 050 亿元;中央政府性基金预算对地方转移支付 8 007.63 亿元,主要是抗疫特别国债安排的支出增加。

四是资金拨付时速特殊。特殊转移支付机制在资金转移中将更加注重简化审批程序、提高审批速度,加速转移支付进程,确保资金直达市县基层。各级国库将督促做到点对点直接拨付资金,切实体现积极的财政政策更加积极有为、有效落实国家治理的宏观经济政策目标、实现抗击疫情维护"六稳""六保"的初心。省级财政当好"过路财神",有利于提高资金拨付使用的时效性,快速发挥资金救急救难作用,将中央政府以债务方式筹集的宝贵财政资金用到最困难的地方、最急需的领域。

五是资金监管特殊。财政部将建立全覆盖、全链条监控系统,完善"中央到省、省到市县"的监控机制。市县政府要建立资金使用台账,确保资金流向明确、账目可查。审计部门要开展专项审计。同时,依法依规严肃问责、坚决处理截留挪用、虚报冒领的责任主体。

资料来源:建立特殊转移支付机制国务院政策例行吹风会文字实录[EB/OL].(2020 - 06 - 12)[2020 - 10 - 20].http://www.mof.gov.cn/zhengwuxinxi/caizhengxinwen/202006/t20200612_3531190.htm.

思考提示:

1.什么是"特殊转移支付"政策?

2.特殊转移支付政策的资金来源有哪些?

3.建立特殊转移支付机制的特点与优势?

第四节　我国政府预算管理体制的历史演变

新中国成立以来,为适应各个历史阶段政治经济形势的发展,政府预算管理体制进行了多次变革:总的趋势是由新中国成立初期的高度集中管理逐步向统一领导、分级管理的体制演变。

一、改革开放前预算管理体制的主要类型

(一)新中国成立初期高度集权的管理体制

新中国成立初期,我国国民经济面临着严重的困难,物价波动、财力分散、财政管理上收支脱节、收不抵支,出现了较为严重的财政赤字。为了恢复经济、克服财政困难,1950 年 3 月中央颁布了《关于统一国家财政经济工作的决定》,对统一管理财政收支做出具体规定,其基本精神是:全国各地的主要收入一律解缴中央金库由中央统一掌握;地方开支由中央核定按月拨

付;建立统一的预决算、审计、会计制度和严格的财政监察制度,各项财政收支除地方附加外全部纳入预算管理。这项制度的特征是主要预算收入上缴中央,地方支出由中央拨付,故称统收统支管理体制。

(二)"一五"时期划分收支、分级管理体制

1953 年我国进入国民经济发展的第一个五年计划时期,财经状况已走出困境,在新的形势下,高度集中的预算管理体制和国家大规模的经济建设要求不相适应,据此国家对预算管理体制作了改进,实行划分收支、分级管理的办法。其主要内容是:预算支出按企事业隶属关系划分,属于中央的企事业和行政单位支出列中央预算,属于地方的企事业和行政单位支出列地方预算;预算收入实行分类分成,即将预算收入划分为中央固定收入、地方固定收入、固定比例分成收入和调剂收入;地方预算每年由中央核定其预算支出,首先要用固定收入和固定比例分成收入抵补不足的部分,由中央划给一定比例的调剂收入弥补分成比例,一年一定;地方超收仍按原定比例分成,地方预算结余留在下年度安排使用,不再上缴。

(三)"二五"时期以收定支的管理体制

1958 年我国开始进入第二个五年计划时期。1957 年 11 月,国务院颁布《关于改进财政管理体制的规定》,提出从 1958 年起实行以收定支、三年不变(后改为五年不变)的财政管理体制。其基本精神是:明确划定地方财政管理权限,并在保证国家重点建设的前提下增加地方机动财力。主要内容有:地方收入包括固定收入(地方企事业收入和地方税)、企业分成收入和调剂分成收入;地方支出包括正常支出和中央专案拨款解决的支出,地方正常支出由上述三项收入来平衡,地方专案支出由中央专案拨款来平衡;收入项目和分成比例确定后原则上五年不变,地方多收可以多留多支。1958 年以收定支的财政管理体制形式上区别于过去以支定收的财政管理体制。以前由中央确定地方的支出,然后根据支出划给一定的收入项目,并确定收入分成的比例,并且一年一变。这次改革调动了地方的积极性,但是由于预算执行中出现了忽视综合平衡、管理制度松弛、地方财力过大且不平衡的矛盾比较突出等原因使得该项制度只执行了一年。

(四)20 世纪 60 年代较为集中的管理体制

1958 年 9 月国务院通过了《关于进一步改进财政管理体制和改进银行信贷管理体制的几项规定》,提出从 1959 年起实施"总额分成,一年一变"的财政管理体制。1959—1960 年财政收支权大部分下放,地方收入与支出挂钩,其指标由中央核定,一年一次。由于财政权限下放过多,财权分散,1961 年中央重新调整,财权集中在中央、省(自治区、直辖市)、地区三级,缩小专区、县、公社的财权,财权回收,一部分重点企业、事业单位的收入被收回作为中央的固定收入,"总额分成,一年一变"的办法继续保持。

二、改革开放以来预算管理体制的主要类型

1978 年在党的十一届三中全会精神的指导下,我国开始对经济体制进行全面改革。1980 年、1985 年和 1988 年政府对预算管理体制进行了重大改革与调整,这一阶段政府预算管理体制主要实行的是"包干制",即"分灶吃饭"的预算管理体制。

(一)"划分收支、分级包干"预算管理体制

为了贯彻落实"调整、改革、整顿、提高"的方针,充分调动中央和地方的积极性,1980 年 2月,国务院颁布《关于实行"划分收支、分级包干"财政管理体制的暂行规定》。其基本内容是:按照经济管理体制规定的隶属关系,明确划分中央和地方财政的收支范围。凡是中央所属企

业的收入、关税收入和中央其他收入,作为中央财政的固定收入;凡是地方所属企业的收入、盐税、农牧业税、工商所得税、地方税和地方其他收入,作为地方财政的固定收入。上划给中央部门直接管理的企业,其收入百分之八十归中央财政,百分之二十归地方财政。工商税作为中央和地方的调剂收入。中央和地方的支出范围也是按企事业单位的隶属关系划分:凡是中央企业的流动资金、挖潜改造资金等支出,中央各部门的农林、水利、气象等事业费和行政管理费、国防战备费、地方勘探费等以及中央的基本建设投资都由中央财政支出。地方企业的流动资金、挖潜改造资金等支出,地方各部门的农林、水利、气象等事业费和行政管理费,地方城市维护费,人防经费,抚恤和社会救济费等以及地方的基本建设投资都由地方财政支出。少数专项财政支出,如特大自然灾害救济费、特大抗旱防汛补助费、支援经济不发达地区的发展资金等,由中央专案拨款。此外,中央财政对老、少、边、穷地区设立了发展资金,规定此项资金占国家财政支出总额的比例,应当逐步达到百分之二;中央对民族自治区和视同民族自治区的补助数额每年递增百分之十,五年内民族自治地区收入增长的部分,全部留给地方。地方财政收支的包干基数,以 1979 年财政收支预计执行数为基础,经过适当调整后确定。地方的预算支出首先用地方的固定收入和固定比例分成收入抵补,收入大于支出,有多余部分上缴中央。如果收不抵支,则地方用调剂收入补足,仍不能补足者,其差额部分由中央给予补助。地方上缴比例、中央与地方对收入的分成比例和定额补助由中央确定下达后原则上五年不变。1980 年,全国除北京、天津、上海、广东、福建和江苏外,其他省区实行了"划分收支、分级包干"预算管理体制。

1980 年的财税体制改革不仅调整了财政收支结构,也涉及了财权和财力的划分。此次预算管理由"条条"改为"块块",扩大了地方的财权,调动了地方的积极性。但是此次改革中央财政的负担过重,收支难以平衡,加上经济体制没有同步改革,出现许多新的问题,如中央预算收支难以平衡,全国投资规模失控、重复建设严重等问题。

(二)"划分税种、核定收支、分级包干"预算管理体制

在 1983 年、1984 年两步利改税的基础上,1984 年 10 月,中央发布《关于经济体制改革的决定》,1985 年 3 月国务院颁布《国务院关于实行"划分税种、核定收支、分级包干"财政管理体制的规定的通知》。其主要内容包括:按照第二步利改税改革以后的税种设置,收入分为中央固定收入、地方固定收入、中央和地方共享收入。中央固定收入有中央国营企业的所得税、调节税,铁道部和各银行总行、保险总公司的营业税,军工企业的收入,烧油特别税,关税和海关代征的产品税、增值税,专项调节税,海洋石油外资、合资企业的工商统一税、所得税和矿区使用费,石油部、电力部、石化总公司、有色金属总公司所属企业的产品税、营业税、增值税以其70%作为中央财政固定收入等。地方固定收入有地方国营企业的所得税、调节税和承包费,集体企业所得税,农牧业税,车船使用牌照税,城市房地产税,屠宰税,牲畜交易税,集市交易税,契税,地方包干企业收入等,石油部、电力部、石化总公司、有色金属总公司所属企业的产品税、营业税、增值税以其30%作为地方财政固定收入。中央与地方共享收入有产品税、营业税、增值税(这三种税均不含石油部、电力部、石化总公司、有色金属总公司四个部门所属企业和铁道部以及各银行总行和保险总公司交纳的部分),资源税,建筑税,盐税,个人所得税,国营企业奖金税,外资、合资企业的工商统一税、所得税(不含海洋石油企业交纳的部分)。支出仍按按隶属关系划分中央财政支出和地方财政支出。对不宜实行包干的专项支出由中央专项拨款安排,中央对民族自治区和视同民族自治区的补助数额近五年内仍实行每年递增百分之十的办法;地方财政的收支基数以 1983 年决算收入数为基础,按照上述收入划分范围和第二步利改税改革后的收入转移情况计算确定。凡地方固定收入大于支出的,定额上解中央,地方固定收入小于支出的从中央和地方共享收入中确定一个分成比例留给地方,地方固定收入和中央地方共享收入全留地方仍不足以抵补其支出的由中央定额补助。收入的分成比例或上解、补助的数额确定以后,一定五年不变。地方多收可以多支,自求收支平衡。1985年的财政管理体制改革,除广东、福建两省仍实行财政大包干办法外,其他省区实行"划分税种、核定收支、分级包干"的管理体制。经国务院批准实行经济体制改革综合试点的重庆、武汉、沈阳、大连、哈尔滨、西安、广州等城市,在国家计划中单列以后,也实行全国统一的财政管理体制。

在体制转换中,由于划分税种无法一步到位,1985—1987年国家暂时实行了"总额分成"的过渡办法,即中央财政固定收入不参与分成,地方固定收入和中央地方共享收入加在一起与地方预算支出挂钩,确定一个分成比例实行总额分成。1985年财政体制改革将收入划分的依据改为按税种划分,不再以企业的隶属关系划分。

(三)地方财政包干办法的改进

1985年财政管理体制改革后,中央财政收入占全国财政收入的比重下降,中央财政负担过重。1988年7月,国务院发布《关于地方实行财政包干办法的决定》,针对原定体制存在的问题,对全国实行不同形式的包干方法,主要形式有六种:一是收入递增包干办法。即以1987年的决算收入和地方应得的支出财力为基数,参照各地近几年收入增长情况确定收入递增率(环比)和地方留成、上解比例。在递增率以内的收入实行中央与地方固定比例分成,超过递增率的收入全留地方,地方收入达不到递增率影响上解中央的部分由地方自有财力补足。实行这种办法的有北京、沈阳、哈尔滨、宁波、河北、辽宁、浙江、河南等10省(市)。二是总额分成办法。即根据核定的收支基数,以地方支出占总收入的比重确定地方留成、上解比例。实行这种包干办法的有天津、安徽、山西3省(直辖市)。三是总额分成加增长分成办法。具体做法是在总额分成办法的基础上,基数以内部分按总额分成、比例分成,实际收入比上年增长部分除按总额分成比例分成外,另计分成比例,以使地方从增收中得到更多的利益。采用此办法的有大连、青岛和武汉3个计划单列市。四是上解额递增包干办法。即以1987年上解中央的收入为基数,每年按一定的比例递增上缴。广东和湖南实行这种办法。五是定额上解办法。即按原来核实收支基数,收大于支的部分,确定固定的上解数额。上海、山东、黑龙江3省(直辖市)采用这种办法。六是定额补助办法。即原来核定的收支基数,支大于收的部分,实行固定数额补助。吉林、甘肃、陕西等16省(自治区)实行这种办法。上述各省、自治区、直辖市和计划单列市的财政包干基数中,都不包括中央对地方的各种专项补助款,这部分资金在每年预算执行过程中,根据专款的用途和各地实际情况进行合理分配。

该体制原定1990年到期,但是在1991—1993年天津、武汉、辽宁、浙江(不含宁波市)等地区实行分税制试点,其他地区依然实行包干体制。包干体制形式较繁杂,每种形式内各省区的比例、上缴数额或补助数额都不同,可以说一省一率。包干体制实行后,中央财政出现了严重的困难,长期看,该体制不利于经济的均衡发展,因此,1994年我国实行了分税制改革。

第五节　现行预算管理体制的内容及评价

一、实行分税制预算管理体制的背景分析

随着改革开放的不断深化,我国在预算管理体制方面进行了持续探索和多次改革。1950—1993年,我国的预算管理体制经历了统收统支阶段(1950—1979)和财政包干阶段(1980—1993),财权也由高度集中在中央到逐步放权再到相对分散的阶段。这些改革在当时的历史条件下都发挥了积极的作用,比如包干制对调动地方积极性、促进经济发展起到了积极的推动作用。随着我国社会主义市场经济制度的建立,原有预算管理体制的弊端也日益明显,表现在中央财政的宏观调控能力弱,地方保护主义盛行,包干形式种类复杂且不规范,这对市场经济要求公平的竞争环境、生产要素的高效运转都产生了阻碍,主要表现在以下几方面:

(一)国家财力分散

在实行承包制以后,我国财政收入呈现"两个比重下降"的趋势,即财政收入占国内生产总值的比重下降和中央财政收入占国家财政收入的比重下降。财政收入占国内生产总值的比重由1984年的22.9%下降到1993年的12.6%,中央财政收入占全国财政收入的比重(不含债务收入)由1984年的40.5%、1986年的36.7%下降为1992年的28.1%和1993年的22%,国家财力分散。财政包干制下中央财政收入主要依靠地方上解,因此财政包干实际上是"包死"了中央财政收入,使中央财政收入不能随经济的增长而增加。中央财政收入的减少使得中央财政资金缺口大,无法对经济落后地区的地方政府实施有效的财力支援,也无法保证一些重大工程项目的顺利实施。市场经济体制要求摒弃过去计划经济体制下以计划为主的经济模式,国家对经济的调控由过去的以计划为手段的直接管理为主向以市场机制为手段的间接调控为主转变。为保证中央对宏观经济的有效控制,中央政府必须掌握充裕的财力。而预算包干体制在收入增量分配方面过于向地方倾斜,使得中央预算收入在整个预算收入增量分配中所占份额越来越少,严重弱化了中央的宏观调控能力,这与建立社会主义市场经济体制的总体目标相悖。

(二)重复建设严重,加剧地方保护主义倾向

市场经济体制要求营造良好的经济发展氛围,以利于企业在市场经济条件下公平竞争,通过市场实现资源的有效配置达到提高全社会宏观经济效益的目的。财政包干制主要是对收入增量调整分配,各地政府在自身的利益驱动下热衷于发展那些税高利大的企业,所以各地竞相上马以彩电、冰箱为代表的家电制造业,"小酒厂""小烟厂"盲目发展、重复建设严重,这种"大而全""小而全"的发展浪费了大量的能源和资源,不利于资源的优化配置和产业结构的合理调整;同时重复建设多为政府投资,这种体制将政府的财政利益与企业结合在一起,强化了政府对企业生产经营的干预,不利于政企职能的分离。财政包干制也使得地区间地方保护主义盛行,生产要素受到了人为的阻碍,不利于国内统一市场的形成,也不利于市场经济的发展。

(三)形式不够规范

财政包干制与包干基数有着重要的关系,我国的预算包干体制种类繁多、计算复杂,加上人为因素影响大、支出基数确定不合理,全国从中央到地方各级政府有各种不同形式的包干形式,包干制将大部分收入混在一起实行大包干的办法,也容易造成中央与地方之间的利益界限不明晰,各级财政的职责、权限模糊,相互挤占收入和收入流失现象非常严重。造成地区间长

期的收支不均,不利于地方经济的均衡发展,不利于营造规范的社会主义市场经济环境。针对上述情况,国务院决定从 1994 年起实行分税制预算管理体制。

二、分税制预算管理体制的内容

分税制是我国财税体制的一次影响深远的制度改革和创新。它是根据财权和事权相结合的原则,划分中央与地方的税收管理权限和税收收入,并辅之以补助制的预算管理体制模式。1994 年分税制改革的原则是:存量不动,增量调整,逐步提高中央的宏观调控能力,建立合理的财政分配机制。1992 年经国务院批准,在辽宁、浙江、新疆、天津、沈阳、大连、青岛、武汉、重庆等九个省(自治区)、市进行了分税制预算管理体制改革试点,经验表明实行分税制能够比较合理地解决中央与地方的财政分配关系,能够有效地解决财政包干体制存在的某些弊端。1993 年 12 月 15 日国务院发布了《关于实行分税制财政管理体制的决定》,决定从 1994 年 1 月 1 日起在全国各省、自治区、直辖市以及计划单列市实行分税制。其主要内容是:

(一)中央与地方支出的划分

支出划分就涉及事权的划分,分清各级政府的事权首先应明确各级政府的职能,一方面应明确政府与市场的边界,另一方面应明确各级政府应承担的事权。根据中央与地方政府事权的划分,中央政府的职能是宏观调控、全国性公共产品及服务的提供,中央预算主要承担国家安全、外交和中央国家机关运转所需经费,调整国民经济结构、协调地区发展、实施宏观调控所必需的支出,以及由中央直接管理的事业发展支出。具体包括:国防费、武警经费、外交和援外支出、中央级行政管理费,中央统管的基本建设投资、中央直属企业的技术改造和新产品试制费、地质勘探费、由中央预算安排的支农支出、由中央负担的国内外债务的还本付息支出,以及中央本级负担的公检法支出和文化、教育、卫生、科学等各项事业费支出。

地方政府的职能是地方性公共产品和公共服务的提供,地方预算主要承担本地区政权机关运转所需支出以及本地区经济、事业发展所需支出。具体包括:地方行政管理费,公检法支出部分,武警经费,民兵事业费,地方统筹的基本建设投资,地方企业的技术改造和新产品试制经费,支农支出,城市维护和建设经费,地方文化、教育、卫生等各项事业费,价格补贴支出以及其他支出。

(二)中央与地方收入的划分

根据事权与财权相结合的原则,按税种划分中央与地方的收入。将维护国家权益、实施宏观调控所必需的税种划为中央税,其征收管理权、税款所有权划归中央财政;将同经济发展直接相关的主要税种划为中央与地方共享税,其征收管理权、税款所有权划由中央和地方按一定方式分享;将适合地方征管的税种划为地方税并充实地方税税种,其征收管理权、税款所有权划归地方财政。根据 1994 年的分税制,国家成立了国税和地税部门负责税收征管。2002 年企业所得税分享改革和 2016 年的营改增,这两次重大的收入分成改革,是中央和地方财政关系的重大调整,国税税收征管压力增大。2018 年两会后,国税和地税合并。2018 年 6 月 15 日,全国各省(自治区、直辖市)级以及计划单列市国税局、地税局合并且统一挂牌。税收征管不再分国税和地税,统一由税务局执行征管。中央与地方收入具体划分如下:

1. 中央固定收入

中央固定收入包括:关税,海关代征的消费税和增值税,消费税,车辆购置税,证券交易印花税(2016 年 1 月 1 日起,将证券交易印花税由现行按中央 97%、地方 3% 比例分享全部调整为中央收入),中央企业所得税,地方银行和外资银行及非银行金融企业所得税,铁道部门、各银行总行、各保险总公司等集中缴纳的收入(包括营业税,2016年后营改增、所得税、利润和城市维护建设税),中央企业上交的利润等。

2.地方固定收入

地方固定收入包括:营业税(不含铁道部门、各银行总行、各保险公司集中缴纳的营业税,2016年营改增后该税种取消)、地方企业所得税(不含上述地方银行和外资银行及非银行金融企业所得税,省以下企业所得税,2002年以后改为共享税)、个人所得税(2002年改为共享税)、城镇土地使用税、城市维护建设税(不含铁道部门、各银行总行、各保险总公司集中缴纳的部分)、房产税、车船税、印花税、耕地占用税、契税、烟叶税、土地增值税等。

3.中央与地方共享收入

中央与地方共享收入包括:增值税、资源税和所得税(2002年的所得税增量,中央和地方各分享50%;对2003年以后的增量,中央分享60%,地方分享40%)。增值税中央分享75%,地方分享25%(营改增后,2016年5月1日起增值税分享调整为"五五分享",即中央分享增值税的50%、地方按税收缴纳地分享增值税的50%)。资源税按不同的资源品种划分,大部分资源税作为地方收入,海洋石油资源税作为中央收入。

(三)中央预算对地方税收返还的确定

现行中央对地方税收返还包括增值税、消费税返还,所得税基数返还,成品油价格和税费改革税收返还。

(1)增值税、消费税返还。1994年分税制改革,实行按税种划分收入的办法后,原属地方支柱财源的"两税"收入(增值税收入的75%和消费税的100%)上划为中央收入,由中央给予税收返还。其中,增值税、消费税返还以各地上划中央增值税、消费税增长率为基础逐年递增。

(2)所得税基数返还。以2001年为基期,为保证地方既得利益,如果按改革方案确定的分享范围和比例计算出的地方分享的所得税收入小于地方实际所得税收入,差额部分由中央作为基数返还地方。

(3)成品油价格和税费改革税收返还。该科目是2009年增加的科目,是指实施成品油价格和税费改革后,中央因改革形成的财政收入,扣除中央本级安排的替代航道养护费等支出,对种粮农民、部分困难群体、公益性行业的补贴,以及用于逐步有序取消政府还贷二级公路收费补助支出以后的部分。

之所以发生"税收返还"主要是按新税制设置的税种划分为中央和地方的收入后,中央和地方之间收入发生互转。一方面要保证中央财力,建立中央财政在收入增量中逐步增长机制,达到中央财力稳定增长的目标,另一方面要保持现有地方既得利益格局,减少改革阻力,中央决定将净上划中央收入返还地方。

(四)原体制中央补助、地方上解以及有关结算事项的处理

为了顺利推行分税制改革,1994年实行分税制以后,原体制的分配格局暂时不变,过渡一段时间再逐步规范化。原体制中央对地方的补助继续按规定补助;原体制地方上解仍按不同体制类型执行;实行递增上解的地区按原规定继续递增上解,1995年起改为定额上解;实行定额上解的地区按原确定的上解额继续定额上解;实行总额分成的地区和原分税制试点地区暂按递增上解办法执行,即按1993年实际上解数为基数并核定一个递增率每年递增上解。

三、分税制体制运行中的一些调整

分税制体制在运行中根据国民经济的运行情况和宏观调控的需要,对体制规定中一些内容做了调整,主要包括:

(一)证券交易税的调整

共享收入中的证券交易税由于没有开征,在体制实践中,仅对证券交易的印花税做共享处理。其共享比例由原来的中央与地方各占 50%,1997 年调整为中央占 80%,地方占 20%;1998 年 6 月起调整为中央占 88%,地方占 12%;2000 年 10 月起调整为中央占 91%,地方占 9%;2001 年调整为中央占 94%,地方占 6%;2002 年调整为中央占 97%,地方占 3%;2016 年 1 月 1 日起全部调整为中央收入。

(二)所得税的调整

从 2002 年起,将原本由地方财政独享的企业所得税和个人所得税变为中央财政与地方财政共享。企业所得税和个人所得税实行中央财政与地方财政按比例分享,主要包括以下内容:

(1)分享范围。除铁路运输、国家邮政、中国工商银行、中国农业银行、中国银行、中国建设银行、国家开发银行、中国农业发展银行、中国进出口银行,以及海洋石油天然气企业的所得税作为中央收入外,其他企业所得税和个人所得税收入由中央和地方按比例分享。

(2)分享比例。2002 年实施 5∶5 分享,2003 年中央与地方 6∶4 分享,以后年份的分享比例,根据实际收入情况再行考虑。

(3)计算基数。以 2001 年为基期,按改革方案确定的分享范围和比例计算,地方分享的所得税收入,如果小于地方实际所得税收入,差额部分由中央作为基数返还地方,如果大于地方实际所得税收入,差额部分由地方作为基数上缴中央。

(4)资金使用方向。中央财政因所得税分享改革增加的收入全部用于对地方(主要是中西部地区)的一般性转移支付。地方所得税的转移支付资金由地方政府根据本地实际,统筹安排,合理使用,首先用于保障机关事业单位职工工资发放和机构正常运转等基本需要。

(三)出口退税改革

2003 年 10 月中央公布了《关于进行出口退税制度改革的决定》,改革的基本原则是:新账不欠,老账要还,完善机制,共同负担,促进发展。主要内容是:适当调整了出口退税率,2004 年后出口退税的增量部分由中央和地方按 75∶25 的比例承担,累计欠退税由中央财政负担。2005 年《国务院关于完善中央与地方出口退税负担机制的通知》提出调整中央与地方出口退税分担比例。国务院批准核定的各地出口退税基数不变,超基数部分中央与地方按照 92.5∶7.5 的比例共同负担。2015 年《国务院关于完善出口退税负担机制有关问题的通知》提出,出口退税(包括出口货物退增值税和营业税改征增值税出口退税)从 2015 年 1 月 1 日起全部由中央财政负担,地方 2014 年原负担的出口退税基数,定额上解中央。

(四)营业税的调整

从 1997 年 11 月起金融保险业营业税的税率由 5% 提高到 8%,所增加的收入归中央财政,2001 年起分三年把金融保险业的营业税的税率降低到 5%。2012 年营改增试点改革,逐步将原本由地方财政独享的、对地方财政最重要的营业税改为中央与地方共享(75%∶25%)的增值税。2017 年营业税正式废止。

（五）农业税的调整

2006 年起全面取消农业税。农业税在我国从春秋的"初税亩"开始已有 2000 多年的历史。农业税的废除是政府减轻农民负担，增加农民收入，解决三农问题的重要举措。

（六）增值税的调整

2016 年 5 月 1 日，国务院关于《全面推开营改增试点后调整中央与地方增值税收入划分过渡方案》正式实施，中央与地方增值税"五五分享"。2019 年 10 月，国务院发布《实施更大规模减税降费后调整中央与地方收入划分改革推进方案》。该方案提出保持增值税收入划分"五五分享"比例不变，并调整完善增值税留抵退税分担机制，增值税留抵退税地方分担的部分50%，由企业所在地全部负担 50% 调整为先负担 15%，其余 35% 暂由企业所在地一并垫付，再由各地按上年增值税分享额占比均衡分担，垫付多于应分担的部分由中央财政按月向企业所在地省级财政调库。

（七）消费税的调整

《实施更大规模减税降费后调整中央与地方收入划分改革推进方案》提出，后移消费税征收环节并稳步下划地方，在征管可控的前提下，将部分在生产（进口）环节征收的现行消费税品目逐步后移至批发或零售环节征收，拓展地方收入来源，引导地方改善消费环境。先对高档手表、贵重首饰和珠宝玉石等条件成熟的品目实施改革，再结合消费税立法对其他具备条件的品目实施改革试点。改革调整的存量部分核定基数，由地方上解中央，增量部分原则上将归属地方，确保中央与地方既有财力格局稳定。具体办法由财政部会同税务总局等部门研究制定。

四、分税制体制的基本成效和存在的缺陷

分税制改革初步建立了与市场经济相适应的预算管理体制框架，经过二十多年的改革实践与调整，分级分税制预算体制充分显示了其在规范中央与地方分配关系，调动地方理财、增收的积极性，打破僵化的政企关系，提高中央财政宏观调控能力方面的突出成绩，并逐步建立了规范、科学的预算管理制度，其中部门预算制度、国库集中收付制度和政府采购制度的制度体系建设从无到有到逐步完善，实现了从传统体制模式到适应市场经济体制模式的成功转变。同时实施分税制体制也显现出一些亟需改进的问题。

（一）分税制体制的基本成效

1. 分税制体制以事权分割为依据，以税种划分收入，规范了中央与地方政府间的财政分配关系

分税制体制按税种划分收入，突破了传统体制中"条块分割"按隶属关系划分收入的做法，税收成为政府财政收入的主要来源，淡化了政府对企业的干预。税制改革统一了企业税收环境，企业不论大小、所有制性质和行政级别，在税法面前一律平等，既是中央预算的税源，也是地方预算的税源。分税制改革一方面使各级财政走上了按税种组织收入的新轨道，另一方面也有利于企业真正站在同一起跑线上展开公平竞争。

2. 实现了财政收入的稳定增长，提高了中央政府的宏观调控能力

分税制改革之前，国家财力分散。1993 年财政收入占国内生产总值的比重为 12.6%，中央财政收入占全国财政收入的比重为 22%，财政收入占国内生产总值的比重和中央财政收入占全国财政收入的比重过低。1994 年分税制改革后，当年中央财政收入占全国财政收入的比重就达到了 55.70%。通过分税制体制改革，消费税和增值税这两个主要的流转税税种成为中

央预算的主要财源,奠定了中央预算收入随国内生产总值增长的稳定基础。1994 年至 2019 年全国财政收入和中央财政收入都稳定在较高水平上(见表 3-1)。

表 3-1 1994—2019 年财政收入的两个比重变动情况

年份	国内生产总值/亿元	全国财政收入/亿元	中央财政收入/亿元	财政收入占国内生产总值的比重/%	中央财政收入占全国财政收入的比重/%
1994	48 637.5	5 218.10	2 906.50	10.73	55.70
1995	61 339.9	6 242.20	3 256.62	10.18	52.17
1996	71 813.6	7 407.99	3 661.07	10.32	49.42
1997	79 715.0	8 651.14	4 226.92	10.85	48.86
1998	85 195.5	9 875.95	4 892.00	11.59	49.53
1999	90 564.4	11 444.08	5 849.21	12.64	51.11
2000	100 280.1	13 395.23	6 989.17	13.36	52.18
2001	110 863.1	16 386.04	8 582.74	14.78	52.38
2002	121 717.4	18 903.64	10 388.64	15.53	54.96
2003	137 422.0	21 715.25	11 865.27	15.80	54.64
2004	161 840.2	26 396.47	14 503.10	16.31	54.94
2005	187 318.9	31 649.29	16 548.53	16.90	52.29
2006	219 438.5	38 760.20	20 456.62	17.66	52.78
2007	270 092.3	51 321.78	27 749.16	19.00	54.07
2008	319 244.6	61 330.35	32 680.56	19.21	53.29
2009	348 517.7	68 518.30	35 915.71	19.66	52.42
2010	412 119.3	83 101.51	42 488.47	20.16	51.13
2011	487 940.2	103 874.43	51 327.32	21.29	49.41
2012	538 580.0	117 253.52	56 175.23	21.77	47.90
2013	592 963.2	129 209.64	60 198.48	21.79	46.59
2014	643 563.1	140 370.03	64 493.45	21.81	45.95
2015	688 858.2	152 269.23	69 267.19	22.10	45.49
2016	746 395.1	159 604.97	72 365.62	21.38	45.34
2017	832 035.9	172 592.77	81 123.36	20.74	47.00
2018	919 281.1	183 359.84	85 456.46	19.95	46.60
2019	990 865.1	190 390.08	89 309.47	19.21	46.90

资料来源:根据《中国统计年鉴 2020》相关数据整理。

3.部门预算、国库集中收付和政府采购的制度体系建设从无到有逐步完善

部门预算制度是预算制度的重要内容和组成形式之一。部门预算制度,要求"一个部门一本预算",部门的所有收入和支出都要编入部门预算,部门预算一经批准,即具有法律效力。自2000年起中央政府向地方大力推进部门预算制度以来,各地方政府部门预算编制及执行都在不断加强和完善。部门预算实行"两上两下"的编制及审核程序,程序规范化;部门预算编制内容上趋于细化和标准化,部门支出分基本支出和项目支出。基本支出中定额支出的标准化体系和项目支出的项目库动态管理模式不断完善,一定程度上完善了财政资金分配制度,对部门财政资金的分配和重点项目的支出保证起了重要的作用。部门预算的编制完善与预算科目体系的改革有重要关系,随着公共财政体制的逐步建立,我国原有政府预算科目体系已不适应当前市场经济体制下的需要,2004年财政部选择部分中央部门和部分省市进行《政府收支分类改革方案》模拟试点。2007年推行新的政府收支分类体系。改革之前,我国政府收支分类是在计划经济条件下设计的,已不能准确反映市场经济条件下政府收支活动,统计口径与国际通行规则差别大,不利于国际比较。改革后,政府收入统一分类,社保基金、国有资本经营预算以及预算外收入全部纳入预算,规范收入分类标准;政府支持按支出功能和支出经济分类,支出功能分类是此次收支分类改革的核心,它是按政府的职能和活动设置科目,分类、款、项三级科目,便于进行国际比较和交流,支出经济分类则是对支出的具体经济构成进行分类。政府收支分类体系的改革,明确了公共支出的职能和范围,强化了政府的公共服务职能。政府支出的功能分类和经济分类是对政府公共产品供给状况分析的基础。政府收支分类体系的改革必然深化"收支两条线"和"收支脱钩"的改革。

国库集中收付制度于1998年开始试点,2001年3月,财政部、中国人民银行印发《财政国库管理制度改革试点方案》,标志该项制度正式启动。2005年11月1日已在全国36个省、自治区、直辖市和计划单列市实施了国库集中收付制度改革。2005年还对修订《中央财政非税收入收缴管理制度改革暂行办法》工作进行了研究,涉及将改革范围扩大到政府整个非税收入的收缴、分成收入和地方代收收入的收缴流程,以及非税收入如何及时办理退付等相关问题。该项制度使我国财政资金由多重账户、分散管理制度转变为以国库单一账户体系为基础、资金缴拨以国库集中收付为主要形式的集中管理制度。国库集中收付制度的实行,对规范财政资金的使用管理,提高财政资金的使用效率,提高部门预算管理水平,实现部门预算目标有重要的作用。随着互联网的普及和计算机技术的发展,国库集中支付业务电子化管理于2012年在重庆和河北地区试点,2014年起财政部开始推行国库集中支付电子化管理模式。国库集中支付业务电子化优化了资金支付流程,降低了成本,完善了国库支付的审核控制,进一步促进和深化了国库管理制度改革。

1996年上海、深圳等地推出政府采购方案,1999年之后财政部先后颁布了《政府采购管理暂行办法》《政府采购招标投标管理暂行办法》《政府采购资金财政直接拨付管理暂行办法》《政府采购信息公告管理办法》《政府采购供应商投诉处理办法》等一系列规章制度。政府采购,是指各级国家机关、事业单位和团体组织,使用财政性资金采购依法制定的集中采购目录以内的或者采购限额标准以上的货物、工程和服务的行为。政府采购市场规模在我国发展速度很快,根据财政部统计,2013年政府采购金额为1 659.43亿元,2018年政府采购金额达到35 861.4亿元,占全国财政支出的比重为10.5%。政府采购相关法律、法规不断完善,先后出台了《中华人民共和国政府采购法》(2014年)、《中华人民共和国政府采购法实施条例》(2015年)、《政

府采购货物和服务招标投标管理方法》《政府采购非招标采购方式管理方法》《政府采购质疑和投诉方法》等。政府采购标准化、信息化也在稳步发展,从招投标信息公告的内容到采购文件的编制、采购合同文本到交易的执行都在不断完善标准化和信息化管理。政府采购的政策功能不断加强,绿色采购、创新产品和服务的采购体系等正在建立。

(二)分税制体制存在的缺陷

1.财权与事权不对称

在市场经济条件下我国政府职能及财政职能与计划经济条件下相比较出现了很大的变化,但是职能转变并未全部完成。分税制强调了分税,但在市场失灵存在的情况下,政府与市场的分责并没有清晰的界定。另一方面,我国是五级预算管理体制,不同层级政府的分责也没有清晰的界定,其结果常常是基层政府分责过多而相应的财权并不对称。分税制财政体制虽然对中央与地方政府的财权、事权都作了原则性规定,但在执行过程中,财权与事权不统一的矛盾依然突出。由于中央与地方事权划分缺乏明确的法律界定,地方政府的职权和相应的支出范围是中央政府授予的,在法律法规不健全的情况下,职权调整的随意性和多变性,以及在政府履行职能时,易出现上推下卸等现象。

2.预算中绩效管理制度不健全

绩效预算在我国实践时间不长,财政部一直在推行绩效预算制度改革,但仍存在预算绩效目标不明确、绩效指标和标准体系建设不完善、绩效监控粗放等问题。绩效预算管理制度是深化财税体制改革、建立现代预算制度的重要内容,也是国家治理能力现代化的要求。我国项目一般实施绩效预算,目前的绩效预算更注重成本-效益,而不是成本-效果。所以我国绩效预算更多的是投入预算,而不是把绩效作为分析框架纳入预算。由于绩效预算专业性强,从事绩效预算编制的人员缺乏专业技能储备,也导致绩效预算的推进不是很顺畅。

3.省以下财政体制不健全,县、乡财政比较困难

1994年的分税制改革规范了中央政府与地方政府的分配关系,但并未对省以下财政管理体制作出明确规定。2002年国务院批转了财政部的《关于完善省以下财政管理体制有关问题的意见》,各地比照中央对地方的分税制模式,调整和完善省以下财政管理体制,有的省实行"省直管县"和"乡财县管"等财政管理体制。受中央与地方政府间事权划分不清、财权事权不统一的影响,省以下财政体制改革不可能在事权划分、支出结构调整上有突破性安排。地方政府明知许多支出项目与结构不合理,也无法进行必要的调整,支出规模也就压不下来,财政困难状况也就不可能从支出管理方面得到改善。另一方面,省以下政府层级过多,政府间税源差异大,分税制无法给基层政府提供稳定的收入来源,县、乡财政税基增长有限,县域经济发展不均衡,部分地区县、乡财政困难。

4.转移支付制度不尽科学和规范

主要表现在以下方面:矫正辖区间外溢效应的功能不完善,一些对地方应有的补偿性拨款缺失或不足;省以下转移支付制度不统一,省与下级的纵向财政失衡问题仍普遍存在;转移支付管理不规范,影响资金使用效率的提高;转移支付信息透明度差,不利于地方财政预算管理。

五、进一步完善预算管理体制的构想

现阶段我国已初步建立了与市场经济相适应的现代预算管理体制,在部门预算体系的建设、国库集中收付制度和政府采购制度等方面都取得了很大的成绩。目前预算管理体制改革

中健全中央和地方财权与事权相匹配的体制,建立和完善绩效预算体系,编制与管理中期财政规划,完善人大的监督职能等都是完善预算管理体制的重要组成部分。

(一)健全财权与事权相匹配的体制

财权与事权的改革是中央与地方政府财政关系的体现。2016 年国务院印发《关于推进中央与地方财政事权和支出责任划分改革的指导意见》,明确了财政事权和支出责任划分的基本原则、主要任务和要求。2018 年国务院印发《基本公共服务领域中央与地方共同财政事权和支出责任划分改革方案》,明确了 8 大类 18 项共同财政事权事项的支出责任及分担方式、保障标准等。推进省以下财政事权和支出责任划分改革。按照国务院印发的指导意见,指导各地推进财政事权和支出责任划分改革,截至 2019 年 6 月底,有 29 个省份专门制定了省以下财政事权和支出责任划分改革实施意见或实施方案,28 个省份专门制定了基本公共服务领域省与市县共同财政事权和支出责任划分改革实施方案。政府在对事权和支出责任上提出了指导意见,对提供基本公共服务的责任由谁承担做了界定。然而执行中事权下移的现象仍然存在,并且事权下移与政府财权不匹配使基层政府难以提供与自己财力不匹配的公共服务。因此事权与支出责任匹配是改革的方向,而财权与事权的匹配则是财政体制深化改革的目标。该目标的实现与财政收入的划分、转移支付制度的完善都有着重要的关系。

(二)建立和完善绩效预算体系

2004 年我国的预算绩效管理起步,2018 年《中共中央 国务院关于全面实施预算绩效管理的意见》出台,提出创新预算管理方式,注重结果导向,建成全方位、全过程、全覆盖的预算绩效管理体系。财政部已经建立起以项目支出为主的全过程预算绩效管理框架。一般公共预算、政府性基金预算和国有资本经营预算的所有中央部门本级项目、对地方共同财政事权转移支付和专项转移支付均已实行绩效目标管理,并与预算同步申报、同步审核、同步批复下达;在绩效执行中实行对绩效目标的监控,要求中央和地方各部门对项目开展绩效自评。绩效预算是将财政支出管理向"精细化管理"的途径和手段。随着财政资金规模的扩大,原有的投入绩效预算强调事前控制,重视的是经济-效益比,即最小的投入获得同等收益,但是它忽略了财政的中长期规划目标,因此它存在一定的片面性,由于忽视政府的中长期目标,从而产生了一些形象工程、政绩工程之类的财政资金的浪费现象。正式的绩效预算涵盖四个要素:机构使命、规划、规划成果和绩效目标。绩效预算强调支出应依据政府目标,而非按机构加以组织和决定。绩效预算更重视的是产出和结果,将支出机构的预算要求和政府目标联系起来,这里的成果重要的是在完整的规划结构中确保清晰的"规划目的陈述"。如果达不到结果,就要承担相应的责任,从而实现预算改革从手段到目标的转变。因此发展和完善绩效预算应不断完善绩效指标评价体系,还应将预算和政策结合,将预算作为完成政策的工具。

(三)编制与管理中期财政规划

中期财政规划是深化预算管理体制的重要内容之一。2015 年 1 月国务院发布《关于实行中期财政规划管理的意见》,提出:中期财政规划按照三年滚动方式编制,第一年规划约束对应年度预算,后两年规划指引对应年度预算。年度预算执行结束后,对后两年规划及时进行调整,再添加一个年度规划,形成新一轮中期财政规划。从 2016 年开始,财政部对纳入中央部门预算的一般公共预算和政府性基金预算拨款收支实行中期规划滚动管理。突出政策与预算相结合,增强预算和规划的约束力,各部门年度预算安排不得突破中期财政规划确定的对应年度部门中期财政规划。目前,我国的中期财政规划还处于起步阶段,在编制时存在许多困难。例如,中期财政规划以三年为期滚动延展,而我国现行的经济社会发展五年规划,当中期财政规划到第二轮也就是第六年规划时,经济发展五年规划因为尚未编制就会出现财政预算收支框架缺失依据的问题。另外诸如财政收支政策和转移支付在内的公共政策的不确定性,使各级政府编制中期财政规划时也难以准确预测规划期的财政收支。尽管如此,由于中期财政规划追求的是财政收支周期性平衡,而不是短期平衡,它具有战略性、前瞻性和可持续性特征。中期财政规划能提高政府预算透明度,提高公共资源配置效率,增强国家治理能力,所以深化预算管理体制改革就必然建立和完善中期财政规划管理制度。

(四)完善各级人民代表大会的监督职能

上述改革都要求进一步完善各级人民代表大会的监督职能。地方各级人民代表大会对各级预算的审批是预算编制过程的最后一道关口,同时也是国家宏观经济政策得以体现的重要保障。为了充分行使人大对政府预算的审批和监督权力,建议适当增加人大审批政府预算的时间。各级政府应在同级人民代表大会举行的前几个月向人民代表大会常务委员会有关部门汇报预算编制情况,而且提交的预算草案应细化到款、项以保证人大有足够的时间对提交的预算草案进行详细的审查和质询。同时通过立法明确规定有审查或者审批预算议程的人民代表大会会议应当自下而上逐级提前召开,保证上级政府汇编预算所需时间提交经过本级人民代表大会审批通过的本级预算和本级总决算,从根本上解决"代编预算"的问题。

财政监督作为整个预算管理新机制的重要组成部分需要大力加强。现在财政内部监督机构对预算还没有起到应有的监督作用,甚至一些地方财政内部监督机构形同虚设,需要进一步赋予财政内部监督机构相应的权力和职责。同时要进一步完善财政法规执行情况的检查监督,努力构建事前、事中、事后监督,日常监督与重点检查相结合,行政监督与社会监督相结合的多层次、全过程的财政监督检查新机制,切实维护正常的财政管理秩序。此外,应制定一套科学合理的财政监督工作程序,严格规范财政监督检查行为,不断提高财政监督工作的效率。这也要求积极推进预算管理的法制化建设,以及严格行政执法。

关键术语

政府预算管理体制 预算管理权 财政包干制 分税制 财权 事权 转移支付制度

思考与练习

1.为什么预算管理体制是财政管理体制的主导环节?

2.建立政府预算管理体制的基本原则是什么?

3.为什么说政府预算管理体制的核心是处理集权和分权的关系?

4.预算管理体制的内容是什么?

5.政府预算组织管理体系是如何组成的?预算收支是如何划分的?

6.地方机动财力如何设置和使用?

7.如何建立我国政府间规范的转移支付制度?

8.新中国成立以来我国政府预算管理体制的主要类型有哪些?

9.为什么我国在1994年实行分税制改革及目前如何进一步完善该制度?

第四章 政府预算编制基础

政府预算编制是政府预算管理的中心环节,通过这一过程可以明确预算年度政府的工作范围和方向,由此形成的预算计划是指导财政工作全局的重要部署。政府预算编制基础也是形成政府预算的基础,包括预算编制要坚持一定的原则,编制预算要有充分的依据,预算编制前要做各项具体而细致的准备,预算收支的确定要建立在定性和定量分析测算的基础上进行。本章的主要内容是:政府预算编制的原则和依据,政府预算编制前的准备工作,政府预算收支测算的基本方法等。

第一节　政府预算编制的基本原则和依据

一、政府预算编制的原则

(一)法治性原则

政府预算是政府依法行政的直接依据和基本途径,这就要求政府预算的编制首先要符合《预算法》和国家其他相关法律、法规,充分体现国家的有关方针、政策,要在法律赋予的职权范围内编制。具体地讲,一是收入要合法合规。税收收入要严格依法征收,基金收入要符合国家法律、法规的规定,行政事业性收费要按财政部、国家发改委和价格管理部门规定的收费项目和标准测算等。二是各项支出的安排要符合国家法律法规、有关政策规定和开支标准,要遵守现行的各项财务规章制度。支出预算要结合本部门的事业发展计划、职责和任务测算;对预算年度收支增减因素的预测要充分体现与国民经济和社会发展计划的一致性,要与经济增长速度相匹配;项目和投资支出方向要符合国家产业政策;支出的安排要体现厉行节约、反对浪费、勤俭办事的方针。三是政府预算一旦经过国家权力机关审批之后,就具有法律效力,必须贯彻执行。

(二)及时性原则

及时性原则是对预算编制的时间要求。各级政府、各部门、各单位都应按照国务院规定的时间编制预算草案。凡是参与预算执行的部门和单位要及时编报预算,各级政府要及时汇总预算,国务院要按时向全国人民代表大会提交预算草案,以确保预算及时得到审查和批准。

(三)平衡性原则

平衡性原则就是预算编制时,中央政府公共预算不列赤字;地方政府预算要坚持以量入为出、收支平衡的原则编制,不列赤字。

一般来说,在一个既定的预算年度内,预算收支相抵后的结果有三种情况:一是预算平衡,二是出现盈余,三是出现赤字。赤字最直接的表现是政府预算入不敷出,需要在税收等正常收入之外,通过举债筹措一部分资金由政府分配使用。

(四)真实性原则

真实性原则就是政府预算必须真实可靠,收支数额不许虚列冒估。性质不同的预算收支应严格区分,不能随意混淆。预算中的预计数应尽量准确地反映出可能出现的结果。鉴于非确定性的存在,还应建立后备基金——各级预算的预备费,用于预算执行中某些临时性的急需和事前难以预料的特殊开支。

(五)合理性原则

由于在社会主义经济建设与事业发展中,各支出项目在国家事务管理和国民经济运行中所处的地位不同,预算安排的顺序和数额也不相同,因此,在预算编制中必须从全局出发,区别轻重缓急,保证重点,兼顾一般,促进国民经济和各项事业的协调发展。

(六)透明性原则

政府预算体现着政府活动的范围和方向,关系到全体人民的切身利益,因此预算的编制必须体现公开、透明的原则。为此,一要依法明确界定和澄清政府各部门在预算管理中的职责权限,做到权责透明;二要系统、全面地设立预算科目,细化预算编制的内容,并将预算编制、执行的方法和程序公开化;三是要建立政府预算信息定期公告制度,在指定的官方媒体上定期公布预算编制和执行的有关信息,自觉接受人民群众的监督。

(七)绩效性原则

政府依法行政的过程就是用纳税人的钱为纳税人办事的过程。这就要求政府预算的编制和预算资金安排必须对纳税人负责,要有效率观念和效益观念,要建立责任制和绩效考评制度,对预算的执行过程和完成结果实行全面的追踪问效,强化对预算资金分配使用过程的监督和使用效益的考核分析,不断提高预算资金的使用效益。

二、政府预算草案的编制依据

预算草案是指各级政府、各部门、各单位编制的未经法定程序审查和批准的预算收支计划。各级政府编制年度预算草案的依据是:

(一)国家法律法规

国家法律、法规是国家权力机关和行政机关在财政经济活动等方面具有强制性的行为规范。它是国家意志的体现,也是政府履行其职能和实施宏观财经管理的依据和行为准则。政府预算是国家管理社会经济事务、实施宏观调控的主要手段之一。因此,在编制政府预算时,必须以国家法律、法规为依据,从预算收支规模的确定到预算收支结构的安排都要做到有法可依、有法必依,以确保预算的合法性和科学性。

目前,我国政府预算编制的法律依据主要是《预算法》和《中华人民共和国预算法实施条例》以及相关的法律法规。如在《预算法》中,对预算编制的要求、内容、形式、财政后备资金的建立、编制和批复的时间及程序等都作出了明确的规定。

(二)国民经济和社会发展计划以及有关的财政经济政策

国民经济和社会发展计划是政府从宏观上对经济活动进行管理、调节和控制的基本手段之一。政府预算是政府经济活动的集中反映,它不仅直接制约着政府活动的范围和方向,而且也直接或间接地制约着国民经济和社会发展计划的实现。这就要求在编制政府预算草案时,必须与国民经济和社会发展计划相适应,根据国民经济和社会发展计划中的生产、投资、流通、就业、物价以及教育、卫生等各项社会经济发展指标和一定时期的财经政策,综合地测算和确定年度预算收支规模和结构,编制年度预算草案。

(三)本级政府的预算管理职权和财政管理体制确定的预算收支范围

预算管理职权是以法律形式规定的各级政府、各级财政部门和国民经济各部门以及各单位在预算管理中的职责和权限。就编制环节而言,《预算法》规定,各级人民政府负责编制本级总预算草案,各级财政部门具体编制本级总预算草案,各部门编制本部门预算草案,各单位编制本单位预算草案。各级政府在编制本级总预算草案时,必须依据预算管理职权和财政管理体制确定的预算收支范围编制各自的预算草案。

(四)上一年度预算执行情况和本年度预算收支变化因素

上一年度预算收支执行情况是编制下年度预算草案的基础性信息资料。除个别新增或取消的预算收支项目外,大部分预算收支项目都是相对稳定的,预算资金运动是一个连续不断的过程,过去和现在的许多特征都会延续到未来,变化的部分往往是在现有基础上的发展变化。因此,在编制预算草案时,应按连续性原则,以上一年度预算收支执行情况为基础,剔除年度间的不可比因素,并结合本年度税制、财务会计制度、企业经济效益状况、物价调整,以及工资、住房、医疗、教育、投资等体制改革对预算收支的影响,综合测算确定。

(五)上级政府对编制本年度预算草案的指示和要求

为了保证预算编制的科学性和统一性,每年国务院及地方政府都要下达编制本年度预算草案的指示和要求,这些指示和要求是各级政府编制本级总预算的重要依据。

专栏 4-1　　　　　财政部关于编制中央部门 2018—2020 年支出规划和
2018 年部门预算的通知

党中央有关部门,国务院各部委、各直属机构,中央军委后勤保障部,武警各部队,全国人大常委会办公厅,政协全国委员会办公厅,高法院,高检院,各民主党派中央,有关人民团体,有关中央管理企业:

按照《中华人民共和国预算法》、《中华人民共和国预算法实施条例》(国务院令第 186 号),以及《国务院关于深化预算管理制度改革的决定》(国发〔2014〕45 号)和《国务院关于实行中期财政规划管理的意见》(国发〔2015〕3 号)等有关规定,现就编制中央部门 2018—2020 年支出规划和 2018 年部门预算有关事项通知如下:

一、指导思想

全面贯彻党的十八大和十八届三中、四中、五中、六中全会和中央经济工作会议精神,深入贯彻习近平总书记系列重要讲话精神和治国理政新理念新思想新战略,认真落实党中央、国务院决策部署,深入推进财税体制改革,落实预算法和深化预算管理制度改革决定要求,严肃财经纪律,厉行勤俭节约,反对铺张浪费,坚持过紧日子;加大资金统筹力度,有效盘活存量,优化支出结构,优先保障重点支出;深化预算管理改革,推进中期规划管理,强化支出规划约束,理顺预算管理权责,完善预算管理链条;切实做实项目库,规范项目设置,严格项目立项,加强预算评审;全面推进绩效管理,提高资金使用效益,加大预算公开力度,提高预算透明度,着力构建全面规范、公开透明的预算管理制度。

二、重点工作

（一）优化支出结构，严控一般性支出。

结合国家战略部署、政府施政目标和宏观调控要求，调整优化支出结构，改变部分项目支出只增不减的固化格局，加大对重大改革、重要政策和重点项目的支持力度，更好地服务经济社会发展。认真贯彻厉行节约反对浪费有关精神，从严控制一般性支出，严格执行会议、培训、差旅等经费管理办法。从严控制"三公"经费预算，加强对因公出国（境）、公务接待、公务用车等方面支出事项的审批管理。

（二）加强资金统筹，盘活用好存量。

完善政府预算体系，加大政府性基金预算、国有资本经营预算与一般公共预算统筹力度。加强财政拨款结转资金管理，充分预计年底结转资金规模，加大结转资金与年度预算的统筹力度。切实加快预算执行进度，防止形成资金沉淀，对预计形成结转资金的支出，部门要及时调减当年预算或调剂用于其他亟需资金的支出。部门结余资金原则上由财政收回统筹使用。加强存量资产管理，努力盘活闲置资产。

（三）推进中期规划管理，理顺预算管理权责。

按照"放管服"改革要求，结合部门职能和工作计划，科学合理编制支出规划，加强与国民经济和社会发展五年规划纲要、相关专项规划等的衔接。加强三年支出规划的指引和约束作用，部门新增支出需求原则上在支出规划规模内通过调整支出结构解决。进一步理顺预算管理权责关系，加大中央部门在预算管理方面的自主权，更好地发挥部门的预算编制和执行主体作用，增强财政部门的资源配置、综合平衡和监督管理职能。

（四）规范项目编报，全面做实项目库。

结合部门职能和管理需要，进一步完善项目设置。提前做好项目储备，加强项目论证，规范项目立项，细化充实项目信息，加大项目精简整合力度。继续推进项目标准化管理，提高项目预算编制的科学性、准确性。完善项目决策机制，落实项目编制和审核责任，发现问题严肃问责。研究将部门本级项目支出中具有公用经费性质的支出纳入日常公用经费管理。

（五）全面推进预算绩效管理，提高财政资金绩效。

推进绩效管理与预算管理紧密结合，实行预算编制、执行、监督全过程的绩效管理机制，增强绩效管理理念。扩大重点绩效评价范围，积极开展部门整体支出、财政政策等绩效评价试点。加强绩效评价结果应用，将评价结果作为以后年度安排预算、完善政策和改进管理的重要依据。

（六）扩大预算评审范围，加强评审结果应用。

加快推进预算评审，分步实现项目预算评审全覆盖。完善预算评审管理制度，规范评审程序和行为，提高评审的客观公正性，增强评审结果的科学性。改进项目评审方式，建立对支出政策和重点项目的动态评估清理机制。加强评审结果应用，推进预算评审与部门预算安排相结合，建立规范有效的运用机制。

（七）加大预算公开力度，提高预算透明度。

继续推进部门预算公开工作，强化部门主体责任，提高部门预算公开的主动性和积极性。健全信息披露制度，做好舆论宣传和相关解释工作。进一步推进项目预算公开，将部门重点一级项目列入预算草案，报送全国人大审议后由部门向社会公开。

（八）强化基础管理，完善相关政策制度。

加强对部门机构编制、人员、资产等基础信息的搜集。研究完善原经费自理事业单位划为公益一类后的基本支出财政保障政策。建立健全资产配置管理体系，结合存量资产编制审核新增资产。加强政府采购管理，完整准确编制政府采购预算，依法开展政府采购活动。推进政府购买服务，做好有关经费管理工作，完善政府购买服务绩效评价和信息公开机制。

三、编制要求

（一）部门三年支出规划。

1.编制范围和流程。编制部门预算的中央部门，对一般公共预算和政府性基金预算拨款收支均应编制 2018—2020 年支出规划，按照"二上二下"程序，与 2018 年部门预算编制同步进行。

2.支出规划编制。

（1）基本支出。"一上"时，不编报基本支出规划。因人员、编制或机构变化需调整 2018—2019 年支出规划的，应单独反映。"二上"时，部门根据财政部下达的 2018—2020 年基本支出规划控制数，编制相应年度支出规划。

（2）项目支出。

①做好项目储备。部门要尽早布置、组织所属各单位开展以后年度预算项目储备工作，提前启动项目研究论证、编制立项、审核评审等工作。

②完善项目填报。新增二级项目统一按照"项目—活动—子活动—分项支出—标准（价格）—支出计划"的层次编报，清晰反映项目内容、具体活动和支出需求。所有入库项目都要设置绩效目标，并细化、量化为具体的绩效指标。

③加强项目评审。各部门开展预算评审的项目支出数额占项目库中应评审项目支出总额的比例应达到 50% 以上。申报的新增项目，属于评审范围的，原则上要全部评审。项目评审要注重结合存量资产情况审核安排新增资产。

④科学合理测算。根据轻重缓急，对备选项目进行排序，择优编制落实项目支出规划。"一上"时部门编制的 2018—2019 项目支出规划分年数应控制在财政部上年下达的相应年度控制数规模之内，2020 年不得超过上年规模。拟新增安排的项目支出原则上在相应年度支出规划控制数规模内，通过调整支出结构解决，不允许超规划安排项目支出。对于因党中央、国务院新批准重大政策、重大改革等确需增加支出规划的，应向财政部单独反映，并提供详细说明和依据。财政部以外的业务主管部门管理和分配的项目支出（如国家发展改革委、国防科工局安排的基本建设支出等），以及转移支付上划的项目支出，由主管部门负责编制支出规划，不纳入部门支出规划的编报范围。

3.部门报送规划。部门报送的"一上"支出规划不得超过上述要求的规划控制规模，其中一级项目规划数有所调整的，要做出解释说明。同时，应将新增项目和需要调整的项目一并报财政部。财政部对项目进行审核，通过审核的，纳入财政部项目库；需要调整的，由部门调整后重新上报；不符合政策规定的，明确为不予安排的项目，不得列入规划和预算。

4.财政部审核控制数。财政部根据全国中期财政规划、财政政策、部门需求等进行综合平衡，核定下达部门 2018—2020 年支出规划控制数，明确一级项目和部分重点二级项目的分年控制数。

5.部门调整编制规划。部门根据财政部下达的控制数调整编制 2018—2020 年支出规划报财政部，各年度支出总额不得调整。在一级项目控制数规模内，部门可自行增减替换二级项目,增加的项目必须是已纳入财政部项目库的项目。部门如需在一级项目之间进行调整,或对控制数中已明确的二级项目预算进行调整,应报财政部批准。根据财政部下达的控制数情况,部门可补充报送项目。

6.财政部下达规划。财政部审核汇总部门的三年支出规划,按程序报批后,正式下达给部门。

(二)2018年部门预算。

1.编制"一上"预算。

(1)基本支出预算编制。部门按要求填报基础信息数据库,对人员编制、实有人数、机构设置等情况较上年发生变化的,要说明原因并提供证明文件。所属事业单位编制内增人的,要提供增人依据、理由、经费需求分析以及分类改革情况,新增离退休人员的,要如实反映。所有执行规范津贴补贴政策且未实行财政统一发放工资的行政单位和参公单位,要填报规范津贴补贴经费测算相关数据。按照中央行政事业单位住房改革支出预算编制要求,如实填报住房改革支出预算,并优先消化财政拨款结转资金,动用公房出售收入和其他资金。

(2)项目支出预算编制。2018年项目支出预算规模和结构应与部门2018年支出规划一致。由财政部以外的业务主管部门管理和分配的项目,不纳入"一上"预算。机动经费项目暂按上年数编报。

(3)项目绩效目标编制。部门要填报一级项目、二级项目的中期和年度绩效目标及相应绩效指标,选择部分单位填报整体支出绩效目标,随"一上"预算一并报送财政部。有重点、有针对、有选择地确定部分重大支出项目开展绩效评价,并结合实际,选择部分下属单位开展整体支出、政府性基金预算项目绩效评价试点。

(4)新增资产配置相关预算编制。中央行政事业单位所有使用财政性资金及其他资金购置车辆,租用土地、办公用房、业务用房,以及购置单价50万元以上的通用设备和单价100万元以上的专用设备的,要编制新增资产配置相关预算。单位报送的租用土地、办公用房、业务用房申请应当是按规定报经机关事务主管部门或有关主管部门审核同意的项目。单位报送的新增资产配置相关预算,有规定配备标准的应当按照标准进行配备;没有规定配备标准的应当结合单位履职需要和事业发展需求,从严控制,合理配备。

(5)积极配合财政部驻各地财政监察专员办事处开展部门预算监管工作。部门要按照财政部规定时间报送2018年基础信息数据库和新增资产配置情况等,避免因报送时间较晚而影响专员办开展相关工作。纳入专员办监管范围的中央二级及以下预算单位,应按要求和规定时限将2018年"一上"预算申报材料逐级汇总后报送所在地专员办备查,同时提供预算编制政策依据、基本情况、基础信息变动情况及证明文件、事业单位编制内增人增支依据等。

(6)详细填报部门职能和机构设置情况、编制说明等材料,严格按照保密法规标注数据及文件密级。

2.核定"一下"预算控制数。

财政部根据全国中期财政规划、部门三年滚动规划、部门需求等综合平衡后,核定下达部门2018年财政拨款预算控制数。其中,基本支出控制数明确到功能分类项级科目,项目支出控制数明确到一级项目和部分重点二级项目。

3.编制"二上"预算。

(1)部门要充分、合理预计部门各项收入,真实、完整反映各项支出。纳入部门整体支出绩效目标管理试点的部门,要按要求填报部门整体绩效目标。

(2)严格按照财政部下达的"一下"控制数,编制包含财政拨款和非财政拨款在内的全口径支出预算。基本支出和项目支出预算按照全口径编制到经济分类款级科目,并做好与上年经济分类预算口径、数据的衔接。"一下"控制数规模内的一级和二级项目的调整要求与支出规划调整相同。由财政部以外的业务主管部门管理和分配的项目,根据财政部下达的项目控制数编报"二上"预算。

(3)部门要充分预计、反映基本支出和项目支出结转资金。对结转资金较多的项目,应调减2018年预算,将调减下来的指标调整用于其他项目。财政部批复2018年预算时一并批复部门上年底结转资金情况。

(4)2018年中央部门安排的因公出国(境)、公务用车购置及运行费、公务接待费要从严控制,加强对相关支出事项必要性、合理性的审核。

(5)根据政府集中采购目录及限额标准确定政府采购预算编制的范围,所有使用纳入部门预算管理的资金支出都要编制政府采购预算,列明货物、工程和服务采购金额,及时按照财政部对"二上"预算中政府采购预算的审核意见进行调整。

(6)部门申报政府购买服务项目,应按要求认真填报"政府购买服务支出表",并将列入集中采购目录或采购限额标准以上的政府购买服务项目同时反映在政府采购预算中。政府购买服务所需资金列入部门预算,从既有预算中统筹安排。

(7)有预算分配职能的部门要切实提高年初预算到位率,将预留指标严格控制在规定的比例范围之内,并将预算落实情况按规定时间反馈财政部。国家发展改革委负责分配的中央本级基建投资要确保年初落实到具体项目的比例不低于95%。

四、时间安排

(一)2017年8月1日前,中央部门将本部门2018—2020年支出规划建议和项目库报财政部(一份,附电子数据)。2017年8月1日前,将基础信息数据库和相关说明报财政部(一份,附电子数据)。其中,项目库和基础信息数据库只报送电子数据。

(二)2017年10月17日前,财政部下达部门三年支出规划控制数,第一年控制数即为2018年预算控制数。

(三)根据财政部下达的控制数,中央部门编制2018—2020年支出规划草案和2018年部门预算,于2017年12月5日前报财政部(一式两份,附电子数据),并提供详细编报说明,确保编报质量。

(四)2017年12月31日前,财政部汇总编制2018年中央预算(草案)报国务院。

(五)2018年1月15日前,财政部将国务院批准的中央预算(草案)报全国人大常委会预算工作委员会。

(六)2018年2月15日前,财政部将中央预算(草案)提交全国人大财政经济委员会。

(七)财政部自全国人民代表大会批准中央预算之日起20日内,批复各中央部门预算。各中央部门自财政部批复本部门预算之日起15日内,批复所属各单位预算。

资料来源:财政部办公厅.财政部关于编制中央部门2018—2020年支出规划和2018年部门预算的通知:财预〔2017〕88号[A/OL].http://www.jinhua.gov.cn/11330700002592599F/zdlyxxgk/czyjs/bmyjs/201904/t20190423_3883528_1.html.

思考提示:深刻领会《财政部关于编制中央部门2018—2020年支出规划和2018年部门预算的通知》中的指导思想和重点工作对预算编制的指导意义。

第二节　政府预算编制的准备工作

要编制政府预算,需要做一些必要的前期准备工作,主要包括修订政府预算科目和预算表格、对本年度预算执行情况进行预计和分析、拟定计划年度预算收支指标、颁发编制政府预算草案的具体规定等内容。

一、修订政府预算科目和预算表格

(一)修订政府预算科目

预算科目是政府预算收支的总分类及明细分类,它系统反映政府预算收入的来源和支出方向,是编制预算,办理缴款、拨款,进行会计核算、财务分析以及财政统计等工作的核算工具。政府预算收支科目由收入科目和支出科目组成。

政府预算收入科目包括一般公共预算收入科目、政府性基金预算收入科目、国有资本经营收入科目和社会保险基金预算收入科目,分为"类""款""项""目"四级。政府预算支出科目包括一般公共预算支出科目、政府性基金预算支出科目、国有资金经营支出科目和社会保险基金支出科目,分为"类""款""项"三级。预算收支科目分类等级之间的关系是:前者是后者的概括和汇总,后者是前者的具体化和补充。为了正确反映政府预算收支的内容,适应预算管理的要求,每年在编制政府预算之前都必须根据财政经济发展变化情况对政府预算收支科目进行修订。

以 2007 年为节点,我国的政府预算收支科目可以分为改革前和改革后两类。改革前的政府收支分类科目体系存在以下几个问题:第一,支出科目不能直观地反映政府各项职能活动;第二,缺少一套完整、统一的支出经济分类体系;第三,涵盖范围偏窄,不能准确反映政府收支活动全貌;第四,统计口径与国际差别较大,不利于国际比较。2007 年,我国政府预算收支科目进行了重大改革。改革的主要内容在于:第一,对政府收入进行统一分类,全面、规范、明细地反映政府各项收入来源;第二,建立新的政府支出功能分类,更加清晰反映政府职能活动的支出总量、结构和方向;第三,建立新的政府支出经济分类,全面、规范、明细反映政府各项支出的具体用途。目前我国采用的政府预算收支科目,正是基于 2007 年政府收支分类改革形成的科目体系,每年根据当前财政经济现实进行的适应性调整。

(二)修订政府预算表格

预算表格是预算收支指标体系的表现形式。把预算收支数字、有关资料和计算依据等科学地安排在表格中,就可以清楚地反映预算的全部内容。由于预算管理体制和制度的变化,各个年度的预算表格有所不同。一般情况下,由财政部在上年表格的基础上,对预算表格进行修订。为了便于我国政府预算的汇总,各省(自治区、直辖市、计划单列市)的各级总预算表格和财务收支计划,必须由财政部统一制定;省(自治区、直辖市、计划单列市)以下的各级总预算及单位预算表格要在保证中央总的要求前提下,由各省(自治区、直辖市、计划单列市)根据各自的具体情况自行拟定。

从内容上看,预算表格的种类基本上可分为四类:第一,一般预算收支简表,常用于在"一般预算收支总表"之前向上级政府报送。第二,一般预算收支总表。其内容更为具体,反映出预算收支的规模、收入来源及支出方向,是最基本的预算表格;由于该表基本反映了预算收入的明细数字,因此不再需要具体编制"一般预算收入明细表"。第三,一般预算支出明细表,反映出预算资金的具体分配情况。第四,基金预算收支表,反映出基金收入和支出的详细情况。一般预算收支简表、一般预算支出明细表和基金预算收支表,其数据分"类级科目"列示,一般预算收支总表的主要项目分"类"和"款"两级科目列示。

二、对本年度预算执行情况进行预计和分析

各级财政部门在编制下年度预算之前,需要对本年度预算执行情况进行预计和分析。根据当年预算收支的实际执行情况,结合经济发展的趋势,参照历年的收支规律,预计后几个月的收支完成情况,汇总为全年预算收支预计数,供编制下年度预算时参考。

对本年度预算执行情况进行预计和分析,是确定下年度预算收支指标的基础。因为各个预算年度之间在预算内容上是紧密联系的,上下年度的预算在许多方面都有相同点。目前,世界上大多数国家编制预算时都采用传统的方法,就是在本年度预算执行情况的基础上测算下年度的预算收支指标,我国也是采用这种方法。

为了使预算收支预计数尽量符合实际,在对本年度预算执行情况进行预计和分析时,要重点分析以下三个问题:一是预计时的实际执行数。分析前几个月的收入是否做到应收尽收,有无超缴虚收现象;支出是否做到应拨尽拨,有无应拨未拨现象。二是分析后几个月有无新的重大的财政经济措施出台和各项影响预算收支变化的因素,如调整工资、价格和税率等。三是分析检查年初预算安排的各项增收节支措施的落实情况,取得的实际效果如何。

对本年度预算执行情况的预计和分析的步骤是:①根据报表资料,整理出预算已执行月份的收支数额和情况,并对各项收支执行情况,参照上年同期数据进行对比分析;②根据本年度预算已执行月份的实际情况,结合经济发展趋势分析预计本年度未执行月份可能完成的收支数;③把实际执行月份的收支数和未执行月份的预计执行数汇总为本年度的预算收支的预计完成数,为编制下年度预算提供可靠的依据。

三、拟定计划年度预算收支指标

在对本年度预算收支执行情况进行预计分析的基础上,财政部要根据国家的方针政策和经济发展状况,拟定计划年度政府预算收支控制指标。对中央本级,拟定收支控制指标;对地方,拟定指导性的收支计划。控制指标经国务院审定后下达,作为各地区、各部门编制预算的依据。

预算收支控制指标基本上规定了预算收支规模和增长速度,它是中央和地方财政之间年度预算资金分配的总框架。在编制预算之前下达控制指标,有利于财政计划的统一性和预算编制工作的顺利进行,有利于协调国民经济各部门之间的资金分配比例,有利于解决中央预算和地方预算之间的资金分配关系,解决地区之间的平衡问题。

拟定预算收支控制指标的依据是:①本年预算收支预计完成数;②计划年度国民经济和社会发展计划控制数;③长期计划中有关的各项年度收支计划数;④各地区、各部门提出的计划年度预算收支的建议数;⑤影响下年度预算收支的有利和不利因素;⑥历年预算收支规律。

预算收支控制指标的拟定是一项政策性强、业务水平高的工作。在拟定预算收支控制指标时,一方面要体现国家的方针政策,另一方面要本着实事求是的科学态度,运用可靠的数据反复测算,提高控制指标的准确性。

四、颁发编制政府预算草案的具体规定

为了使各级政府预算的编制符合国家的方针政策及国民经济和社会发展计划的要求,保证政府预算编制的统一性、完整性和准确性,每年在政府预算编制之前,财政部要根据国务院

关于编制预算草案的指示精神,颁发编制预算草案的具体规定,其内容一般包括:①编制预算的指导思想、方针及任务;②主要预算收入和预算支出指标的具体编制要求;③各级政府预算收支的划分范围变化和机动财力使用范围、原则和权限;④政府预算编制的基本方法;⑤政府预算报送程序、报送份数和报送期限。

第三节 政府预算收支测算的基本方法

为了有计划地安排政府预算收支,财政部门要对计划年度的预算收支进行大体匡算和具体测算,这是确定预算收支规模、编制政府预算的必要步骤,也是国家经济预测工作中的一个重要组成部分。

在长期的预算收支预测实践中,财政部门总结并创造了许多方法。这些方法从不同的角度,结合定性分析和定量测算的优点,适用于某个或几个范围预算收入与支出的预测,它们各有特点,对预算收支的预测工作发挥了重要作用。

一、政府预算收支测算的方法框架

为了科学测算政府预算收支,目前常用的方法框架包含了定性分析法、时间序列法和因果分析法等三大类方法。

首先,定性分析法是指以预算收支测算团队人员的经验判断为主要依据的分析方法。该类方法主要适用于历史数据缺乏、往常稳定的收支数据发生突然和急剧波动下,定量预测难以执行的情形。其次,时间序列法是指利用数据资料的动态趋势进行政府收支测算的定量分析方法。依据统计原理的难易程度,该类方法主要包含以下工具:系数法、移动平均法和自回归滑动平均模型法等。再次,因果分析法是指基于预算收支决定因素的识别,根据决定因素的变化去推测预算收支的演变。该方法的准确性取决于三个方面:选择合适和充分的预算收支影响变量、准确界定决定变量和预算收支额之间的影响关系(如影响系数),以及收集到准确的数据。

二、政府预算收支测算的具体方法

(一)系数法

系数法是利用两项不同性质而又有内在联系的数值之间的比例关系(即系数),根据其中一项已知数值,求得另一项指标数值的方法。在测算政府预算收支时,一般都是根据计划年度的有关经济指标来测算计划年度预算收支指标。预算收入主要来自国民经济各部门创造的国民收入,预算支出又直接或间接地用于发展国民经济和社会各项事业。因此,预算收入和预算支出同国民经济和社会发展事业的有关指标之间,必然存在着某种内在联系,这种内在联系反映出来的比例关系就是系数。采用系数法测算预算收支指标的关键,是掌握有关经济、事业指标与预算收支指标之间的内在联系。因此,在测算时,首先应搜集相关资料,通过历年的统计资料,掌握二者之间的内在联系,找出它的规律性,这种规律性的比例关系就是测算预算收支指标时所需要的系数。利用该系数乘以已知的计划年度的有关经济、事业指标,就可以测算出计划年度有关预算收入或支出的指标数额。

采用系数法测算预算收支指标时,所利用的系数一般有两种:一种是两个绝对数指标之比,也叫绝对数系数;另一种是两项指标的增长速度之比,也叫增长速度系数。

1. 用绝对数系数测算预算收支

绝对数系数测算步骤如下：

第一步，求系数，其公式为

$$系数 = 一定时期预算收入或支出数 / 同期有关经济、事业指标数$$

第二步，计算计划年度预算收支数，其公式为：

$$计划年度预算收入或支出数 = 计划年度有关经济事业指标数额 × 系数$$

[例 4-1] 某省 2020 年度增值税总额为 600 亿元，其当年工业增加值为 6 000 亿元。该省计划 2021 年度工业增加值为 8 000 亿元。试测算该省计划年度（2021）的增值税总额。

绝对数系数 = 600/6 000 = 0.1

计划年度（2021）增值税总额 = 8 000 × 0.1 = 800（亿元）

2. 用增长速度系数（又称相对系数法）测算预算收支

增长速度系数测算步骤如下：

第一步，求系数，其公式为

$$系数 = 一定时期预算收入或支出数的增长速度 / 同期有关经济、事业指标增长速度$$

第二步，测算计划年度预算收支的增长速度，其公式为

$$计划年度预算收入或支出的增长速度 = 计划年度有关经济、事业指标增长速度 × 系数$$

第三步，测算计划年度预算收支数额，其公式为

$$计划年度预算收入或支出数额 = 报告年度预算收入或支出数 ×$$
$$（1 + 计划年度预算收入或支出的增长速度）$$

[例 4-2] 某部门报告年度工业总产值增长率为 10%，上缴利润增长率为 5%，计划年度工业总产值增长率为 15%，报告年度上缴利润 1 000 万元。试测算该部门计划年度上缴利润数。

增长速度系数 = 5%/10% = 0.5

计划年度上缴利润增长速度 = 15% × 0.5 = 7.5%

计划年度上缴利润 = 1 000 × (1 + 7.5%) = 1 075（万元）

(二) 比例法

比例法是利用局部占全部的比例关系，根据其中一项已知数值，计算另一项数值的一种方法。一般是利用预算单项收支占收支总额的比例关系，根据预算单项收支测算预算收支总额，也可以根据预算收支总额测算预算单项收支数额。其测算步骤如下：

第一步，测算报告年度某项预算收支占预算收支总额的比例，其公式为

$$报告年度某项预算收支占预算收支总额的比例 = 某时期某项预算收支 /$$
$$同期预算收支总额 × 100\%$$

第二步，测算计划年度某项预算收支数额，其公式为

$$计划年度某项预算收入或支出数额 = 计划年度预算收入或支出总额 ×$$
$$某项预算收入或支出占预算收入或支出总额的比例$$

或

$$计划年度预算收入或支出总额 = 计划年度某项预算收入或支出数 /$$
$$该项预算收入或支出数占预算收入或预算支出总额的比例$$

[例 4-3]　某县 2019 年一般公共预算总支出为 16 亿元,同期社会保障和就业支出为 1 亿元,预计 2020 年一般公共预算总支出为 17 亿元。测算 2020 年社会保障和就业支出额。

第一步,求出社会保障支出占预算总支出的比例。

1/16＝0.062 5

第二步,测算 2020 年度社会保障预算支出额。

17×0.062 5＝1.062 5(亿元)

(三)定额法

定额法是利用预算定额和有关经济、事业指标,测算预算收支的方法。预算定额是根据历年统计资料和长期的实践确定的,用来测算某些预算收支项目时采用的经济指标额度。有的预算定额是国家统一制定的,有的则是在实践中形成的。根据有关经济、事业计划指标和预算定额,便可测算出计划年度有关预算收入或支出数额。其计算公式为

计划年度预算收入或支出数＝计划年度有关经济、事业发展指标×预算定额

定额法又可分为单项定额法和综合定额法。单项定额法是依据经济、事业发展指标计算出有关基本数字,再根据各单项定额,分别计算出各具体项目的收支数,然后进行汇总。其计算公式是

计划单项预算收(支)数＝单项定额×基本数字

综合定额法是相应地采用综合定额,即各单项收支加权计算得出的定额值,再与基本数字相乘测算预算收支的方法。其计算公式是

计划年度预算收(支)数＝综合定额×基本数字

我国对文教事业单位经费的测算,采用的便是综合定额法,适当增减专项补助。

[例 4-4]　计划年度某高校年初在校学生人数为 2 万,财政部门核定的每个学生的综合定额为 4 000 元,基本建设专项补助为 2 000 万元。利用定额法测算财政部门对该校预算支出数。

根据综合定额计算公式:

预算支出数＝在校学生人数×综合定额＋专项补助＝2×4 000＋2 000＝10 000(万元)

(四)基数法

基数法也称基数增减法,是传统方式下财政部门测算预算收支指标时常用的方法之一。它是以报告年度预算收支的执行数或预计执行数为基数,通过分析影响计划年度预算收支的各种有利因素和不利因素,预测这些因素对预算收支的影响程度,确定增减调节量,从而测算出计划年度的预算收支数。其计算公式是

计划年度某项预算收(支)数＝上年度某项预算收(支)数±计划年度各种增减因素影响调节数

影响预算收支的增减因素很多,包括国家出台重大的经济措施,财政与财务管理体制的改革动态,价格、税率、利率和工资等的调整措施。

[例 4-5]　假设某地区报告年度消费税收入完成 80 亿元,计划年度由于税率调整使收入减少 4 亿元,因计划年度商品销售收入增长将增加税收 9 亿元,求计划年度消费税收预算收入。

计划年度消费税收预算收入＝80－4＋9＝85(亿元)

(五)综合法

综合法是综合运用系数法和基数法测算预算收支的一种方法。这种方法是在报告年度预算执行的基础上,既使用系数法计算经济、事业增长因素对预算收支的影响,又考虑影响预算收支的其他各种因素,进行综合分析测算,使其计算结果更为准确。其计算公式为

计划年度预算收入或支出数＝计划年度有关经济、事业指标×系数±各种增减因素

或

计划年度预算收入或支出数＝报告年度预算收入或支出数×(1±计划年度预算
收支增长速度)±各种增减因素

例:运用综合法可测算个人所得税收入。其计算公式是

计划年度个人所得税收入额＝上年收入预计完成额×(1＋计划年度个人所得税
收入增长率)±调整因素

[例4-6] 某地区计划年度工业总产值的增长速度为12％,根据历史资料计算,工业总产值每增长1％,预算收入可相应增长0.5％。报告年度预算收入为10 000亿元,计划年度因降低税率减少预算收入16亿元,部分商品价格上涨可增加预算收入35亿元。试测算计划年度预算收入指标。

计划年度预算收入数＝10 000×(1＋12％×0.5％)－16＋35＝10 025(亿元)

三、政府预算收支测算方法的发展

政府预算收支测算是开展政府预算编制的关键基础,我国的预算收支测算方法经历了从主观测算到主客观综合测算、从简单方法到复杂方法的演变,并且正在朝着科学测算的方向逐步完善。在我国目前采用的预算收支测算方法中,无论是定额法、系数法,还是综合法等其他方法,都没有脱离传统的定性分析和简单时间序列分析的方法框架。造成这种现象的原因是我国政府预算改革时间并不长、改革前后数据差异过大、可用于科学预测的政府收支数据存在数据质量和可比性问题。在当前的方法框架下,对计划年度预算收支数据的预测基于上年相关影响因素指标之间的关联关系,或者依赖于对指标增长幅度的主观估计,存在预测偏误风险。在现代统计方法进展、我国统计制度完善和政府大数据管理能力增强的背景下,将现代统计方法与传统预算收支测算方法相结合,可以大幅提高政府预算收支测算的科学性和准确性。

⭐ 关键术语

预算科目　预算表格　预算原则　系数法　比例法　定额法　基数法　综合法

❓ 思考与练习

1.我国政府预算编制的原则有哪些?

2.我国在正式编制政府预算前应做哪些准备工作?

3.简述政府预算草案的编制依据。

4.简要说明政府预算收支测算的基本方法。

第五章　政府预算收支编制及审查批准

　　政府预算编制是将政府年度财政收支计划以一定的方法和形式表现出来,再经过权力机关的审核,形成具有法律效力的文件。政府预算的编制主要是通过预算收支范围的界定和调整以及预算收支结构的变动来体现国家的方针政策。政府预算编制是政府预算执行的基础,是政府预算过程的开端,必须严格地加以审查和管理。本章主要介绍政府预算收入和支出的测算方法,政府预算编制的程序、内容和方法以及政府预算审批的程序和内容,重点是政府预算主要收支测算的方法和政府预算编制的程序和内容。

第一节　政府预算主要收入测算

　　政府预算收入是国家通过预算,采用适当的形式,有计划筹集的货币资金。它是财政分配活动的第一阶段,是保证政府职能正常履行的前提。我国政府预算收入主要包括税收收入、非税收入、社会保险基金收入、贷款转贷回收本金收入、债务收入和转移性收入。

一、税收收入的测算

　　税收是按照法律规定,强制地、无偿地取得预算收入的一种形式,在政府预算收入中占有重要地位。我国的税收收入主要包括增值税、消费税、企业所得税、企业所得税退税、个人所得税、资源税、城市维护建设税、房产税、印花税、城镇土地使用税、土地增值税、车船税、船舶吨税、车辆购置税、关税、耕地占用税、契税、烟叶税、环境保护税、其他税收收入等。

(一)增值税收入的测算

　　在实际工作中,财政部门测算增值税收入,通常是根据计划年度国民经济和社会发展计划的有关指标和国民经济发展趋势以及税收统计资料等,采用以下方法进行测算:

　　1.产值定率法

　　产值定率法即按其产值与增值税税额之间的比例关系进行测算。其计算公式为

$$计划年度增值税收入=计划年度产值×上年实际产值增值税税率$$
$$上年实际产值增值税税率=(上年实际增值税税额/上年实际产值)×100\%$$

　　[例5-1]　根据统计资料,某部门上年度产值为5 000万元,缴纳增值税1 000万元。计划年度预计产值为6 000万元。试测算计划年度增值税收入。

$$上年实际产值增值税税率=(1 000/5 000)×100\%=20\%$$
$$计划年度增值税收入=6 000×20\%=1 200(万元)$$

2.增长率法

增长率法是以上年实际增值税收入为基数,考虑近几年增值税收入的增长趋势,测算计划年度增值税收入。其计算公式为

$$计划年度增值税收入＝上年实际增值税收入×（1＋增长率）$$

[例 5-2]　某地区上年度增值税收入为 40 亿元,计划年度增值税增长率为 6％。试测算计划年度增值税收入。

$$计划年度增值税收入＝40×（1＋6％）＝42.4（亿元）$$

（二）消费税收入的测算

在实际工作中,财政部门测算计划年度消费税收入,一般采取以下方法:

1.直接计算法

直接计算法是根据计划年度国民经济和社会发展计划中的有关指标和上年的税收统计资料,测算计划年度消费税收入的一种方法。其计算公式为

$$计划年度消费税收入＝计划年度消费品课税数量×平均计税价格×平均税率$$
$$平均计税价格＝上年实际销售额/上年实际课税数量$$
$$平均税率＝（上年实际消费税税额/上年实际销售额）×100％$$

2.定额法

定额法是根据计划年度课税数量和上年单位税额计算计划年度消费税收入的一种方法。其计算公式为

$$计划年度消费税收入＝计划年度课税数量×上年平均单位税额$$
$$上年平均单位税额＝上年实际消费税税额/上年实际课税数量$$

3.系数法

系数法是根据上年的产值和税额计算出系数,在已知计划年度产值的前提下,计算计划年度消费税收入的一种方法。其计算公式为

$$计划年度消费税收入＝计划年度产值×系数$$
$$系数＝上年实际消费税税额/上年实际总产值$$

4.增长率法

增长率法计算公式为

$$计划年度消费税收入＝上年度消费税收入×（1＋增长率）$$

（三）企业所得税收入的测算

在实际工作中,财政部门测算企业所得税收入一般采取以下方法:

1.按计划年度销售额测算

由于企业所得税与企业的商品销售额或营业额有密切关系,所以财政部门可以根据各种销售额或营业额以及平均税率和平均收益率进行测算。其计算公式为

$$计划年度企业所得税收入＝计划年度销售额×平均收益率×平均税率$$
$$平均收益率＝（上年实际所得额/上年实际销售额）×100％$$
$$平均税率＝（上年实际所得税额/上年实际所得额）×100％$$

《中华人民共和国企业所得税法》第五十四条第一款规定:"企业所得税分月或者分季预缴。"企业应当自年度终了之日起五个月内,向税务机关报送年度企业所得税纳税申报表,并汇

算清缴。此外,还要按照规定计算计划年度入库的企业所得税税额,它是上年年终后的汇算清缴数和计划年1—3季度预缴数之和。其计算公式为

计划年度企业所得税入库数=(上年销售额×平均收益率×平均税率-上年1—3季度

预缴税额)+(计划年度1—3季度销售额×平均收益率×平均税率)

[例5-3] 某地区上年度销售收入为20 000万元,1—3季度预缴企业所得税为800万元。计划年度该地区预计销售收入为26 000万元,其中第4季度销售收入预计为6 000万元,平均收益率为20%,平均税率为30%。试测算该地区计划年度企业所得税收入。

计划年度企业所得税收入=(20 000×20%×30%-800)+[(26 000-6 000)×20%×30%]=400+1 200=1 600(万元)

2. 增长率法

增长率法计算公式为

计划年度企业所得税收入=上年企业所得税收入×(1+增长率)

(四)个人所得税收入的测算

在实际工作中,财政部门测算计划年度个人所得税收入,一般采用基数法或增长率法。

1. 基数法

基数法是指以上年个人所得税收入为基数,考虑计划年度经济发展和国民收入增长情况,加以调整确定。其计算公式为

计划年度个人所得税收入=上年个人所得税收入±计划年度因素的影响

2. 增长率法

增长率法是指以上年个人所得税收入为基数,根据计划年度经济发展和历年收入增长情况,确定一个增长率,采用增长率法测算计划年度个人所得税收入。其计算公式为

计划年度个人所得税收入=上年个人所得税收入×(1+计划年度个人所得税增长率)

(五)资源税收入的测算

在编制预算时,对资源税收入的测算,通常可先计算上年度实际资源税的税额占上年度应税产品生产或销售的比例(即生产或销售税率),然后以计划年度的产品销售计划数乘以上年度生产或销售税率,即可得出计划年度资源税收入额,再结合计划年度的其他增减因素,最后确定资源税的预算数。其计算公式为

计划年度资源税收入=计划年度生产或售销量×上年度生产或销售税率±计划年度因素的影响

上年度生产或销售税率=上年度实际资源税额/上年度应税产品生产或销售量

(六)关税收入的测算

财政部门对关税收入进行测算,通常采用算大账的方法。

1. 税收计征法

税收计征法是根据对外贸易计划中的每类进出口物品的数量乘以每类物品平均完税价格,求得进出口的应税贸易额,再分别乘以进出口关税平均税率,求得关税收入。其计算公式分别为

关税收入=进口关税收入+出口关税收入+个人携带入境物品关税收入

计划年度进口关税额=进口货物单位平均到岸价格×预计外汇比价×

进口货物计划数量×适用税率-预计减免税额

应纳关税额＝单位完税价格×应税完税价格×应税进出口货物数量×适用税率－预计减免税额

2.基数法

基数法是以上年关税收入为基数，考虑对外贸易计划以及价格、费用、税率等各种因素的变化影响，计算出计划年度的关税收入。

（七）印花税收入的测算

印花税是对在我国境内书立、领受使用应税凭证的单位和个人，就其书立、领受凭证征收的一种税。另外，由于我国证券交易税目前尚未开征，所以对证券征收印花税。测算证券交易印花税收入时，应考虑计划年度的证券交易量、证券市场的扩容计划和货币供应量的变化等。其计算公式为

计划期证券交易印花税收入＝基期证券交易额×（1＋增长率）×税率

二、社会保险基金收入的测算

社会保险基金是国家通过立法强制收取的、用于各项社会保险事业的专项货币资金，主要包括基本养老保险基金、失业保险基金、基本医疗保险基金、工伤保险基金、生育保险基金和其他社会保险基金。社会保险基金收入主要由用人单位及个人所缴纳的社会保险费收入、财政对社会保险补贴收入和其他收入组成。其中，用人单位及个人所缴纳的社会保险费，是社会保险基金收入的主要部分。

社会保险基金按照"以支定收、收支平衡"原则筹集。在实际工作中，财政部门测算计划年度社会保险基金收入，可采用基数法或增长率法。

（一）基数法

基数法是以上年社会保险基金收入为基数，结合计划年度社会经济发展情况、国民收入增长情况、劳动者工资收入增长情况、消费支出情况以及社会就业和人口年龄变化情况，加以调整确定。其计算公式为

计划年度社会保险基金收入＝上年社会保险基金收入±计划年度各种因素的影响

（二）增长率法

增长率法是以上年社会保险基金收入为基数，根据计划年度经济发展、企业效益、社会就业、人口年龄增长、劳动者工资收入增长和居民消费支出增长情况，确定一个增长率，测算计划年度社会保险基金收入。其计算公式为

计划年度社会保险基金收入＝上年社会保险基金收入×（1＋增长率）

三、非税收入的测算

非税收入主要包括政府性基金收入、专项收入、行政事业性收费收入、罚没收入、捐赠收入、政府住房基金收入、其他收入等。

专项收入包括教育费附加收入、铀产品出售收入、三峡库区移民专项收入、场外核应急准备收入、地方教育附加收入、文化事业建设费收入、残疾人就业保障金收入、教育资金收入、农田水利建设资金收入、森林植被恢复费、水利建设专项收入、油价调控风险准备金收入、其他专项收入等。

行政事业性收费收入包括公安行政事业性收费收入、法院行政事业性收费收入、外交行政事业性收费收入、商贸行政事业性收费收入、财政行政事业性收费收入、税务行政事业性收费

收入、海关行政事业性收费收入、审计行政事业性收费收入、国管局行政事业性收费收入、科技行政事业性收费收入、保密行政事业性收费收入、市场监管行政事业性收费收入、广播电视行政事业性收费收入、应急管理行政事业性收费收入、档案行政事业性收费收入、港澳办行政事业性收费收入、贸促会行政事业性收费收入、人防办行政事业性收费收入、中直管理局行政事业性收费收入、文化和旅游行政事业性收费收入、教育行政事业性收费收入、体育行政事业性收费收入、发展与改革（物价）行政事业性收费收入、统计行政事业性收费收入、自然资源行政事业性收费收入、建设行政事业性收费收入、知识产权行政事业性收费收入、生态环境行政事业性收费收入、铁路行政事业性收费收入、交通运输行政事业性收费收入、工业和信息产业行政事业性收费收入、农业农村行政事业性收费收入、林业草原行政事业性收费收入、水利行政事业性收费收入、卫生健康行政事业性收费收入、药品监管行政事业性收费收入、民政行政事业性收费收入、人力资源和社会保障行政事业性收费收入、证监会行政事业性收费收入、银行保险行政事业性收费收入、仲裁委行政事业性收费收入、编办行政事业性收费收入、党校行政事业性收费收入、监察行政事业性收费收入、外文局行政事业性收费收入、国资委行政事业性收费收入、其他行政事业性收费收入等。

罚没收入包括一般罚没收入、缉私罚没收入、缉毒罚没收入、罚没收入退库等。

非税收入一般按照国务院和省级政府的相关规定收取，随着减税降费政策的实施，非税收入规模在政府预算收入中明显下降。在实际工作中，财政部门对计划年度非税收入的测算，与社会保险基金的测算方法基本相同。

四、国有资本经营收入的测算

国有资本经营收入是指各部门和单位占有、使用和依法处分国有资产所产生的收益，按照国家有关规定应当上缴预算的部分。国有资本经营收入主要包括国有资本投资收益、国有企业计划亏损补贴及国有产权转让收入。其中，国有资本投资收益是国有资本经营收入的主要组成部分。

（一）国有资本投资收益的测算

国有资本投资收益是企业上缴的利润、股息、红利以及国有资产出租收入。财政部门对国有企业上缴的税后利润测算，主要根据年度国民经济和社会发展计划中的有关经济指标和上年度有关财务资料以及各种变化因素进行测算。为此，应掌握计划年度有关经济指标，如工业部门的总产值、主产品产量，交通部门的运输周转量，流通部门的商品销售额等。同时还应掌握各种影响企业利润水平增减变化的重要因素，如产量、产值、成本、价格、销售额、税率等。企业的税后利润按照事先约定的办法，在国家和企业之间进行分配，如按比例上缴、定额上缴、定额递增包干上缴、按股份分红、上缴承包租赁费等。

按比例上缴的企业上缴利润＝企业税后利润预计额×利润上缴比例

定额递增上缴的企业上缴利润＝企业税后利润定额上缴数×（1＋递增上缴比率）

若该企业为国家参股的股份制企业，则根据国家持股比例计算出国家应分得的股息和红利。由于国民经济各部门的生产经营活动和盈利水平不同，经济指标各异，国有资本投资收益测算的方法也不同，可根据不同行业的特点分别进行测算。

（二）国有企业计划亏损补贴的测算

在我国政府预算中，企业亏损补贴列在收入方冲减收入。对计划年度企业计划亏损补贴的测算，主要根据国家对不同企业规定的亏损补贴定额、国家对企业扭亏增盈的计划，以及有关商品价格的变化对企业亏损的影响状况计算。其计算公式为

计划年度企业计划亏损补贴＝（亏损补贴定额±价格变化增减补亏数）×（1－计划扭亏幅度）

五、债务收入的测算

债务收入是国家通过信用方式从国内、国外取得的收入，包括国内债务收入和国外债务收入。通过借债的办法筹措必需的建设资金，是国际上通行的做法。但是，借债必须考虑偿债能力、应债能力和债务的所有效益等多方面的因素。因此，借债必须有合理的规模和结构，要对债务规模进行适当的控制。债务收入的测算分为两部分：

（一）国内债务收入的测算

测算计划年度国内债务收入主要应该考虑以下影响因素：

（1）年度预算对债务收入的需求量，即正常的预算收入小于预算支出的差额。

（2）国家年度发行债务计划。政府预算举债的规模要受到国家债务计划的制约。

（3）居民承受债务的能力。

（4）发行债券的条件，包括利率、期限、发行方式、能否流通等。

（5）当年还本付息额。

其计算公式为

当年国内债券发行额＝中央财政赤字额＋中央财政到期需归还的国内债务本（息）

（二）国外债务收入的测算

测算国外债务收入，主要考虑国家年度使用的外债计划，还应考虑人民币与外汇的比价。因为在政府预算中，反映的国外债务收入是以人民币为计算单位的，比价变动会使预算中编列的债务收入数相应变动。其计算公式为

计划年度国外债务收入＝计划借入外债额（外汇）×人民币与外汇比价

汇总国内债务收入和国外债务收入，就是预算年度内债务收入总额，即

计划年度债务收入＝计划年度国内债务收入＋计划年度国外债务收入

第二节　政府预算主要支出测算

政府预算支出是国家将集中的预算收入进行有计划的分配，形成国家与各用款单位之间的分配关系。我国政府预算支出根据政府职能活动和开支的具体用途，分为政府支出功能分类和政府支出经济分类。支出功能分类主要反映政府各项职能活动及其政策目标；支出经济分类主要反映政府支出的经济性质和具体用途。

一般公共预算支出功能分类科目包括一般公共服务支出、外交支出、国防支出、公共安全支出、教育支出、科学技术支出、文化旅游体育与传媒支出、社会保障和就业支出、卫生健康支出、节能环保支出、城乡社区支出、农林水支出、交通运输支出、资源勘探工业信息等支出、商业服务等支出、金融支出、援助其他地区支出、自然资源海洋气象等支出、住房保障支出、粮油物资储备支出、灾害防治及应急管理支出、预备费、其他支出、转移性支出、债务还本支出、债务利

息支出、债务发行费用支出等类级科目。

支出经济分类是按支出的经济性质和具体用途所做的一种分类。在支出功能分类明确反映政府职能活动的基础上，支出经济分类明细反映政府的钱究竟是怎么花出去的，是付了人员工资、会议费，还是买了办公设备等。

支出经济分类与支出功能分类从不同侧面、以不同方式反映政府支出活动。它们既是两个相对独立的体系，又相互联系，可结合使用。

一、一般公共服务支出测算

（一）一般公共服务支出的内容

一般公共服务支出是政府一般公共预算中的一个"类"级支出科目，2020年设置27个"款"级科目：人大事务、政协事务、政府办公厅（室）及相关机构事务、发展与改革事务、统计信息事务、财政事务、税收事务、审计事务、海关事务、人力资源事务、纪检监察事务、商贸事务、知识产权事务、民族事务、港澳台侨事务、档案事务、民主党派及工商联事务、群众团体事务、党委办公厅（室）及相关机构事务、组织事务、宣传事务、统战事务、对外联络事务、其他共产党事务支出、网信事务、市场监督管理事务、其他一般公共服务支出等。

一般公共服务支出中的大多数"款"级科目下都设有"行政运行""一般行政管理事务""机关服务"等项级科目。"行政运行"科目反映行政单位（包括实行公务员管理的事业单位）的基本支出。"一般行政管理事务"反映行政单位（包括实行公务员管理的事业单位）未单独设置项级科目的其他项目支出。"机关服务"科目反映行政单位（包括实行公务员管理的事业单位）提供后勤服务的各类后勤服务中心、医务室等附属事业单位的支出。其他事业单位的支出，凡单独设置了项级科目的，在单独设置的项级科目中反映。未设置项级科目的，在"其他"项级科目中反映。

（二）影响一般公共服务支出的主要因素

1.人员编制数

人员编制是指国家核定的行政编制人数，人员的变化对公共服务支出的影响很大。预算人数是政府核定的行政编制人数。在实际工作中，对于编制不足的情况，可按实有人数再加上本年内可能增加的人数来编制经费预算。当实有人数少于编制人数较多时，可计算出计划年度平均人数，作为预算人数。其计算公式为

计划年度平均人数＝年初实有人数＋［（编制人数－年初人数）/12］×新增人员到职

月数或计划年度平均人数＝（年初实有人数＋本年新增人数－本年新减人数）/12

对实有人数超过编制人数的情况，可采取三种办法来编制预算：一是对超编人员不合理的，经费不能列入预算；二是确因客观原因而超编，或其中部分合理的，可酌列一部分或全部超编人员经费；三是需要大批处理编制人员的，超编部分不再计入人员基数，经费也不列入预算，另单列超编人员处理经费。

2.主要开支内容和标准

主要开支包括以下内容：一是工资、补贴调整情况。工资补贴调整有政府统一调整和自动调整，职工工龄工资每年定额增加。二是邮电、交通收费标准的变化情况。三是设备购置费、修缮费开支情况。

（三）一般公共服务支出的测算方法

一般公共服务支出反映各级政府从事行政管理和提供一般公共服务方面的基本支出，主要根据国家规定的机构、人员编制、费用开支标准和各项预算开支定额，结合计划年度的业务计划和政府机构的改革要求，并参考上年度预算执行情况来进行测算。其计算公式为

$$一般公共服务支出 = 基本数字 \times 支出定额$$

财政部门测算人员经费一般采用综合计算方法，各项人员经费和公用经费测算的预算数额相加之和，就是一般公共服务基本支出的全年预算数额。

二、国防支出测算

国防支出是将政府预算拨款用于国防和军队建设需要的资金。国防支出的测算一般根据各个时期的国内外形势和国防建设的需要确定。

中国人民解放军的经费开支主要根据中央军委后勤保障部提出的计划年度需要经费数和报告年度预算收入、支出、平衡情况等因素进行测算，并统一由中央军委后勤保障部负责归口管理，财政部门一般不与军队其他单位直接发生财务关系。国防费年度预算、决算经中央军委批准后，由中央军委后勤保障部送财政部核查，并进行年终会计结算。

政府计划安排的国防研究和发展及专项工程项目支出，一般是将各项研究和项目工程在计划年度内的投资额汇总。民防支出由各地方财政负责开支，一般以报告年度支出数为基数，根据近年平均增长幅度测算。

三、教育支出测算

教育支出测算通常采用基数法、单项定额测算法和综合定额测算法。

（一）基数法

基数法是以上年度教育支出的预计执行数为基数，考虑计划年度影响教育支出的各种因素，据以测算计划年度的教育支出数额。其计算公式为

$$计划年度教育支出 = 上年度预计执行数 \pm 计划年度各种因素的影响$$

影响教育支出增减的因素很多，在人员经费方面有人员的增减、工资调整、补贴工资和职工福利费变化等；在公用经费方面有预算定额、开支标准、物价变动等，还要考虑收入增减的因素。

财政部门在编制总预算时，通常采用这种方法，其简单易行。在定员定额制度比较完善的情况下，由于上年度的预计执行数可以大体反映教育需要的经费的定额，这种方法是可行的。但在定员定额制度不健全或不能认真执行的情况下，这种方法则有明显缺点，它承认原有基数，易造成地区之间、部门之间、单位之间经费支出指标的不均，并使财政支出出现刚性。

（二）单项定额测算法

单项定额测算法是依据国家有关方针政策、国民经济和社会发展计划规定的教育事业指标计算出有关基本数字和各项单项定额，分别计算各具体支出项目的经费数，然后将具体支出项目的经费数汇总，可计算出计划年度的教育支出数额。其计算公式为

计划年度教育支出 $= \sum$ 单项经费支出额 $= \sum$ (教育事业发展基本数字 $\times$ 单项预算支出定额)

基本数字通常采用年度平均数,反映各教育事业单位的规模和业务工作量情况的数据,表明单位所承担的业务工作量或完成业务工作量所具有的基本条件和能力。如果没有达到核定的编制,拟在计划年度增加人员时,则按全年平均人数计算;如果实有人数大于编制人数,其超额人员经费,按上级规定要求计算。有些开支如大型设备购置费、大型修缮费等,是不能按基本数字、定额定员计算的,应根据历史开支情况、计划年度各项教育事业发展任务和财力情况进行安排。

[例 5-4]　假设某高等学校年初在校人数为 10 000 人,年度计划毕业 2 000 人,招生人数为 5 000 人。按照教职工与学生 1:5 的定员比例配备教职工,计划年度教职工的月工资定额为 1 000 元,补助工资和职工福利费分别按工资总额的 5% 和 10% 提取,助学金按 80% 的享受面和每人每月 30 元计算。公务费定额为每个学生每年 200 元,业务费为每个学生每年 100 元,修缮费为每个学生每年 150 元。另外,设备购置费全年安排 800 000 元。试计算该学校计划年度教育支出数额。

计划年度平均在校学生人数

＝年初学生人数＋[(招生人数－毕业人数)/12]×当年新生在校月数

＝10 000＋[(5 000－2000)/12]×4＝11 000(人)

计划年度教职工人数＝计划年度平均在校学生人数×教职工占学生比例

　　　　　　　　＝11 000×1/5＝2 200(人)

计划年度基本工资＝计划年度教职工人数×月工资定额×12

　　　　　　　　＝2 200×1 000×12＝26 400 000(元)

计划年度补助工资＝计划年度基本工资总额×提取比例

　　　　　　　　＝26 400 000×5%＝1 320 000(元)

计划年度职工福利费＝计划年度基本工资总额×提取比例

　　　　　　　　＝26 400 000×10%＝26 400 00(元)

计划年度助学金＝计划年度平均在校学生人数×享受助学金的比例×月标准×12

　　　　　　　　＝11 000×80%×30×12＝3 168 000(元)

计划年度人员经费＝26 400 000＋1 320 000＋2 640 000＋3 168 000＝33 528 000(元)

计划年度公务费＝计划年度平均在校学生人数×支出定额

　　　　　　　　＝11 000×200＝2 200 000(元)

计划年度业务费＝计划年度平均在校学生人数×支出定额

　　　　　　　　＝11 000×100＝1 100 000(元)

计划年度修缮费＝计划年度年初在校学生人数×支出定额

　　　　　　　　＝10 000×150＝1 500 000(元)

计划年度设备购置费＝800 000(元)

计划年度公用经费＝2 200 000＋1 100 000＋1 500 000＋800 000＝5 600 000(元)

计划年度教育支出＝计划年度人员经费＋计划年度公用经费

　　　　　　　　＝33 528 000＋5 600 000＝39 128 000(元)

(三)综合定额测算法

为了加快测算过程,财政部门可以利用有关的基本数字(如学校数、平均学生人数)和相应的综合定额进行计划年度教育支出经费的测算。计算公式为

$$计划年度教育支出 = \sum(各类学生人数 \times 综合定额)$$

式中的综合定额是财政部门或教育主管部门根据各种具体因素、预算定额核定的。

[例5-5]　假设计划年度高等学校平均学生人数为150万人,每个学生的综合定额为3 000元,试计算计划年度高等学校教育支出数额。

计划年度高等学校教育支出=150×3 000=450 000(万元)

四、医疗卫生支出测算

医疗卫生支出测算与教育支出测算方法基本相同,即通常采用基数法、单项定额测算法和综合定额测算法。

(一)基数法

基数法是以上年度医疗卫生支出的预计执行数为基数,考虑计划年度影响医疗卫生支出的各种因素,据以测算计划年度的教育支出数额。其计算公式为

计划年度医疗卫生支出=上年度预计执行数±计划年度各种因素的影响

(二)单项定额测算法

财政部门对医疗卫生事业单位的预算管理方式是:"核定收支,定项补助,超支不补,结转结余按规定使用"。定额补助是指医院的人员经费由财政部门拨款补助,另外根据医疗卫生单位计划年度的设备购置计划,给予一定的设备购置费,用于大型医疗设备的购置,其他支出项目由医疗卫生单位的自有收入解决。其测算步骤是:首先按照计划年初原有病床数和计划年度新增加的病床数及其使用月数的加权平均数计算计划年度平均病床数,其次根据国家规定的各类医院职工与病床的比例计算计划年度平均职工人数,最后根据计划年度职工人数、工资定额、附加工资比例及设备购置计划计算出计划年度医疗卫生支出数额。

[例5-6]　假设某综合性医院年初病床数为360张,计划年度增加了200张,其中,有120张是3月1日开始使用的,80张是7月1日开始使用的。假定国家规定综合性医院职工与病床的比例为1:1,该医院职工平均月工资为1 000元,附加工资为工资总额的5%,计划年度设备购置费为50 000元。试计算该医院计划年度医疗卫生支出数。

计划年度平均病床数=年初病床数+$\sum$(新增加病床数×使用月数)/12

=360+(120×10+80×6)/12=500(张)

计划年度平均职工人数=500×1=500(人)

计划年度工资总额=计划年度职工人数×月平均工资定额×12

=500×1 000×12=6 000 000(元)

计划年度附加工资=工资总额×比例=6 000 000×5%=300 000(元)

计划年度设备购置费=50 000(元)

计划年度医疗卫生支出数=6 000 000+300 000+50 000=6 350 000(元)

(三)综合定额测算法

综合定额测算法是根据医院的病床数和每床的综合定额来测算医疗卫生支出数额。其计算公式为

$$计划年度医疗卫生支出＝计划年度病床总数×每床定额$$

五、农林水利支出测算

(一)农林支出测算

农林支出主要是指财政用于种植、畜牧、水产、农机、农垦、农场、农业产业化经营组织、乡镇企业以及林业保护发展等方面的支出。由于这些支出的各项资金大部分是政府预算补助性质的支出,一般没有固定的定员定额来进行测算设计,通常是根据当年的财力可能,参照上年资金预算执行情况,考虑到农业、林业生产发展的资金需要,提出资金分配计划来安排确定的。其计算公式为

$$计划年度农林支出＝上年农林支出数×(1＋增长率)$$

(二)水利支出测算

水利支出的范围主要是国有事业单位的人员经费、公用经费等。对国家举办的水利事务支出测算一般采用算大账和单项定额两种方法。

1.算大账法

根据上年度实际执行数,再考虑计划年度的增减因素来确定。影响水利支出增减变化的因素主要有:事业计划的调整,人员编制和经费定额的重新核定,收费标准的变动等。算大账的方法多用于财政部门匡算农林水利事务总支出规模。

2.单项定额法

根据各类事业部门、单位的基本数字及定员定额、开支标准等,分别对人员经费和公用经费各具体项目逐项计算,然后汇总为部门、单位的计划年度经费预算。这种方法测算的农林水利支出比较准确。

[例5-7] 假设某地区有农业技术推广站100处,每站平均人员编制8人,预算定额:平均每人每年工资6 000元,补助工资及各种生活补贴每人每年1 200元,职工福利费按国家规定的比例,以工资总额的3%计算,业务费每站每年12 000元,公务费每人每年500元,计划年度每站添加办公用软件一套,价值2000元,每站修缮费6 000元,每站其他费用10 000元。试计算该地区农业技术推广站的事业费支出。

工资总额＝100×8×6 000＝4 800 000(元)

补助工资及各种生活补贴＝100×8×1 200＝960 000(元)

职工福利费＝4 800 000×3%＝144 000(元)

业务费＝100×12 000＝1 200 000(元)

公务费＝100×8×500＝400 000(元)

设备购置费＝100×2 000＝200 000(元)

修缮费＝100×6 000＝600 000(元)

其他费用＝100×10 000＝1 000 000(元)

该地区农业技术推广站的事业费支出

＝4 800 000＋960 000＋144 000＋1 200 000＋400 000＋200 000＋600 000＋1 000 000

＝9 304 000(元)

专栏5-1　　　　某省关于省属本科高校生均拨款制度改革的方案

为更好适应教育领域综合改革和预算管理体制改革要求,进一步激发省属本科高校服务我省高质量发展动力,现就完善省属本科高校生均拨款制度制定实施办法如下:

一、总体目标

改革完善省属本科高校生均拨款制度,进一步扩大学校经费管理自主权,强化财政资金激励导向作用。引导激励省属本科高校内涵式发展、优化结构、特色办学、改革创新,以一流标准为指引,建设若干高水平综合大学、特色骨干大学和一批一流学科,提升服务经济社会发展能力,规范财政资金管理,建立绩效评价与经费安排相结合的长效机制,提高资金使用效益。

二、基本原则

(一)问题导向,改革完善预算拨款制度。针对现行生均拨款办法财政分类支持导向不强、高校基本支出经费统筹空间有限、专项业务经费分配指标激励作用弱化等问题,遵循高校办学规律,建立省属本科高校分类拨款制度,继续扩大本科高校经费管理自主权,调整优化办学质量评价指标体系。

(二)强化引导,推动教育资源优化配置。进一步强化财政资金引导作用,以办学绩效为核心,带动教育资源向办学层次高、毕业生质量好、服务经济社会发展能力强的院校倾斜。

(三)提高质量,增强经济社会发展服务能力。激励省属本科高校稳定规模,优化结构,特色办学,改革创新,走以质量提升为核心的内涵式发展道路。

(四)加强监管,提高财政资金使用绩效。建立省属本科高校生均拨款资金监督检查和绩效评价长效机制,在扩大学校经费管理自主权的基础上,强化监管,确保财政资金安全、规范、有效使用。

三、改革内容

加强顶层设计,兼顾当前与长远,自2018年起,整合人员和公用经费,扩大学校经费管理自主权,全面实行生均拨款制度,提高省属学校经费统筹能力;建立省属本科高校分类拨款制度,实施差异化的财政支持政策。

(一)全面实行生均拨款制度。"2080505机关事业单位基本养老保险缴费支出"、"2101102事业单位医疗"、"2210201住房公积金"、未纳入养老保险统筹待遇的退休人员经费等不再据实核拨,以2017年预算安排的相关经费数额和2017年春季学期在校生人数为基数,折算为生均社保缴费等拨款标准,纳入生均拨款范围。离休经费仍按原办法原渠道据实核定安排(下同)。

(二)整合建立生均基本支出标准。将按不同学历层次在校生人数核定的生均人员经费、按专业类别在校生人数核定的生均公用经费、折算后的生均社保缴费等拨款三项标准,整合为生均基本支出标准,由学校在额度内自主安排基本支出预算,提高省属院校经费统筹能力。

(三)建立省属本科高校分类拨款制度。按照本科高校的发展阶段和办学定位,将省属本科高校分为"双一流"建设高校、综合提升高校和特色发展高校,分别实行不同的预算拨款方式。

1."双一流"建设高校:为入选国家世界一流大学和一流学科建设计划的大学。重点扶持培养高水平大学和学科进入世界一流行列或前列,提高人才培养、科学研究、社会服务和文化传承创新水平,在支撑国家创新驱动发展战略、服务经济社会发展、弘扬中华优秀传统文化、促进高等教育内涵式发展等方面发挥重大作用。

2.综合提升高校:为经教育部批准设立、冠名大学的省属本科高校,以及入选本省优势特色学科 A 类学科的省属本科高校。重点扶持培养具有扎实理论基础、实践能力和创新能力的复合型高素质人才,巩固本科教育,扩大研究生教育,逐步停办专科教育。

3.特色发展高校:为其他省属本科高校。重点扶持培养具有一定理论基础、掌握新技术、具备较强实践能力和创新意识的技术技能人才,主要发展本科教育,适度发展专业学位研究生教育,兼顾专科教育。

对"双一流"建设高校、综合提升高校和特色发展高校根据学校发展情况实行动态调整。

(四)实行差异化基本支出核定办法。按照省属本科高校分类,实行不同的基本支出核定办法。

"双一流"建设高校和综合提升高校实行稳定性基本支出核定办法,以生均人员经费、生均公用经费和折算后的社保缴费等三项之和为基数,三年为一个周期,周期内不因在校生人数变化增减经费,鼓励高校优化在校生学历层次结构。

特色发展高校实行激励性基本支出核定办法,按在校生人数和生均基本支出标准核定,鼓励高校在提高办学质量的同时适度扩大招生规模。

(五)重构本科高校专项业务经费分配体系。

省属本科高校专项业务经费包括竞争性专项业务经费和政策导向性专项业务经费。

竞争性专项业务经费采用人才培养、科技创新、社会服务、财务管理四类指标按因素法分配,鼓励本科高校公平竞争、争创一流。

政策导向性专项业务经费依据国家和省高等教育发展总体思路和阶段性重点任务,设立基本科研业务费、捐赠收入财政配比奖励资金和中外合作办学奖励资金。

按照省属本科高校分类,将竞争性专项业务经费分配评价指标体系划分为"双一流"建设和综合提升高校评价指标体系、特色发展高校评价指标体系,两套体系均包含人才培养、科技创新、社会服务、财务管理四类指标,但具体因素和权重各有侧重,使资金分配更加贴合本科高校办学定位,促进本科高校特色化、差异化发展。

四、预算核定办法(省属本科高校)

(一)"双一流"建设高校。基本支出采用稳定性基本支出核定办法,按 2017 年春季学期在校生人数和生均 1.2 万元标准核定,作为基本支出基数,一定三年不变。计算公式为

$$基本支出财政拨款＝1.2 万元/生·年×2017 年春季学期在校生人数$$

竞争性专项业务经费采用人才培养、科技创新、社会服务、财务管理四类指标按因素法分配,分配因素及权重根据高等教育发展改革情况适时调整(下同)。

(二)综合提升高校。基本支出采用稳定性基本支出核定办法,按 2017 年春季学期在校生人数核定生均人员经费、生均公用经费和 2017 年据实核拨的社保缴费等三项之和作为基本支出基数,一定三年不变。竞争性专项业务经费采用人才培养、科技创新、社会服务、财务管理四类指标按因素法分配。

(三)特色发展高校。基本支出采用激励性基本支出核定办法,按在校生人数和生均基本支出标准(见表 5-1)核定。计算公式为

不同专业不同学历层次学生人数×生均基本标准

竞争性专项业务经费采用人才培养、科技创新、社会服务、财务管理四类指标按因素法分配。

表 5-1　激励性生均基本支出标准　　　　　　　单位:元/生·年

学科分类	生均基本支出标准			
	本科生	硕士研究生	博士研究生	其中:社保标准
哲学学科	7 830	18 730	28 630	
文学学科	7 830	18 730	28 630	
历史学学科	7 830	18 730	28 630	
经济学学科	8 330	18 730	28 630	
法学学科	8 330	18 730	28 630	
教育学学科	8 330	18 730	28 630	
管理学学科	8 330	18 730	28 630	
理学学科	8 830	19 730	30 630	
教育学学科体育学类	8 830	19 730	30 630	1 380
文学学科新闻传播学类	8 830	19 730	30 630	
工学学科	8 830	19 730	30 630	
历史学学科考古学	8 830	19 730	30 630	
工学学科地质类、矿业类	9 330	19 730	30 630	
艺术学学科	9 330	19 730	30 630	
农学学科	9 830	22 230	33 630	
医学学科	10 830	22 230	33 630	

五、资金管理

（一）基本支出经费。主要用于在职教职工人员工资、社保缴费、退休人员取暖费等未纳入养老保险统筹待遇人员经费开支;引进和培养两院院士、长江学者、国家杰出青年基金获得者等高层次人才,聘任特聘教授、客座教授、兼职教授、双师型教师等人才费用;水、电、气、暖、办公用品、绿化、保安、保洁等保障学校基本运转开支。基本支出经费要与事业收入统筹安排,严格执行国家和省有关规定。

（二）专项业务经费。本科高校竞争性业务经费由学校根据事业发展需求,统筹事业收入安排用于事业发展项目支出。本科高校政策导向性专项业务经费包含基本科研业务费、捐赠收入财政配比奖励资金和中外合作办学奖励资金。

1.基本科研业务费。依据各本科高校经教育部批准的硕士学位、博士学位授权点数量以及45岁以下青年教师数量分配,用于支持具有硕士以上学位授予权的高校45岁以下青年教师开展自主选题科学研究。

2.捐赠收入财政配比奖励资金。按照1∶0.5比例对省属本科高校接受的10万元以上的货币资金和长期设立的奖学金捐赠收入给予奖励,优先用于原捐赠用途。

3.中外合作办学奖励资金。用于鼓励省属本科高校与国外高水平大学合作举办本科层次以上的办学机构和项目,其中:合作高校在世界排名100位以内的,办学项目每个奖励500万元,独立设置和非独立设置的办学机构每个分别奖励 1 亿元和 5 000 万元;合作高校在世界排名 101 至 200 位的,办学项目每个奖励 300 万元,独立设置和非独立设置的办学机构每个分别奖励 6 000 万元和 3 000 万元。

专项业务经费不得用于对外投资、捐赠、赞助和支付罚款,不得用于征地和大型基本建设项目,不得用于其他不符合国家规定的支出。对列入政府采购目录以内、限额以上的财政资金支出,按照政府采购有关规定和程序办理。

(三)配套措施。

1.设置专项业务经费调整上限。为保障生均拨款制度改革稳步推进,避免本科高校改革后专项业务经费额度出现大幅波动,设置本科高校专项业务经费 10% 的年度增减上限。

2.人员经费实行授权支付。自 2018 年 1 月 1 日起,纳入生均拨款制度改革范围的省属本科高校、高职院校和中职学校不再实行财政统发工资,人员经费采用授权支付方式由各学校按照政策规定自行发放。

3.建立新设学校经费保障机制。为支持新设学校顺利完成过渡,新设置高职院校 2 年内、新设置本科高校 3 年内,仍按原办学层次对应的预算拨款办法核定经费。

(四)考核评价。省财政厅要会同教育厅或人力资源社会保障厅每年在省属本科高校抽查 5 所,进行全面检查和绩效评价。对发现违法违规行为或绩效评价不合格的,次年扣减学校生均拨款专项经费额度的 10%,属于省级职教品牌示范校和特色校的取消称号;同时列入次年检查范围,如果仍存在问题,扣减其专项经费额度 20%,以此类推,直至通过检查评价。扣减资金统筹用于教育事业发展。

思考提示:如何理解地方政府对省属本科高校生均拨款实行分类管理的意义?

第三节　政府预算编制程序和内容

一、预算编制的法律规定

2018 年我国修正通过的《预算法》中,对于预算编制做出了较为系统的规定:

国务院应当及时下达关于编制下一年预算草案的通知。编制预算草案的具体事项由国务院财政部门部署。各级政府、各部门、各单位应当按照国务院规定的时间编制预算草案。

各级预算应当根据年度经济社会发展目标、国家宏观调控总体要求和跨年度预算平衡的需要,参考上一年预算执行情况、有关支出绩效评价结果和本年度收支预测,按照规定程序征求各方面意见后,进行编制。各级政府依据法定权限作出决定或者制定行政措施,凡涉及增加或者减少财政收入或者支出的,应当在预算批准前提出并在预算草案中作出相应安排。各部门、各单位应当按照国务院财政部门制定的政府收支分类科目、预算支出标准和要求,以及绩效目标管理等预算编制规定,根据其依法履行职能和事业发展的需要以及存量资产情况,编制本部门、本单位预算草案。

省、自治区、直辖市政府应当按照国务院规定的时间,将本级总预算草案报国务院审核汇总。

中央一般公共预算中必需的部分资金,可以通过举借国内和国外债务等方式筹措,举借债务应当控制适当的规模,保持合理的结构。对中央一般公共预算中举借的债务实行余额管理,余额的规模不得超过全国人民代表大会批准的限额。国务院财政部门具体负责对中央政府债务的统一管理。

地方各级预算按照量入为出、收支平衡的原则编制,除《预算法》另有规定外,不列赤字。经国务院批准的省、自治区、直辖市的预算中必需的建设投资的部分资金,可以在国务院确定的限额内,通过发行地方政府债券举借债务的方式筹措。举借债务的规模,由国务院报全国人民代表大会或者全国人民代表大会常务委员会批准。省、自治区、直辖市依照国务院下达的限额举借的债务,列入本级预算调整方案,报本级人民代表大会常务委员会批准。举借的债务应当有偿还计划和稳定的偿还资金来源,只能用于公益性资本支出,不得用于经常性支出。除上述规定外,地方政府及其所属部门不得以任何方式举借债务。除法律另有规定外,地方政府及其所属部门不得为任何单位和个人的债务以任何方式提供担保。国务院建立地方政府债务风险评估和预警机制、应急处置机制以及责任追究制度。国务院财政部门对地方政府债务实施监督。

各级预算收入的编制,应当与经济社会发展水平相适应,与财政政策相衔接。各级政府、各部门、各单位应当依照《预算法》规定,将所有政府收入全部列入预算,不得隐瞒、少列。

各级预算支出应当依照《预算法》规定,按其功能和经济性质分类编制。各级预算支出的编制,应当贯彻勤俭节约的原则,严格控制各部门、各单位的机关运行经费和楼堂馆所等基本建设支出。各级一般公共预算支出的编制,应当统筹兼顾,在保证基本公共服务合理需要的前提下,优先安排国家确定的重点支出。

一般性转移支付应当按照国务院规定的基本标准和计算方法编制。专项转移支付应当分地区、分项目编制。县级以上各级政府应当将对下级政府的转移支付预计数提前下达下级政府。地方各级政府应当将上级政府提前下达的转移支付预计数编入本级预算。

中央预算和有关地方预算中应当安排必要的资金,用于扶助革命老区、民族地区、边疆地区、贫困地区发展经济社会建设事业。

各级一般公共预算应当按照本级一般公共预算支出额的百分之一至百分之三设置预备费,用于当年预算执行中的自然灾害等突发事件处理增加的支出及其他难以预见的开支。

各级一般公共预算按照国务院的规定可以设置预算周转金,用于本级政府调剂预算年度内季节性收支差额。各级一般公共预算按照国务院的规定可以设置预算稳定调节基金,用于弥补以后年度预算资金的不足。

各级政府上一年预算的结转资金,应当在下一年用于结转项目的支出;连续两年未用完的结转资金,应当作为结余资金管理。各部门、各单位上一年预算的结转、结余资金按照国务院财政部门的规定办理。

中央预算由全国人民代表大会审查和批准。地方各级预算由本级人民代表大会审查和批准。

国务院财政部门应当在每年全国人民代表大会会议举行的四十五日前,将中央预算草案的初步方案提交全国人民代表大会财政经济委员会进行初步审查。省、自治区、直辖市政府财政部门应当在本级人民代表大会会议举行的三十日前,将本级预算草案的初步方案提交本级人民代表大会有关专门委员会进行初步审查。设区的市、自治州政府财政部门应当在本级人民代表大会会议举行的三十日前,将本级预算草案的初步方案提交本级人民代表大会有关专门委员会进行初步审查,或者送交本级人民代表大会常务委员会有关工作机构征求意见。县、自治县、不设区的市、市辖区政府应当在本级人民代表大会会议举行的三十日前,将本级预算草案的初步方案提交本级人民代表大会常务委员会进行初步审查。

县、自治县、不设区的市、市辖区、乡、民族乡、镇的人民代表大会举行会议审查预算草案前,应当采用多种形式,组织本级人民代表大会代表,听取选民和社会各界的意见。

报送各级人民代表大会审查和批准的预算草案应当细化。本级一般公共预算支出,按其功能分类应当编列到项;按其经济性质分类,基本支出应当编列到款。本级政府性基金预算、国有资本经营预算、社会保险基金预算支出,按其功能分类应当编列到项。

二、政府预算编制的程序

(一)政府预算编制的一般程序

我国政府预算的编制一般采取自上而下和自下而上、上下结合、逐级汇报的程序。

(1)财政部于每年 6 月 15 日前部署编制下一年度预算草案的具体事项,规定报表格式、编报方法、报送期限等。财政部部署的内容一般包括:编制政府预算的方针、政策和任务;主要收支预算具体编制的原则和要求;各级预算收支的划分范围、机动财力和管理权限变动的使用原则;预算编制的基本方法、修订政府预算收支科目、制定统一的预算表格和报送期限等。

(2)中央各部门根据国务院的指示和财政部的部署,结合本部门的具体情况,提出编制本部门预算草案的要求,具体布置所属各单位编制预算草案。中央各部门负责本部门所属各单位预算草案的审核,并汇总编制本部门的预算草案,按规定报财政部审核。

(3)地方各级财政部门根据本级人民政府的指示和上级财政部门的部署,具体布置本级各部门和下级财政部门编制预算草案,并负责汇总本级总预算草案,由本级人民政府审核后,提请本级人民代表大会审查和批准。

(4)财政部将中央预算草案和地方预算草案汇编成政府预算草案,并附以简要的文字说明,上报国务院审查。经国务院核准后,于每年三月份左右提请全国人民代表大会审查和批准。

(5)各级总预算经本级人民代表大会批准后,本级人民政府的财政部门向本级各部门批复预算。各部门向本部门所属各单位批复预算。

(6)地方各级人民政府将本级人民代表大会批准的预算,报上一级人民政府备案。各级人民政府将下一级人民政府上报备案的预算汇总后,报本级人民代表大会常务委员会备案。

(二)我国部门预算编报程序

目前我国部门预算实行"两上两下"的编报程序。

"一上"是指由部门编制预算建议数上报财政部门。行政事业单位根据预算年度工作计划、工作任务和收支增减因素,提出包括各项收入和各项支出组成的收支概算,汇总后由主管部门报送同级财政部门。各项收入包括本级财政安排给本部门及其所属各单位的预算拨款收入和其他收入。各项支出包括基本支出和项目支出。各部门各单位的预算支出,按功能分类应该编列到项,按经济性质分类应该编列到款。

"一下"是指财政部门与有预算分配权的部门审核部门预算建议数后下达预算控制数或预算指标。财政部门根据本级人民代表大会批准的财政预算,按照预算编报审批原则测算、分配下达单位预算指标。

"二上"是指部门根据预算控制数编制本部门预算报送财政部。行政单位根据财政分配的预算指标,核实调整单位各项收支,按照预算编报的要求,正式编制年度收入和支出预算,经主管预算单位审核汇总后报送同级财政部门。

"二下"是指财政部门根据人代会批准的预算草案批复部门预算。财政部门对上报的行政单位预算应进行认真审核,在规定期限内批复下达部门预算;主管部门再在部门预算的范围内批复单位预算。单位预算经财政部门、主管预算单位批准后作为预算执行的依据。

实行"两上两下"预算编报和审批程序,有利于提高单位预算的科学性和准确性,可使财政部门与行政单位相互交流信息,沟通情况,使预算更加符合单位实际情况,以保证预算执行的严肃性。

(三)政府预算编报流程

1.中央部门预算的总流程

随着"金财工程"建设的逐步深入,中央各部门可通过"中央部门预算子系统",编制、汇总和上报本部门的预算建议数;财政部业务司局按照其管理职能分别对部门预算建议数进行审核,并下达预算控制数;各部门根据预算控制数编制预算,上报财政部;财政部再对部门预算数进行审核汇总,报送国务院审定后报送全国人民代表大会批准;根据全国人民代表大会批准的预算,由财政部统一批复给各部门。中央部门预算的总流程如图5-1所示。

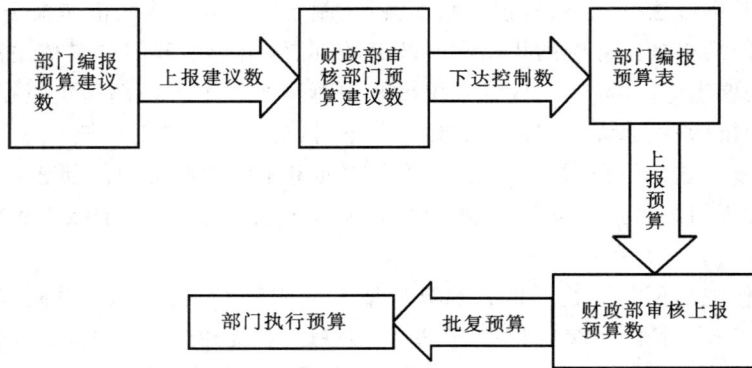

图5-1　中央部门预算总流程图

2.部门编报预算的流程

部门或单位在编报预算的过程中通过"中央部门预算编报子系统",编制和上报部门预算建议数,根据预算控制数编制和上报部门预算数。部门编报预算的流程如图5-2所示。

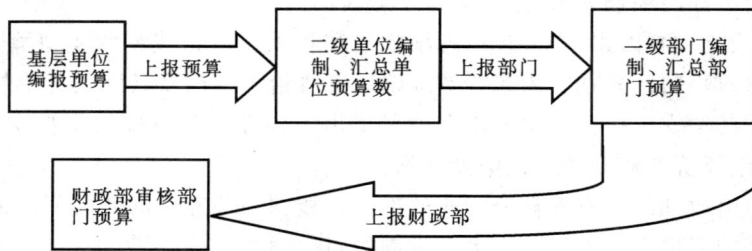

图5-2　部门编报预算流程图

3.财政部审核和上报预算的流程

财政部在管理部门预算的过程中根据现行管理职能将部门预算拆分给各业务司局;各业务司局通过预算专网在自己的权限范围内审核各部门预算数据,给各部门下达部门预算控制限额;根据全国人民代表大会批准后的中央预算,预算司向各部门批复预算。财政部审核部门预算和上报中央预算的流程如图5-3所示。

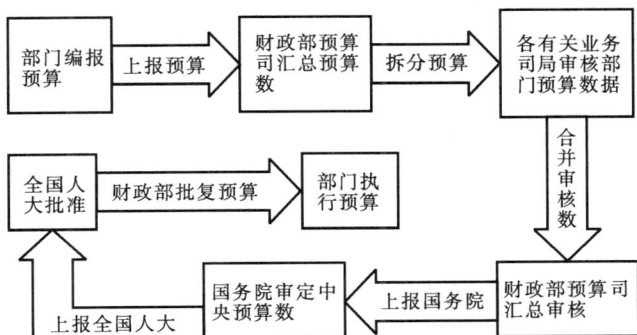

图5-3　财政部审核部门预算和上报中央预算流程图

4.财政部批复预算的流程

全国人民代表大会批准中央预算后,财政部在一个月之内将预算批复到各部门。其流程如图5-4所示。

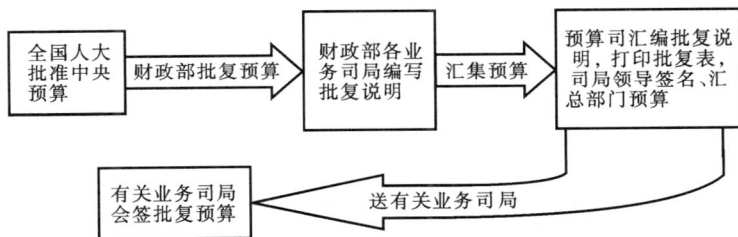

图5-4　财政部批复预算流程图

三、政府预算编制内容和方法

政府预算编制包括单位预算编制、部门预算编制和中央与地方总预算编制。

(一)单位预算的编制

单位预算是政府预算的基本组成部分,是列入部门预算的国家机关、社会团体和其他单位的收支预算。它以资金的形式反映着国家机关、社会团体和其他单位的各种活动,是实现其职能或事业计划的财务保证,是各级总预算构成的基本单位。单位预算是预算编制的基础,是汇总编制部门预算和总预算的基本条件。单位预算编制主要以国家机关、社会团体等预算单位为主,一般是指行政事业单位的年度收支计划,此外,还包括国有企业财务收支计划、基本建设财务计划等。预算的编制必须遵守国家法律、法规、规章和党的方针、政策的规定,结合本单位行政管理和事业发展的实际情况,做到实事求是,并及时上报主管部门审核。对于主管部门或上级单位提出的修改意见,应认真执行。

行政事业单位预算的编制,一般是根据国家确定的机关工作任务,国民经济和社会发展计划规定的事业计划各项指标,按照统一规定的定员定额、开支标准,参照单位的具体情况,编制行政事业单位的经费预算草案。行政事业单位的经费预算编制好后,连同编制说明书一同上报主管部门,上级主管部门审核无误后,将所辖各单位的经费预算连同部门直属机构的经费预算一同汇总,编制成部门经费预算草案,报送同级财政部门。

(二)部门预算的编制

部门预算是当前我国政府预算的主要编制形式,各主管部门在部门所属单位上报的预算基础上,汇编本部门预算。各主管部门汇编本部门预算,应对所属单位预算进行认真审核,对不符合规定的要提出意见,责成有关单位予以修改。同时对于汇总的预算,应及时上报同级财政部门审核,对本级财政部门提出的修改意见,应遵照执行。出现重大分歧难以统一时,要及时报本级政府裁定。

1.部门预算的内涵和意义

部门预算是部门依据国家有关政策规定及其行使职能的需要,由基层预算单位编制,逐级上报、审核、汇总,经财政部门审核后提交立法机关依法批准的涵盖部门各项收支的综合财政计划。

部门预算是市场经济国家财政预算管理的基本组织形式,其基本含义有三点:一是部门作为预算编制的基础单元,取消财政与部门中间环节,财政预算从部门编起,从基层单位编起。二是财政预算要落实到每一个具体部门,预算管理以部门为依托,改变财政资金按性质归口管理的做法,财政将各类不同性质的财政性资金统一编制到使用这些资金的部门。三是"部门"本身要有严格的资质要求,限定那些与财政直接发生经费领拨关系的一级预算会计单位为预算部门。因此,部门预算可以说是一个综合预算,既包括行政单位预算,又包括其下属的事业单位预算;既包括一般预算收支计划,又包括政府基金预算收支计划;既包括基本支出预算,又包括项目支出预算。

编制部门预算有重要的意义,它可以更好地体现《预算法》的基本要求,促进预算法制建设,也是深化我国社会主义市场经济体制改革、建立公共财政的重要举措。编制部门预算可以使预算编制进一步细化,有利于防止预算分配和执行中的不规范做法,便于人大代表及人大常委会的审查和监督,提高政府预算的透明度。实行部门预算,将预算编制、上报、审批、下达的时间均予提前,保证在年度开始前,预算就已确定好,有利于提高预算的时效性,改变了过去部门内各级预算核定单位和基层单位基本上都不同程度地存在"一年预算,预算一年"的现象。编制部门预算有利于提高预算管理水平,增强预算的严肃性。实行部门预算后,预算编制进一步科学化、制度化和规范化,客观上会要求和促进各级领导强化预算观念,减少追加支出的随意性,提高预算管理水平。更重要的是,实行部门预算后,预算资金的使用权将逐渐过渡到必须经过全国人民代表大会的审议和批准。这样政府预算将更具有法律效力,增加了预算的约束力,贯彻了依法治国的方针。总之,实行部门预算反映了政府预算编制的基本原则要求。

2.部门预算的编制内容

部门预算要全面反映部门所有收支活动。从资金类型看,其编制内容包括一般公共预算收支表和政府性基金预算收支表;从机构层次看,包括本级行政单位预算收支表和所属事业单位预算收支表;从资金管理看,包括基本支出预算和项目支出预算。

在现实预算管理中,主要的预算收支表格如表 5-2 至 5-15 所示。

表 5 - 2　收支预算总表　　　　　　　　　　　　单位:万元

收入预算		支出预算	
项目	20××年预算	项目	20××年预算
一、财政拨款		一、一般公共服务支出	
二、事业收入		二、国防支出	
三、上级补助收入		三、公共安全支出	
四、附属单位上缴收入		四、教育支出	
五、经营收入		五、科学技术支出	
六、其他收入		六、文化旅游体育与传媒支出	
		七、社会保障和就业支出	
		八、卫生健康支出	
		九、节能环保支出	
		十、城乡社区支出	
		十一、农林水支出	
		十二、交通运输支出	
		十三、资源勘探工业信息等支出	
		十四、商业服务业等支出	
		十五、金融支出	
		十六、援助其他地区支出	
		十七、自然资源海洋气象等支出	
		十八、住房保障支出	
		十九、粮油物资储备支出	
		二十、其他支出	
本年收入合计		本年支出合计	
七、用事业基金弥补收支差额		二十一、结转下年	
八、上年结转和结余			
收入总计		支出总计	

表 5-3　收入预算总表　　　　　　　　　　　　　　　　　　单位:万元

单位编码	单位名称	总计	上年结转和结余				财政拨款					事业收入		上级补助收入	附属单位上缴收入	经营收入	其他收入	用事业基金弥补收支差额
			合计	财政拨款结转和结余			其他结转和结余	合计	经费拨款	专项预算管理部门安排的拨款	纳入预算管理的行政事业性收费拨款	政府性基金拨款	合计	其中:纳入财政专户的行政事业性收费拨款					
				小计	结转	结余													
××	××	1	2	3	4	5	6	7	8	9	10	11	12	13	14	15	16	17	18

表 5-4　支出预算总表(分部门)　　　　　　　　　　　　　　　单位:万元

功能科目	单位编码	单位名称(功能科目)	总计	基本支出	人员经费			公用经费	项目支出	经营支出	上缴上级支出	对附属单位补助支出	其他支出
				合计	小计	工资福利支出	对个人和家庭的补助						
××	××	××	1	2	3	4	5	6	7	8	9	10	11

表 5-5　支出预算总表(按功能科目汇总)　　　　　　　　　　　单位:万元

功能科目	单位编码	单位名称(功能科目)	总计	基本支出	人员经费			公用经费	项目支出	经营支出	上缴上级支出	对附属单位补助支出	其他支出
				合计	小计	工资福利支出	对个人和家庭的补助						
××	××	××	1	2	3	4	5	6	7	8	9	10	11

表 5-6　人员经费(工资福利支出)预算表　　　单位:万元

功能科目	单位编码	单位名称(功能科目)	合计	工资性支出					社会保险缴费								伙食补助费	其他工资福利支出
				小计	基本工资	津贴补贴	年终一次性奖金	绩效工资	小计	养老保险	医疗保险	失业保险	工伤保险	生育保险	职业年金	其他缴费		
××	××	××	1	2	3	4	5	6	7	8	9	10	11	12	13	14	15	16

表 5-7　人员经费(对个人和家庭的补助)预算表　　　单位:万元

功能科目	单位编码	单位名称(功能科目)	合计	离退休费			退职(役)费	抚恤金	生活补助	救济	医疗费			助学金	奖励金	住房补贴				采暖补贴	物业服务补贴	其他对个人和家庭的补助
				小计	离休费	退休费					小计	离休医疗费	在职及退休医疗费			小计	住房公积金	购房补贴	提租补贴			
××	××	××	1	2	3	4	5	6	7	8	9	10	11	12	13	14	15	16	17	18	19	20

表 5-8　公用经费预算表　　　单位:万元

功能科目	单位编码	单位名称(功能科目)	合计	办公费	印刷费	咨询费	手续费	水费	电费	邮电费	取暖费	物业管理费	差旅费	因公出国(境)费用	维修(护)费	租赁费
××	××	××	1	2	3	4	5	6	7	8	9	10	11	12	13	14

续表

功能科目	单位编码	单位名称（功能科目）	会议费	培训费	公务接待费	专用材料费	被装购置费	专用燃料费	劳务费	委托业务费	工会经费	福利费	交通费		公用经费其他	
													小计	其中：公务用车运行维护费	小计	其中：公务用车购置
××	××	××	15	16	17	18	19	20	21	22	23	24	25	26	27	28

表 5-9　项目支出预算

单位：万元

功能科目	单位编码	项目名称	拟定项目实施起止年份		是否政府购买服务	是否纳入绩效评价范围	金额							
			开始年份	结束年份			合计	工资福利支出	对个人和家庭的补助	商品和服务支出	基本建设支出	其他资本性支出	对企事业单位的补贴	其他各项支出
××	××	××	1	2	3	4	5	6	7	8	9	10	11	12

表 5 – 10 政府采购预算表 单位：万元

功能科目	单位编码	单位名称（项目名称）	序号	是否政府购买服务	资金来源												
						财政拨款					上年结转和结余						
					总计	合计	经费拨款	专项预算管理部门安排的拨款	纳入预算管理的行政事业性收费拨款	政府性基金拨款	事业收入中纳入财政专户的行政事业性收费拨款	合计	财政拨款结转和结余			其他结转和结余	其他自有资金
													小计	结转	结余		
××	××	××	××	××	1	2	3	4	5	6	7	8	9	10	11	12	13

表 5 – 11 财政拨款支出预算表 单位：万元

功能科目	功能科目名称	总计	基本支出	项目支出	备注
××	××	1	2	3	4

表 5 – 12 非财政拨款支出预算表 单位：万元

功能科目	功能科目名称	合计			事业收入中纳入财政专户的行政事业性收费拨款			上年结转和结余			其他自有资金		
		小计	基本支出	项目支出	小计	基本支出	项目支出	小计	基本支出	项目支出	小计	基本支出	项目支出
××	××	1	2	3	4	5	6	7	8	9	10	11	12

表 5－13　财政拨款人员经费（工资福利支出）预算表　　　　单位:万元

功能科目	单位编码	单位名称（功能科目）	合计	工资性支出					社会保险缴费									伙食补助费	其他工资福利支出
				小计	基本工资	津贴补贴	年终一次性奖金	绩效工资	小计	养老保险	医疗保险	失业保险	工伤保险	生育保险	职业年金	其他缴费		
××	××	××	1	2	3	4	5	6	7	8	9	10	11	12	13	14	15	16

表 5－14　财政拨款人员经费（对个人和家庭的补助）预算表　　　　单位:万元

功能科目	单位编码	单位名称（功能科目）	合计	离退休费			退职（役）费	抚恤金	生活补助	救济费	医疗费			助学金	奖励金	住房补贴				采暖补贴	物业服务补贴	其他对个人和家庭的补助
				小计	离休费	退休费					小计	离休医疗费	在职及退休医疗费			小计	住房公积金	购房补贴	提租补贴			
××	××	××	1	2	3	4	5	6	7	8	9	10	11	12	13	14	15	16	17	18	19	20

表 5－15　财政拨款公用经费预算表　　　　单位:万元

功能科目	单位编码	单位名称（功能科目）	合计	办公费	印刷费	咨询费	手续费	水费	电费	邮电费	取暖费	物业管理费	差旅费	因公出国（境）费用	维修（护）费	租赁费
××	××	××	1	2	3	4	5	6	7	8	9	10	11	12	13	14

续表

功能科目	单位编码	单位名称（功能科目）	会议费	培训费	公务接待费	专用材料费	被装购置费	专用燃料费	劳务费	委托业务费	工会经费	福利费	交通费		公用经费其他	
													小计	其中:公务用车运行维护费	小计	其中:公务用车购置
××	××	××	15	16	17	18	19	20	21	22	23	24	25	26	27	28

（1）部门收入预算的编制。

部门收入是各预算单位从不同来源取得收入的总称,具体包括由财政拨款形成的部门一般收入、单位自行组织的事业收入、经营收入、纳入预算管理的政府性基金收入和其他收入。中央部门的各类收入要按照不同来源分别编制预算,汇总后形成部门收入预算。

①部门收入预算编制的内容。部门预算收入包括行政事业单位的财政拨款、事业收入、经营收入和其他收入等。财政拨款收入是指由财政部门拨款形成的部门收入,即财政部门根据预算单位的基本支出预算、项目支出预算以及各方面收入来源情况,综合核定对某一单位的年度财政拨款额。其他收入包括上级补助收入、事业收入(指从事专业业务活动取得的收入)、事业单位经营收入、附属单位上缴收入或用事业基金弥补收支差额等。

②部门收入预算编制的程序。部门预算的编制程序是"二上二下"。"一上"是指,只填报部门预算年度自行组织收入计划大数以及与基本支出有关的基础数据和项目申报文本、报表;"一下"是指,财政部下达基本支出控制数、财政拨款控制数和项目预算控制数。"二上"是指,部门在填报有关支出报表时,必须进一步夯实收入预算表。各部门在安排下年收入计划时,要根据历年收入情况和下年预计增减变动因素,按收入类别逐项测算编制。特别是对其他收入等部门自行组织的收入,各单位要充分挖掘收入潜力,实事求是地安排,不能虚报、少报。"二下"是指部门预算经全国人民代表大会批准后 30 日内,财政部向各部分批复预算,并由各部门在 15 日内向下级预算单位批复下级单位的预算。部门收入预算表见表 5-3。

收入预算总表要求部门和单位填列。设计此表的目的:一是反映部门和各二级单位的总收入情况;二是反映部门和各二级预算单位分项收入情况,如上年结转、财政拨款、上级补助收入、事业收入、事业单位经营收入、附属单位上缴收入、其他收入及用事业基金弥补的收支差额;三是反映部门收入在行政单位、事业单位和其他三种类型分布情况;四是反映部门所属二级预算单位按科目的收入情况。这张表是整套部门预算报表体系的一张基本表,它不仅是汇总表的数据来源,也是设计各表格之间平衡关系的基础。

（2）部门支出预算的编制。

部门支出预算要求各部门根据国家现有的经费政策和规定,测算部门和单位的各项支出情况,不仅包括分部门和分功能的支出预算总表,还包括人员经费和公用经费等基本支出预算表,以及项目支出预算表。在支出预算表编制上一般可以采用"基数加增长"编制方法,也可以采用零基预算,即按预算年度所有因素和事项,分轻重缓急测算每一级科目和项目的支出需求。所有支出预算都要编列到具体项目。

①部门基本支出按定员定额核定。

A. 标准定员的制定。定员是根据行政事业单位的规模或工作量,对人员编制或定员比例所规定的人员指标额度。对行政单位来说,就是国家根据精简的原则和各地的经济情况、人口多少、区域大小以及行政任务的需要所确定的人员编制。行政单位的人员编制必须既能适应当前行政工作的需要,又符合精兵简政方针的要求,防止和克服机构臃肿、人浮于事、效率不高的情况。对事业单位来说,一般有两种情况:一种是国家根据单位工作任务的繁简、机构的类型和大小,分别规定人员编制,类似于行政机关的做法;另一种是国家根据特定的业务计算单位或服务对象所要求的定员比例,确定职工人员数额,如学校的教职工定员。事业单位的定员在国家事业劳动计划指标内,根据事业单位的不同性质、规模和特点,由业务主管部门或全国编制主管部门制定。制定方法有两种:一是根据机构的级次和工作任务制定定员人数;二是根据业务工作量定额制定定员人数。

B. 标准定额的制定。定额是国家对行政事业单位在一定时期内,有关人力、物力、财力的补偿、消耗或利用方面所规定的各种经济限额。定额的制定种类繁多,情况各异,既有收入定额,又有支出定额;有的以货币指标反映,有的以实物指标反映;有的是财政、财务主管部门测定单位执行的,有的是单位根据业务需要自行制定经上级批准执行的;有的是预算定额,有的是执行定额。因此,制定定额是比较复杂的工作。

C. 制定定额的一般程序:一是明确定额内容;二是搜集资料;三是加工整理和分析;四是确定方案。根据搜集的资料和分析得到的先进水平,结合当前具体情况和今后的发展趋势,提出初步方案,并将方案报请单位领导或上级主管部门、财政部门审查批准执行。

D. 制定定额标准的方法:一是充分准备基础性资料;二是按照一般预算支出科目,对行政经费中的各个支出项目进行细化,并尽可能地予以量化;三是确定各单位行政经费开支中共性支出的范围、项目及基准标准;四是按部门的性质,划分定额项目中支出标准的等级;五是各项开支标准以国家规定为主、实际支出为辅予以确定;六是严格清理不合理的开支项目。

定员定额标准制定以后,要根据情况的变化不断完善,因为定额的制定来源于客观现实,对通过实际执行反映不尽合理的定额标准进行修订。另外,随着客观情况的发展变化、国家政策的调整,定额的标准也应相应进行调整,以保证定员定额的先进性和合理性。

②基本支出预算表的编制。基本支出预算表包括人员经费和公用经费。按照预算编制改革的总体部署,今后部门基本支出预算的核定不再以上年基数为基础,而以财政部门核定的定员定额标准为依据。

各部门和单位编制公用经费预算时,应根据其拥有的政府资源的情况和业务工作的性质,按照财政部门核定的单项定额标准和调整系数测算编制。要逐步扩大公用经费定额标准的涵盖范围,凡属共性的、经常性的开支项目,都要实行单项标准定额;对无法细化成单项定额的支出项目,也应按照量化的原则归类核定综合定额;其他一次性、不宜在基本支出预算中通过标准定额核定的开支项目,可纳入项目预算进行管理。部门支出预算表见表5-4。

(三)总预算的编制

国家总预算包括中央预算和地方总预算。中央预算和国家总预算由财政部汇编。地方总预算包括省(直辖市、自治区)总预算和市、州、县(市)、乡镇总预算,由各地方财政部门汇编,并报上级政府和财政部门备案。

1.中央政府预算编制

中央政府预算,简称中央预算,是经法定程序批准的中央政府的财政收支计划,由中央各部门(含直属单位)的预算组成,并包括地方向中央上解的收入数额和中央对地方返还或者给予补助的数额。中央预算草案由财政部具体编制,报国务院审定后,提请全国人民代表大会审查和批准。财政部在汇编时,并不是简单地将各部门预算中的收支数额进行汇总,而是根据预算汇编的口径和预算管理办法对中央各部门预算草案进行审核,还要把财政部直接掌握的收支,如债务收支、总预备费以及预算调拨收支等一并编制,经过审核、汇总和综合平衡后,编制成中央预算草案。

中央预算的编制内容具体包括中央一般公共预算、中央政府性基金预算、中央国有资本经营预算等。中央一般公共预算收入编制内容包括本级一般公共预算收入、从国有资本经营预算调入资金、地方上解收入、从预算稳定调节基金调入资金、其他调入资金。中央一般公共预算支出编制内容包括本级一般公共预算支出、对地方的税收返还和转移支付、补充预算稳定调节基金。中央政府性基金预算收入编制内容包括本级政府性基金各项目收入、上一年度结余、地方上解收入。中央政府性基金预算支出编制内容包括本级政府性基金各项目支出、对地方的转移支付、调出资金。中央国有资本经营预算收入编制内容包括本级收入、上一年度结余、地方上解收入。中央国有资本经营预算支出编制内容包括本级支出、向一般公共预算调出资金、对地方特定事项的转移支付。

2.地方政府预算编制

地方政府预算,简称地方预算,是经法定程序批准的地方各级政府的财政收支计划的统称,由各省、自治区、直辖市总预算组成。根据政府预算管理体制,地方预算收入主要来源于国家税收中属于地方的税收、地方政府所属企业的上缴利润、中央和地方共享收入中的分成收入以及上级政府的转移性收入等。地方预算的支出,主要是承担本地区政权机关运转所需支出以及本地区经济、事业发展所需支出。地方预算草案由地方各级财政部门具体编制,经本级政府审定后,提请本级人民代表大会审查批准。同时,财政部汇总地方预算草案,提请全国人民代表大会审查。根据《预算法》规定,县以上地方各级财政部门除编制本级预算草案外,仍要审核汇总本级政府所辖行政区域总预算草案,即将本级政府预算与下一级政府总预算汇总而成,经本级政府审定后,报上级政府以便汇总,同时提请本级人民代表大会审议。

(1)地方政府预算编制的基本要求:①服从中央统一领导。在预算编制过程中,要执行国家的法律、法规及有关的财政政策,按照政府预算管理体制的规定,处理好各级预算的关系,特别是处理好地方与中央预算的关系。在服从中央统一领导的前提下,保证收入任务全面完成,支出的安排则要统筹兼顾,保证重点。②坚持地方预算的收支平衡。地方总预算作为政府预算的组成部分,必须充分挖掘潜力,保证完成收支任务,搞好地方预算的收支平衡。③执行国家统一的财政方针和制度。地方预算必须根据国家的财政政策和财经制度编制,严格执行国家统一规定的制度、办法和开支标准,如中央制定的政府预算决算制度、税收制度、会计制度、工资制度、企业征税成本和商品流通费用的开支范围等。

（2）地方本级政府预算的编制内容：地方政府本级预算的编制内容包括地方一般公共预算、地方政府性基金预算、地方国有资本经营预算等。地方各级一般公共预算收入编制内容包括本级一般公共预算收入、从国有资本经营预算调入资金、上级税收返还和转移支付、下级上解收入、从预算稳定调节基金调入资金、其他调入资金。地方各级一般公共预算支出编制内容包括本级一般公共预算支出、上解上级支出、对下级的税收返还和转移支付、补充预算稳定调节基金。地方政府性基金预算收入编制内容包括本级政府性基金各项目收入、上一年度结余、下级上解收入、上级转移支付。地方政府性基金预算支出编制内容包括本级政府性基金各项目支出、上解上级支出、对下级的转移支付、调出资金。地方国有资本经营预算收入编制内容包括本级收入、上一年度结余、上级对特定事项的转移支付、下级上解收入。地方国有资本经营预算支出编制内容包括本级支出、向一般公共预算调出资金、对下级特定事项的转移支付、上解上级支出。

中央和地方社会保险基金预算的编制内容包括社会保险基金收入预算和社会保险基金支出预算。社会保险基金预算收入包括各项社会保险费收入、利息收入、投资收益、一般公共预算补助收入、集体补助收入、转移收入、上级补助收入、下级上解收入和其他收入。社会保险基金预算支出包括各项社会保险待遇支出、转移支出、补助下级支出、上解上级支出和其他支出。

3.国家总预算的编制

由于国家总预算是根据中央各部门预算和地方预算汇编而成的，所以财政部在收到中央各部门预算和各省、自治区、直辖市的总预算后，经过审核和汇总编成国家预算草案，并编制国家预算说明书，然后报国务院审核和全国人民代表大会批准。国家总预算说明书的内容如下：

（1）分析检查上年预算预计完成情况。分析时要与上年核定的预算数和国民经济计划完成情况进行对比，说明超收、短收和支出超支或结余的原因，总结经验教训，提出改进措施，保证完成任务。

（2）说明预算编制的指导思想。包括如何具体地贯彻党的方针、政策和一定时期的中心任务，使之更好地体现在财政收支预算中。

（3）说明预算编制的主要依据。包括国民经济计划的各项经济指标及其对财政收支预算的影响。

（4）说明预算中的主要收支数据、收支规模和收支结构，以及收支预算安排的平衡情况。

（5）通过计划年度的收支计划数和上年预计完成数进行的比较，说明计划年度收支增减变化的幅度和原因。

专栏 5-2　　　　　什么是总理预备费？有多少钱？都花哪了？

2017年3月9日，李克强总理在参加全国人代会陕西代表团的审议时表示，谁能提出治理雾霾良策，他愿拿出总理预备费给予重奖。到底什么是"总理预备费"？预备费都花在哪儿了？

李克强曾多次提到动用总理预备费

3月9日，李克强在陕西团参加审议时说："我在国务院常务会议几次讲过，如果有科研团队能把雾霾的形成机理和危害真正研究透，提出更有效的应对良策，我们愿意拿出总理预备费给予重奖！这是民生的当务之急啊。我们会不惜财力，一定要把这件事研究透。"

其实，这并不是李克强第一次对总理预备费的使用做出表态。

2016 年 4 月 15 日，在北京大学召开的高等教育改革创新座谈会上，李克强提出，教育部要拿具体计划，支持 100 个世界一流学科建设。"今年的预算已做完了，不行的话就从总理预备费中出。舍不得金弹子，打不了金凤凰。"

同年 7 月 29 日，李克强在国务院防汛工作专题会议上表示："有些地方尤其是长江一带，汛期来得早，持续时间长，转移人口比较多。要强化转移群众的过渡安置。这主要由地方负责，中央要给支持，中央财政要及时拨付救灾款项，该动用预备费就要动用，因为预备费本来主要就是应对灾害的。"

总理预备费有多少钱？ 占中央预算支出 1%~3%

李克强提到的"总理预备费"，在中央决算中有个正式的名字，叫"中央预备费"。财政部一位专家介绍，中央财政总预算预备费只能在国务院常务会议通过的情况下，由总理亲自调拨。因此，经济界人士也称其为"总理基金"。

《预算法》规定，中央预备费按照中央全年一般公共预算支出额的 1% 至 3% 设置。这笔钱具体有多少？根据每年中央财政收入和预算支出的不同，从几亿到几百亿不等。

以 1983 年为例，当时《预算法》尚未出台，中央预备费应占预算多少比例并无明文规定，当年的中央预备费只有 5 亿元。为此，全国人大财政经济委员会在审查当年国家决算时指出，这一比例偏小，"从长远考虑，为了把国家预算建立在更加稳固可靠的基础上，今后国家总预备费应逐步有较多的增加"。之后，中央预备费金额逐步增多。

近年中央决算报告显示，2003 年中央预备费已达 100 亿元，到 2006 年增至 150 亿元，2008 年增至 350 亿元，2009 增至 400 亿元，2011 年起增至 500 亿元。

2017 年 3 月 5 日，财政部提请十二届全国人大五次会议审查《关于 2016 年中央和地方预算执行情况与 2017 年中央和地方预算草案的报告》，其中提到了中央预备费为 500 亿元，占当年中央本级支出的 1.69%。

预备费花在哪儿了？ 主要应对灾害等突发事件

根据《预算法》的相关规定，预备费用于当年预算执行中的自然灾害等突发事件处理增加的支出及其他难以预见的开支。

2000 年，按预算编制改革要求，今后财政部不再保留预算机动指标，对预算中确需追加的支出，由各部门提出申请，财政部汇总审核后报国务院审定，通过动用预备费解决。

由于预备费金额已列在当年预算中，并且经全国人大会议审查和批准，具体动用支出时不再需经人大审批，由行政决定即可。

中央预备费具体花在哪儿？从历年中央决算报告中可一窥究竟。

在《预算法》开始实施的 1995 年，中央预备费 21 亿元，其中一半用于防汛、救灾，其余用于外事、国防、社会治安和文教科学等临时性支出。

在 2008 年一系列自然灾害面前，中央预备费的拨付达到总预算的 2.65%，仅在汶川特大地震中的预备费拨付就达到 349.94 亿元，几乎用尽了当年的中央预备费。

2011 年，青海玉树地震灾后重建有 47.81 亿元来自中央预备费。

2013 年，四川芦山地震灾后重建资金有 89.83 亿元来自中央预备费。

2014 年，中央预备费中又拿出 99.2 亿元用于云南鲁甸地震灾后重建。

贫困生上学、非典防治……是总理预备费重点支持对象

随着中央财政收入年年递增,预备费的使用项目也更丰富,除自然灾害与紧急公共事件上的支出,科教文卫等领域,都成为总理预备费的重点支持对象。

1982 年,我国建立学位制度初期,由于研究生教育经费紧张,国务院专门从总理预备费中拨出 2 000 万给 88 所重点大学作科研经费;自 1994 年起,每年都动用总理预备费 1 亿元,专项用于对中央部属高校中经济困难学生的资助;从 2002 年起,中央财政在总理预备费中每年再增加 1 亿元,设立国家奖学金,用于对全国普通高校中经济困难、品学兼优的学生进行资助;2003 年,中央财政又从总理预备费中增拨 4 000 万元,将获得国家奖学金的贫困生增加了 1 万人。

我国目前唯一的极地科考船"雪龙号"的采购用的也是总理预备费。1992 年秋,乌克兰造船厂有破冰船急于出售。但当时我国外汇储备有限,财政部和国家计委的财政计划也早已完成审批,不可能挪出任何经费。时任国家南极考察委员会主任的武衡写报告直接上报国务院,时任国务院总理李鹏特批从总理预备费中解决。1993 年从乌克兰以 1 750 万美元买进这条破冰船。

如今你能享受到互联网带来的便捷,也和总理预备费有关。1993 年,我国参加 CCIRN(洲际研究网络协调委员会)会议,基本扫清了连入全球 Internet 的障碍,随后,时任国务院总理李鹏批准使用 300 万美元总理预备费支持启动金桥前期工程建设(即建设国家公用经济信息通信网)。

疾病防治也是总理预备费倾力支持的方面。1995 年,国家用总理预备费专项拨款 600 万元资助血吸虫病疫苗研究;2003 年"非典"暴发,中央财政设立"非典"防治基金,基金总额 20 亿元,从预算总预备费中安排。当年中央预备费中卫生医疗支出达 22.12 亿元,占实际动用金额的 1/4 以上;2005 年,中央财政从预算总预备费中安排 20 亿元,设立高致病性禽流感防控基金。

资料来源:http://news.163.com/17/0313/03/CFCKMJ4M00018AOP.html.

思考提示:

1. 从近年来总预备费的动用情况,分析我国财政预算管理的主要进展。

2. 请关注您所在地方的财政总预备费动用情况,并与总理预备费的使用情况进行比较,看看其中的主要异同有哪些。

专栏 5-3　　　　　　　　　中期财政规划改革

中期财政规划改革体现了当代预算管理改革的发展潮流,也是建立现代财政制度、实现国家治理现代化的重要内容。党的十八届三中全会通过的《中共中央关于全面深化改革若干重大问题的决定》、2014 年 8 月全国人大常委会审议通过的《中华人民共和国预算法》修正案、2014 年 9 月发布的《国务院关于深化预算管理制度改革的决定》及 2015 年 1 月发布的《国务院关于实行中期财政规划管理的意见》中,均重点强调了建立跨年度预算平衡机制、实行中期财政规划管理改革。中期财政规划并非对年度预算的简单替代,而是在中期时间跨度内(通常为 3~5 年)准备政府预算,或将年度预算置于中期财政规划的视野之中,其主要目的是根据国家战略目标,确定公共支出重点及优先次序,设定部门支出限额,从而推动有限预算资源的有效配置。在现时的中国,中期财政规划的前身是 2008 年前后就已在河北省、河南省焦作市和安徽省芜湖县启动的三年期滚动预算试点。

多年期的预算方法很早就被提出了,其对资源的分配从长期的角度出发,被看作是加强理性选择的一次创新。一年期的预算方法,一直以来受到争论,被认为导致了目光短浅,因为它只考虑了次年的开支;被认为导致了过度开销,因为在未来几年中的大量开支被隐藏了;被认为是一种保守主义的做法,因为即使是预算增加,也不会看到一个更宽广的未来;还被认为是一种狭隘主义的做法,因为各个项目被孤立看待,没有比较它们未来的成本,而未来成本在考虑时要结合预期的收入。将预算的时间间隔延长为 3 年或 5 年也有争议,认为这样一来就使预算的长期计划性代替了其短期反应性,而同时预算所具有的对于资金的控制也会变成应付了事。另外,一般到了预算年底,会出现增加开支来用光本年度预算的现象,而如果将预算的年度延长,则会降低这种现象出现的频率。

年度预算的另一个主要缺陷就是忽略了潜在的财政风险。许多当前的政策或政府承诺隐含着导致未来开支或损失剧增的财政风险,但在年度预算框架下,由于这些开支不能在预算中体现出来,从而忽略了这些可能造成高昂代价的潜在风险,而一旦注意到这一点时已经为时已晚,从而无法使决策者在早期阶段就鉴别风险,并采取相应的措施以防患未然。

中期预算的思想可以上溯到 20 世纪 40 年代美国经济学家阿尔文·汉森(Alvin Hansen)提出的周期预算平衡政策或长期预算平衡理论。中期预算框架也可追溯至 20 世纪 50 年代关于发展计划的系列文献。20 世纪 80 年代澳大利亚的预算改革大致可以算作当代中期支出框架(medium-term expenditure framework,MTEF)的雏形。MTEF 是一个通常为期 3~5 年的滚动且具有约束力的支出框架。早在 20 世纪 60 年代,著名预算学者阿伦·威尔达夫斯基(Aaron Wildavsky)就曾指出,中期支出框架已逐渐成为预算编制和弥补年度预算缺陷的一种方法,有望解决诸如短视、保守主义(预算僵化)、狭隘主义(争夺预算资源)、年终突击花钱等问题。目前,全球已有超过三分之二的国家实行了某种形式的中期支出框架,其中,较为普遍的是处于初级阶段的中期财政框架。但近年来已开始转向更高阶段的中期预算框架和中期绩效框架,有的国家则直接采用后两者,而不再经过中期财政框架的过渡(参见表 5-16)。

表 5-16　1990—2008 年采用 MTEF 的国家变化情况　　　　　单位:个

发展阶段	模式	MTEF 的数量		1990—2008 年的变化		
		1990	2008	新的 MTEF	过渡/转换	逆转
初级阶段	MTFF	9	71	104	—41	—1
中级阶段	MTBF	1	42	21	23	—3
高级阶段	MTPF	1	19	0	18	0
统称	MTEF	11	132	125	0	—4

资料来源:World Bank(2013)。

思考提示:中期财政规划与年度预算相比,有哪些优点和不足?

第四节　政府预算的审查和批准

我国预算法规定,国务院在全国人民代表大会举行会议时,向大会作关于中央和地方预算草案的报告;地方各级政府在本级人民代表大会举行时,向大会作关于本级总预算草案的报告。中央预算由全国人民代表大会审查和批准;地方各级政府预算由本级人民代表大会审查和批准。这表明政府预算编制完成以后,并不意味着真正形成了具有法律意义的当年年度预算,还必须经过人民代表大会的审查和批准后才成为一个法律文件。

一、财政部门对政府预算草案的审核

财政部门对政府预算草案审核的主要内容如下:

(1)预算收支的安排是否贯彻了党和国家的各项方针、政策,以及国务院关于编制预算草案的指示精神。

(2)预算收支的安排是否符合国民经济和社会发展计划指标及政府预算指标的要求,如各地方总预算的收入是否符合中央下达的任务指标,预算支出是否符合政府规定的各项事业计划,以及是否按照规定的人员编制、定额、开支标准编制等。

(3)预算收支的安排是否符合现行预算管理体制的要求。

(4)预算编制的内容是否符合要求,资料是否齐全,核算口径是否正确,相关联表格的有关数字是否一致,有无技术性和数字上的差错等。

财政部将中央预算草案和地方各预算草案汇编成全国预算草案以后,并附编制政府预算草案的文字说明书,上报国务院审查,经国务院核准后,提交全国人民代表大会审查批准。

二、政府预算的审查和批准

(一)政府预算审查和批准的程序

1.各级人民代表大会对预算草案的初步审查

初步审查是指在召开人民代表大会之前,由全国人民代表大会财政经济委员会或地方人民代表大会常务委员会有关专门委员会对预算草案的主要内容进行初步审查。财政部在每年全国人民代表大会会议举行的四十五日前,要将中央预算草案的初步方案提交全国人民代表大会财政经济委员会进行初步审查;省、自治区、直辖市,设区的市、自治州政府财政部门也应在本级人民代表大会会议举行的三十日前,将本级预算草案的初步方案提交本级人民代表大会有关专门委员会或本级人民代表大会常务委员会有关工作机构进行初步审查;县、自治县、不设区的市、市辖区、乡、民族乡、镇人民代表大会举行会议审查预算草案前应采取多种形式,组织本级人民代表大会代表听取选民和社会各界的意见。

2.各级人民代表大会对预算草案的审查批准

审查批准是首先由国务院向全国人民代表大会作关于中央和地方预算草案的报告(一般是报告上年度中央和地方预算执行情况和本年度中央和地方预算草案),提请人民代表审议。在审议过程中,人民代表有权就有关问题提出质询,国务院和财政部必须作出明确答复。在此期间,全国人民代表大会财政经济委员会要向大会作关于中央预算草案审查结果的报告,提请大会讨论审查。经讨论、审查并通过报告以后,大会作出批准中央预算的决议。如果作出修改预算的决议,国务院应据此进行修改和调整。经过全国人民代表大会审查批准的中央预算,即为当年的中央预算。地方各级预算草案由本级人民代表大会审查批准,其审查批准过程是:由地方各级政府在本级人民代表大会举行会议期间,向大会作关于本级总预算草案的报告,经讨论审查,批准本级预算。

(二)政府预算的批复

各级预算经各级人民代表大会批准后,财政部门应及时办理批复预算手续,以保证各级预算的执行。按《预算法》要求,财政部应自全国人民代表大会批准中央预算之日起二十日内向中央各部门批复预算;中央各部门应在财政部批复本部门预算之日起十五日内,向所属单位批复预算;地方各级财政部门应自本级人民代表大会批准本级政府预算之日起二十日内批复本级各部门预算;地方各部门应当在本级财政部门批复本部门预算之日起十五日内,向所属各单位批复预算。

各级政府预算按上述过程经各级人民代表大会审核批准后,即具有法律效力,应向社会公布,各地区、各部门、各单位都要依法贯彻执行。

(三)政府预算的备案制度

《预算法》规定,地方各级政府应当及时将本级人民代表大会批准的本级预算及下一级政府报送备案的预算汇总后,报上一级政府备案,并将下一级政府上报备案的预算汇总,报本级人民代表大会常务委员会备案。国务院将省、自治区、直辖市报送备案的预算汇总后,报全国人民代表大会常务委员会备案。当上级政府对下一级政府报送备案的预算,认为有与法律、行政法规相抵触或者有其他不适当之处,需要撤销批准预算的决议时,应当提请本级人民代表大会常务委员会审议决定。这些规定加强了上一级政府和本级人民代表大会常务委员会对下级预算的监督。

专栏5-4 **"三上三下":河北省的独特预算编审流程**

河北省财政厅于每年3月份部署预算编制工作,11月20日前向省人大常委会报送功能预算和部门预算草案。整个预算编制过程划分为六个阶段,并遵循"三上三下"的程序。六个阶段包括布置预算编制、编制预算建议计划、财政审核、征求意见和编制部门预算文本、编制并上报预算草案、批复预算。"三上三下"程序:"一上",预算部门于8月上旬向省财政厅报送部门预算收支建议计划和单位基本情况。"一下",省财政厅于8月底下达部门支出限额和预算建议计划初步审核意见。"二上",部门于9月15日前根据限额和省财政厅意见,编制部门预算文本,报省财政厅。"二下",省财政厅调整修改部门预算文本,于10月上旬下达部门征求意见。"三上",部门于10月15日前向省财政厅反馈部门预算文本意见。"三下",全省人民代表大会批准预算后,省财政厅在30日内批复省级部门预算(包括部门政府采购预算),各部门在省财政厅批复部门预算后15日内下达所属单位预算。河北预算编制程序模式与全国模式的比较如表5-17所示。

表5-17 河北预算编制程序模式与全国模式的比较

	全国模式	河北模式
一上	各部门向财政部报送本部门与预算需求相关的基础数据和相关资料,由财政部计算各部门基本预算支出	预算部门向省财政厅报送部门预算收支建议计划和单位基本情况
一下	财政部门向各部门下达基本支出预算控制数,按照项目支出预算管理办法审核下达项目支出预算控制数	省财政厅下达部门支出限额和预算建议计划初步审核意见
二上	各部门根据基本支出控制数、项目支出预算控制数,按照预算科目编制部门预算,并按规定报送财政部门	部门编制部门预算文本,报省财政厅

续表

	全国模式	河北模式
二下	各级人大批准预算后,财政部门在规定的时间内批复、下达各部门预算	省财政厅调整修改部门预算文本,下达部门征求意见
三上		部门向省财政厅反馈部门预算文本意见
三下		全省人民代表大会批准预算后,省财政厅批复省级部门预算(包括部门政府采购预算),各部门下达所属单位预算

资料来源:高培勇,等.地方预算改革典型模式的比较与评价.2006.

思考提示:

1.中国的政府预算编制审批程序与美英等国存在哪些不同?

2.河北省的政府预算编制审批程序反映了我国在政府预算编制审批方面有哪些改革趋势?

关键术语

政府预算收入　政府预算支出　政府预算编制　单位预算　部门预算　总预算

思考与练习

1.分析比较各种预算收支预测方法的优缺点。

2.简述单位预算和部门预算编制的基本内容。

3.简述政府预算编制的一般流程。

4.简要说明我国政府预算审批的内容和程序。

第六章　政府预算执行

政府预算执行是各级财政部门和其他预算主体组织预算收入和划拨预算支出的过程。政府预算经法定程序批准后即进入执行阶段,它是完成政府预算收支任务的关键步骤,是政府预算管理工作的中心环节。我国政府预算执行的基本任务主要包括收入执行、支出执行、预算平衡和预算监督。

为使预算执行任务圆满完成,需有相应机构作为组织保障,并赋予相应职责。具体来说,预算执行包括收入执行和支出执行两个方面,由国库通过国库集中收付制度来履行。在预算执行中,为使预算适应不断变化的新情况,还需适时对预算进行必要的调整和修正,以达到预算收支新的平衡。另外,为了保证预算执行的顺畅运行,还需对预算收支情况进行检查。

进入 21 世纪以来,我国在预算执行方面进行了多项改革,如国库集中收付制度改革、政府采购制度改革等,本章将对改革的主要内容进行介绍。通过本章学习,要明确预算执行目的和相关组织系统的设置及其任务,掌握预算执行内容,把握预算执行制度改革内容,熟悉预算检查方法。

第一节　政府预算执行的任务与机构

政府预算经过法定程序批准,在新的预算年度开始后,就进入了执行阶段。因此,所谓预算执行就是按照批准后的预算组织预算收支,并对其进行平衡和监督的活动。从法律角度来看,预算执行是预算法的中心和归宿,无论是预算编制,还是预算审批,抑或预算监督,都是为了保证预算执行的合理性与合法性,提高预算执行效率[①]。

我国政府预算执行组织体系由国家行政领导机关和职能机构组成,包括各级政府、各级财政部门、预算收入征收部门、各预算部门及单位、各商业银行、政策性银行和国家金库等。这些机构从不同层次、不同角度和不同方面负责或参与政府预算执行活动。

一、政府预算执行的任务

政府预算执行是组织预算收入、支出、平衡和监督等一系列工作总称。政府预算执行按预算级次可分为中央预算执行和地方预算执行;按预算内容可分为预算收入执行、预算支出执行、预算平衡和预算监督等。政府预算执行的基本任务可分为以下四个方面。

(一)积极组织预算收入

该任务是根据国家的政策、财政制度法规以及税法,把各地区、各部门、各企事业单位应缴

---

① 朱大旗.中华人民共和国预算法释义[M].北京:中国法制出版社,2015:196.

的预算收入,及时、足额地收缴入库。税收是预算收入的主要来源,要加强各项税收的征管工作,严格执法,做到按政策应收尽收,各预算收入征收部门不得擅自减征、免征或者缓征应征的收入,不得截留、占用、挪用应上缴的预算收入,这是预算执行的首要任务。通过组织收入工作,要充分调动各方面的积极性,努力促进各部门根据社会需要调整产业结构,增加生产,加强经济核算,改善经营管理,提高经济效益和盈利水平。

(二)及时拨付预算资金

各级财政部门在组织收入的同时,还要做好预算支出的执行工作。做好预算支出的执行关系到国民经济的宏观结构,为此,必须根据年度支出预算和季度用款计划,及时拨付预算资金,保证经济社会发展的资金供给。在拨付资金的过程中,既要按照计划及核定的资金用途,结合各部门的经济事业发展进度,及时合理地拨付资金,还要监督各用款单位管好用好资金,提高资金使用效率。

(三)组织预算收支平衡

政府预算执行,在年度中经历着从平衡到不平衡再到新的平衡的一系列过程。这是由于国家政治经济形势变化,以及在年度执行预算过程中出现预算收入超收或短收,预算支出增加或减少,国家政策调整,新的改革措施出台,自然灾害及季节性因素影响等,都会引起预算收支的变化。这就要求组织预算执行的机关,及时分析掌握预算收支执行情况,并采取有效措施,不断地组织新的预算收支平衡,以保证预算收支任务的顺利实现。

(四)加强预算执行监督

该任务要求在预算执行过程中,要按照相关法律、法规和规章制度,对预算资金集中、分配、使用过程中的各种活动加以控制,即监督检查各预算执行单位执行预算和遵守财经纪律的情况,防止预算执行中的各种偏差。要把事前监督、日常监督和事后监督三者有机结合,使监督成为保证政府预算正确执行的有效措施。

二、政府预算执行的机构

我国政府预算执行涉及各级政府、各级财政部门、预算收入征收部门、国家金库和各有关部门等,这些机构从不同层次、不同角度和不同方面负责或参与了政府预算的执行活动,按照国家政权级次、行政区划和行政管理体制实行"统一领导、分级管理、分工负责"。

(一)领导机关

根据《预算法》规定,各级预算由本级政府组织执行,即国务院以及地方各级人民政府是政府预算执行的组织领导机关。其中,国务院作为国家最高行政机关,负责中央预算的组织执行;地方各级人民政府负责本级政府预算和本行政区域内总预算的执行,并负责对本级各部门和所属下级政府预算执行进行检查和监督。

(二)执行机关

根据《预算法》规定,政府预算的具体执行机构是本级政府财政部门,即财政部对国务院负责,在国务院的领导下,具体负责组织中央预算的执行,指导和监督地方预算的执行,并定期向国务院报告预算执行情况;地方各级财政部门对地方各级政府负责,并在其领导下,具体负责组织本级预算的执行、监督和指导所属下一级预算的执行,并定期向同级人民政府和上一级财政部门报告预算执行情况。

（三）执行主体

根据《预算法》规定，各部门、各单位是本部门、本单位的预算执行主体，负责本部门、本单位的预算执行，并对执行结果负责。其中，中央和地方各级主管部门负责执行本部门预算的财务收支计划，提出本部门预算调整方案，定期向同级财政部门报告预算执行情况；各企业、事业、行政单位负责本单位预算和企业财务收支计划的执行；财政部门统一负责组织政府预算收支的执行工作，并按各项预算收支的性质和不同管理办法，分别由财政部门和各主管收支的专职机构负责组织管理。

（四）参与机关

国家还指定专门的管理机关参与政府预算执行工作。组织预算收入执行的机关主要有税务机关和海关；参与组织预算支出执行的机关主要有国家开发银行、中国农业发展银行等政策性银行和有关国有商业银行；由中国人民银行代理的国家金库担负着政府预算执行的重要任务，具体负责预算收入的收纳、划分和留解，也是预算执行的参与机关。

三、政府预算执行机构的职责

为保证预算执行任务的实现，需要明确各类机关在预算执行中的职责。

（一）各级人民政府的职责

各级人民政府是预算执行的组织领导机关。国务院作为国家最高行政机关，负责组织中央和地方预算的执行，具体包括：执行政府预算法律法规；制定预算管理方针、政策；组织政府预算执行；编制中央预算调整方案；决定中央预算预备费的动用；颁布全国性重要的财政预算规章制度；向全国人民代表大会、全国人民代表大会常务委员会报告政府预算执行情况。

地方各级人民政府负责组织本级政府预算和本行政区域内总预算的执行，具体包括：颁发本级预算执行的规定、法令；决定本级预算预备费的动用；按规定执行预算调剂权；按规定安排使用本级预算结余；向本级人民代表大会、本级人民代表大会常务委员会报告本级总预算的执行情况。

地方各级人民政府执行地方预算的权限包括：根据国家有关法令、法规规定和预算管理体制，结合本地区的具体情况，制定各本级预算执行的有关规定和具体实施办法；批准动用本级预算的预备费和地方机动财力；在保证完成上级下达和同级人民代表大会核定的预算收支任务及各项事业计划的前提下，除了上级指定的有特殊用途的专款之外，可以按规定程序在收支项目之间进行必要的调剂，但是，执行中因经济形势变动，调整工资，调整价格或减免税收等重大变化或由于自然灾害影响需要核减收入预算或追加支出预算时，必须经同级人民代表大会常务委员会批准，并报上级人民政府备案；分析检查本地区预算执行情况和审查本地区年度决算。

（二）各级财政部门的职责

在政府预算的执行中，具体负责组织执行的职能机构是财政部和地方各级财政机关。财政部在国务院领导下，研究制定组织预算收入和管理预算支出的制度和办法；具体负责组织政府预算的执行工作，执行中央预算并指导检查地方预算的执行；协调预算收入征收部门、国库和其他部门的业务工作；提出中央预算预备费动用方案；具体编制中央预算的调整方案；定期向国务院报告中央和地方预算的执行情况。

地方各级财政机关在同级政府领导下，具体负责组织本级预算的执行，保证其预算收入和支出任务的完成,监督和指导下级预算的执行;指导和监督各部门、各单位建立健全财务制度和会计核算体系,按照规定使用预算资金;提出本级预算预备费的动用方案;具体编制本级预算的调整方案;定期向本级政府和上一级政府财政部门报告本级总预算的执行情况。

(三)征收部门的职责

征收部门是负责预算收入的征收管理机关。我国目前预算收入的征收部门除了财政部门外,还包括税务机关和海关。

1. 税务机关的职责

在政府预算执行过程中,税务机关的主要职责是进行税收征收管理,组织预算收入和实施税收调节,贯彻国家有关政策。在组织收入方面,负责各项工商税收的征收管理,以及国家交办的其他预算收入的征收管理,研究和制定税收征管政策、规章,分析检查税收计划的完成情况,依法审批减免税事项。

根据 1994 年分税制及税种划分要求,由国家税务总局和地方税务局各自负责所管理税种的征收管理。其中,国家税务总局主要负责征收中央固定税和中央与地方共享税,地方税务局负责征收地方税。2018 年《深化党和国家机构改革方案》中,将省级和省级以下国税地税机构合并,具体承担所辖区域内各项税收征管职责。

2. 海关的职责

海关在预算执行中的职责是:对进出口的货物和各种物品、旅客行李等依法征收关税和规费,为税务机关代征进出口产品的增值税、消费税,以及国家交办的涉及进出口产品的其他税收的征收管理工作。

(四)有关各部门、各单位的职责

在预算执行中,其主要职责是:按规定向国家缴纳应缴预算收入;按照支出预算,办理各项支出;对单位的各项经济业务进行会计核算,编制会计报表;定期向主管部门及同级财政部门报告部门(或单位)预算的执行情况并接受预算管理部门的监督。

(五)有关银行的职责

政府预算的执行机构,按各种不同用途的预算支出和管理分工,分别由财政部门、各主管拨款和贷款的银行及主管财务部门负责。国家指定或委托办理拨款或贷款的银行主要有:

1. 中国人民银行

中国人民银行是我国的中央银行,而经管办理国库业务是国家赋予中央银行的一项重要职能。国家金库(国库)是政府预算执行的重要组织机构,是办理预算资金的收纳、保管和拨出等预算业务的出纳机关。

2. 中国建设银行

中国建设银行担负着办理基本建设贷款和拨款的任务,监督国有施工企业的财务管理工作。对于中国建设银行办理的预算内基本建设拨款、贷款业务,要求做到及时地组织基本建设资金的供应,监督资金合理使用,充分发挥经济效益,严格控制基本建设支出,按照规定收回基本建设贷款。

3. 国家开发银行

国家开发银行主要负责办理政策性国家重点建设拨贷款及贴息业务。

4.中国农业银行和中国农业发展银行

它们在预算执行中的职责是:负责办理农业事业费及国家支援农业生产资金的拨款工作,办理国家规定的农业政策性金融业务,协助财政部门和主管部门安排支农资金,检查执行情况和资金使用效果。中国农业银行的基层营业所还担负代理国库经收处的任务,将收纳的预算收入划转国库。

上述各方面构成了有机整体,从组织体系上保证了预算的执行。当然,政府预算执行与国民经济有密切关系,只有在各级政府的领导下,依靠各部门、各单位的共同努力,才能真正保证政府预算执行任务的圆满完成。

第二节　政府预算收支的执行

政府预算执行涉及政府预算组织收入、支出、平衡、监督一系列经常性的、艰巨的、复杂的工作。做好这项工作的直接目的在于圆满完成政府预算赋予的任务,为实现政府职能服务,具体而言有以下几点:第一,为达到政府预算目标,建立严密的组织机构,将预算的计划付诸实践。在执行过程中根据变化了的情况不断调整计划,组织新的平衡,以保证计划目标的实现,即保证政府预算收支任务与平衡由可能性变为现实。第二,调节社会经济运行状态,培养财源。这些需要预算收入计划圆满实现及资金的合理使用,从而为政府预算的稳定增长提供更加雄厚的物质基础。第三,依法行事,加强监督,使监督成为保证政府预算正确执行的有效措施。这主要体现在按照有关法律、法规和制度规定,对预算资金的集中、分配和使用过程中的各种活动加以控制。

一、政府预算收入的执行

政府预算收入的执行是指按年度预算确定的收入任务,在预算执行中去组织实现,这是政府预算执行的首要任务。只有预算收入任务圆满完成,才能保证预算支出的及时拨付,完成全年预算收支业务;只有完成和超额完成国家预算收入,才能保证各项生产建设事业的资金需要。

(一)预算收入的缴库

政府预算收入是在预算年度内陆续组织入库的,为了便于缴纳单位正确、及时、足额地将应缴款项缴入国库,需要明确缴库的依据,规定预算收入缴库的方式和方法。

1.收入征缴依据

各缴款单位向国家上缴各项预算收入,都要有一定依据,即依据各项法律法规和制度规范上缴各项预算收入。《预算法》第五十五条规定:"预算收入征收部门和单位必须依照法律、行政法规的规定,及时、足额征收应征的预算收入。不得违反法律、行政法规规定,多征、提前征收或者减征、免征、缓征应征的预算收入,不得截留、占用或者挪用预算收入。各级政府不得向预算收入征收部门和单位下达收入指标。"《中华人民共和国预算法实施条例》第五十五条规定:"各级政府财政部门和税务、海关等预算收入征收部门和单位必须依法组织预算收入,按照财政管理体制、征收管理制度和国库集中收缴制度的规定征收预算收入,除依法缴入财政专户的社会保险基金等预算收入外,应当及时将预算收入缴入国库。"

2.收入缴库方式

无论是国有企业,还是集体企业,以及外商投资企业和个体经济的单位和个人都应按法律规定向政府预算上缴款项。众多的预算缴款单位,由谁来办理预算缴款的入库手续,由哪一级单位向哪一级国库办理预算缴款入库手续,这就是预算收入的缴库方式应解决的问题。

在没有实行国库集中收付制度之前,我国预算收入缴库方式包括就地缴库、集中缴库和自行缴库三种方式。改革之后,现行收入缴库方式简并为直接缴库和集中汇缴两种。

(1)直接缴库。直接缴库是不论企业隶属关系如何,企业向政府预算缴纳的各种款项,都在企业所在地,通过企业开户银行,以转账方式向当地国库办理缴款。基层企业采取直接缴付方式,既方便缴款人,也有利于政府预算收入的及时入库。因此它是预算缴款的主要方式。直接缴库的预算收入项目主要是税收收入、社会保障缴款等。

(2)集中汇缴。集中汇缴是由征收机关和依法享有征收权限的单位按照法律法规规定,将所收取的预算收入汇总直接缴入国库单一账户或财政专户。适宜这种缴款方式的预算收入项目是小额零散税收和法律另有规定的应缴收入。

3.收入缴库方法

预算收入的缴库方法,是依据收入的性质和缴款单位的不同情况分别规定的。各项税收一般依照国家税法规定的计税价格、税率,依率计征,在纳税期限内缴入国库;其他收入按照收入实现的数额定期缴库。国有企业缴款,分别按照计划数和实际数缴库。

(1)按计划缴库。国有企业缴款单位,按照上级核定的年度缴库利润计划和季度分缴款计划,按月一次或分次缴库。目前,工业、交通企业一般都采取这种方法,其缴款期限根据应缴税利数额的大小,分别按一日、五日、十日或按月缴库,在次月十日前,按企业上月会计报表进行结算,少缴的部分在本期补缴,多缴的部分可抵扣本期缴款计划。但在年终后,则应将多缴的利润退还企业。按计划利润缴库的办法,有利于国家及时均衡地得到预算收入,同时也有利于促进企业加强计划管理。

(2)按实际缴库。每月月终后十日内一次缴库,如届时没有算出实际利润,一般先按上月实际利润数估缴,待算出实际利润后再行结算。这主要是因为商业供销企业各个时期的销售额变化较大,流动资金占用较多,按实际实现利润缴库,则可避免出现把银行贷款当作利润缴库的情况。

(二)预算收入缴库的划分与报解

预算收入缴库的划分和报解,是指各级国库对已入库的预算收入,按照预算管理体制关于收入级次的划分和分成比例规定,向上级国库和各级财政机关报告预算收入执行情况和划解财政库款的工作。

所谓预算收入的划分,就是国库对每天收纳入库的预算收入,根据预算管理体制规定的各级预算固定收入的划分范围,以及中央与地方、地方上下级之间分成收入的留解比例,划分并计算中央预算收入和地方各级预算收入。所谓预算收入的报解,即在划分收入的基础上,按照规定的程序将各级预算收入的库款分别报解各级国库,相应地增加各级预算在各级国库的存款,以保证各级预算及时取得预算收入。具体来说,"报"就是国库通过编报统计报表向各级财政机关报告预算收入的情况;"解"就是各级国库在对各级预算收入进行划分之后,将库款按其所属关系逐级上解到所属财政机关在银行的国库存款账户。

中央各支库收纳的中央固定收入,按预算科目编制中央预算收入日报表,报上级国库;收纳的中央、地方共享收入,编制成共享收入日报表,按中央、地方分享比例,将属于中央的预算收入列入中央金库,将属于地方的收入划入地方金库。

地方金库收纳的属于本级预算固定收入的编制收入统计表,增加本级财政收入。收纳的上下级之间的分成收入,编列分成收入日报表,按上级规定的比例,分别增加本级收入和上级财政收入。

各级预算收入一律以缴入基层国库即支库的数额为正式入库。

(三)预算收入的退库管理

退库就是在政策允许范围内,按规定将已入库的预算收入退还给原缴款单位或缴款人。预算收入缴入国库后,就成为政府预算资金,退库属于减少政府预算资金,因此需要严肃对待。入库的预算资金在一般情况下是不能退还的,如有特殊情况需要退库,也必须在国家规定的退库范围内并经过一定审批程序才能办理。

1.预算收入退库的范围

(1)由于工作疏忽、发生技术性差错,如多缴、错缴、预算级次搞错等,需退库的。

(2)企业改变隶属关系,办理财务结算,收入级次转移,需要退库的。

(3)企业按计划上缴入库的税款,超过应缴数额需要退库的;地方财政从已入库的税款中提取的税收附加、从工商各税中提取的代征手续费等,需要退库的。

(4)按规定可以从预算收入中退库的国有企业计划亏损补贴。

(5)财政部规定的或专项批准的其他退库项目。

凡是不符合上述退库范围的,各级财政机关和主管收入机关不得办理审批手续,对于不符合规定的退库,各级国库有权拒绝办理。

2.预算收入退库的审批

各级财政部门和其授权的收入机关,对于收入退库的审查应注意如下问题:

(1)严格审查弥补企业亏损和补贴的收入退库。在收入退库中,弥补企业亏损的数额较大,存在问题也较多。因此,监缴机关和财政部门要把这项退库作为重点,认真核实企业亏损和补贴数额,防止弄虚作假,扩大亏损以及假借亏损之名乱退库。对经营性亏损一般不予退库;对超计划的亏损,需要严格按照规定的审批程序办理,不能随便乱批退库。

(2)为了明确责任,严格执行审批手续,必须认真审查国家规定的退库凭证的统一印鉴。收入退库书要按国家规定分别盖有财政部门或县以上(含县)税务局公章和负责人印章方为有效。

(3)收入退库一律转账退付,不退现金,个别特殊情况必须退付现金时,要由财政、征收机关严格审查,并加盖明显戳记,国库才能审查付款。

(4)各级预算收入的退库,应按预算收入的级次办理,属于哪一级的预算收入退库,必须从哪一级库款中退付,库款不足的不得退库。

(5)财政部门不是预算缴款单位,原则上不能自批自退已经缴库的预算收入。

(6)补助地区不办理退库手续。

(7)严格执行收入退库报告制度。

3.办理预算收入退库的程序和方法

(1)各单位及个人申请退库,首先应向财政机关或征收机关填写退库申请书,经财政机关和征收机关严格审查同意后,签发"收入退还书"交退库单位或退库人向国库办理退库。

(2)预算收入退库后应从当日入库款中退付。中央预算收入的退库从中央预算收入科目中退付;地方预算收入退库从地方预算收入中退付。

国库经处所收款项是代收性质,不算正式入库,所以不能办理收入退库。但当日预算收入未上划之前,如征收机关发现错误可以更正。

(四)预算超收短收和预算稳定调节基金

1.预算超收短收

预算的超收收入,是说年度本级一般公共预算收入实际完成数超过相对应的经本级人民代表大会批准的收入预算部分。对于超收收入的使用,《预算法》规定,各级一般公共预算年度执行中有超收收入的,只能用于冲减赤字或者补充预算稳定调节基金。

预算的短收收入,是说年度本级一般公共预算收入实际完成数小于相对应的经本级人民代表大会批准的收入预算部分。

2.预算稳定调节基金

预算稳定调节基金是财政通过对超收收入的安排,用于弥补短收年份预算执行缺口及视预算平衡情况,在安排预算时调入并安排使用的专用基金。

2006年,中央财政建立了中央预算稳定调节基金,专门用于弥补短收年份预算执行中的收支缺口,应对不时之需,发挥了重要作用。以2019年为例,中央一般公共预算收入89 305.41亿元,加上从中央预算稳定调节基金调入2 800亿元,从中央政府性基金预算、中央国有资本经营预算调入394亿元,收入总量为92 499.41亿元。中央一般公共预算支出109 530.25亿元,加上补充中央预算稳定调节基金1 269.16亿元,支出总量为110 799.41亿元。收支总量相抵,中央财政赤字18 300亿元,与预算持平①。

二、政府预算支出的执行

政府预算支出的执行就是按年初确定的预算支出任务分配和使用预算资金的过程,这是预算执行中最重要的工作。预算支出的执行是由财政部门负责组织指导和监督,由各支出预算部门或单位具体负责执行。财政部门主管预算资金的分配和供应,各支出预算部门和单位按照预算规定的用途具体负责资金的运用。

财政部门在预算支出执行中的任务是:按照预算支出执行工作的需要,制定有关的管理制度和办法;根据年度支出预算和季度计划,适时地、正确地拨付预算资金,以保证用款单位完成各项生产建设任务和事业计划的资金需要;帮助并监督预算单位(部门)充分挖掘内部资源,加强资金管理,精打细算,提高资金使用的经济效益;经常深入实际,调查研究,及时掌握预算支出执行情况和事业进度,研究分析各部门、各单位执行预算定额、开支标准的情况和存在的问题,及时采取措施,不断提高预算支出的管理水平。

(一)预算拨款的原则

预算拨款是预算执行过程中按照预算安排和程序实施的对预算资金的再分配。为了保证预算支出的顺利进行,财政部门应当加大对预算拨款的管理,并遵循下列原则办理预算拨款:

1.坚持按预算计划拨款

为有计划、有效地使用预算资金,各用款单位应根据核定的预算,编制季度分月用款计划,

---

① 关于2019年中央和地方预算执行情况与2020年中央和地方预算草案的报告[EB/OL]. http://www.gov.cn/xinwen/2020－05/30/content_5516231.htm.

经上级部门和财政部门核准后,作为用款单位的拨款依据。各级财政部门的预算拨款,必须控制在年度预算和季度预算用款计划范围内,不能办理无预算、无计划、超计划、超预算的拨款。如遇有特殊情况需要超过预算,必须经过办理追加支出预算的手续后方能拨款。

2.坚持按核定的支出用途拨款

各级财政部门办理预算拨款时,应根据预算规定的用途拨款。用款单位必须专款专用,除国家特殊规定外,不得随意改变用途,以保证各项事业计划的顺利进行。

3.坚持按规定的预算级次和程序拨款

按预算级次拨款,就是根据用款单位的申请,依照用款单位的预算级次和审定的用款计划,按照财政部门规定的预算资金拨付程序办理拨付,不得办理违反规定程序的资金拨付。

4.坚持按用款进度拨款

各级财政部门根据各用款单位的实际用款进度拨付资金,既要保证资金需要,又要防止积压浪费,以保证预算资金的统筹安排和灵活调度。对实行定额或者定项补助的预算单位的拨款,应按照实行定额或者定项补助的单位全额收支情况,核实需要,合理拨付,以促进节约、有效地使用预算资金。

(二)预算支出的支付方式

预算支出按照不同的支付主体,对不同类型的支出,分别实行财政直接支付和财政授权支付。

1.财政直接支付

财政直接支付是指由财政部门开具支付令,通过国库单一账户体系,直接将财政资金支付到收款人(即商品和劳务供应者)或用款单位账户。实行财政直接支付的支出包括:第一,工资支出、购买支出以及中央对地方的专项转移支付,拨付企业大型工程项目或大型设备采购的资金等,直接支付到收款人。第二,转移支出,即拨付给预算部门及下级财政部门,未指明具体用途的支出,包括中央对地方的一般性转移支付,对企业的补贴和未指明购买内容的某些专项支出等,支付到用款单位(包括下级财政部门和预算单位)。

2.财政授权支付

财政授权支付是指预算单位根据财政授权,自行开具支付令,通过国库单一账户体系将资金支付到收款人账户。实行财政授权支付的支出包括未实行财政直接支付的购买支出和零星支出。

三、政府预算在执行中的调整

(一)预算调整的概念及法律规定

政府预算在执行过程中,由于客观政治、经济情况的变化,常常会使预算的某些部分超过或达不到原定计划,为了使年度预算符合客观实际,保证各级预算在执行中的平衡,除编制季度收支计划外,有必要根据实际情况的变化对预算及时进行调整,以避免收支脱节,达到新的平衡。

预算调整就是经全国人民代表大会批准的中央预算和经地方各级人民代表大会批准的地方本级预算,在执行中需要增加支出或减少收入、需要调入预算稳定调节基金、需要调减预算安排的重点支出数额,或者增加原批准预算中举借债务的数额,经法定程序对原定预算收支规模或收支项目所做的变动。

对于预算调整，《预算法》第十三条规定，"经人民代表大会批准的预算，非经法定程度，不得调整"，这体现了经过审批后的预算文本对预算支出法律关系主体的约束力。当然，预算作为国家行政活动的预测和公共经济资源的预配，其能否发挥效能是以科学正确的预测数据为前提。由于经济形势转变、政治博弈持续、公众焦点转移等原因，事前的预测信息难免不会出现纰漏，执行中的预算也就难以与审批后的预算完全相同，因此，预算调整是一个连续的预算过程的重要环节[①]。

预算调整的主要形式是预算追加追减。在原定预算支出规模之外按照法定程序增加预算支出数额称为追加预算支出；在原定预算收支规模之外按照法定程序减少预算收入数额称为减征预算收入。必须注意的是，追加支出必须有相应的收入来源，追减收入必须有相应的压缩支出。在预算执行过程中，中央预算对地方预算，各级总预算对部门单位预算都会发生追加追减的情况。

预算调整必须符合法律规定。《预算法》中明文规定：

第一，未经批准不得调整预算。各级政府不得做出任何使原批准的收支平衡的预算的总支出超过总收入或者使原批准的预算中举借债务的数额增加的决定。

第二，各级政府对于必须进行的预算调整，应当编制预算调整方案。具体调整程序是：中央预算的调整方案必须提请全国人民代表大会常务委员会批准；县级以上地方各级政府预算的调整方案必须提请本级人民代表大会常务委员会审查批准；乡、民族乡、镇政府预算的调整必须提请本级人民代表大会审查批准。

第三，地方各级政府预算的调整方案经批准后，由本级政府报上级政府备案。

(二)政府预算调整的方法

政府预算调整实际上是通过改变预算收支规模或改变收入来源和支出用途，组织预算新平衡的重要方法。在预算执行的过程中，预算调整按调整幅度不同分为全面调整和局部调整。

1.全面调整

全面调整也称盘子外的大调整。国家对原定国民经济和社会发展计划作较大调整时，国家预算也相应对预算收支的总盘子进行大调整。这种调整的特点是涉及面广、工作量大，实际上等于重新编制一次政府预算，因此在预算执行过程中需要慎重考虑。一般只有在出现例如遭遇特大自然灾害、战争等，或者国民经济发展过分高涨或过分低落等情况出现时才进行。

政府预算进行全面调整时，各级财政部门要根据国民经济和社会发展计划的变动以及国家人力、物力、财力的可能和国家各项生产建设、人民物质文化生活的需要，测算政府预算各项收入和支出的增减数额。各主管部门也要根据各自的具体情况进行某些收支项目的调整。财政部门和主管部门经过上下协商，反复平衡，最后确定政府预算收支的新规模，以适应经济发展的需要。

政府预算的全面调整，一般都是在第三季度或第四季度初进行的。全面调整政府预算时，首先由国务院提出调整预算计划，上报全国人民代表大会审查批准，然后下达各地区、各部门执行。

2.局部调整

局部调整也称盘子内的小调整。局部调整是对政府预算做的局部变动。在政府预算执行

① 朱大旗.中华人民共和国预算法释义[M].北京：中国法制出版社，2015：239.

中,为了适应客观情况的变化,重新组织预算收支平衡,是经常发生的。局部调整的措施主要有:

(1)动用预备费。各级总预算的预备费一般是为了解决预算执行中某些临时急需和事先难以预料的重大开支而设置的备用资金。如果发生较大的自然灾害和经济上的重大变革,发生原来预算没有列入而又必须解决的临时性开支等情况,可以动用预备费。由于预备费是用作急需的备用资金,动用各级预备费必须从严掌握,一般要控制在下半年使用,并经过一定的批准程序。中央预算预备费的动用方案,由财政部提出,报经国务院批准。地方预算预备费的动用方案由本级财政部门提出,经本级人民政府批准。

(2)追加追减预算。在原核定各地区、各部门预算收支总额以外,增加预算收入或支出数额称为追加预算;减少收入和支出数额称为追减预算。各部门、各单位由于国家政策、计划、制度发生重大变化以及事先难以预料的特殊原因而需要追加追减收支预算时,均应按照规定要求编制预算调整方案,办理相应的手续。

预算的追加和追减需考虑以下问题:追加收入必须建立在发展经济的基础上;追减收入必须有抵补办法或紧缩开支措施;追加支出必须有确定的支出来源,追减支出要相应地调整建设事业计划。各级总预算当年收入确有把握有较大的超收,在按规定弥补有关开支后还有盈余,需要安排某些急需的支出,应视同预算调整处理,并通过法定程序进行办理,凡未经本级人民代表大会批准的,不得调整预算。此外,在审定追加、追减预算时,要考虑到政府预算与银行信贷、物资供求以及外汇收支各方面的综合平衡。

(3)科目经费流用。在预算调整的方式中,这种在保证完成各项建设事业计划,又不超过原定预算支出总额的情况下,由于预算科目之间的调入调出和改变资金使用用途而形成的预算资金再分配,叫作预算科目之间的经费流用。在预算执行中,各预算科目的执行结果不同会产生不同的资金余缺情况,为了充分发挥预算资金的使用效果,在保证完成各项事业的计划又不超过原定的预算支出总额的前提下,在一些科目之间进行调整可以达到预算资金以多补少、调节余缺的目的。预算科目之间的经费流用,虽然不影响预算的总规模和收支平衡,但由于不同科目的资金各有不同的用途,因此在相互调剂时要遵循一定的原则,包括:不影响政府预算总规模和收支平衡以及各项建设事业的完成;严格遵守国家规定的流用范围,做到基本建设资金不与流动资金相互流用、人员经费不与公用经费相互流用、各项专款不与一般经费相互流用等。此外还要通过一定的审批程序,不同科目间预算资金需要调剂使用的,必须按照财政部门的规定报经批准。

(4)预算划转。预算划转指由于行政区划或企事业单位隶属关系改变而使其预算的隶属关系发生改变,从而将全部资金划归新的领导部门或接管单位的调整方法。企业、事业隶属关系改变后,各单位的各项应上缴的预算收入和应拨付给各单位的各项拨款和经费,一律按照预算年度划转全年预算,已经缴入国库的收入和已经实现的支出也要同时划转,由划出和划入的双方进行结算。一般来说,预算划转在中央预算与地方预算之间、地方之间以及部门之间进行。预算的划转应报上级财政部门。

专栏6-1　预算执行中上级增加转移支付需要进行预算调整吗?

《预算法》第三十八条规定:县级以上各级政府应当将对下级政府的转移支付预计数提前

下达下级政府。地方各级政府应当将上级政府提前下达的转移支付预计数编入本级预算。

预算执行中,上级最终下达的转移支付可能比提前下达数要多。多下达的这部分转移支付没能编入下级政府的预算。那这部分资金的安排使用需要履行预算调整的程序吗?

《预算法》第六十七条规定,经地方各级人民代表大会批准的地方各级预算,在执行中需要增加或者减少预算总支出的,应当进行预算调整。上级政府下达的转移支付资金,相应会增加接受转移支付的地方政府的预算总支出,所以需要进行预算调整。但也有例外。《预算法》第七十一条规定,在预算执行中,地方各级政府因上级政府增加不需要本级政府提供配套资金的专项转移支付而引起的预算支出变化,不属于预算调整。

资料来源:王法忠.预算知识手册[M].北京:中国财政经济出版社,2020:127.

第三节　政府采购与国库集中收付制度

一、政府采购

(一)政府采购的概念及特点

1.政府采购的概念

政府采购(government procurement),也称公共采购,是指各级政府及其他公共部门为了开展日常政务活动和为公众提供公共服务的需要,在财政的监督下,以法定的方式和方法从国内外市场上购买所需商品、工程及服务的一种经济行为。政府采购不仅是指具体的采购过程,而且也是采购政策、采购程序、采购过程及采购管理的总称。

2.政府采购的特点

与私人采购和企业采购相比,政府采购有如下特点:

(1)采购主体的特殊性。政府采购的主体是使用财政性资金采购依法制定的集中采购目录以内的或者采购限额以上的货物、工程和服务的国家机关、事业单位和团体组织,也就是说政府采购主体是公共部门。

(2)采购资金的公共性。政府采购的资金来源是公共资金,即财政拨款和需要由财政偿还的公共借款。而这些资金的最终来源是纳税人的税收、政府债务收入和政府公共服务收费。而私人采购的资金来源是私有资金。这是政府采购的根本特点。

(3)采购对象的广泛性。政府采购的对象从办公用品到军火武器,涉及货物(包括原材料、燃料、设备、产品等)、工程(包括建筑物和构筑物的新建、改建、扩建、装修、拆除、修缮等)和服务,无所不包,没有一个私营采购组织有如此宽泛的采购对象。

(4)采购活动的非营利性。政府采购的目的是满足公共需要,以有限的财政资金向公众提供最优质的公共产品和服务,不是为了获利。

(5)采购数量的规模性。在很多国家,政府采购在国民生产总值和财政支出中都占相当大的比重,政府采购金额占欧盟成员国国内生产总值的15%左右,政府采购支出约占美国联邦预算支出的30%。

(6)采购依据的政策性。政府采购的主要目的是实现政府职能,提供社会公共产品和服务,因此,采购实体在采购时不能体现个人偏好,必须遵循国家政策的要求,包括最大限度节约支出,购买本国产品等。

（7）采购程序的规范性。政府采购一般具有较大的透明度,采购法律、采购程序、采购过程等都是公开的,政府采购人员及整个采购活动都要受到财政、审计、社会的全方位监督。

（二）政府采购的基本内容

1.政府采购的基本原则

（1）公开透明原则。公开透明原则是指政府采购的有关信息、法律、政策、程序以及采购过程都要公开。对公众而言,公开性的关键就是政府采购活动信息具有较高透明度,符合全面性、合法性、最新性、易得性和易解性标准。为此,要求政府公开发布采购信息,公开招标,公开中标结果,公开采购法律,公开采购纪录等。除涉及国家秘密和商业秘密的政府采购,其他政府采购的过程也应当透明和公开。

（2）公平竞争原则。公平竞争原则就是要求给予每一个参加竞争的投标商均等的机会,使其享有同等的权利并履行同等的义务,不歧视任何一方。竞争只有建立在公平的基础上才能充分发挥其优化资源配置的作用,进而可以使采购者以较低的价格采购到优质的商品和服务,提高政府采购的经济效率。

（3）公正原则。公正原则是指采购方及其代理人相对于作为投标人、潜在投标人的若干供应商而言,应当站在公允的立场上,对所有的供应竞争者都应当平等对待,不能有特殊,评标和中标的选择和判断标准也必须客观公正。为了确保政府采购活动中的公正原则,《中华人民共和国政府采购法》建立了回避制度。

2.政府采购的基本方式

各国政府一般都根据本国的经济发展情况、社会文化背景等确立符合本国国情的政府采购方式,按是否具备招标性质,可分为两大类:招标采购和非招标采购。

（1）招标采购。招标采购是以招标方式邀请供应商参加投标,采购实体按照事先公布的标准,从所有投标中评选出中标供应商,并与之签订采购合同。根据在招标过程中对供应商的选择范围不同,招标采购又有以下几种分类:①按照公开性的程序分为公开招标采购和有限招标采购。前者指通过公开程序邀请所有有兴趣的供应商参加投标;后者指采购机构邀请若干家供应商参加投标,选择其中符合规定的最低价格提供者授予合同。②按投标人的范围分为国际竞争性招标采购、国内竞争性招标采购、国际限制性招标采购和国内限制性招标采购。前两种分别指在国际和国内范围内通过发布招标公告邀请所有符合要求的供应商参加竞标;后两种则不发布公告,直接邀请国内外供应商参加。

（2）非招标采购。非招标性采购方式是指除了招标采购方式以外的采购方式。非招标性采购方法很多,主要有单一来源采购、竞争性谈判采购、国内或国外询价采购等。①单一来源采购即直接采购、无竞争采购,指达到了竞争性招标采购的金额标准,但所购商品的来源渠道单一,或属专利、首次制造、合同追加、原有项目的后续扩充等特殊情况,只能由一家供应商供货。②竞争性谈判采购是指采购实体通过与多家供应商谈判,最后决定中标者的方法。其适用于紧急情况(如招标后没有供应商投标等特殊情况)或涉及高科技应用产品和服务的采购。③国内或国外询价采购,也称货比三家,指采购单位向国外有关供应商发出询价单,在其报价的基础上进行比较确定中标者的采购方法。采购的货物规格、标准统一、现货货源充足且价格变化幅度小的政府采购项目,可采用询价方式采购。

3.政府采购的程序

政府采购程序是指一个政府采购项目从一开始确定立项采购直至采购活动完全结束的完整的运作过程。采购方式不同,采购程序也不完全一样;一般来说,政府采购程序主要包括以下几个阶段:

(1)确定采购需求。采购需求由各采购实体提出,报财政部门审核并列入年度采购计划内的采购需求才能执行。财政部门在审查各采购实体的采购需求时,既要考虑采购预算的限额,同时还要考虑各采购实体的采购需求的合理性,包括整体布局、产品原产地、采购项目的社会效益等,从源头上控制盲目采购、重复采购等问题。确定采购需求是整个采购过程中的一个非常关键的环节。

(2)预测采购风险。采购风险是指采购过程中可能出现的一些意外情况,包括支出增加、推迟交货、供应商的交货是否符合采购实体的要求等。这些情况都会影响采购预期目标的实现,因此,要事先做好防范准备。

(3)选择采购方式。采购方式很多,恰当的采购方式可以节约采购时间和采购成本。《中华人民共和国政府采购法》明确规定公开招标应作为政府采购的主要方式。

(4)资格审查。即对供应商的资格进行审查,只有合格的供应商才能参加政府采购竞标活动。

(5)执行采购方式。一旦确定了采购方式,就必须按照已定采购方式的程序和要求操作,采购实体不得在执行过程中自行改变采购方式,若要改变必须报有关部门批准,同时告知供应商。

(6)签订并履行采购合同。确定采购方式后就要严格按照既定的程序和要求操作,与供应商签订采购合同。被授予合同的供应商必须是合格的,即具有政府供货资格的供应商,要按照事先公布的评审标准对其进行资格审查。供应商签订合同时必须按照标准交纳一定数额的履约保证金,作为对履行合同规定义务的必要保证。合同签订后,双方就要履行采购合同规定的权利和义务。

(7)采购验收、评估。在采购合同执行中或执行完毕,采购主体以及有关管理部门、监督部门对采购项目的运行情况、效果进行评估,检验项目运行效果是否达到了预期目的,并判断采购主体的决策、管理能力以及供应商的履约能力,为以后办理政府采购业务积累相关信息。

(三)我国政府采购制度的建立和发展

政府采购制度是指政府采购过程中以法律形式确立的采购法规、采购政策和采购管理等一系列规章制度的总称。

政府采购制度最早形成于18世纪末的西方自由资本主义国家,英国政府在1782年设立了文具公用局,负责采购政府所需货物和投资建设项目,并规定了一套政府采购特有的采购程序以及规章制度。1861年,美国政府颁布了《联邦采购法》,规定了有关采购机构设立、采购人员所应遵循的采购程序和方法。20世纪30年代以后,市场经济国家的政府开始干预经济,政府支出增加,政府采购规模迅速扩大,政府采购制度开始形成。作为政府采购国际化的标志——《政府采购守则》——于1979年制定,1981年生效。1996年,《政府采购协议》生效。此外,许多区域性组织也将政府采购纳入地区贸易自由化之中,如1995年APEC通过的《大阪行动议程》。近四十年来,发展中国家也日益重视建立政府采购制度。特别是作为政府采购主要方式的招标采购,被越来越多的国家所采用,甚至一些国际组织在采购中也往往要求采用招标投标方式。

长期以来,我国政府各部门实行自由采购,即由财政部门将资金分配到政府各部门,再由政府各部门根据各自需要购买货物、工程和服务,这种采购方式极不规范,资金使用效益低,且不利于财政的监督。随着社会主义市场经济体制的建立,财政管理也进行了深层次的改革。我国从1996年开始政府采购试点工作,1998年,全国共有29个省、自治区、直辖市和计划单列市不同程度地开展了政府采购试点工作,许多省市制定了政府采购地方性法规。1999年4月《政府采购管理暂行办法》下发后,各地进一步加大了开展政府采购试点工作的力度,取得了一定成效。2002年6月29日第九届全国人民代表大会常务委员会第二十八次会议通过了《中华人民共和国政府采购法》,自2003年1月1日起施行。《中华人民共和国政府采购法》的颁布标志着我国政府采购制度法制化、程序化的开始。

二十年来,我国政府采购制度建设已取得很大成就,主要包括:

1.建立了政府采购管理机构

1998年,国务院根据建立政府采购制度需要和国际惯例,明确财政部为政府采购的主管部门,履行拟订和执行政府采购政策的职能。随后,地方人民政府也相继在财政部门设立或明确了政府采购管理机构,负责制定政府采购政策,监督管理政府采购活动。政府采购管理机构的建立,为推动和规范我国政府采购工作提供了组织保障。

2.成立政府采购中心,明确政府采购模式

在加强政府采购管理机构建设的同时,各地区均设立了政府采购中心,负责组织实施本级政府纳入集中采购目录范围的采购事务。政府采购中心是由政府组建并根据政府的授权负有组织行政事业单位重大和集中采购事务,并依法直接开展采购业务的事业单位。政府采购中心根据实际情况,可以将一些招标事务委托给社会中介组织承办。政府采购中心的主要职责是:组织行政事业单位的重大和集中采购事务;接受委托,参与财政拨款的公共工程的竞标;承担不具备独立采购资格的采购机构的采购业务;组织培训采购管理人员和技术人员。

3.政府采购制度框架确立

财政部1999年颁布了《政府采购管理暂行办法》,2013年1月1日实施的《中华人民共和国政府采购法》是我国政府采购制度建设的新的里程碑。之后又陆续颁布了一系列规章制度,如《政府采购招标投标管理暂行办法》《政府采购合同监督暂行办法》《政府采购运行规程暂行规定》《政府采购资金财政直接拨付管理暂行办法》《中央单位政府采购管理实施办法》《地方预算单位政府集中采购目录及标准指引(2020年版)》等。全国大部分地区制定了相应的实施办法,为依法开展政府采购活动提供了制度保障。

4.政府采购规模不断扩大

1998年全国政府采购规模为31亿元,2018年全国政府采购规模达35 861.4亿元,较上年增长11.7%,分别占当年一般公共预算支出和国内生产总值的16.2%和4%。20年间我国政府采购规模扩大了1 157倍,占财政支出的比重也由不到1%放大到10%以上,具体见表6-1。

表 6-1　政府采购规模　　　　　　　　单位:亿元

年份	政府采购金额(1)	国内生产总值(2)	一般公共预算支出(3)	(1)/(2)×100%	(1)/(3)×100%
1998	31.1	85 195.5	10 798.18	0.0%	0.3%
1999	131.0	90 564.4	13 187.67	0.1%	1.0%
2000	327.9	100 280.1	15 886.50	0.3%	2.1%
2001	653.2	110 863.1	18 902.58	0.6%	3.5%
2002	1 009.6	121 717.4	22 053.15	0.8%	4.6%
2003	1 650.4	137 422.0	24 649.95	1.2%	6.7%
2004	2 135.7	161 840.2	28 486.89	1.3%	7.5%
2005	2 927.6	187 318.9	33 930.28	1.6%	8.6%
2006	3 681.6	219 438.5	40 422.73	1.7%	9.1%
2007	4 660.9	270 092.3	49 781.35	1.7%	9.4%
2008	5 990.9	319 244.6	62 592.66	1.9%	9.6%
2009	7 413.2	348 517.7	76 299.93	2.1%	9.7%
2010	8 422.0	412 119.3	89 874.16	2.0%	9.4%
2011	11 332.5	487 940.2	109 247.79	2.3%	10.4%
2012	13 977.7	538 580.0	125 952.97	2.6%	11.1%
2013	16 381.1	592 963.2	140 212.10	2.8%	11.7%
2014	17 305.3	641 280.6	151 785.56	2.7%	11.4%
2105	21 070.5	685 992.9	175 877.77	3.1%	12.0%
2016	31 089.8	740 060.8	187 755.21	4.2%	16.6%
2017	32 114.3	820 754.3	203 085.49	3.9%	15.8%
2018	35 861.4	900 309.5	220 904.13	4.0%	16.2%

资料来源:国家统计局.中国统计年鉴 2019[M].北京:中国统计出版社,2019.

具体来看,2018 年的政府采购有如下表现:一是货物、工程类采购规模增长平稳,服务类采购规模增长迅速。货物、工程、服务采购规模分别为 8 065.3 亿元、15 714.2 亿元和 12 081.9 亿元,占全国政府采购规模的 22.5%、43.8%和 33.7%,增幅为 0.8%、3.3%和 35.7%。服务类采购中,保障政府自身需要的服务和政府向社会公众提供的公共服务分别为 5 705.5 亿元和 6 376.4 亿元,占服务类采购规模的 47.2%和 52.8%。二是集中采购占比继续下降,分散采购规模占比持续上升。政府集中采购、部门集中采购、分散采购的规模分别为 15 767.8 亿元、5 211.1 亿元和 14 882.5 亿元,分别占全国政府采购规模的 44%、14.5%和 41.5%。分散采购规模从 2015 年的 15.2%上升到 2018 年的 41.5%,5 年内提高了 26.3 个百分点。三是公开招标采购仍占主导地位,单一来源采购规模有所下降。公开招标、邀请招标、竞争性谈判、竞争性磋商、询价、单一来源采购分别占全国政府采购规模的 70.5%、1.1%、3.6%、8.3%、2.3%和 11.8%,单一来源采购规模占比下降 5.4%,其中,服务类单一来源占服务类采购规模比重下降 11.6%①。

---

① http://www.ccgp.gov.cn/jdjc/fxyj/201909/t20190904_12826216.htm.

专栏 6 - 2　　　　　　　　　英国政府采购的基本程序

　　当前国际上通行的政府采购制度起源欧洲。早在 1782 年英国就建立了政府采购,中央各部门的采购活动都是在政策指引的基础上进行的。经过长期的发展演变,特别是 1973 年英国加入欧洲经济共同体以后,逐步形成了一套较为完善的政府采购体系和运作规则。

　　英国政府采购的具体运作,一般都经过以下几个过程:制订采购计划—确定采购需求—执行采购方式(选择供应商)—签订采购合同—合同履行—采购评估。英国权威机构的研究对成功的采购表述为:通过适当的渠道,以适当的价格获得适当数量、适当质量的商品或服务,并在适当的时间送到适当的地点。要达到这一目标,采购所必需经过的每一个过程都要加以认真对待。

　　第一,制订采购计划。英国预算支出部门一般制订三年的采购计划。计划由财务计划和业务计划两部分组成。编制的计划递交到财政部备案、汇总。财政部有专门负责备案支出部门的管理人员,对三年计划每年进行一次评估,主要是评估当年的采购计划安排的合理性,并对当年各部门支出做出总额控制的分配建议。当年采购计划与支出分配有差距时,财政部会对支出部门当年的采购计划安排提出质询,并有权将计划退回,要求支出部门重新编制。达成一致后,经批准,就由各预算支出部门独立组织实施。

　　第二,确定采购需求。各预算支出部门完全可以根据本部门的需要进行采购,但所采购的商品和服务,必须在财政部授权的支出范围内。采购部门在确定采购需求上,承担有一定的咨询义务。一些历史较长、规模较大的采购部门或采购代理机构,对于一些经常性、固定的物品还制定标准,进行标准化采购。有的甚至根据用户要求,设计特殊的需求标准,以便供应商对其产品加以改进,在投标时符合用户的要求。

　　第三,执行采购方式(选择供应商)。根据欧盟政府采购指令等规定,公共采购超过一定数量的必须在欧盟官方杂志上公告,实行国际竞争性招标。在英国,货物或服务超过 10 万英镑、工程超过 350 万英镑的采购,要实行国际竞标。

　　第四,签订采购合同。政府采购合同在欧盟采购指令或财政部制定的政府采购指南以及一些采购行业协会的有关文件中都有范本可参照制定。一般短期的、一次性的采购行为,采用固定价格合同。长期的采购行为,有的就需要采用可变价格合同。合同期限没有特别的规定,视情况而异。在英国,不同采购金额的合同必须由不同授权权限的采购官员负责签订,以明确采购职责和权限。

　　第五,合同的履行。合同签订后,一般不可改变,并随即按合同约定履行合同。在英国,政府采购资金的支付从时间上看,实行即期付款。一般在收到发票及收据的 30 天内,要将贷款支付给供应商。对于提前付款,可享受早期付款折扣。从支付人看,实行自行采购或委托代理采购的,由预算支出单位或用户支付;实行集中采购,由财政部门统一支付。

　　第六,采购的评估。采购的评估主要是起到对采购的监督、分析和对采购人员能力的评估等多方面的作用。不同的采购机构或采购中介代理机构,往往有不同的方式。较严格的采购评估是聘请独立的财务分析公司和专家进行抽查,被抽查的采购项目从采购计划制订到合同履约的全过程都要进行非常严格和仔细的审查。

　　资料来源:http://www.ccgp.gov.cn.

　　思考提示:从英国政府采购程序中我们可以获得怎样的启迪?

二、国库集中收付制度

(一)国库集中收付制度的概念及实施意义

1.国库集中收付制度的概念

国库集中收付就是政府将所有财政性资金集中在国库或在国库指定的代理银行开设账户,所有的财政收支均通过这一账户进行。国库集中收付制度又称国库单一账户制度,它是建立、规范国库集中收付活动的各种法令、办法、制度的总称,由国库集中收入制度和国库集中支付制度组成。其中,国库集中收入制度是指对公共收入从取得到划入国库全过程的监控制度;国库集中支付制度则是对从预算分配到资金拨付、资金使用、银行清算,直至资金到达商品供应商或劳务提供者账户全过程的监控制度。

作为政府预算执行的关键性制度,美国、日本、英国、法国、加拿大等市场经济国家都普遍实行了国库集中收付制度。2000 年以前,我国财政国库管理制度是以设立多重账户为基础的国库分散收付制度,财政收入由征收部门通过设立过渡账户收缴,财政支出通过财政部门和用款单位分别开设账户层层拨付。随着社会主义市场经济体制的深入,这种国库管理模式逐渐暴露出很多问题。2001 年,国务院通过了《财政国库管理制度改革试点方案》,确立了我国国库管理模式由国库分散收付制度向国库集中收付制度改革的目标,并明确了我国国库集中收付制度的框架。

国库集中收付制度,是指取消各支出部门独立开设的预算账户,由财政在中央银行或委托其他商业银行设立"国库单一账户",各级政府将所有的预算资金集中在该账户,同时,所有的预算支出均通过这一账户直接支付给商品和劳务供应者或用款单位。

2.实行国库集中收付制度的重要意义

(1)有助于克服国库分散收付制度的弊端。①杜绝收入缴库中普遍存在的拖欠挤占现象,解决财政收入不能及时、足额入库的问题。原制度执收单位设置收入过渡账户,人为调节税款入库进度和经费余缺的现象较为普遍,部分金融机构也从自身利益出发为上述行为提供方便。实行国库集中收付制度使财政收入直接缴入国库,从而可以有效地遏制此类问题的发生。②有利于提高部门预算制定和执行的规范性,硬化预算约束。国库集中收付制度要求各政府支出部门用款时必须按照预算安排提出申请,并经国库部门批准,因此在编制部门预算时更加强调支出项目、用款金额的合法性、合理性。在预算执行阶段,由于每一笔财政资金的使用情况都详细地记录在分类账户上,便于财政部门掌握各支出机构每一笔资金的购买对象,实现对财政资金流向、流量的全程实时监控,有利于规范支出管理。③有利于健全和强化对财政资金支出的监督约束机制,防止腐败。集中收付制下财政资金使用程序的透明度较高,资金流动链条较短,政府财务信息系统又使财政部门、银行系统和政府支出部门相互监督、相互制约,并从制度和财务操作上对资金运营过程做出了系统、明确的规定,因此政府可以对资金的使用情况进行有效监督,防止支出部门自行截留、挪用、克扣财政资金或者与供应商勾结起来侵蚀国家财产,避免"以权谋私""道德风险"等腐败行为的滋生蔓延。

(2)有利于提高财政资金的使用效率。①国库单一账户的设置使财政资金直接从国库流向供应商,不仅提高了资金周转的速度,而且有利于确保财政资金的安全性。②由于所有的财政资金都集中在国库单一账户,财政部门有权对该账户存款余额进行自由支配,充分利用短期闲置资金,从而降低了资金持有成本,提高了整体资金的使用效率。此外,这部分资金的合理使用必然会减少短期国债的发行。③有利于加强政府宏观调控能力。完善的政府财务信息系统使政府对于预算资金的执行情况效果了如指掌,便于政府部门及时、准确、全面地掌握有关财政信息,为其采取财政政策、货币政策、产业政策等进行宏观调控提供了必要的信息和依据。同时,由于政府部门掌握了更多的闲置财政资金,从而对财政资金的运用和调度更加游刃有余,避免出现由于财力紧张而在干预经济时出现捉襟见肘、力不从心的局面。

(二)国库集中收付制度改革的基本内容

国库集中收付是公共财政预算的重要一环,涵盖三方面内容:一是集中账户管理,设置与国库单一账户配套的国库单一账户体系,集中反映各预算单位的预算执行情况;二是集中收入管理,所有财政性资金都纳入国库单一账户体系管理,收入直接缴入国库或财政专户;三是集中支出管理,所有财政支出在实际支付行为发生时才从国库单一账户支付到商品和劳务供应者或用款单位。故国库集中收付制度改革的基本内容有:

1. 国库单一账户体系

(1)国库单一账户体系的构成。①财政部门在中国人民银行开设国库单一账户,按收入和支出设置分类账,收入账按预算科目进行明细核算,支出账按资金使用性质设立分账册。②财政部门按资金使用性质在代理银行开设零余额账户,零余额账户用于财政直接支付,该账户每日发生的支付,于当日营业终了前,由代理银行与国库单一账户清算。③财政部门在商业银行开设非税资金财政专户,按收入和支出设置分类账。④财政部门在商业银行为预算单位开设小额现金账户。⑤经国务院和省级人民政府批准或授权财政部门开设特殊过渡性专户。

(2)国库单一账户体系中各类账户的功能。①国库单一账户为国库存款账户,用于记录、核算和反映纳入预算管理的财政收入和支出活动,并用于与财政部门在商业银行开设的零余额账户进行清算,实现支付。②财政部门的零余额账户,用于财政直接支付和与国库单一账户支出清算;预算单位的零余额账户用于财政授权支付和清算。③非税资金财政专户,用于记录、核算和反映非税资金的收入和支出活动,并用于非税资金日常收支清算。④小额现金账户,用于记录、核算和反映预算单位的零星支出活动,并用于与国库单一账户清算。⑤特设专户,用于记录、核算和反映预算单位的特殊专项支出活动,并用于与国库单一账户清算。

上述账户和专户与财政部门及其支付执行机构、中国人民银行国库部门和预算单位的会计核算保持一致性,相互核对有关账务记录。在建立健全现代化银行支付系统和财政管理信息系统的基础上,逐步实现由国库单一账户核算所有财政性资金的收入和支出,并通过各部门在商业银行的零余额账户处理日常支付和清算业务。

2. 收入收缴程序

(1)收入类型划分。按一般公共预算收入科目划分,财政收入可分为四大类:税收收入、非税收入、债务收入和转移性收入。

(2)收缴方式。财政收入的缴库方式包括直接缴库和集中汇缴两种。

(3)收缴程序。①直接缴库程序。直接缴库的税收收入,由纳税人或税务代理人提出纳税申报,经征收机关审核无误后,由纳税人通过开户银行将税款缴入国库单一账户(见图6-1)。直接缴库的其他收入,比照上述程序缴入国库单一账户或非税资金财政专户(见图6-2)。

②集中汇缴程序。小额零散税收和法律另有规定的应缴收入,由征收机关于收缴收入的当日汇总缴入国库单一账户(见图6-3)。非税收入中的现金缴款,比照本程序缴入国库单一账户或非税资金财政专户。

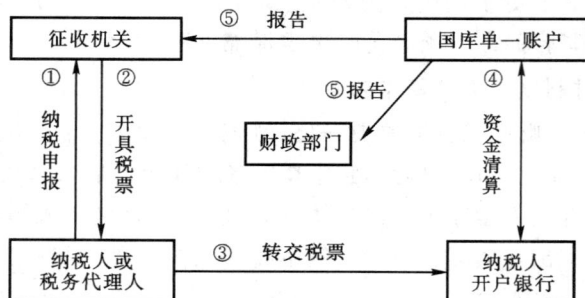

图6-1　税收收入直接缴库程序图

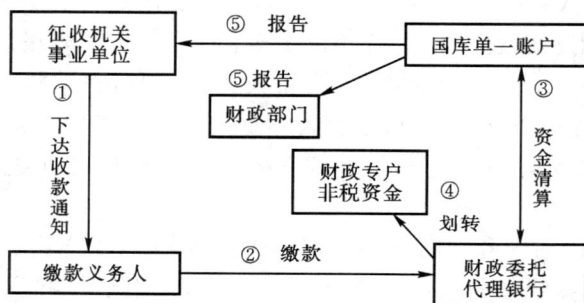

图6-2　其他各项收入直接缴库程序图

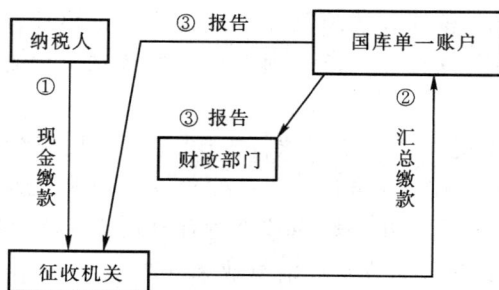

图6-3　集中汇缴程序图

3.支出拨付程序

(1)支出类型。财政支出总体上分为购买性支出和转移性支出。根据支付管理需要,具体分为四类:工资支出,即预算单位的工资性支出;购买支出,即预算单位除工资支出、零星支出之外购买服务、货物、工程项目等支出;零星支出,即预算单位购买支出中的日常小额部分,除

《政府采购品目分类表》所列品目以外的支出,或列入《政府采购品目分类表》所列品目,但未达到规定数额的支出;转移支出,即拨付给预算单位或下级财政部门,未指明具体用途的支出,包括拨付企业补贴和未指明具体用途的资金、中央对地方的一般性转移支付等。

(2)支付方式。按照不同的支付主体,对不同类型的支出,分别实行财政直接支付和财政授权支付。就一个预算单位而言,既有直接支付方式的支出,也有授权支付方式的支出。实际操作中,财政直接支付和财政授权支付的具体支出项目,由财政部门在确定部门预算时列出。

(3)支付程序。支付程序是根据不同的支付方式设计的,它分为两类,一类是财政直接支付程序,另一类是财政授权支付程序。

第一,财政直接支付程序。预算单位按照批复的部门预算和资金使用计划,向财政国库支付执行机构提出支付申请,财政国库支付执行机构根据批复的部门预算和资金使用计划及相关要求对支付申请审核无误后,向代理银行发出支付令,并通知中国人民银行国库部门,通过代理银行进入全国银行清算系统实时清算,财政资金从国库单一账户划拨到收款人的银行账户。

财政直接支付主要通过转账方式进行,也可以采取"国库支票"支付。财政国库支付执行机构根据预算单位的要求签发支票,并将签发给收款人的支票交给预算单位,由预算单位转给收款人。收款人持支票到其开户银行入账,收款人开户银行再与代理银行进行清算。每日营业终了前由国库单一账户与代理银行进行清算。

工资性的支付,各预算单位人员编制、工资标准、开支数额等,分别由编制部门、人事部门和财政部门核定。支付对象为预算单位和下级财政部门的支出,由财政部门按照预算执行进度,将资金从国库单一账户直接拨付到预算单位或下级财政部门账户。

第二,财政授权支付程序。预算单位按照批复的部门预算和资金使用计划,向财政国库支付执行机构申请授权支付的月度用款限额,财政国库支付执行机构将批准后的限额通知代理银行和预算单位,并通知中国人民银行国库部门。预算单位在月度用款限额内,自行开具支付令,通过财政国库支付执行机构转由代理银行向收款人付款,并与国库单一账户清算。

4.监督约束机制

健全的监督约束机制可以保证国库集中支付的顺利进行,而我国的约束机制软化、监督乏力、互相扯皮的现象却是一个老大难问题,需要引起重视,应建立多层次的监督体系。

(1)财政部门对国库资金运行的全过程进行监控,包括审核预算单位的年度预算安排和用款计划,制定财政资金管理的相关制度规定,对资金拨付的各个环节进行实时监控,对各种信息进行综合分析,及时发现问题并提出解决方案。

(2)人民银行国库对于国库单一账户的收付具有监督责任。除了本身要严格依照财政部门的拨付指令行事外,对其委托的商业银行有关财政资金拨付过程要加强管理和监督,每日都要核对国库单一账户余额。

(3)审计署对国库资金的运行情况进行审计,此谓外部监督。审计署的外部监督应客观公正,审计署每年定期组织专业人员对国库资金进行审计是财政内部监督的必要补充。

(4)政府支出部门和供应商要对银行资金结算速度和效率进行监督,检查商业银行是否有故意压票、延期付款或占用客户资金的违法行为,款项计算是否正确。政府部门还要监督有关机构是否及时、合法地审批预算单位的预算安排和用款计划,是否及时下达拨付指令并付款。

2001年我国实行国库集中收付制度改革以来,实行国库集中收付的财政资金比例不断提高,财政部门对财政资金的控制力大幅度增加。目前我国已基本建立国库单一账户体系,实行所有财政性质资金都纳入国库单一账户体系管理,收入直接缴入国库或财政专户,支出通过国库单一账户体系支付给商品和劳务供应者或用款单位的管理模式。这也符合《预算法》第六十一条规定:"国家实行国库集中收缴和集中支付制度,对政府全部收入和支出实行国库集中收付管理。"

专栏 6-3　　　　　　　我国政府采购招投标十大"黑洞"案例

案例 1:度身招标

案情:某省级单位建设一个局域网,采购预算 450 万元。该项目招标文件注明的合格投标人资质必须满足以下条件:注册资金在 2 000 万元以上、有过 3 个以上省级成功案例的国内供应商,同时载明,有过本系统一个以上省级成功案例的优先。招标结果:一个报价只有 398 万元且技术服务条款最优的外省供应商落标,而中标的是报价为 448 万元的本地供应商(该供应商确实做过 3 个成功案例,其中在某省成功开发了本系统的局域网)。

法理评析:采购人可以根据采购项目的特殊要求,规定供应商的特定条件,但不得以不合理的条件对供应商实行差别待遇或者歧视待遇,更不得以任何手段排斥其他供应商参与竞争。在招标公告或资质审查公告中,如果以不合理的条件限制、排斥其他潜在投标人公平竞争的权利,这就等于限制了竞争的最大化,有时可能会加大采购成本。量身定做衣服,合情合理;度身定向招标,违法违规。

案例 2:暗中陪标

案情:某高校机房工程改造进行招标。招标公告发布后,某建筑公司与该校基建处负责人进行私下交易,最后决定将此工程给这家建筑公司。为了减少竞争,由建筑公司出面邀请了 5 家私交甚好的施工企业前来投标,并事先将中标意向透露给这 5 家参与投标的企业,暗示这 5 家施工企业投标文件制作得马虎一些。正式开标时,被邀请的 5 家施工企业与某建筑公司一起投标,但由于邀请的 5 家施工企业不是报价过高,就是服务太差,最终,某建筑公司为第一中标候选人。

法理评析:这是一起典型的陪标行为。这种由供应商与采购人恶意串通并向采购人行贿或者提供不正当利益谋取中标的行为,是非常恶劣的,也是政府采购最难控制的,它已经成为政府采购活动的一大恶性毒瘤!

案例 3:违规招标

案情:某年 12 月 13 日,某省级单位从中央争取到一笔专项资金,准备通过邀请招标对下配发一批公务车辆,上级明确要求该笔资金必须在年底出账。考虑到资金使用的时效性,经领导研究确定采购桑塔纳 2000 型轿车,并于 12 月 18 日发出了邀请招标文件。12 月 31 日,该单位邀请了 3 家同一品牌代理商参与竞标,经评标委员会评审选定由 A 代理商中标。随后双方签订了政府采购合同,全部采购资金于当天一次拨清。

法理评析:采购人因项目特殊性,且只能从有限范围的供应商处采购的,经财政部门批准后可以采用邀请招标方式。该单位之所以这样做,似乎理由很充分,但这确实是一个违法采购行为。不能因为上级对资金使用有特殊要求,必须在年底前出账而忽略了等标期不得少于 20 天的法律规定;在未经财政部门批准的情况下,擅自采用邀请招标方式没有法律依据;单位领导研究确定采购桑塔纳 2000 型轿车作为公务用车,理由不够充分,属于定牌采购,有意无意地排斥了其他同类品牌车的竞争,且同一品牌 3 家代理商的竞争不等于不同品牌 3 家供应商的竞争;属于政府集中采购目录范围内的普通公务用车,应当委托集中采购机构采购,而不能擅自采用部门集中采购形式自行办理。这种部门定牌采购、规避公开招标的现象比较普遍。

案例 4:低价竞标

案情:某市级医院招标采购一批进口设备。由于该医院过去在未实行政府采购前与一家医疗设备公司有长期的业务往来,故此次招标仍希望这家医疗设备公司中标。于是双方达成默契,等开标时,该医院要求该公司尽量压低投标报价,以确保中标,在签订合同时再将货款提高。果然在开标时,该公司的报价为最低价,经评委审议推荐该公司为中标候选人。在签订合同前,该医院允许将原来的投标报价提高 10%,作为追加售后服务内容与医疗设备公司签订了采购合同。结果提高后的合同价远远高于其他所有投标人的报价。

法理评析:招标人与投标人相互串通,以低价中标高价签订合同的做法,严重影响了政府采购活动的公平性和公正性,损害了广大潜在投标人的正当利益,造成了采购资金的巨额流失,扰乱了正常的市场竞争秩序。

案例 5:虚假应标

案情:某省级公务用车维修点项目招标。招标文件中对"合格投标人"作了如下规定:在本市区(不含郊区)有 1 200 平方米的固定场所、有省交管部门批准的汽车维修资质、上年维修营业额在 200 万元以上的独立法人企业。招标结果,某二类汽车维修企业以高分被推荐为第一中标候选人。根据招标文件规定,采购中心专门组织了采购人和有关专家代表赴实地进行考察。考察小组的考察报告是这样写的:经实地丈量,该企业拥有固定修理厂房 800 平方米,与投标文件所称拥有的修理厂房 1 752 平方米相差 952 平方米,与招标文件规定的 1 200 平方米标准相比少了 400 平方米;经对上年度财务报表的审核,该企业的年度维修营业额为 78 万元,与投标文件所称的 350 万元相差 272 万元,与招标文件规定的 200 万元标准相比少了 122 万元以上。鉴于以上事实,建议项目招标领导小组取消其中标资格。

法理评析:供应商参与投标、谋取中标,实属天经地义,但有个前提就是,必须以合理的动机、恰当的行为去谋取自身利益的最大化。供应商如果以不诚信行为虚假应标,一则会给自身形象抹黑,烙上"不良记录";二则会给他人造成伤害,扰乱公平竞争秩序。

案例 6:倾向评标

案情:某 1 200 万元的系统集成项目招标。采购人在法定媒体上发布了公告,有 7 家实力相当的本、外地企业前往投标。考虑到本项目的特殊性,采购人希望本地企业中标,以确保硬件售后服务及软件升级维护随叫随到。于是,成立了一个 5 人评标委员会,其中 3 人是采购人代表,其余 2 人分别为技术、经济专家。通过正常的开标、评标程序,最终确定了本地一家企业作为中标候选人。

法理评析:这个招标看似公正,其实招标单位在评委的选择上耍了花招。根据有关规定,专家必须是从监管部门建成的专家库中以随机方式抽取,对采购金额超过 300 万元以上的项目,其评标委员会应当是 7 人以上的单数,且技术、经济方面的专家不得少于三分之二。该项目组成的 5 人评标委员会中采购人代表占 3 人,有控制评标结果之嫌疑。

案例 7:故意流标

案情:某单位建造 20 层办公大楼需购置 5 部电梯,领导要求必须在 10 月 1 日前调试运行完毕。8月12日至9月3日,基建办某负责人为"慎重起见",用拖延时间战术先后5次赴外省进行"市场考察",并与某进口品牌代理商接触商谈,几次暗示要其与相关代理商沟通。9月10日,由于只有两家供应商投标,本次公开招标以流标处理。按规定,这5部电梯的采购预算已经达到了公开招标限额标准,但由于时间关系,最终只能采取非招标方式采购。9月17日,通过竞争性谈判,该品牌代理商以性价比最优一举成交,9月29日,电梯安装调试成功。

法理评析:这个案例的"经典"之处,是采购人以"市场考察"之策略拖延时间,以"暗示沟通"之方法规避招标。从表面上看,造成流标的原因是公开招标投标商不足3家,最终因为采购时间紧而不得不采用非公开招标方式。实际上,采购人正是利用了流标的"合理合法"之因素,达到了定品牌、定厂商的真实意图。

案例8:考察定标

案情:某2 500万元的环境自动监测系统项目招标。据了解,国内具有潜在资质的供应商至少有5家(其中领导意向最好是本地的一家企业中标)。鉴于该项目采购金额大、覆盖地域广、技术参数复杂、服务要求特殊等,采购人在招标文件中对定标条款作了特别说明:本次招标授权评标委员会推荐3名中标候选人(排名不分先后),由采购人代表对中标候选人进行现场考察后,最终确定一名中标者。招标结果,那家本地企业按得分高低排名第三。经现场考察,采购人选定了那家本地企业作为唯一的中标人。

法理评析:考察定标在法律上并无禁止性条款。就采购人而言,要把一个采购金额比较大且自己从未建设过的环境自动监测系统项目,托付给一个不熟悉的供应商有点不放心,单从这个心理层面上讲,对中标候选人进行现场考察定标,是无可非议的,也是合情合理的。问题是,本案出现的情况有点不正常。领导意向最好是本地的企业中标,这就等于排斥了外地的4家潜在投标人;考察定标的标准没有在标书中阐明,所以人为定标的成分很大;采购人授权评标委员会推荐3名中标候选人,以排名不分先后的名义,不按得分高低定标,似乎有失偏颇。按照现有制度规定,评标委员会推荐的3名中标候选人,应当按得分高低进行排序,在无特殊情况下,原则上必须将合同授予第一中标候选人。

案例9:异地中标

案情:某省级垂直管理部门建设一个能覆盖本系统省、市、县的视频会议系统项目。该项目实行软、硬件捆扎邀请招标,其中:软件采购金额占45%,硬件采购金额占55%。该部门负责人的同学系本地一家小型软件开发公司的总经理。于是,采购人在招标文件中发出了如下要约:投标人必须以联合体方式参与竞标,软件服务必须在4小时内响应。邀请招标结果,如采购人所愿。

法理评析:因为项目的特殊性要求,实行联合体投标是可以的。现行制度对联合体有明确规定,联合体双方应当同时具备相应的资质条件,必须签订联合协议,且必须以其中的一方参与投标,双方均承担同等法律义务及责任。本案中,如将该项目实行软、硬件分开招标,本地软件企业是没有资格投标的。所以,采购人就施出了联合体投标的绝招;因为同学关系,本地小企业异地中标,这种方法实质上就是一种人情招标。

案例10:拖延授标

案情:某单位采购电脑100台,按规定:双方应于1月31日签署合同,甲方(供应商)必须在签署合同日之后7个工作日内交付货物,乙方(采购人)必须在5个工作日内办理货物验收手续,货款必须在验收完毕之日起10个工作日内一次付清。甲方于2月10日前分3次将100

台电脑交付乙方,甲方指定专人分批验收投入使用。截至 4 月 30 日,甲方向乙方催收货款若干次未果。5 月 8 日,甲方向采购中心提交书面申请,要求协调落实资金支付事宜。经查证,双方未按规定时间签署合同,未按规定办理货物验收;乙方以资金紧张为由迟迟不予付款。

法理评析:这是一起典型的拖延授标案例。采购人利用供应商的弱势心理,在迟迟不签合同的情况下,反而要求供应商先行交付货物,验收合格后又不及时办理验收手续,并借口资金紧张原因拖延付款,致使供应商多次上门催讨货款未果。本案的主要过错是采购人拖延签订采购合同、拖延办理验收手续、拖延支付合同资金。上述现象十分普遍,供应商为了做成一笔生意,通常不敢得罪采购人,往往不计较先签合同、再供货物的合法程序,这种法律意识欠缺、惧怕采购人的不正常心理,恰好滋生了采购人拖延授标的非法行为。拖延授标的恶果,不但损害了供应商的合法权益,而且损害了政府机关的公信形象。

资料来源:http://www.cei.gov.cn.

思考提示:如何从制度上规范政府采购行为,堵住政府采购活动中的"黑洞"?

第四节　国家金库

狭义国库是国家金库的简称,是专门办理国家各项预算资金的收纳、划分、留解和库款支拨的组织机构。广义国库,按照国际货币基金组织的定义,不单是指上述狭义国库的职能,在现代预算制度下,更重要的是代表政府控制预算的执行、保管政府资产和负债的一系列管理职能,即现代意义上的国家金库已不再仅仅是政府资金的托管者,而是一个主动的政府现金和财务管理者,并在此基础上凭借全面及时的信息优势,成为对政府财政收支活动进行全方位管理的管理机构[①]。

一、国家金库管理

(一)国库的组织机构

国家金库的概念包含两层含义:首先,国家金库是政府预算收支的保管出纳机关,是国家财政的"财政库";其次,国家金库不是单纯的收款、付账的现金出纳,而是参与组织和执行政府预算的专门机构。

我国国家金库的组织机构是按照国家财政管理体制设立的,原则上一级财政设立一级国库。即国库机构按级次自上而下设立中央总库、省分库、市中心支库和县支库。中国人民银行总行经理总库;各省、自治区、直辖市分行经理分库;省辖市、自治州和成立一级财政的地区由市、地区(州)分行经理中心支库;县(市)支行经理支库。中国人民银行未设分支机构的地区由上级人民银行分支机构与有关地方政府财政部门商定后,委托有关银行办理。中央总库办理中央国库业务,并监理地方国库业务;地方国库既办理同级预算收支的出纳工作,也办理上级和中央预算收支的出纳工作。支库是国家金库的基层金库,支库以下的经收国家库款的机构,称为"国库经收处",其业务由商业银行的基层机构代理,负责收纳报解财政库款。经收处的业务工作,受支库领导。各级国库的工作机构,按《中华人民共和国国家金库条例》第九条的规定设立,即总库在中国人民银行内设国库司,分库在省、市分行设处,中心支库设科,支库设股。

---

① 李燕.政府预算管理[M].2 版.北京:北京大学出版社,2016:162.

我国的国家金库机构的设置和预算管理体制相适应。原则上国家列为一级财政进行管理的，则相应设置一级国库。我国预算管理体制，分为中央预算和地方预算，国库也与此相适应，分别设置中央国库和地方国库。各级国库直接对上级国库负责，下级国库应定期向上级国库报告工作情况，上级国库可以直接向下级国库布置检查工作。中央国库应当接受财政部的指导和监督，对中央财政负责；地方国库业务应当接受本级政府财政部门的指导和监督，对地方财政负责。

(二)国库的职责

政府预算的一切收入都由国库收纳，预算的一切支出都通过国库拨付。国库工作是预算执行工作的重要组成部分，担负着办理预算收支，反映预算执行情况的重要任务。为使各级国库在实现政府预算收支任务中，能充分发挥其职能作用，必须规定其相应的职责。国库的基本职责是：

(1)准确及时地办理预算收入的收纳、划分和留解。政府的一切预算收入应当依照财政、税务部门的规定和期限，按照国库制度规定的缴款方法，办理税款的缴库，国库应当及时地收纳入库，并按照中央、省、市、县不同的预算级次和国家规定的预算科目进行划分，按照上级财政规定的比例办理分成留解。

(2)根据财政机关填发的付款凭证，审查办理同级财政库款支拨。各级财政的国库存款，一律凭同级财政机关填发的付款凭证办理拨付；中央财政的国库存款凭财政部的拨款凭证办理拨付；各级地方国库款凭同级财政机关的拨款凭证办理。收款单位不在当地银行开户的，应汇划到收款单位的开户银行。

(3)通过核算，向上级国库和同级财政机关正确地反映预算收支执行情况。按照国家金库制度的有关规定，每日营业终了后，支库应将收纳的各项预算收入进行划分，按照规定的预算级次和预算科目编制各种报表，并向同级财政机关和上级国库报送有关预算收支的报表，主要有预算收入日报、旬报、月报、库存报表，以及年度会计决算表。

(4)协助财政、征收机关组织预算收入的收缴并监督预算收入的退库。根据征收机关填发的签证核收滞纳金；根据国家税法协助财税机关扣收个别单位屡催不缴的应缴预算收入；按照国家财政制度的规定审查、监督、办理库款的退付。

(5)组织管理下级国库和经收处的工作。

(6)办理国家交办的其他有关工作。

(三)国库的基本权限

(1)各级国库有权监督检查国库经收处和其他征收机关所收的款项是否按规定及时全部缴入国库，发现拖延和违法不缴的，及时查缴处理。

(2)各级财政机关要及时准确执行国家预算管理体制规定的预算收入划分方法和分成比例，对于擅自变更上级财政机关规定的分成比例的，国库有权拒绝执行。

(3)各级财政、征收机关应按照国家统一规定的退库比例、项目和审批程序办理退库，对不符合规定的，国库有权拒绝执行。

(4)监督财政存款的开户和财政库款的支拨，对违反财政体制规定的，国库有权拒绝执行。

(5)任何单位和个人强令国库办理违反国家规定的事情，国库有权拒绝执行，并及时向上级报告。

(6)国库的各种缴库、退库凭证的格式、规格、颜色、用途以及填写内容应该按规定办理，对不符合规定的缴退库凭证，或填写不准确、不完整的凭证，国库有权拒绝受理。

(四)国库管理体制

从世界各国的情况看,国家金库的管理制度分为独立国库制、委托国库制和银行制三种。

1.独立国库制

国家特设专门机构办理政府预算收支的出纳业务。由于自设国库费用大,且容易使财政资金在国库闲置,所以采用独立国库制的国家很少,如芬兰。

2.委托国库制

国家委托中央银行经理或代理国库业务。采用这种类型的国家较多,如美国、英国、法国、日本、德国、韩国等。

3.银行制

国家不设国库,也不委托中央银行代理国库,而是由财政部门在银行开设账户,办理预算收支业务。

我国的国库制度一直采用委托制,即国家金库由中国人民银行代理。现在世界各国,凡经济较发达的国家大多数采用委托制。实行委托制的优点在于:一是银行机构遍及全国城乡,有利于缴款人缴款,也有利于将预算资金及时拨付到用款单位账户;二是预算收支的上解下拨,通过银行系统划转,比较迅速灵活;三是通过银行办理有利于加强对预算收支的监督管理。具体来说,中央国库业务由中国人民银行经理;未设中国人民银行分支机构的地区,由中国人民银行商请财政部后,委托有关银行办理。地方国库业务由中国人民银行分支机构经理;未设中国人民银行分支机构的地区,由上级中国人民银行分支机构商请有关的地方政府财政部门后,委托有关银行办理。

二、国家金库在预算执行中的作用

国库工作在预算执行中的作用,是在执行预算的业务活动中,通过办理国库业务工作实现的。各级国库在实现预算收支任务中,发挥着执行作用、监督作用和反映作用。

(一)执行作用

国库的执行作用,是在它经办预算收支业务过程中实现的。国库执行作用的基本要求是准确地、及时地办理预算收支的各项业务。年度预算计划确定后,要把计划变为现实,离不开专门的国家财政出纳机关办理各项预算收入的收纳和库款的支拨。国家每年成千上万亿的预算收入,都由国库一笔一笔收纳,并按照预算级次、预算科目分类整理,进行核算。然后,按照财政管理体制的规定,进行划分、留解,将各级财政应有的预算收入分别入账,增加财政在国库的存款,以保证预算资金的分配运用。政府的预算支出也要通过支拨出去,并层层转拨到基层用款单位,及时满足各单位的资金需要,保证经济建设和各项事业的顺利进行。

(二)反映作用

国库的反映作用,主要是通过利用各种国库会计资料,进行综合研究,为同级财政部门和上级提供国库会计有关数据和系统分析资料。一是通过国库会计的日报表、月报表及年报表,可以准确地反映一定时期的预算收入执行情况;二是利用国库会计报表及有关资料进行综合分析,可以反映一定时期的国民经济活动情况;三是可以准确地、及时地反映预算拨款、退库及财政库存情况。国库利用银行联系面广、经济信息灵通的有利条件,通过有关数据进行分析,采取有效措施,协助财税机关组织预算收入及时入库,促进预算收入任务的圆满完成。国库反映的各项数据,不仅对财政、金融的宏观决策具有重要意义,对于国民经济综合平衡的研究分析,也是不可缺少的重要资料。

(三)监督作用

国库的监督作用,主要是在经办预算收支中,发挥国库处于预算执行第一级的特点进行的。国库的监督作用主要体现在如下几个方面:一是通过办理预算收支业务,可以监督预算的执行,为国家守计划、把口子;二是监督财政、税务部门、海关,以及国库经收处,所收税款是否及时、足额入库,加快预算收入的入库进度;三是监督各级财政机关正确执行上级财政规定的收支划分范围和留解比例;四是监督库款的退付和支拨,确保按政策、按规定办理退库款的支拨。

专栏 6-4   一场"财政革命"——财政国库管理制度的改革发展

新中国成立70年来,我国经济社会发展取得了显著成果,财政管理水平不断提升。我国从21世纪初开始实施的财政国库管理制度改革,是继分税制改革后财政管理制度的又一次重大变革,成为财税体制改革的一大亮点,被经济合作与发展组织称为一场"财政革命"。改革建立起全新的预算执行管理机制,从管理制度和运行机制上促进了财税体制改革的深化和现代财政制度的完善,有力保障了国家重大改革与重大政策的有效实施。

一、传统的国库管理制度

(一)建立与发展阶段(1949—1984年)

我国传统的国库管理制度是与计划经济体制和财政体制相适应的,并随着财政改革与发展相应调整和变动。新中国成立初期,党和政府在建立财政体系、稳定物价的同时,十分重视发挥国库的职能作用,提出迅速建立国家金库的要求。1950年3月3日,政务院(今国务院)颁布《关于统一国家财政经济管理的决定》,要求各地在规定的时间内建立金库。同时,颁布《中央金库条例》,明确"各级金库均由中国人民银行代理,金库主任由各级人民银行行长兼任。尚未设置人民银行的地区,得单独设立金库"。同年3月25日,财政部印发了《中央金库条例实施细则》,进一步明确金库管理制度。

(二)调整完善阶段(1985—2000年)

20世纪80年代初,我国的财政管理体制突破了过去高度集中、统收统支的供给型管理模式,实行了"划分收支、分级包干"的财政管理体制,扩大了地方财权。1985年7月27日,国务院颁布了《中华人民共和国国家金库条例》,以法规的形式确立了我国国家预算资金的管理体制,国家机构按照国家财政管理体制设立,原则上一级财政设立一级国库。1989年12月13日,财政部、中国人民银行制定了《中华人民共和国国家金库条例实施细则》。1994年3月22日第八届全国人民代表大会第二次会议通过了《中华人民共和国预算法》,并于1995年1月1日起实施,这是我国预算管理的第一部法律,对组织预算收入、拨付预算资金以及决算编制和批复等预算执行问题作出了规定。

二、现代财政国库管理制度改革

按照国际货币基金组织的定义,国库不单指国家金库,更重要的是指财政代表政府负责预算执行、保管政府资产和负债的一系列职能。为适应社会主义市场经济发展需要和建立公共财政框架体系要求,2000年6月,财政部国库司成立,2001年2月,国务院第95次总理办公会批准《财政国库管理制度改革方案》,明确要求从根本上改变我国传统的预算执行管理方式,建立以国库单一账户体系为基础、资金缴拨以国库集中收付为主要形式的现代财政国库管理制度。

（一）以国库集中收付制度为主体的现代国库框架基本建立，成为我国财政收支运行的核心基础

国库集中支付制度改革进一步深化，预算支出更加规范透明。一是不断深化国库集中支付制度改革级次，在国库集中支付制度实现对县级以上预算单位全覆盖的基础上，从2015年开始大力推进乡镇国库集中支付改革。截至2018年底，中央、省、市、县、乡五级近70万个预算单位实施了国库集中支付制度改革，占到全部预算单位的99%以上，基本实现了"横向到边、纵向到底"，构建了现代化的国库管理框架。二是着力完善国库集中支付运行机制，深入落实"放管服"改革精神，进一步强化预算单位作为预算执行主体的责任，提高财政资金支付和使用效率。三是深入推进公务卡制度改革，优化公务卡管理使用。截至2018年底，全国81%以上的乡级预算单位、94%以上的县级以上预算单位实行了公务卡制度，累计发行公务卡超过2 500万张。四是利用现代信息技术，加快推进国库信息化建设。截至2019年6月30日，全国有36个省级、305个地市、1 500个区县财政部门实施了集中支付电子化管理。五是进一步推进地方预算执行动态监控工作。目前，大部分地区已建立起覆盖省、市、县三级的预算执行动态监控体系。六是建立财政扶贫资金动态监控机制。2018年7月，财政部印发《财政扶贫资金动态监控工作实施方案》，全力推进监控平台建设。目前，监控平台已实现中央、省、市、县上下贯通，具备按日监控预算分配下达、资金支付及绩效目标执行等情况的功能。2019年6月，财政部印发《财政部财政扶贫资金动态监控工作规程》，推进动态监控工作。

收入收缴管理改革加快推进，综合效能更加显现。一是全国40万个执收单位实施了非税收入收缴管理改革，占到全部执收单位的97%以上。同时，推进非税收入收缴电子化管理。中央本级于2016年全面实施非税收入收缴电子化管理，地方非税收入收缴电子化管理也加快实施，截至2019年6月30日，107个中央部门、22个省级、56个地市、334个县区已全面实施收缴电子化管理，有效提升非税收入收缴效率和管理水平。二是推进财税库银税收收入电子缴库横向联网，进一步扩大财税库银横向联网覆盖范围，加强横向联网数据的分析利用，研究制定财关库银税收收入电子缴库横向联网管理办法。

库款管理机制更加科学规范，国库现金管理稳步推进。一是各级财政部门切实贯彻国务院各项决策部署，多措并举加强库款管理，合理控制库款规模，着力提高库款使用效率，更好地保障积极财政政策的有效实施。以加快支出预算执行、盘活用好财政存量资金为合理管控库款的主要手段，扎实推进库款管理与预算执行、债券发行和国库现金管理等的协调衔接，实行库款削峰填谷管理，着力提高库款使用效率，更好地保障并促进积极财政政策措施及早落地生效。同时，加强库款管理基础工作，建立健全库款运行监测分析和预研预判工作机制，归纳总结库款运行变动规律，深入研究并及时解决存在的突出问题。加强资金调度管理，防范财政资金支付风险。二是按照国务院相关指示精神，稳步推进国库现金管理。2006年正式启动中央国库现金管理操作，主要采取商业银行定期存款方式，商业银行以国债或地方政府债券为质押获得存款并向财政部支付利息，定期存款期限在1年以内。2014年财政部会同人民银行制定《地方国库现金管理试点办法》，开始地方国库现金管理试点，2017年地方国库现金管理在省级财政全面推开。2018年财政部印发了《关于进一步规范地方国库现金管理的通知》，指导地方规范有序开展国库现金管理操作。中央国库现金管理操作实现常态化，累计开展国库现金

管理 5.9 万亿元,可获得利息收入 894 亿元;省级财政全面实施地方国库现金管理,累计操作金额 9 万亿元,可获得利息收入 614 亿元,取得预期成效。

(二)深化政府采购制度改革,推动建立法制完善、监管有力、执行高效、全面开放的政府采购制度

为适应建立社会主义市场经济体制要求,20 世纪 90 年代起,我国在借鉴国外通行做法和制度规范的基础上,结合我国实际进行政府采购制度改革。2003 年,政府采购法正式实施,中国政府采购开始步入法制化时期。2018 年,中央深改委审议通过《深化政府采购制度改革方案》,政府采购转入高质量发展轨道。

政府采购的范围和规模不断扩大。全国政府采购规模由 2002 年的 1 009 亿元增加到 2018 年的 35 861 亿元,年均增长率达 25%。政府采购实施范围从货物类向工程类、服务类扩展,从传统的通用类货物向专业新型货物服务扩展,从满足机关单位办公需要向为社会公众提供服务扩展,服务类采购迅猛发展。

政府采购机制不断完善。以公开竞争为核心的政府采购制度体系逐步建立。以政府采购法及其实施条例为统领、以部门规章为依托、涵盖 60 余份规范性文件的政府采购法律制度框架基本形成,"管采分离、机构分设、政事分开、相互制约"的工作机制得到完善,以"集中采购为主、分散采购为辅"的采购模式有序运行,以公开招标为主要采购方式的格局进一步巩固。

政府采购政策功能不断丰富。政府采购政策体系逐步建立,有效推动了国家和社会发展政策目标的实现。涵盖政府绿色采购、支持中小企业发展、促进残疾人就业、支持监狱企业发展、支持脱贫攻坚等多种目标的政府采购政策体系基本形成。目前,节能环保产品政府采购规模占同类产品政府采购规模的比例达到 90% 以上,政府采购合同授予中小微企业金额占采购总规模的比重超过 70%。

政府采购信息化建设不断推进。持续推动政府采购与互联网融合,搭建全国统一的中国政府采购网,信息政府采购计划管理、评审专家库、代理机构库等政府采购执行和管理交易系统得到普遍应用。采购项目全过程信息公开机制基本形成,政府采购透明度不断提高。扎实推进电子卖场建设,积极探索电子开评标、网上竞价、电子反拍等互联网应用。

积极稳妥推进中国加入 GPA 谈判,统筹开展多双边政府采购议题谈判。一是自 2007 年启动中国加入世贸组织(WTO)政府采购协定(GPA)谈判以来,已提交 6 份出价,承诺的政府采购市场开放范围不断扩大,与参加方的差距显著缩小。2018 年,习近平总书记在博鳌亚洲论坛宣布中国将加快加入 GPA 进程。为此,我们扎实有效开展国内改进出价和对外谈判工作,以实际行动体现我国进一步扩大开放的决心和维护多边贸易体制的诚意。二是统筹推进多双边政府采购议题谈判,完成中国—澳大利亚、中国—冰岛、中国—韩国、中国—瑞士、中国—新西兰自贸协定以及中国—智利自贸协定升级谈判,中国与欧亚经济联盟经贸合作协定下的政府采购议题磋商,积极推进中国—挪威等自贸协定政府采购议题磋商。

(三)国债地方债发行管理制度改革不断深化,规范透明的政府举债筹资机制日益健全

国债管理改革不断深化,发行机制更加健全。一是优化记账式国债期限结构,定期滚动发行关键期限国债,建立健全短期国债滚动发行机制,适当增加中长期国债发行次数和规模。二是不断改进记账式国债招标发行规则,促进国债一级市场价格发现,国债发行定价市场化水平和准确性进一步提高。三是完善续发行制度。根据期限长短适当增加续发行次数,有效增加单只国债可交易规模,提高国债二级市场流动性,促进中国国债纳入国际主流债券指数,促进

国债市场对外开放。四是完善储蓄国债发行管理。适应利率市场化趋势,合理确定储蓄国债发行利率,完善储蓄国债定价机制。拓宽储蓄国债销售渠道,已经有29家银行通过网上银行销售储蓄国债,方便老百姓投资购买。五是健全国债市场价格波动监测机制,建立健全国债二级市场做市支持机制,提高国债二级市场流动性,改善国债收益率曲线质量。目前,我国国债发行管理已达到国际先进水平,涵盖短、中、长期较为完整的国债收益率曲线初步建立,国债收益率曲线在金融市场上的定价基准作用日益显现。

地方政府债券发行成效显著,发行渠道更加多样。一是稳步推进发行地方政府债券置换存量债务工作。2015年以来,地方政府累计发行置换债券12.2万多亿元,用于置换地方政府存量债务,有效降低了地方政府融资成本,缓解了债务集中偿还压力。二是健全地方政府债券管理制度,逐步优化地方政府债券公开发行、定向承销制度安排,做好土地储备、收费公路等项目收益专项债券发行工作,地方政府债券管理规范化水平不断提升。三是不断强化地方财政部门在发债工作中的市场化意识,完善地方政府债券信用评级和信息披露安排,增强市场在地方政府债券发行定价中的决定性作用。四是多渠道促进地方政府债券投资主体多元化。在上海自贸区发行地方政府债券,引入外资银行参与地方政府债券承销工作。启动在上海、深圳证券交易所发行地方政府债券工作,充分发挥交易所市场对券商的动员作用和对个人投资者的辐射作用。成功启动商业银行柜台发行地方债券,进一步拓宽了地方债券发行渠道,较好满足了个人和中小机构投资需求。截至2019年6月30日,商业银行持有地方政府债券的比重已经下降到86.4%。五是积极培育地方政府债券市场健康发展,不断完善地方政府债券发行、登记托管基础设施,逐步改善地方政府债券流动性。截至2019年6月30日,地方政府债券余额占债券市场余额的22%,地方政府债券市场已成为我国多层次债券市场的重要组成部分。

(四)决算管理制度改革和权责发生制政府综合财务报告制度改革稳步推进,现代财政财务报告体系日趋完善

财政决算工作实现跨越,反映内容更加丰富。各级财政部门不断加强制度建设,着力提升决算编制工作质量,及时回应社会关切,切实服务各项财政改革。一是健全决算管理制度体系。印发《中央决算草案编制办法》《部门决算管理制度》等一系列制度办法,确保决算管理有规可依、有章可循。二是丰富决算报表反映内容。建立与全口径预算管理相对应的财政决算报表体系,完整反映四本预算收支以及政府债务等情况,为政府统揽全局、科学决策提供了坚实数据支撑。三是深入推进决算公开工作。全国部门决算公开规范化程度不断提升。中央部门决算公开范围稳步扩大,公开内容逐年细化,公开时间和公开形式趋于集中,回应社会关切更加及时主动,舆情评价积极。地方省、市、县三级的部门决算公开同步深化,决算公开的及时性、完整性和规范性均有明显改善。四是扎实推进支出经济分类决算试编工作,组织中央部门编报了2015—2017年度中央本级一般公共预算基本支出经济分类决算,组织地方财政开展了2015—2017年度财政支出经济分类决算试编,2017年地方试编范围已经覆盖所有省级、市级和县级财政。2018—2019年连续两年组织中央和地方所有基层预算单位按经济分类科目试编具体项目支出,为推进项目支出定额标准体系建设提供参考。五是不断加强决算分析。中央财政运用决算数据对预算编制的完整性、预算执行的有效性、资产负债变动情况等进行评价,为改进中央部门财务管理水平提供依据。一些地方尝试建立决算数据分析指标体系和数据分析模型,开展更加精准的量化分析,推动形成常态化、规范化、科学化的决算分析机制。

　　政府综合财务报告制度改革扎实推进,路径方法更加清晰。按照党的十八届三中全会精神和国务院批准的改革方案要求,扎实推进各项改革工作。一是加强政府财务报告相关制度建设。制定发布政府财务报告编制办法和操作指南,夯实政府财务报告编制工作的制度基础。二是推进各级政府财务报告编制试点。2017年,国土资源部、国家林业局等2个中央部门以及山西、黑龙江、上海、浙江、广东、海南和重庆等7个地区参加了第一批试点。2018年,试点范围扩大到20个中央部门和20个地区。2019年,试点范围进一步扩大到40个中央部门和36个地区。三是开展政府财务报告分析应用体系建设、全国和地区政府财务报告合并汇总等重点难点问题研究,取得的研究成果已在相关制度制定和试点工作中应用。

　　资料来源:财政部国库司.一场"财政革命":财政国库管理制度的改革发展[J].中国财政,2019(19):17-20.

　　思考提示:为什么我国财政国库管理制度改革被经合组织称为一场"财政革命"?

专栏6-5　　　　　　　　　英国国库管理制度

　　一、国库历史

　　国库是从英王内务府中分离出来的。早年,由于英王时常巡游,不便随身携带所征全部财物,于是11世纪初在温切斯特修建国库。威廉征服英格兰初,王室财政管理体制十分简单,英王内务府成为其财政管理体制的核心。威廉一世对以前英王巡游时所设的温切斯特国库进行了扩建,派出自己的亲信前往管理,温切斯特国库的地位日渐重要。威廉二世在位期间,开始设立国库长负责温切斯特事务,如钱物收支、账目核算、文件归档、财务纠纷等。国库起初只起报关、收藏各郡首上缴金银宝物的作用,后来渐渐独立。威廉二世时期,国库有了自己的官吏和固定的办公地点,后来,国库逐渐取代了内务府接管了王室财政管理职能。亨利一世时期,国库职能扩大了,建立账簿,由专职任命的男爵进行审计,保管有关重要的财政文献和国王珍宝,整个王国收入大部分缴纳于此。国库向内务府提供必要的金钱,实际上已经取代了内务府的地位,成为英王的主要财政管理机构。此后,在国库基础上又诞生出财政署。

　　现代国家对于财政收支管理日益重视,因为财政是否健全,攸关国家整体经济发展,不仅影响社会进步,而且对国计民生影响巨大。国库管理制度为政府执行财务收支基石,不但可协助政府预算收支执行,也可实现有效管理及运用政府资金的目的。英国国库管理制度比较成熟,近年来还不断进行重大改革。

　　二、国库部职能

　　皇家国库部(以下简称国库部)是国库管理的主要机构。国库部是负责公共收支预算及管理的部门。它管理政府预算和政府借款;向各部门分配预算、监督各部门财政资金的分配和使用,并负责制定有关经济政策。每年由政府内阁首先提出为期三年的滚动计划,制订税收和其他政府收入计划和政府借款计划,以满足政府公共支出的需求。

　　国库部根据三年滚动计划编制政府滚动三年预算,提交政府内阁审核。政府内阁对预算进行审核之后提交给议会审议,由议会批准政府当年预算及以后的调整计划。

　　议会批准预算之后,国库部将预算资金拨付到皇家总支付办公室(Office of H. M. Paymaster General,OPG)(以下简称支付办公室)为各部门开设的账户上,再由支付办公室集中为各部门进行支付。

英格兰银行为国库资金的开户行。各部门在支付办公室开设的账户统一设在英格兰银行。英格兰银行为国库办理日常的收支业务。

审计署负责对设在英格兰银行的财政账户上支取的款项进行审计,对政府各部门和其他公共机构的账户进行稽核,并对预算资金的使用效果进行财务分析。审计署每年将审计情况向下议院公共委员会报告。

英国国库管理制度的基本原则是:通过国库单一账户制度对预算资金进行严格管理,但是不限制预算支出部门管理支出的权力。国库部编制部门预算,议会按部门审批支出预算。每个部门的行政长官要对本部门的财务负责。

三、国库资金的收入与支出程序

政府收入主要是税收和发债。税收包括直接税和间接税,主要税种有个人所得税、企业所得税、社会保障收入、增值税、关税等。支出大于收入的部分通过政府借债进行弥补,政府通过英格兰银行向货币市场发放金边债券或向公众发放国民储蓄券进行融资。

税收收入和发债收入都直接纳入开设在英格兰银行的财政部账户上,财政部账户由国库部管理。国库部每一笔支付首先要送审计署审批,说明批准支出的法律文本或议会表决案。审计署审查之后以统一编号的印章确认同意支付。国库部根据批文指令英格兰银行进行付款。英格兰银行则从财政部账户向设在支付办公室的各部门指定的账户划转资金。

政府各部门按照议会批准的预算安排支出,负责有效地使用预算资金。各部门的资金存在支付办公室各自的账户上,只有立即对商品和劳务的供应商进行支付时,资金才转出支付办公室的账户。在财政年度内,各部门指定按月分配的用款计划,根据需要从财政部账户上的未提余款中逐笔向支付办公室各自的账户上划转,每月的用款计划和实际支出数之间的差额不能大于或小于5%,大于5%要按高于银行利率2个百分点向支出部门收取利息。为了减少政府的净借款,支付办公室账户上的所有贷记余额每晚都自动转回到财政部账户。

四、国库资金运作的具体操作

1. 关于税收收纳的操作程序。英国国内收入署在全国境内设立了两个核算办公室,一个设在北部的苏格兰,一个设在南部的英格兰。以设在南部的英格兰约克郡 Shipley 城的核算办公室(Accounts Office Shipley)为例,这个办公室的职能是处理整个英格兰地区的税收收入。处理过程是:首先由各地的税收办公室向该核算办公室提交征税名单及相关资料,核算办公室根据名单向税收人邮寄统一格式的税票(paylist)和专用支票。纳税人填写汇票和支票并寄回给核算办公室。核算办公室通过自动化设备对纳税人填好的税票和支票进行分拣、记账,并将支票存入西敏斯商业银行。西敏斯商业银行当天将税款转入英格兰银行。核算办公室的自动化程度很高,一些处理程序是专门设计的。该核算办公室每天处理的信件达到 28 000 封,能够保证及时、准确地将纳税人缴纳的税款交到国库。纳税人通过转账方式交纳税款,直接将账款划到核算办公室在西敏斯商业银行账上,由核算办公室汇总划转到国库在英格兰银行的账户上。

2. 关于支出的操作程序。以国内收入署和上述 Shipley 核算办公室作为支出单位的例子。国内收入署的年度支出预算确定以后,国库部按国内收入署的用款计划和进度将资金从英格兰银行的财政部账户上划转。国内收入署每天可以在这个账户中进行开支。国内收入署下属的全国各地税务办公室没有自己的账户,全部统一在上述账户中集中支付。集中支付方法主要分为三种:①工资。国内收入署 64 000 名职员的工资统一由英格兰银行直接汇到职员个人账户上。②采购支出。国内收入署及其所有下属单位的采购活动的程序是:各支出单位与供应商签订采购合同,交国内收入署采购中心审批,经批准后交支付办公室办理审查和支付。③小额支付。国内收入署给其所属各单位一本支票簿,对于一些小额零星支付,允许支出单位直接用支票支付。支票最终从国内收入署在支付办公室的账户上兑付。

资料来源:王淑杰.英国政府预算制度[M].北京:经济科学出版社,2014:149-160.

思考提示:英国国库制度对我国有哪些借鉴?

第五节　政府预算执行的检查分析

一、政府预算执行的信息反馈体系

预算执行中的信息,就是预算执行中反映出来的一切客观实际情况,它是对国家预算执行情况进行检查分析的必不可少的依据。但是,信息的来源不是自发的,需要有一个严密完整的信息反馈系统。目前,我国已经建立了一系列的预算执行报表报告制度,组成了国家预算执行的信息体系。

(一)预算执行信息的类型

预算执行信息是显示国家预算执行情况的各类情报的总称,主要包括:

1. 数据信息

数据信息包括预算收支执行旬报、月报、季报、年报,税务会计、统计报表,企业财务、行政事业单位财务报表,国库报表等。

2. 文字信息

文字信息包括工作总结、报告、决议、计划、通知、预算收支执行情况及其动态分析等各种有关文字资料。

3. 语言信息

语言信息是指通过电话、谈话、广播、会议、录音等形式传递的预算执行信息。

政府预算信息管理的一般要求是:加强与有关部门的联系,做好资料的收集、整理和分析工作,掌握预算收支规律;通过政府预算信息系统,调节、控制预算资金活动,促进微观经济搞活;监督、检查预算资金活动情况,促进经济、文教、科学等事业的发展,有利于国家实施宏观调控。

(二)政府预算信息反馈系统的构成和运行情况

1. 地方各级财政机关逐级编制上报预算收支完成情况的报表和报告

总预算会计报表有旬报、月报和月份执行情况分析书面报告等。通过这些报告,可以掌握各级财政总预算的收支执行和完成情况,从而了解国民经济和社会发展计划的主要经济指标及事业指标执行进度与完成情况。

2. 行政事业单位向同级财政机关报送单位预算会计报表

单位预算会计报表,反映行政、事业单位在各该时期的支出情况以及事业进度。此表规定按月向主管部门编报,主管部门汇总后报同级财政部门汇入月份预算收支报表。

3. 各级国库编报的预算收支项目电报

各级国库编报的预算收支项目电报,是逐级上报国家总国库,由总国库汇总后报送财政部的,它反映中央预算在一定时期的预算收支的执行情况。

4.国有企业填报的各种报表

国有企业月份、季度会计报表主要有资产负债表、损益表、利润分配表等。它反映工业生产、产品销售、企业利润、产品成本、企业各种资金和企业留利、缴库利润以及欠缴利润等情况;反映商业利润总额、抵缴利润、应缴利润、交库利润和欠缴利润等数据;反映国有粮食企业利润或亏损总额、抵缴利润、应缴利润和应拨亏损、实际交库利润及实际拨补亏损等数据。

5.工商税收统计报表

工商税收统计报表包括税收月报、旬报和税收统计月报。税收统计月报表包括工商各税分项目、分经济类型统计月报表,企业所得税统计月报表等。

6.海关税收缴库月报表

海关税收缴库月报表每月报送一次,反映关税收入中集中纳税和各口岸纳税的详细情况,并且反映进口税、出口税,以及海关其他收入、罚没收入和代征工商税收等。

7.国家预算收支执行情况旬报和月报

国家预算收支执行情况旬报和月报,由财政部汇总编报。旬报(只报上、中旬)于每月终了后五日内编出。月份快报于每月终了后七日内编出,月份执行情况简报于月终了十日内编出,报送国务院,并抄送有关部委和各省(直辖市、自治区)财政部门。每季度终了,还要结合各项经济指标的完成情况,对预算执行情况作全面的分析检查,供领导决策参考。为此,预算执行情况报告,应要求数字准确,报送及时,分析深刻。

二、政府预算执行的检查分析

政府预算执行的检查分析,是指为及时掌握政府预算收支状况,以改进和指导预算工作,预算执行机关或其他有关部门在预算执行过程中或之后采用多种方法对预算收支活动全过程进行检查分析。

(一)预算执行检查分析的内容

预算执行政策性强、涉及面广,在检查分析预算执行情况时,除了分析预算收支执行情况外,还要对影响政府预算收支发展变化的相关因素进行分析。重点应分析以下几项内容:

1.检查分析国家有关方针政策的落实情况

政府预算资金是实现党和国家方针政策的财力保证。同时,国家的方针政策和重大经济措施的贯彻执行,对预算收支又有重大影响。因此,分析党和国家的方针政策,特别是预算政策,以及重大经济措施对预算收支的影响,应是预算检查分析的重点之一。在预算执行中,一方面要分析是否贯彻了党和国家的方针政策和重大措施;另一方面要分析贯彻了这些政策、措施后,对预算收支任务的完成有什么具体影响,以便于及时调整预算,组织预算新的平衡。

2.检查分析预算收支的完成情况

检查分析预算收支完成情况,主要是分析预算收入和支出总的完成情况,以及主要收入和支出项目的完成情况。重点是检查分析各项收入是否及时、足额地纳入国库,并按规定划归各级预算,有无少收、漏收、拖欠和挪用的情况;检查分析各项支出是否按照预算及时合理地拨付用款单位使用,用款单位的预算支出与各自的生产、建设事业是否相一致,并结合生产与事业发展、工程进度、人员编制、经费定额,以及人员支出、公用支出和对个人和家庭的补助支出等各项支出,检查分析资金使用效果及存在问题,如有违反国家财经纪律和制度的现象应及时纠正,酌情处理。

3.检查分析预算管理和监督工作对预算收支的影响

预算管理与监督的松与紧,对预算收支的执行影响极大。预算管理和监督工作松弛,就会在收入上出现"跑、冒、滴、漏",支出上出现花钱大手大脚,不讲效益的现象。因此,预算执行情况分析要对预算管理和监督工作进行检查,分析其对预算执行情况的影响,从而促进抓紧预算管理工作,减少以至杜绝违反财经纪律的现象。

4.检查分析预算收支平衡和综合平衡的态势

预算、信贷、外汇和物资四者之间有着密切的联系,涉及商品可供量与社会购买力之间的平衡,以预算收支平衡为核心的综合平衡是政府预算是否顺利执行的重要标志,因而是预算检查分析的工作重点。不仅要分析检查预算收支本身的平衡,还要根据国家政治经济发展的客观需要,结合银行信贷、外汇收支组织综合平衡;此外,在预算、信贷、外汇三方面收支平衡的前提下,组织它们与物资供求之间的平衡,以便进行调整,保证它们之间的协调和平衡。

(二)政府预算执行检查分析的形式和方法

正确运用行之有效的检查分析的形式和方法,是做好检查和分析的切实保证。

1.预算执行检查分析的形式

(1)定期检查分析,也称定期全面综合分析。即预算执行了一个阶段后(如月份、季度或半年),在规定的期限内,对预算执行情况进行一次检查分析。定期检查分析的目的,是系统地、经常地了解预算执行的全过程,以利于找出规律性的东西和指导下一阶段的工作。定期检查的结果,应以文字报告和分析报表的形式上报。定期检查分析是预算执行检查分析的基本形式。

(2)专题检查分析。专题检查分析是指对预算执行中出现的一些重大突出的问题——这些问题对预算执行有较大影响,要组织专门力量进行检查分析,并对分析结果提出处理意见,以专题报告的形式上报,供领导决策参考。专题检查分析是预算执行检查分析的补充形式。

(3)典型调查分析。这是指某些地方、部门或单位对在预算执行中发生的典型事例所进行的分析。运用这样的"解剖麻雀"的方法,可以起到以点带面的作用。

2.政府预算检查分析的方法

预算收支指标表现的经济现象之间具有一定的因果关系,预算执行检查分析对这些因果关系不仅从本质上对预算资金的运动进行定性分析,还应进行定量分析。量的分析建立在质的分析的基础上,最常用的是对比分析法和因素分析法。

(1)对比分析法。这是通常运用的最基本的方法。这种方法是以本期实际数为主,与有关的各期指标数字进行对比。一般从以下几个方面进行对比分析:

①本期实际数与年度预算数比较,分析完成计划的进度、实际与计划的差异。

②本期与上年同期比较,本月与上月比较,或与历史同期最好水平进行比较。通过这种比较,分析检查预算收支发展变化情况及预测本期的发展趋势。

③地区与地区、部门与部门、单位与单位之间,就同类性质指标进行对比。通过这种对比,分析各地区的特点和差距,以便进一步分析研究问题,推广经验。

(2)因素分析法。采用对比分析法确定了各种差异之后,还应分析引起差异的因素,衡量诸因素对差异的影响程度,如果某项差异是受多因素交叉作用影响的结果,则需用因素分析法确定各因素对差异的影响程度。

因素分析法是对某一事物分析其内在诸矛盾交叉作用影响程度的一种方法。它通过对组成某一经济指标诸因素的顺序分析,用数值来测定由于诸因素变化对产生差异的影响程度。只要顺次把其中一个因素视为可变,把其他因素视为不变,就会得到任何一种可能的组合结果。因素分析法的基本原理可概括为"依次替换,顺序分析",表示如下。

预算:$A \times B \times C = D$

一次替换:$A_1 \times B \times C = D_1$

二次替换:$A_1 \times B_1 \times C = D_2$

三次替换:$A_1 \times B_1 \times C_1 = D_3$

D_1 与 D 比较,两者之差为 A 因素变动而产生的影响;

D_2 与 D 比较,两者之差为 B 因素变动而产生的影响;

D_3 与 D 比较,两者之差为 C 因素变动而产生的影响。

最后,提出判断性评语。在实际操作时,事先要严格规定诸因素排列顺序,并在不同时期均按既定排列顺序分析,才具有可比性,才能得到正确的组合结果,否则,因素失真,得到的是错误的组合结果。

专栏 6-6   《中华人民共和国预算法》 第六章 预算执行

第五十三条   各级预算由本级政府组织执行,具体工作由本级政府财政部门负责。

各部门、各单位是本部门、本单位的预算执行主体,负责本部门、本单位的预算执行,并对执行结果负责。

第五十四条   预算年度开始后,各级预算草案在本级人民代表大会批准前,可以安排下列支出:

(一)上一年度结转的支出;

(二)参照上一年同期的预算支出数额安排必须支付的本年度部门基本支出、项目支出,以及对下级政府的转移性支出;

(三)法律规定必须履行支付义务的支出,以及用于自然灾害等突发事件处理的支出。

根据前款规定安排支出的情况,应当在预算草案的报告中作出说明。

预算经本级人民代表大会批准后,按照批准的预算执行。

第五十五条   预算收入征收部门和单位,必须依照法律、行政法规的规定,及时、足额征收应征的预算收入。不得违反法律、行政法规规定,多征、提前征收或者减征、免征、缓征应征的预算收入,不得截留、占用或者挪用预算收入。

各级政府不得向预算收入征收部门和单位下达收入指标。

第五十六条   政府的全部收入应当上缴国家金库(以下简称国库),任何部门、单位和个人不得截留、占用、挪用或者拖欠。

对于法律有明确规定或者经国务院批准的特定专用资金,可以依照国务院的规定设立财政专户。

第五十七条   各级政府财政部门必须依照法律、行政法规和国务院财政部门的规定,及时、足额地拨付预算支出资金,加强对预算支出的管理和监督。

各级政府、各部门、各单位的支出必须按照预算执行,不得虚假列支。

各级政府、各部门、各单位应当对预算支出情况开展绩效评价。

第五十八条　各级预算的收入和支出实行收付实现制。

特定事项按照国务院的规定实行权责发生制的有关情况,应当向本级人民代表大会常务委员会报告。

第五十九条　县级以上各级预算必须设立国库;具备条件的乡、民族乡、镇也应当设立国库。

中央国库业务由中国人民银行经理,地方国库业务依照国务院的有关规定办理。

各级国库应当按照国家有关规定,及时准确地办理预算收入的收纳、划分、留解、退付和预算支出的拨付。

各级国库库款的支配权属于本级政府财政部门。除法律、行政法规另有规定外,未经本级政府财政部门同意,任何部门、单位和个人都无权冻结、动用国库库款或者以其他方式支配已入国库的库款。

各级政府应当加强对本级国库的管理和监督,按照国务院的规定完善国库现金管理,合理调节国库资金余额。

第六十条　已经缴入国库的资金,依照法律、行政法规的规定或者国务院的决定需要退付的,各级政府财政部门或者其授权的机构应当及时办理退付。按照规定应当由财政支出安排的事项,不得用退库处理。

第六十一条　国家实行国库集中收缴和集中支付制度,对政府全部收入和支出实行国库集中收付管理。

第六十二条　各级政府应当加强对预算执行的领导,支持政府财政、税务、海关等预算收入的征收部门依法组织预算收入,支持政府财政部门严格管理预算支出。

财政、税务、海关等部门在预算执行中,应当加强对预算执行的分析;发现问题时应当及时建议本级政府采取措施予以解决。

第六十三条　各部门、各单位应当加强对预算收入和支出的管理,不得截留或者动用应当上缴的预算收入,不得擅自改变预算支出的用途。

第六十四条　各级预算预备费的动用方案,由本级政府财政部门提出,报本级政府决定。

第六十五条　各级预算周转金由本级政府财政部门管理,不得挪作他用。

第六十六条　各级一般公共预算年度执行中有超收收入的,只能用于冲减赤字或者补充预算稳定调节基金。

各级一般公共预算的结余资金,应当补充预算稳定调节基金。

省、自治区、直辖市一般公共预算年度执行中出现短收,通过调入预算稳定调节基金、减少支出等方式仍不能实现收支平衡的,省、自治区、直辖市政府报本级人民代表大会或者其常务委员会批准,可以增列赤字,报国务院财政部门备案,并应当在下一年度预算中予以弥补。

专栏6-7　　《中华人民共和国预算法》第七章　预算调整

第六十七条　经全国人民代表大会批准的中央预算和经地方各级人民代表大会批准的地方各级预算,在执行中出现下列情况之一的,应当进行预算调整:

（一）需要增加或者减少预算总支出的；

（二）需要调入预算稳定调节基金的；

（三）需要调减预算安排的重点支出数额的；

（四）需要增加举借债务数额的。

第六十八条 在预算执行中，各级政府一般不制定新的增加财政收入或者支出的政策和措施，也不制定减少财政收入的政策和措施；必须作出并需要进行预算调整的，应当在预算调整方案中作出安排。

第六十九条 在预算执行中，各级政府对于必须进行的预算调整，应当编制预算调整方案。预算调整方案应当说明预算调整的理由、项目和数额。

在预算执行中，由于发生自然灾害等突发事件，必须及时增加预算支出的，应当先动支预备费；预备费不足支出的，各级政府可以先安排支出，属于预算调整的，列入预算调整方案。

国务院财政部门应当在全国人民代表大会常务委员会举行会议审查和批准预算调整方案的三十日前，将预算调整初步方案送交全国人民代表大会财政经济委员会进行初步审查。

省、自治区、直辖市政府财政部门应当在本级人民代表大会常务委员会举行会议审查和批准预算调整方案的三十日前，将预算调整初步方案送交本级人民代表大会有关专门委员会进行初步审查。

设区的市、自治州政府财政部门应当在本级人民代表大会常务委员会举行会议审查和批准预算调整方案的三十日前，将预算调整初步方案送交本级人民代表大会有关专门委员会进行初步审查，或者送交本级人民代表大会常务委员会有关工作机构征求意见。

县、自治县、不设区的市、市辖区政府财政部门应当在本级人民代表大会常务委员会举行会议审查和批准预算调整方案的三十日前，将预算调整初步方案送交本级人民代表大会常务委员会有关工作机构征求意见。

中央预算的调整方案应当提请全国人民代表大会常务委员会审查和批准。县级以上地方各级预算的调整方案应当提请本级人民代表大会常务委员会审查和批准；乡、民族乡、镇预算的调整方案应当提请本级人民代表大会审查和批准。未经批准，不得调整预算。

第七十条 经批准的预算调整方案，各级政府应当严格执行。未经本法第六十九条规定的程序，各级政府不得作出预算调整的决定。

对违反前款规定作出的决定，本级人民代表大会、本级人民代表大会常务委员会或者上级政府应当责令其改变或者撤销。

第七十一条 在预算执行中，地方各级政府因上级政府增加不需要本级政府提供配套资金的专项转移支付而引起的预算支出变化，不属于预算调整。

接受增加专项转移支付的县级以上地方各级政府应当向本级人民代表大会常务委员会报告有关情况；接受增加专项转移支付的乡、民族乡、镇政府应当向本级人民代表大会报告有关情况。

第七十二条 各部门、各单位的预算支出应当按照预算科目执行。严格控制不同预算科目、预算级次或者项目间的预算资金的调剂，确需调剂使用的，按照国务院财政部门的规定办理。

第七十三条 地方各级预算的调整方案经批准后，由本级政府报上一级政府备案。

关键术语

预算执行　国库　直接缴库　集中汇缴　预算调整　政府采购　国库集中收付制度
退库

思考与练习

1. 简述政府预算执行机构及其职责。
2. 简述预算收入缴库方式。
3. 简述政府采购基本方式。
4. 简述国库集中收付制度的内涵及特征。
5. 简述法定预算调整范围及程序。
6. 简述预算执行情况分析的方法。

第七章 政府决算的编制

政府决算是预算管理周期中继预算准备和编制、预算执行阶段之后的第三个阶段,其主要任务是对政府预算执行情况进行总结,编制政府决算草案报告,接受立法机关的审查和批准。

按照《预算法》的规定,我国的政府决算由中央政府决算和地方各级政府决算组成,通常按照统一的政府决算体系自下而上逐级汇编而成,最终由各级财政部门汇编成本级政府决算。我国政府决算草案的审查和批准是由各级人民代表大会常务委员会进行的。中央政府决算草案由国务院财政部门编制并报国务院审定后,由国务院提请全国人民代表大会常务委员会审查和批准;地方各级政府决算由地方各级财政部门编制并报本级人民政府审定后,由本级人民政府提请本级人民代表大会常务委员会审查和批准。

本章的主要内容是:政府决算的意义和组成;编制政府决算的准备工作;政府决算编制程序和方法;政府决算的审查和批准。

第一节 政府决算概述

一、政府决算的概念

政府决算是按照法定程序编制,经立法程序审查批准的年度政府预算执行结果的会计报告,通常由决算报表和文字说明两部分构成。政府决算是政府预算执行情况的总结,反映了预算年度内政府预算收入和支出的最终执行结果,是政府活动范围和政策导向在财政上的集中表现。

二、政府决算的意义

政府预算经立法机关审议批准后,即进入预算执行阶段。从理论上讲,精心编制的预算如果得以有效地执行,其执行结果必然与预算保持一致性。但是由于客观情况的变化以及其他方面的原因,政府预算执行的结果,不可能与预算完全一致。政府预算执行情况究竟如何,是否完成预算收支任务,预算收支是否平衡,只有通过政府决算才能准确地反映出来。因此,编制政府决算具有重要的意义和作用,具体表现在以下几个方面:

(一)政府决算是国家经济社会活动在财政上的集中反映

政府决算是国家经济社会活动在财政上的集中反映,体现了一个预算年度期间政府实际经济社会活动的范围和政府施政活动的方方面面。通过政府决算的编制,可以掌握年度政府预算的实际执行情况以及政府制定的多年期滚动计划在本年度的实际完成情况;全面、系统地了解政府施政政策和政策导向的贯彻执行情况以及预算年度内财政资金的实际流量、流向和结构。

(二)政府决算反映政府预算执行的结果

政府决算反映政府预算实际执行的结果。其中,政府决算收入反映年度预算收入实际规模、来源和构成,体现政府集中资金的程度和资金积累的水平;政府决算支出反映年度预算支出实际规模、方向和构成,以及各种重要的比例关系,体现着公共财政的发展方向和经济社会事业发展的规模和速度。

（三）政府决算为政府决策提供了依据

通过政府决算的编制与分析,可以从资金积累和资金分配的角度,总结一年来各项经济社会活动在贯彻执行政府政策导向和施政理念方面的情况,为政府决策机构研究经济问题、进行公共决策提供信息资料和决策依据。

（四）政府决算便于增强财政透明度促进财政民主

社会主义市场经济体制改革,已经使中国财政从"自产国家"转向"税收国家"的行列。"税收国家"的特征是:政府主要通过税收为其提供公共产品融资,客观上要求政府在其预算文件中,就公共支出的来源、取得、使用和使用结果做出说明,并承担相应的责任;纳税人对此拥有知情权。政府预算编制和执行结果都要接受纳税人的监督,从而形成有效的外部制约机制。通过政府决算的编制、审批和相应的信息披露制度,既有利于政府财政部门加强内部监管,又能增强财政透明度,有利于解决政府与纳税人之间的信息不对称问题,提高纳税人参政议政的意识,促进财政民主。

三、编制政府决算草案的基本原则

决算草案是指各级政府、各部门、各单位编制的未经法定程序审查批准的预算收支年度执行结果。各部门对所属各单位的决算草案,应当审核并汇总编制本部门的决算草案,在规定的期限内报本级政府财政部门审核。各级政府财政部门对本级各部门决算草案审核后发现有不符合法律、行政法规规定的,有权予以纠正。

财政部门应当在每年第四季度部署编制决算草案。编制决算草案应遵循的基本原则如下:

（一）合法性原则

这是编制决算草案在政策法律上应遵守的原则。法律、行政法规是全国人民代表大会、国务院制定的,适用于全国各地区、各部门,各地区、各部门要严格按照法律、行政法规的规定编制决算草案。在收入方面,各地区、各部门要严格按照法律、行政法规的规定和分税制财政体制,将属于中央的税收收入及时、足额地上缴中央国库,并由中央财政编入中央决算。在支出方面,各地区、各部门要严格按照法律、行政法规的规定,严禁将不属于政府预算开支范围和不符合开支标准的支出列入决算支出。

（二）准确完整性原则

（1）数额准确。就是要按照收付实现制的原则,凡当年已发生的财政收支,都要如实作为预算收支列入决算;各级财政决算和各类财务决算,都要坚持自下而上、层层逐级汇总的原则,不能以领代报、以估代编。

（2）内容完整。就是要严格按照国家和上级的决算编审要求以及布置的决算表格,一项一项地落实,认真填报齐全,不能自行取舍和遗漏,并要根据决算报表完成有分析、有总结的决算报告。

（三）及时性原则

决算草案报送要及时。各地区、各部门必须严格按规定时间,把握好编制决算草案中各项具体工作的进度,在保证决算质量的前提下,及时编制和报送决算草案。

（四）分别列示原则

编制决算草案时要按预算数、调整预算数、决算数分别列出,一方面可以反映各级政府、各部门、各单位预算收入支出执行的实际完成数,便于进行收支执行的检查分析,发现各级政府、各部门、各单位预算管理中存在的问题；另一方面，将调整预算数单独列示出来，可以反映财政以及预算部门单位预算编制的科学性，在日常预算管理中是否贯彻落实了"先有预算，后有支出"的理念，以及预算调整是否符合、遵循法律程序。

（五）先审计后批准原则

《预算法》规定，县级以上政府的决算草案，在提请本级人民代表大会审查批准通过之前，需要经过本级政府审计部门的审计。国务院财政部门编制中央决算草案，经国务院审计部门审计后，报国务院审定，由国务院提请全国人民代表大会常务委员会审查和批准。县级以上地方各级政府财政部门编制本级决算草案，经本级政府审计部门审计后，报本级政府审定，由本级政府提请本级人民代表大会常务委员会审查和批准。乡、民族乡、镇政府编制本级预算草案，提请本级人民代表大会审查和批准。

四、政府决算的组成

我国的政府决算由中央总决算和地方总决算组成。其中，中央总决算由中央部门汇总所属行政事业单位决算和企业财务决算、基本建设财务决算等组成；地方总决算由省（自治区、直辖市）总决算汇总而成。

各级政府的本级决算由所属各部门决算汇总而成；部门决算由实行部门预算的政府各部门汇总所属行政事业单位决算、企业财务决算、基本建设财务决算等汇总而成；行政事业单位决算由部门下属执行单位预算的行政、事业单位编制。

第二节　政府决算编制的准备工作

一、财政部拟定和下达政府决算的编报办法

《预算法》第七十四条规定："决算草案由各级政府、各部门、各单位，在每一预算年度终了后按照国务院规定的时间编制。编制决算草案的具体事项，由国务院财政部门部署。"《预算法》第七十五条规定："编制决算草案，必须符合法律、行政法规，做到收支真实、数额准确、内容完整、报送及时。决算草案应当与预算相对应，按预算数、调整预算数、决算数分别列出。一般公共预算支出应当按其功能分类编列到项，按其经济性质分类编列到款。"

为了提高政府决算的质量，每个预算年度终了前（一般在四季度），财政部都要在认真总结上一年政府决算编制工作经验的基础上，根据本年度预算执行的情况、财政经济政策、政府预算管理体制、管理制度和企业财务管理体制以及当年预算执行中存在的问题，提出本年度编制政府决算草案的基本要求和具体办法，一般包括：编制决算草案的原则、方法、要求和报送期限，制定和颁发中央各部门决算、地方决算及其他有关决算的报表格式。政府决算编报办法以通知的形式下达给中央各部门和各省、自治区、直辖市，并逐级补充，作为编制政府决算草案的指导性文件。其具体内容一般包括：

（一）提出增收节支和平衡预算的基本要求

针对当年政府预算执行的具体情况和运行特点，本着提高预算管理工作水平的要求，提出进一步抓紧做好增收节支和平衡预算的措施和要求。

（二）做好年终收支清理工作，核实当年各项收支数字

根据收支清理的具体要求，财政、税务和国家金库密切配合，做好对账工作。各级政府预算收入以当年12月31日缴入基层国库的预算收入数列报，政府预算支出以12月31日各级财政拨款数列报。

（三）加强编报决算草案的组织领导，提出决算编审重点和原则

每年决算草案编审办法提出的重点和原则各有侧重，但主要包括中央和地方之间的收入分成、上解、补助以及借垫款项等的结算办法，地方预算年终结余处理，允许结转下年继续使用的支出项目，以及其他需要明确规定的具体问题等。对此，在决算编审办法中要提出当年编审重点和原则，并就相关具体问题提出处理意见或建议。

（四）对决算草案编审工作的组织领导要求

为了保证决算草案的及时、完整和正确编制，应通过有效的领导体系来组织落实，并要求认真组织专业审查和群众审查。

（五）决算草案报送的期限和份数

《预算法》第七十六条第一款规定："各部门对所属各单位的决算草案，应当审核并汇总编制本部门的决算草案，在规定的期限内报本级政府财政部门审核。"

各省（自治区、直辖市）总决算草案，一般要求在年度终了后三个月内，以一式五份报送财政部。中央主管部门的汇总单位决算在年度终了后三个月内以一式两份报送财政部。中央主管部门所属单位决算，各省（自治区、直辖市）本级的单位决算以及所属市（州）、县（市）总决算的报送期限和份数，在保证及时汇总上报的原则下，可自行规定。

二、年终收支清理

为了正确反映预算年度预算执行的结果，保证决算数字的准确和完整，便于及时编制决算草案，各级财政部门和行政事业单位、企业单位、基本建设单位，在年度终了时要对全年的预算收支、会计账目、财产物资及其有关财务活动等，进行一次全面的核对、结算和清查。年终收支清理工作是编制决算的前期准备工作，是编好决算草案的重要前提条件。年终收支清理工作主要包括以下几方面内容：

（一）核对年度预算收支数字

预算数字是考核决算和办理收支结算的依据，也是进行财政、财务决算的基础数字。核对的内容主要有：各级财政总预算、部门和单位预算本身的全年预算收支数字；各级总预算之间、各级政府总预算与部门和单位预算之间、单位预算的上下级之间全年预算收支数字；年度终了前，各级预算执行单位之间的预算追加追减、科目流用、预备费动用、预算划转等调整。为便于年终收支清理工作的顺利进行，每年的 12 月份不再办理预算的追加追减和预算划转手续，本年经费限额的下达，也截止到 12 月 25 日。

（二）清理本年预算应收应支款项

预算收支清理是为了核实收支，做到预算收入应收尽收、预算支出应拨尽拨。在年终前应对年度内各项应缴库的预算收入进行认真清理，及时足额地缴入国库；应由当年弥补的计划亏损，要按政策要求审查核实后及时办理退库手续；应在本年度列支的支出也要在年终前办理完毕。

（三）结清预算拨借款

各级财政部门之间、财政部门和主管部门之间、主管部门和下属单位之间的拨借款项，都应当在 12 月 31 日之前结算清楚。各级财政部门之间的预算补助款和预算上解款，应按政府预算管理体制的有关规定和最后确定的收入留解比例，结合借垫款项进行结算，多退少补。

（四）清理往来款项

在预算执行中，各级财政部门、企业、基建、行政、事业等单位暂存暂付、应收、应付等往来款项，要在年终前进行清理结算。一切往来账款在编制决算时原则上应无挂账。

（五）清理财产物资

所有预算执行单位,在年终前应对固定资产和库存材料等所有财产物资进行清理盘点,做到账实相符;对库存现金也要进行清查核算,做到账款相符;对财产物资的各种账目也要进行认真核对,做到账账相符。

（六）核对决算收支数

对于决算收入,各级财政部门、国家金库、企业利润监缴机关,必须会同预算缴款单位进行年终对账,经核对相符填制对账单办理签证后,分别按系统上报。对于决算支出,各级财政部门要会同主管部门、用款单位和开户银行,将决算支出数字共同核对一致,按规定程序逐级进行年终对账签证后,按规定的程序逐级上报。

三、制定和颁发决算表格

财政部在下达决算草案编审办法的同时,还要制定和颁发各省（自治区、直辖市）财政决算统一表格、中央各部门决算表格及其他有关决算表格。县级以上地方政府财政部门根据财政部的部署,在部署编制本级政府各部门和下级政府决算草案编审办法的同时,也要结合本地区、本部门的具体情况,制定和颁发本级政府各部门决算、下级政府决算及其他有关决算的报表格式。

决算表格是政府决算数字的载体,它把决算数字及有关资料和核算根据等科学地安排在一定的表格中,可以总括而清晰地反映政府决算的全貌。决算表格是编制决算的重要工具,主要反映当年政府决算收支数字。它是在上年度决算的基础上,根据本年度预算管理体制及其他制度变化情况,本着有利于总结全年预算收支执行情况,符合预算管理要求制定的。通常政府决算表格每年要修改一次。制定决算表格应遵循的原则:一是应有利于总结全年预算执行情况以及兼顾本年度决算和下年度预算设计的要求;二是应有利于保持主要决算表格形式的相对稳定,一般要在上年决算表格基础上进行修订,保持决算表格的项目、内容和格式的统一,保证政府决算的连续性和统一汇编;三是表格既要满足需要,又要简便易行。

决算表格按预算财务系统可划分为财政总预算表格、行政事业单位决算表格、企业财务决算表格和基本建设财务决算表格。决算表格按使用范围划分为两种:一是各级财政部门使用的总决算表格;二是各级主管部门和所属预算单位使用的部门、单位决算表格。

决算表格反映的主要内容包括决算收支表和资产负债表以及反映全年预算收支执行结果和预算资金活动结果的会计数字表等。具体分为四类:

（一）决算收支表和资金活动情况表

这类表主要用来反映预算收支实际执行结果和年终预算资金活动结果的会计报表,是根据财政总预算或单位预算会计账簿编制的,包括全部政府性资金的收支总表和明细表。如一般公共预算收支、政府性基金收支、国有资本经营预算收支、社会保险基金预算收支的总表、明细表、变动情况表及其分级收支与平衡。支出明细表分别设置功能分类和经济分类表,适当突出功能分类表格。

（二）政府资产和债务情况表

这类表主要用来反映各级总预算和单位预算的财务收支情况和执行结果,按相应预算会计制度要求编制,包括一般预算收支、预算外收支的资产负债表和政府性债务报表等。作为财政总决算的补充表,这类表可以完整反映政府的资产和负债情况。

（三）基本数字表

这类表主要指用来分别反映各项行政事业单位的机构、人员、开支标准等定员定额执行情况和事业成果的财务统计报表,由各预算单位根据财务统计和业务统计资料整理编制。此外,基本数字表还应包括用于反映预算外、政府基金等收支范围人员情况表,作为一般预算收支人员情况表的补充表,从而使基本数字更加全面。

(四)其他附表

这类报表主要是指上述各类决算表的补充资料。其内容根据每年预算执行情况和决算分析需要,由财政部制定相应的附属表格。这类表格按其内容基本上可以分为两种:一是属于决算各表的明细资料;二是属于报告一些与预算收支有关的资料。

第三节　政府决算编制程序和方法

预算年度终了,政府决算的准备工作结束后,就可以进行政府决算草案的正式编制工作。政府决算草案的编制必须依据一定的程序和方法进行。

一、政府决算的编制程序

《预算法》规定,每一个预算年度终了后,各级政府、各部门、各单位都要按照国务院规定的时间编制决算草案。决算草案是指各级政府、各部门、各单位编制的未经法定程序审查和批准的预算收支的年度执行结果。编制决算草案的具体事项,由国务院财政部门部署。政府决算草案的编制程序是从执行预算的基层单位开始,自下而上层层编制、审核和汇总,由各级财政部门汇编成本级政府决算草案。财政部在收到中央主管部门报送的汇总单位决算和各省(自治区、直辖市)报送的总决算草案后,首先进行全面的审核和检查;其次,根据中央各主管部门报送的汇总单位决算,汇编为中央总决算草案;再次,根据各省(自治区、直辖市)报送的总决算,汇总为地方总决算草案;最后,根据中央总决算和地方总决算汇编成国家决算草案。

二、政府决算的编制方法

(一)单位、部门决算的编制方法

单位决算草案是执行单位预算的行政、事业单位编制的决算,是构成各级政府总决算的基础。编制好单位决算是保证政府决算质量的关键。因此,年度终了后,各基层预算单位都应当在搞好年终清理、结清账目的基础上,正确、完整、及时地编制单位决算草案,填报单位决算报表数字。

单位决算报表数字是单位决算的重要内容,主要有三类:

(1)预算数字。预算数字是考核预算执行情况和事业计划完成情况的依据,是按年终清理核对后的年度预算数填列的。

(2)会计数字。会计数字反映全年预算执行结果的决算数,它是根据年终结账后的会计账簿中有关科目的年终余额或全年累计数填列的。

(3)基本数字。基本数字反映行政事业单位的机构、人员状况以及事业发展计划的完成情况,用以考核事业规模和预算资金的使用效果。它是根据相关财务统计和业务统计资料的数字填列的。

单位决算草案编成后,应编写决算说明书。决算说明书应根据决算收支数字、事业计划完成情况以及平时积累的调研资料编写而成,是年度单位预算执行和预算管理工作的书面总结。作为决算的重要组成部分,决算说明书的主要内容包括:

(1)单位预算执行的主要情况以及收入超收和短收,支出超支或结余的原因;

(2)业务计划完成情况及其原因分析;

（3）各项事业发展的成果和费用开支水平，定员定额的比较分析；

（4）预算管理、财务管理等方面采取的主要措施，取得的经验和存在的问题，以及提出的改进意见和措施等。

基层单位决算草案编成后，连同单位决算说明书，经本单位负责人审阅盖章后正式报送上级单位。上级单位对所属单位决算进行审查后，汇入本单位决算报上级主管部门。主管部门在审核汇总所属各单位决算草案基础上，连同本部门自身的决算收支数字汇编成本部门决算草案，并附有决算草案详细说明书。部门行政领导签章后，在规定期限内报同级财政部门，作为财政部门汇编财政总决算的依据。

（二）财政总决算的编制方法

财政总决算是各级政府总预算的执行结果，由各级财政部门在收到同级主管部门报送的汇总单位决算后，连同总决算会计账簿的有关数字进行汇总编制。其中，地方各级总决算的汇编从乡（镇）级开始，自下而上逐级汇编，最后汇编为省（自治区、直辖市）总决算；中央总决算由财政部根据中央各主管部门汇总的所属行政、事业单位决算，企业财务决算，基本建设财务决算，社会保险基金决算以及国库年报、税收年报等汇编而成；最后，由财政部将中央总决算和地方总决算汇编成国家总决算草案。

各级财政总决算报表的数字也分为三部分：

（1）预算数字。预算数字是考核各级总预算执行情况的依据。预算数字分为"年初预算数"和"最后预算数"。其中，"年初预算数"根据上级财政机关年初下达预算数填列；"最后预算数"根据执行中经调整后的数字填列，即在年初预算数的基础上，加上中央专项调整数（如企业上下划转等）、上年结转使用数、本年动用地方上年财政结余数、动用本级预备费、预算科目之间进行调剂等项数字。

（2）决算数字。决算数字反映各级总预算执行结果，分为决算收入和决算支出两部分。决算收支数，根据总预算会计预算收、支明细账的全年累计数填列。总会计预算支出明细账的全年累计数应该与主管部门汇总的单位决算报表数字、基本建设决算的全年基建支出数字一致。

（3）基本数字。基本数字是反映全国或地方各地区行政事业单位的机构、人员状况和事业计划完成情况及效果的数字。它根据所属各地方、各主管部门决算的基本数字各表汇总填列。

各级财政部门编制完决算草案后，必须编写决算说明书。地方总决算说明书即年度总预算执行和预算管理的书面报告，主要内容包括：

（1）收入情况的分析说明。这是对预算收入执行情况的总结，它通过结合年度预算安排及国民经济和社会发展计划指标完成的情况，分析收入超收或短收的原因；分析成本费用水平、资金积累水平、资金运用和改善管理的情况；分析税收政策的执行情况以及税源的变化情况。

（2）支出情况的分析说明。这是对预算支出执行情况的总结，它通过结合年度预算安排与各项事业计划、基本建设计划、定员定额等，分析各项主要支出的结余或超支的主要原因，分析成本费用水平、资金运用和改善管理等情况，说明决算支出数字的编制基础涉及主要经济效果和存在的主要问题。

（3）结余情况的分析说明。分析全年总预算的结余情况、原因，决算收支平衡情况和存在的问题。

（4）预算执行中调整情况的分析说明。说明总预算在执行过程中的预备费动用、上年结余动用情况、预算的追加追减、预算划转和科目流用等对预算变动的影响情况。

（5）总结预算年度对各项财政方针政策、管理体制、规章制度贯彻执行的情况与问题，总结预算管理的经验教训，并提出加强预算管理与预算监督的意见及措施。

（6）其他情况的分析说明。分析其他情况，如物价和工资调整、经济体制和财政体制改革等因素对预算收支的影响。

（7）决算编制的经验总结。总结决算编制过程中的主要经验和存在问题，以进一步提高决算编制水平和提高预算决策水平。

第四节　政府决算的审查和批准

政府决算草案汇编完成后，即进入法定程序进行审查和批准，它是政府预算管理工作的重要环节，也是政府决算编制质量的重要保证。

一、政府决算的审查

（一）政府决算审查的层次及其机构

为了维护国家法律，保证政府决算数字准确无误，必须在各个环节上加强政府决算审查工作，做到逐级审查，层层负责。政府决算的审查层次和机构自下而上进行：一是上级对下级决算草案进行的审查，包括上级单位对下级单位决算草案的审查和上级财政对下级财政总决算的审查；二是财政部门对同级部门决算草案的审查；三是政府审计部门对政府决算草案的审计；四是各级立法机关对同级政府总决算草案的审查。

《预算法》第七十八条规定："国务院财政部门应当在全国人民代表大会常务委员会举行会议审查和批准中央决算草案的三十日前，将上一年度中央决算草案提交全国人民代表大会财政经济委员会进行初步审查。省、自治区、直辖市政府财政部门应当在本级人民代表大会常务委员会举行会议审查和批准本级决算草案的三十日前，将上一年度本级决算草案提交本级人民代表大会有关专门委员会进行初步审查。设区的市、自治州政府财政部门应当在本级人民代表大会常务委员会举行会议审查和批准本级决算草案的三十日前，将上一年度本级决算草案提交本级人民代表大会有关专门委员会进行初步审查，或者送交本级人民代表大会常务委员会有关工作机构征求意见。县、自治县、不设区的市、市辖区政府财政部门应当在本级人民代表大会常务委员会举行会议审查和批准本级决算草案的三十日前，将上一年度本级决算草案送交本级人民代表大会常务委员会有关工作机构征求意见。全国人民代表大会财政经济委员会和省、自治区、直辖市、设区的市、自治州人民代表大会有关专门委员会，向本级人民代表大会常务委员会提出关于本级决算草案的审查结果报告。"

在上级对下级、财政对部门的决算草案审查中，决算草案审查工作和决算草案汇编工作交叉进行。

（二）政府决算审查的形式和方法

决算审查的方法一般可分为就地审查、书面审查和派人到上级机关汇报审查三种。其中，书面审查是审查的主要方法，就地审查和派人到上级机关汇报审查两种方法通常作为书面审查的补充，有时也交叉使用。

决算的审查形式有自审、联审互查和上级审查三种。自审是指预算单位组织力量对本单位的决算进行审查。一般是单位财会部门自审与职工群众进行审查有机结合，从而对决算进行广泛的审查。通过审查可以总结经验与教训，并提出相应的改进措施。联审互查，是指由财政部门或主管部门组织同类型的企业、行政事业单位，对本部门的单位决算或本地区的财政总决算进行审查。这种形式有利于经验的交流，并对提高决算质量、加快决算汇编进度有积极的作用,一般运用于基层单位。上级审查是指由上级财政部门或上级主管部门对所属地方决算或所属企业、行政事业单位的决算进行审查,从而有利于提高监督的力度,保证下级决算的质量。

(三)政府决算审查的内容

《预算法》第七十九条规定:"县级以上各级人民代表大会常务委员会和乡、民族乡、镇人民代表大会对本级决算草案,重点审查下列内容:(一)预算收入情况;(二)支出政策实施情况和重点支出、重大投资项目资金的使用及绩效情况;(三)结转资金的使用情况;(四)资金结余情况;(五)本级预算调整及执行情况;(六)财政转移支付安排执行情况;(七)经批准举借债务的规模、结构、使用、偿还等情况;(八)本级预算周转金规模和使用情况;(九)本级预备费使用情况;(十)超收收入安排情况,预算稳定调节基金的规模和使用情况;(十一)本级人民代表大会批准的预算决议落实情况;(十二)其他与决算有关的重要情况。县级以上各级人民代表大会常务委员会应当结合本级政府提出的上一年度预算执行和其他财政收支的审计工作报告,对本级决算草案进行审查。"

根据上述规定,对政府决算的审查可以分为以下几个方面:

1.政策性审查

政策性审查是对贯彻执行国家各项方针政策、财政制度、财经纪律等方面进行审查分析。政策性审查的具体内容主要有以下几个方面。

(1)收入审查。收入审查着重审查以下内容:审查决算所列的预算数是否与上级核定数一致;审查上年结余数和上年决算的年终结余是否一致;属于本年的预算收入是否按政策、按预算管理体制和缴款办法及时、足额地缴入各级国库,并编入本年的决算;审查各级总预算之间的分享比例计算、上解下补是否到位;审查收入退库项目是否符合国家的规定;审查决算收入数是否与12月份预算会计报表所列全年累计收入数一致等。

(2)支出审查。支出审查着重审查以下内容:审查决算中的预算支出数是否与上级核定的预算支出数相一致;审查年度支出的时间界限是否符合规定;根据决算数和预算数的对比差距,审查结余和超支的主要原因,审查支出科目总预备动用、上年结余动用是否符合规定,审查有无挤占挪用资金情况;地方预算调整数同上级核定的预算数之间的差额是否与调入资金和上年结余一致;审查决算支出数与12月份预算会计报表所列全年累计支出数是否一致;审查决算支出是否编列齐全,有无该报未报的情况,已报决算支出是否逐级汇总,有无估列代编情况等。

(3)结余审查。结余审查着重审查以下内容:单位决算年终的预算拨款结余除另有规定者外,是否已如数缴回财政总预算,有无将结余列入决算报销转作单位的其他存款情况;总决算结余中按规定结转下年继续使用的资金是否符合规定;结转项目是否超过规定的范围;总决算的金库存款开户情况,审查有无违纪现象,私设"小金库"等。

(4)资金运用审查。资金运用审查着重审查以下内容:审查单位决算"银行支取未报数"是否正常合理,库存备用金是否符合规定额度;库存材料有无积压损失;暂付款是否清理完毕以及未结清的原因;固定资产是否记账。审核各级财政总预算之间、总预算与单位预算之间的拨借款项,是否结算清楚,借垫款项未结清的原因;审核暂存、暂付等其他各项往来款项是否符合规定,有无应清未清或应作本年决算收入、支出的款项,防止截留预算收入等。

2.技术性审查

技术性审查主要是对决算报表的数字关系方面进行审查。技术性审查的具体内容主要有以下几个方面。

(1)数字关系审查。数字关系审查的具体内容主要有:审查决算报表之间的有关数字是否一致;审查上、下年度有关数字是否一致;审查上下级财政总决算之间、财政总决算与部门、单位决算之间的有关上解、补助和拨借款数字是否一致；审查其他决算与财政总决算的有关数字是否一致；审查各业务部门的统计年报与财政总决算的有关数字是否一致。

（2）决算完整性和及时性审查。决算完整性和及时性审查的具体内容主要有：审查规定的各种决算报表是否填报齐全，有无缺报、漏报情况；已报的决算各表的栏次、科目、事项填列是否正确完整；各类数字填列的计算口径是否符合规定；决算说明书的编写是否符合条例要求；决算是否经过法定程序审核签章；决算报送时间是否超过规定期限等。

政策性审查和技术性审查是互相补充、相辅相成的，各有其侧重点，政策性的问题有时就是从技术性审查的数字关系中发现的。对于决算审查中发现的问题，要严格按照政府决算制度和有关财经纪律、制度规定进行及时处理。属于政策性的问题，如少报收入、多列支出的，原则上应当收交或剔出；属于技术性的差错，应当查明更正；属于应当补充的问题，应当限期补报。总之，通过决算审查，要保证政府决算草案的及时、准确和完整。

3. 财政决算结算单

财政部在对省（自治区、直辖市）总决算进行审查后，要按照《中央财政与地方财政结算办法》及其说明填制财政决算结算单，办理中央与各省、自治区、直辖市财政之间的资金结算事项。财政决算结算单是财政部审定并批复下级财政决算收支总数和中央财政与地方财政全年资金结算的依据。

财政决算结算单的内容一般包括：

（1）审定地方财政决算收支总数，计算收入超收、短收和支出结余、超支总数。

（2）计算确定收入上解比例，并确定收入应上解或应补助数。

（3）考核地方财政总决算平衡情况，列明资金来源、资金使用情况，计算出年终滚存结余，列出其中净结余的数字，计算出最后平衡结果。

（4）结清中央财政和地方财政全年的预算资金账。记录上解、补助款的预算数和实际数的差额，各项借垫款数字，计算出预算资金的多退少补的最终差额，结清全年预算资金账。

二、政府决算草案的批准

《预算法》第七十七条规定："国务院财政部门编制中央决算草案，经国务院审计部门审计后，报国务院审定，由国务院提请全国人民代表大会常务委员会审查和批准。县级以上地方各级政府财政部门编制本级决算草案，经本级政府审计部门审计后，报本级政府审定，由本级政府提请本级人民代表大会常务委员会审查和批准。乡、民族乡、镇政府编制本级决算草案，提请本级人民代表大会审查和批准。"《预算法》第八十条规定："各级决算经批准后，财政部门应当在二十日内向本级各部门批复决算。各部门应当在接到本级政府财政部门批复的本部门决算后十五日内向所属单位批复决算。"《预算法》第八十一条规定："地方各级政府应当将经批准的决算及下一级政府上报备案的决算汇总，报上一级政府备案。县级以上各级政府应当将下一级政府报送备案的决算汇总后，报本级人民代表大会常务委员会备案。"

各级政府决算草案经批准后，即成为正式的各级政府决算，财政部门应当向本级各部门批复决算。中央各部门的决算批复事宜，由国务院财政部办理。地方各级政府应当将经批准的决算，报上一级政府备案。

国务院和县级以上地方各级政府对下一级政府依照《预算法》规定报送备案的决算，认为有同法律、行政法规相抵触或者有其他不适当之处，需要撤销批准该项决算的决议的，应当提请本级人民代表大会常务委员会审议决定；经审议决定撤销的，该下级人民代表大会常务委员会应当责成本级政府依照《预算法》规定重新编制决算草案，提请本级人民代表大会常务委员会审查和批准。

专栏 7 - 1　　　　　　　　　2019 年度中央部门决算草案

一、中央部门决算是什么,有什么重要作用?

中央部门决算是由中央各部门依据国家有关法律法规及其履行职能情况编制,反映部门所有收入和支出情况等的综合性年度报告,是对部门预算执行进行监督管理以及编制后续年度部门预算的参考和依据。

中央各部门作为预算执行主体,每年既要于年度开始前编报本部门预算,也要于年度结束后编报本部门决算,将符合规定的各项资金全部纳入部门决算编报范围。

相比而言,部门预算作为部门年度收支"计划",在执行过程中可能会有一些调整和变化,部门决算则是部门预算执行结果实实在在的反映,是中央各部门年度收支的真实账本。部门决算既反映了中央各部门履行公共服务职责和对国家重大方针政策的贯彻落实情况,也反映了中央各部门所承担社会事业的发展状况,与社会公众利益、民生工程息息相关。

从财政财务管理链条看,中央部门决算在部门"预算编制→预算执行→会计核算→决算报告"管理链条中处于重要的收官环节,既是对中央部门上一年度预算编制、预算执行工作的总结、检验和评价,有助于有关方面对部门预算执行情况进行监督和管理,也是做好以后年度部门预算编制和执行工作的重要基础和抓手。推动预决算闭环管理是部门决算工作的目标(见图 7 - 1)。

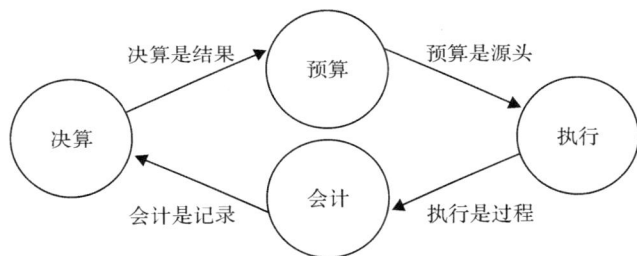

图 7 - 1　中央部门预算决算管理闭环

二、中央部门决算草案是如何产生的?

根据《预算法》第二十六条、第七十六条的规定,各部门负责对所属各单位的决算草案进行审核,并汇总编制本部门的决算草案,在规定的期限内报本级政府财政部门审核。在具体工作中,每年财政部对中央各部门报送的决算草案进行审核后,还要将各部门的决算草案进行汇总,编制成涵盖各部门的年度中央部门决算草案报送国务院,由国务院随同中央决算报告一起提交全国人民代表大会常务委员会审议。

年度中央部门决算草案参照同年度中央部门预算草案的内容和体例编制。财政部高度重视中央部门决算草案编报组织工作,不断改进和优化编报流程,目前已形成了一套组织规范、程序严密、运行高效的中央部门决算草案编报流程(见图 7 - 2)。一般要经历自上而下逐级布置培训和自下而上逐级编审汇总两大阶段。具体包括以下步骤:

(一)报表设计(9 月)。财政部在上年度部门决算报表基础上,根据预算、财务、会计、资产、机构编制等相关政策变动情况,结合有关方面反馈的意见和建议,组织中央部门和地方财政部门业务骨干集中研究设计年度部门决算报表,完善部门决算软件功能。

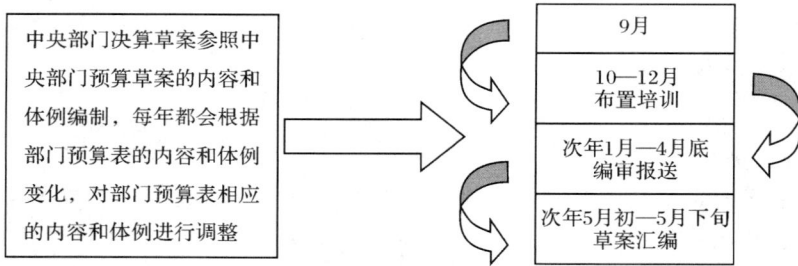

图 7-2 中央部门决算草案编报流程

（二）布置培训（10—12月）。10月底至11月初，财政部组织举办中央部门、地方财政部门决算布置和培训班，明确部门决算编审工作总体要求，讲解部门决算报表和软件操作。11月，财政部印发部门决算工作布置文件。12月初，财政部在官网发布部门决算报表软件及相关文件资料，供相关部门参考使用。

（三）编审报送（次年1月—4月底）。次年，基层预算单位在全面清理核实收入、支出、资产、负债并办理年终结账的基础上，根据预算会计核算生成的会计账簿数据及有关台账信息编制决算，按照预算管理关系逐级上报主管部门，各级主管部门对所属单位决算进行审核汇总。中央各部门于3月20日前将本部门汇总决算（含基层单位）报送财政部审核。

（四）草案汇编（次年5月初—5月下旬）。财政部以中央各部门编制的决算草案为依据，汇编形成报送全国人民代表大会常务委员会审议的中央部门决算草案，报请国务院审定。

三、中央部门决算草案具体包括哪些内容？

中央部门决算草案具体内容见图7-3。

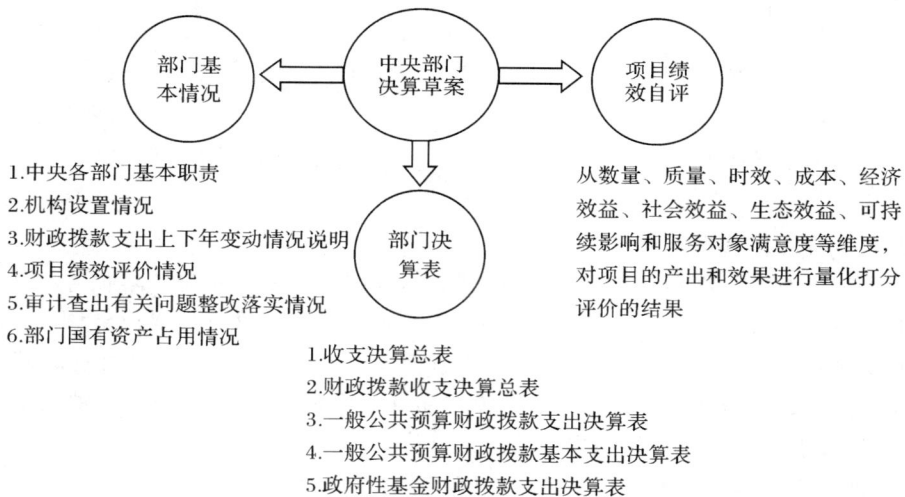

图 7-3 中央部门决算草案主要内容

2019年度中央部门决算草案包括部门基本情况、部门决算表和部门项目绩效自评表三部分。部门基本情况主要反映中央各部门基本职责、机构设置情况、财政拨款支出上下年变动情况说明、部门项目绩效评价结果、审计查出有关问题整改落实情况，以及部门国有资产占用情况。部门决算表反映各部门的具体收支情况，目前包括各部门的收支决算总表、财政拨款收支决算总表、一般公共预算财政拨款支出决算表、一般公共预算财政拨款基本支出决算表和政府性基金财政拨款支出决算表5张表。部门项目绩效评价结果反映各部门按照年初设置的绩效目标和指标,从数量、质量、时效、成本、经济效益、社会效益、生态效益、可持续影响和服务对象满意度等维度,对项目的产出和效果进行量化打分评价的结果。部门国有资产占用情况,反映部门已进行计量、记录并确认为固定资产的车辆、设备等情况。

　　收支决算总表反映部门各项收入、支出和结转结余情况,按年初预算数、全年预算数和决算数列示(见表7-1)。

表 7-1　2019 年度收支决算总表

单位:元

项目	行次	年初预算数	全年预算数	决算数	项目	行次	年初预算数	全年预算数	决算数
栏次		1	2	3	栏次		4	5	6
一、一般公共预算财政拨款收入	1				一、一般公共服务支出	30			
二、政府性基金预算财政拨款收入	2				二、外交支出	31			
三、事业收入	3				三、国防支出	32			
四、事业单位经营收入	4				四、公共安全支出	33			
五、其他收入	5				五、教育支出	34			
	6				六、科学技术支出	35			
	7				七、文化旅游体育与传媒支出	36			
	8				八、社会保障和就业支出	37			
	9				九、卫生健康支出	38			
	10				十、节能环保支出	39			
	11				十一、城乡社区支出	40			
	12				十二、农林水支出	41			
	13				十三、交通运输支出	42			
	14				十四、资源勘探信息等支出	43			
	15				十五、商业服务业等支出	44			
	16				十六、金融支出	45			
	17				十七、援助其他地区支出	46			
	18				十八、自然资源海洋气象等支出	47			
	19				十九、住房保障支出	48			
	20				二十、粮油物资储备支出	49			
	21				二十一、灾害防治及应急管理支出	50			
	22				二十二、其他支出	51			
	23				二十三、债务还本支出	52			
	24				二十四、债务付息支出	53			
本年收入合计	25				本年支出合计	54			
用事业基金弥补收支差额	26				结余分配	55			
年初结转和结余	27				年末结转和结余	56			
	28					57			
收入总计	29				支出总计	58			

财政拨款收支决算总表反映部门一般公共预算财政拨款和政府性基金预算财政拨款收入、支出和结转结余情况,按年初预算数、全年预算数和决算数列示(见表 7-2)。

表 7-2 2019 年度财政拨款收支决算总表　　　　　单位:元

收入					支出				
项目	行次	年初预算数	全年预算数	决算数	项目	行次	年初预算数	全年预算数	决算数
栏次		1	2	3	栏次		4	5	6
一、本年收入	1				一、本年支出	30			
(一)一般公共预算财政拨款	2				(一)一般公共服务支出	31			
(二)政府性基金预算财政拨款	3				(二)外交支出	32			
	4				(三)国防支出	33			
	5				(四)公共安全支出	34			
	6				(五)教育支出	35			
	7				(六)科学技术支出	36			
	8				(七)文化旅游体育与传媒支出	37			
	9				(八)社会保障和就业支出	38			
	10				(九)卫生健康支出	39			
	11				(十)节能环保支出	40			
	12				(十一)城乡社区支出	41			
	13				(十二)农林水支出	42			
	14				(十三)交通运输支出	43			
	15				(十四)资源勘探信息等支出	44			
	16				(十五)商业服务业等支出	45			
	17				(十六)金融支出	46			
	18				(十七)援助其他地区支出	47			
	19				(十八)自然资源海洋气象等支出	48			
	20				(十九)住房保障支出	49			
	21				(二十)粮油物资储备支出	50			
	22				(二十一)灾害防治及应急管理支出	51			
	23				(二十二)其他支出	52			
	24				(二十三)债务还本支出	53			
	25				(二十四)债务付息支出	54			
二、年初结转和结余	26				二、年末结转和结余	55			
(一)一般公共预算财政拨款	27				(一)一般公共预算财政拨款	56			
(二)政府性基金预算财政拨款	28				(二)政府性基金预算财政拨款	57			
收入合计	29				支出总计	58			

一般公共预算财政拨款支出决算表反映部门履行具体职能(如一般公共服务、教育、科学技术、节能环保、交通运输、农林水等)所分别发生的一般公共预算财政拨款支出(见表7-3)。

表 7-3 2019 年度一般公共预算财政拨款支出决算表 单位:元

功能分类科目		2018 年度决算数			2019 年度决算数			比上年增减			比上年增减%		
科目编码	科目名称	合计	基本支出	项目支出	合计	基本支出	项目支出	合计	基本支出	项目支出	合计	基本支出	项目支出
栏次		1	2	3	4	5	6	7	8	9	7	8	9
合计													

一般公共预算财政拨款基本支出决算表反映部门一般公共预算财政拨款基本支出(即用于工资、津补贴等人员支出或是办公费、差旅费等公用支出),按支出经济分类科目列示(见表7-4)。

表 7-4 2019 年度一般公共预算财政拨款基本支出决算表 单位:元

人员经费			公用经费					
科目编码	科目名称	决算数	科目编码	科目名称	决算数	科目编码	科目名称	决算数
301	工资福利支出		302	商品和服务支出		307	债务利息及费用支出	
30101	基本工资		30201	办公费		30701	国内债务付息	
30102	津贴补贴		30202	印刷费		30702	国外债务付息	
30103	奖金		30203	咨询费		310	资本性支出	
30106	伙食补助费		30204	手续费		31001	房屋建筑物购建	
30107	绩效工资		30205	水费		31002	办公设备购置	

续表

人员经费			公用经费				
科目编码	科目名称	决算数	科目编码	科目名称	决算数	科目编码	科目名称	决算数

人员经费			公用经费					
科目编码	科目名称	决算数	科目编码	科目名称	决算数	科目编码	科目名称	决算数
30108	机关事业单位基本养老保险缴费		30206	电费		31003	专用设备购置	
30109	职业年金缴费		30207	邮电费		31005	基础设施建设	
30110	职工基本医疗保险缴费		30208	取暖费		31006	大型修缮	
30111	公务员医疗补助缴费		30209	物业管理费		31007	信息网络及软件购置更新	
30112	其他社会保障缴费		30211	差旅费		31008	物资储备	
30113	住房公积金		30212	因公出国(境)费用		31009	土地补偿	
30114	医疗费		30213	维修(护)费		31010	安置补助	
30199	其他工资福利支出		30214	租赁费		31011	地上附着物和青苗补偿	
303	对个人和家庭的补助		30215	会议费		31012	拆迁补偿	
30301	离休费		30216	培训费		31013	公务用车购置	
30302	退休费		30217	公务接待费		31019	其他交通工具购置	
30303	退职(役)费		30218	专用材料费		31021	文物和陈列品购置	
30304	抚恤金		30224	裱装购置费		31022	无形资产购置	
30305	生活补助		30225	专用燃料费		31099	其他资本性支出	
30306	救济费		30226	劳务费		399	其他支出	
30307	医疗费补助		30227	委托业务费		39906	赠与	
30308	助学金		30228	工会经费		39907	国家赔偿费用支出	
30309	奖励金		30229	福利费		39908	对民间非营利组织和群众性自治组织补贴	
30310	个人农业生产补贴		30231	公务用车运行维护费		39999	其他支出	
30399	其他对个人和家庭的补助		30239	其他交通管理费				
			30240	税金及附加费用				
			30299	其他商品和服务支出				
	人员经费合计			公用经费合计				

　　政府性基金预算财政拨款支出决算表反映部门履行具体职能使用政府性基金预算财政拨款的实际支出情况(见表 7-5)。

表7-5　2019年度政府性基金预算财政拨款支出决算表

单位:元

功能分类科目		2018 年度决算数			2019 年度决算数			比上年增减			比上年增减%		
科目编码	科目名称	合计	基本支出	项目支出	合计	基本支出	项目支出	合计	基本支出	项目支出	合计	基本支出	项目支出
栏次		1	2	3	4	5	6	7	8	9	7	8	9
合计													

与上年相比,2019 年度中央部门决算草案新增了部门国有资产占用情况,增加了部门报送绩效自评结果的项目数量,为人大预算审查监督重点向支出预算和政策拓展提供了有力支撑。

四、财政部对中央各部门决算如何进行审核?

部门决算审核实行财政部各地监管局驻地审核、部门预算管理司对口审核和国库司组织集中会审相结合的审核机制,以保障中央部门决算编报质量,为中央部门决算批复、公开工作打好基础。审核内容包括政策性审核、规范性完整性审核、技术性审核,以及项目绩效评价结果审核等。审核后发现有不符合法律、行政法规规定,以及不完整不合理的应及时纠正,中央部门按审核意见调整并重新报送。财政部根据调整后的决算汇编形成中央部门决算草案(见图 7-4)。

五、全国人民代表大会常务委员会批准中央决算后,围绕中央部门决算还将开展哪些工作?

根据《预算法》第十四条、第八十条的规定,各级决算经批准后,财政部门应当在 20 日内向本级各部门批复决算;各部门在接到财政部门批复的本部门决算后,应当在 15 日内向所属单位批复决算;经财政部门批复的部门决算,应当在批复后 20 日内由各部门向社会公开。

根据《预算法》上述要求,在全国人大常委会审查批准中央决算后,财政部将开展对中央各部门决算的批复工作,随后组织中央各部门向社会集中公开本部门决算。

资料来源:财政部.小玲带您一起了解 2019 年度中央部门决算草案[EB/OL].(2020-06-04)[2020-10-20]. http://gks. mof. gov.cn/ztztz/guokujizhongzhifuguanli_1/202006/t20200604_3526126. htm.

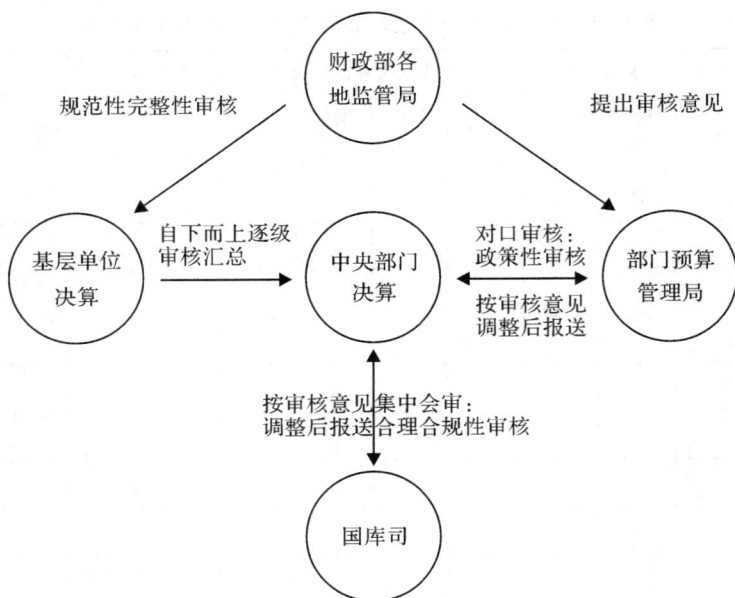

图 7 - 4　中央部门决算审核内容

专栏 7 - 2　　　全国人民代表大会财政经济委员会关于 2019 年
中央决算草案审查结果的报告

第十三届全国人民代表大会财政经济委员会听取了财政部受国务院委托作的《关于 2019 年中央决算的报告》和审计署受国务院委托作的《关于 2019 年度中央预算执行和其他财政收支的审计工作报告》，并结合审计工作报告，对 2019 年中央决算草案进行初步审查，提出了关于中央决算草案的初步审查意见。财政部对财政经济委员会初步审查意见进行了研究反馈，初步审查意见和反馈的处理情况报告已印发会议。现将审查结果报告如下。

一、中央公共财政收支决算情况

2019 年中央决算草案反映，中央一般公共预算收入 89 309 亿元，为预算的 99.5%，增长 4.5%，加上从中央预算稳定调节基金、中央政府性基金预算、中央国有资本经营预算调入 3 194 亿元，收入总量为 92 503 亿元；中央一般公共预算支出 109 475 亿元，完成预算的 98.4%，增长 6.9%，加上补充中央预算稳定调节基金 1 328 亿元，支出总量为 110 803 亿元；收支总量相抵，中央财政赤字 18 300 亿元，与预算持平。中央对地方转移支付支出 74 360 亿元，完成预算的 98.6%，增长 7.4%，其中，一般性转移支付 66 798 亿元，完成预算的 98.6%，增长 5.8%；专项转移支付 7 562 亿元，完成预算的 99.0%，增长 23.1%。2019 年末，中央财政国债余额 168 038.04 亿元，控制在全国人大批准的余额限额之内。中央预算稳定调节基金余额为 2 330.46 亿元。

中央政府性基金收入 4 040 亿元，为预算的 96.3%，增长 0.1%；中央政府性基金支出 4 179 亿元，完成预算的 91.9%，增长 3.9%。中央国有资本经营预算收入 1 636 亿元，为预算的 99.9%，增长 23.3%；中央国有资本经营预算支出 1 109 亿元，完成预算的 88.4%，增长 0.4%。中央社会保险基金收入 697 亿元，为预算的 98.3%，增长 18.2%，加上地方上缴的基本养老保险中央调剂基金收入 6 280 亿元,收入总量为 6 977 亿元;中央社会保险基金支出 663 亿元,完成预算的 95.3%,增长 24.6%,加上安排给地方的基本养老保险中央调剂基金支出 6 274 亿元,支出总量为 6 937 亿元;当年收支结余 40 亿元,年末滚存结余 367 亿元。上述收支增减变化的原因,决算报告和草案中作了说明。

2019 年中央决算草案与向十三届全国人大三次会议报告的中央预算执行情况比较,一般公共预算收入增加 4.06 亿元、支出减少 55.24 亿元,增收减支合计 59.3 亿元,已补充中央预算稳定调节基金;中央政府性基金收入增加 0.16 亿元,支出决算数比执行数减少 0.02 亿元;国有资本经营收入增加 0.03 亿元,支出决算数与执行数持平;中央社会保险基金收入增加 8.33 亿元,支出增加 0.11 亿元。

财政经济委员会认为,2019 年,在以习近平同志为核心的党中央坚强领导下,国务院及其财政等部门以习近平新时代中国特色社会主义思想为指导,按照党中央决策部署和十三届全国人大二次会议提出的要求,贯彻实施预算法,坚持稳中求进工作总基调,深入贯彻新发展理念,推动高质量发展,扎实做好"六稳"工作,加力提效实施积极的财政政策,加大减税降费力度,加强对三大攻坚战、供给侧结构性改革、城乡区域协调发展、基本民生保障等重点领域支持,深入推进财税体制改革,提高预算管理水平和财政资金使用绩效,较好地完成了全国人大批准的中央预算。财政经济委员会建议,全国人大常委会批准国务院提出的 2019 年中央决算草案。

二、中央预算执行中存在的问题

财政经济委员会认为,2019 年中央决算草案和审计工作报告也反映出预算编制、执行和管理中存在的一些问题。主要是:有的预算编制不够细化精准,有的资金年初未落实到地区和单位;有的资金分配使用滞拨闲置,有的资金下达拨付耗时较长;有的政策措施落实不到位,部分支出项目决算数与预算数差额较大;部分地方保基本民生、保工资、保运转存在困难;一些项目绩效评价目标设定不够明确和规范、自评不够客观;一些财政支出绩效较低;有些债务资金未及时使用或闲置;共同财政事权转移支付项目设置和管理有待进一步规范,一些专项转移支付与中央投资专项安排交叉重复。

财政经济委员会认为,审计署紧紧围绕党和国家中心工作,按照预算法、审计法和全国人大及其常委会预算、决算决议要求,对 2019 年度中央预算执行和其他财政收支情况依法开展审计,报告了中央财政管理、部门预算执行、重点民生资金和重大项目、三大攻坚战相关资金等重大政策措施落实中存在的突出问题;还报告了对新冠肺炎疫情防控资金和捐赠款物开展专项审计的情况;并提出了审计建议。建议有关部门和地方高度重视审计查出的问题和提出的建议,深入分析原因,认真扎实做好整改工作,国务院年底前要向全国人大常委会报告审计查出问题整改情况。

三、进一步做好财政预算工作的建议

为深入贯彻落实党中央的决策部署,全面贯彻实施预算法和全国人大及其常委会预算、决算决议要求,持续深化财税改革,进一步做好财政预算工作,财政经济委员会提出以下意见建议:

(一)进一步全力支持做好"六稳""六保"工作

围绕决战决胜脱贫攻坚、全面建成小康社会目标任务,贯彻落实党中央关于统筹推进疫情防控和经济社会发展工作的决策部署,要把"六保"作为"六稳"工作的着力点,落实好积极的财政政策要更加积极有为的要求。要落实落细各项减税降费政策措施。进一步加大对民营企业特别是中小微企业的支持力度,完善政府融资担保机制,切实解决企业融资难、融资贵问题,限期清偿拖欠民营企业和中小企业账款。落实落细保就业政策,用好用实就业补助资金和失业保险金,精准帮扶支持就业,促进扩大就业。提高科技资金使用绩效,着力推进科技成果转化。创新财政资金分配方式,加快建立资金直达基层、直接惠企利民的机制,有效发挥资金作用,切实保障和改善民生。支持健全完善公共卫生体系。建立抗疫特别国债使用台账,确保资金流向明确、账目可查。加强对政策实施情况的跟踪监督,及时总结完善措施办法,有效发挥对稳定经济的关键作用。

（二）进一步深化财税体制改革

按照党的十九届四中全会部署要求,深化财税体制改革,更好发挥对全面深化改革的支持和推动作用。推进中央与地方事权和财权划分改革,加快建立权责清晰、财力协调、区域均衡的中央和地方财政关系。改革完善转移支付制度,规范一般性转移支付,明晰共同财政事权转移支付项目的设置、标准与管理方式,完善专项转移支付,进一步明确特殊转移支付的用途和分配政策。深化预算管理制度改革,加快建立完善标准科学、规范透明、约束有力的预算制度。完善国有资本经营预算制度,加强国有资产管理监督。进一步增强法治理念,落实税收法定原则,规范非税收入管理。

（三）进一步加强预算决算管理

要增强忧患意识,坚持底线思维,落实落细政府过紧日子的要求。完善基本支出标准体系,加快建设项目支出标准体系,坚持有保有压,建立标准动态调整机制,更好发挥支出标准在预算管理中的基础性作用。进一步提高预算编制的科学性和精准性。利用大数据等信息化手段加强对财政资金使用的监管。建立健全权责发生制事项制度办法,合理确定权责发生制事项和资金数额。决算报告要进一步反映预算绩效管理和政策评估的情况。决算草案要细化对决算数与预算数差额情况的说明。2021年要进一步增加报送全国人大审查的部门决算数量,提交按经济性质分类编报的部门决算表。

（四）进一步推进绩效预算管理

对重点支出、重大投资项目开展事前绩效评估,严格项目支出绩效目标设置,强化绩效目标约束力。将绩效评价范围由侧重部门本级支出向分管领域和行业拓展,由一般公共预算进一步向政府性基金预算、国有资本经营预算、政府和社会资本合作（PPP）、政府投资基金等拓展,对预算执行中政策、项目实施情况开展绩效评价。规范第三方机构绩效评价,邀请人大代表和专家参与有关项目绩效评价,提高绩效评价质量。强化绩效评价结果应用,进一步建立健全绩效评价结果与完善政策、预算安排和改进管理挂钩机制,及时公开绩效评价结果。进一步扩大重点支出和重大投资项目绩效评价结果随决算报全国人大常委会的范围。

（五）进一步加强政府债务管理

完善政府举债融资机制,处理好债务发行规模和财政库款之间的关系。研究规范使用国债和地方政府债务余额与限额差额的方案。做实做细项目储备,加强预算与规划、项目的衔接,科学合理分配和使用债务资金,尽早形成实物工作量。加强债务资金管理监督,严禁违规举债或担保,积极稳妥化解隐性债务,严格落实政府债务偿还责任,切实防范债务风险。

（六）进一步加强审计监督

围绕扎实做好"六稳"工作、全面落实"六保"任务开展审计监督,加强政策落实跟踪审计。加强对预算绩效情况的审计监督。加强对抗疫特别国债、地方政府专项债务的审计。针对审计发现的问题,深入分析问题原因,明确责任主体,将推动问题整改、促进追责问责与推进改革结合起来,推动部门单位完善制度、加强管理,切实整改到位,建立健全长效机制。

资料来源: 全国人民代表大会财政经济委员会关于 2019 年中央决算草案审查结果的报告[EB/OL].
(2020 - 06 - 20)[2020 - 10 - 25]. http://www.gov.cn/xinwen/2020 - 06/20/content_5520840.htm.

收录时略作调整。

思考提示: 政府决算草案、政府决算审查与政府决算批准的主要内容有哪些?

关键术语

政府决算　中央政府决算　地方总决算　决算草案　年终清理　决算表格
政府决算审批

思考与练习

1.编制政府决算的意义是什么?

2.编制政府决算应遵循哪些基本原则?

3.我国政府决算由哪几部分组成?

4.编制政府决算需要做好哪些准备工作?

5.什么是中央部门决算? 它有什么重要作用?

6.中央部门决算草案是如何产生的? 具体包括哪些内容?

7.简述编制政府决算的程序和方法。

8.简述政府决算审查的方法、形式和内容。

第八章　政府预算监督

政府预算监督的实质是一个国家以价值形式对公共财政资源的筹集、分配和使用方面的经济活动进行考核、审查和监督,是预算管理工作的重要组成部分。从政治角度讲,政府预算监督是对公共权力的授权与责任的约束和制衡行为,是国家监督的一个重要组成部分。

各国政府预算监督的经验表明,有效的预算监督机制和制度安排对于实现政府预算决策民主化和科学化,及时反映财政预算法规、制度和政策执行情况及偏差,维护财政预算法规、制度和政策的权威性及严肃性,保证政府施政目标的顺利实现,促进政府及其公共部门提高效率,保证政府廉洁清明,避免腐败和浪费等方面都有积极的现实意义。

预算监督主体应该包括立法机关监督、司法机关监督、审计部门监督、财政部门监督、社会中介机构监督和社会公众舆论监督等六个层次。政府预算监督模式可以分为立法型预算监督、司法型预算监督和行政型预算监督等三种模式。不同模式各有利弊,采用何种模式因国情不同而异。对政府预算的监督应贯穿于预算周期的各个阶段,监督检查方法主要有事前监督、日常监督和事后监督三种。

本章主要介绍了政府预算监督的概念、意义,政府预算监督体系的组成、监督模式,政府预算监督的内容和方法等。

第一节　政府预算监督概述

一、政府预算监督的内涵及理论依据

(一)政府预算监督的内涵

就现代政府预算而言,政府预算监督是预算监督主体对各级政府、部门和预算单位的预算编制、预算执行、预算调整以及决算活动的合理性、合法性和有效性实施的监察和督导。预算监督职能是政府预算从产生发展到现在所具有的一个基本职能,现代政府预算制度的发祥地英国的预算产生发展史就可以说明这一点。从 1215 年英国颁布《大宪章》限制国王的部分征税权到 1789 年英国颁布《总基金法案》标志着现代政府预算制度产生,英国的政府预算制度伴随着立宪政治制度的形成和发展历程经历了数百年的形成与发展阶段,其最初的目的就是控制和监督封建王室的政府财政收支计划,使预算公开、透明,从而维护新兴资产阶级的经济利益,政府预算本身就包含着监督的职能。在此后的二百多年间,伴随着政治民主制度的发展和创新,政府预算制度不断发展和完善,使政府预算监督的内涵和外延不断发展和完善,形成了现代意义上的政府预算监督机制和制度安排。政府预算监督是政府预算管理活动的重要内容,也是构成国家监督体系的重要组成部分。它通过若干个预算监督主体对各级政府、部门

和预算单位的预算编制、预算执行、预算调整以及决算活动的合理性、合法性和有效性实施监察和督导,为实现政府预算管理目标而建立一种约束政府及其公共部门预算主体行为的机制。因此,政府预算监督体现了预算管理的本质属性,它寓于政府预算管理活动当中,与政府预算管理周期活动同步进行,其主要功能就是及时纠正政府预算编制、执行中的偏差,促进政府预算决策民主化和科学化;维护财政预算法规、制度和政策的权威性和严肃性,保证政府施政目标的顺利实现;促进政府及其公共部门提高效率,保证政府廉洁清明,避免腐败和浪费等。

政府预算监督有广义和狭义之分:广义预算监督是指各类国家机关和公众媒体依法对政府预算活动进行的广泛、全面的监督,亦即国家立法机关、司法机关、行政执法机关、社会组织以及公民和社会舆论依法对政府预算决策、预算编制、执行和评价等活动所实施的全方位、整体性的监督;狭义预算监督是指政府财政部门对政府预算资金的筹集、分配和使用等相关业务活动进行的考核、监察和督促。本章所关注的是广义的政府预算监督。

(二)政府预算监督的理论依据

政府预算监督的理论依据可以从政治学、经济学和行政学三个角度进行分析。

政治学中的宪政分权学说,又称为"三权分立"学说,是西方宪政理论的核心,其根本出发点是为了防止公共权力的滥用,保障公民权利。该学说认为,公共权力只有相互分立和相互制约才能实现有效的监督。其代表人物孟德斯鸠是18世纪法国的启蒙思想家,他提出的三权分立与制衡学说可以说是集西方分权思想之大成的一个完整体系。概括起来,其基本内容包括三点:一是公共权力应当分立;二是公共权力之间应当相互监督制衡;三是人民享有最高权力,并由代议制机构具体负责行使。就政府预算而言,预算决策权、编制权、执行权和预算调整权以及对上述权力的监督等都属于国家权力的核心内容,是预算相关利益者维护自身利益的核心所在。不论政府预算权力如何分配和行使,为了保障绝大多数人的公共利益,一个健全和完善的政府预算监督机制和制度安排都是必不可少的。为此,预算管理中的分权和制衡极为重要。这需要做到:首先,形成一种有效的政府预算分权结构。要在立法机关、司法机关和行政机关之间进行合理的权力分配,从而形成一个相互制约的权力运行结构体系,便于各权力机构之间相互制约形成有效的外部监督约束机制。其次,形成一种相互制衡与协调的预算运行机制。要在政府预算各体系之间、各体系内部及其体系内部各职能部门之间建立制衡机制,既便于实行外部监督控制,又有利于实行内部监督控制。最后,形成一套有效的预算监督制度。通过制度建立和完善,使预算相关利益者都有表达各自意愿、参与公共选择的权力和行使监督政府预算的权力,从而提高政府预算管理的透明度,防止政府预算权力的滥用。

从经济学的角度而言,运用新制度经济学委托代理理论框架分析广义预算监督具有特别重要的意义。委托代理理论首先起源于对私人企业的观察,现代企业制度的特点是所有权和经营权的分离,股东是企业的所有者,处于委托人的角色,企业的主要经营管理者处于代理人的角色,两者之间建立了委托代理关系。由于委托者和代理人之间的利益目标不一致,两者之间的信息不对称等原因,容易产生委托代理问题,即"逆向选择"和"道德风险"问题。委托代理问题的实质是,处于信息劣势的一方即委托人不得不对处于信息优势一方的代理人的行为后果承担风险。解决委托代理问题的思路和路径有两个:一是设计和建立激励机制;二是设计和建立监督机制。这样就会形成代理成本,选择何种机制取决于代理成本是否小于两权分离给所有者带来的企业收益增加值。

委托代理理论虽然起源于私人企业,但这种分析视角同样适用于政府及其公共部门。按照公共财政学的理论,政府存在的必要性源于市场失灵,即政府提供市场机制所不能足够供给的公共物品、市场机制所不能有效供给的准公共物品或混合公共物品。政府提供以上公共产品和服务,本质上是社会公众委托政府来提供私人部门无法通过市场机制而实现的有效供给。因此,政府实际上就是社会公众的代理人,承担着公共受托责任;同时,社会公众在消费政府所提供的公共产品和服务时,需向政府纳税和缴费,以此来弥补公共产品和服务的成本,而且这种资金分配是通过政府预算实现的。按照委托代理理论的观点,政府预算体现为一种委托代理关系。但是,和市场中私人企业所表现出的委托代理关系相比,政府预算所表现出来的委托代理关系有其特殊性:第一,委托层次复杂,代理链条长,容易产生委托代理问题。在现代民主制条件下,政府预算组织体系表现为多层次的委托代理关系。社会公众作为初始委托人首先通过其代议制立法机关将社会公共事务委托给各级政府来办理,各级政府又将公共事物委托给其所属各职能部门来具体实施,由此形成了社会公众对立法机关、立法机关对政府、政府对公共支出机构、上级对下级和各机构对所属人员等多级委托代理关系。政府预算委托层次越多,代理链条也就越长,委托代理关系不确定性越强,使得代理人偏离委托人目标的风险要远远大于市场中企业的委托代理风险,甚至出现代理人追求个人利益目标而损害社会公众利益的现象。第二,委托代理关系中存在"所有者虚位"和"激励不足"等问题。私人企业委托代理关系中,股东是真正的所有者,不存在"所有者虚位"问题,股东追求利润最大化。有了明确单一的目标,股东就有办法、有能力通过"激励相容"机制约束和规范代理人的行为,使两者的目标保持一致。在政府预算运行中,由于社会公众利益的模糊性且利益目标的多元化,导致谁是委托者即所有者很难确定,出现"所有者虚位"问题。加之预算资源产权的非排他性、非可分割性和消费上的非竞争性,代理人追求自身利益的最大化,这就在很大程度上削弱了激励的内在动力,出现"激励不足"问题,容易导致公共资源在运行中被侵蚀而得不到有效的保护,具体表现为使用中的"公共的悲剧"、消费中的"搭便车"、生产中的"偷懒"和"内部人控制"等问题。综上所述,政府预算中委托代理关系的实质要求在尚未解决上述问题的情况下,应主要依靠建立和完善政府预算监督体系,通过有效的内、外部监督机制,使代理人对公共资源的来源、使用和结果方面承担起相应的公共受托责任,并接受其委托人,即社会公众及其代理人立法机关的授权和监督,保证公共资源使用的经济性、效率性和有效性。

公共管理学认为,公共权力来源于宪法和法律的明确规定和授权。从授权的角度讲,公共管理的主要任务是确保政府及其公共部门拥有管理政治、经济和社会必要的权力,使其成为维护国家利益,维护公众利益,从而确保回应、公正、灵活、诚实、负责和能力等目标的实现;从控制的角度讲,如何确保所授予的权力用于实现公共管理目标,而不是用于其他目标的实现,需要对公共权力进行必要的控制。这就是说,要在公共权力授权与控制之间找到一个平衡点,一方面,国家把公共管理作为社会变革的重要手段,力图通过政策和管理活动的变革来适应经济社会的发展,所以要给予政府及其公共部门充分的授权;另一方面,要在制度层面对公共权力在运行过程中可能出现导致公共部门偏离国家和公共利益的行为实施必要的监督和控制。传统的公共行政学继承了近代民主制和权力分立制的宪政学说和原理,对政府行政活动实施的监督是依照宪法结构而确立的制度性监督:其一是存在于政府行政外部的机关进行的监督,如立法机关、司法机关和独立于政府外部的审计机关实施的监督,称为制度性的外部监督;其二是存在于政府行政机关内部的监督,如上级机关对下级机关的监督或职能部门对支出部门的监督等,称为制度性的内部监督。

从 20 世纪 80 年代开始,发达国家普遍推动了从传统公共行政向现代公共管理模式转变的"新公共管理"运动。因此引发了以政府再造为主要内容的西方发达国家(主要是 OECD 国家)政府公共治理改革。其变革的主题是:通过政府治理结构的变革,督促政府依法承担和切实履行公共受托责任,即通过建立政府对公民、行政对立法、政府上下级及政府内部的责任机制和制度安排,加强控制监督和绩效考评,从而构建一个法治、负责、高效和透明的公共治理结构和运行机制。由此看来,公共治理是基于公共行政和公共管理之上的一种更高层次的社会管理过程,它主要是通过各种正式和非正式的制度安排,对公共事务进行管理、整合和协调的持续的互动过程。由于公共管理活动对社会公众中的各种群体进行利益分配的功能被强化,因此政府及其公共部门在日常公共活动的开展中都要与公共活动客体、公共活动目标群体以及公共服务利害关系者保持频繁的接触,彼此间形成了一种良性的互动关系。政府及其所属部门的公共活动作用于上述各利益群体,上述各利益群体又作用于政府及其公共部门,彼此间的相互关系是要求、期望相互转递的过程,如果彼此间完全无视对方的诉求,就无法形成良性的互动关系。这样,公共管理活动事实上就会受制于上述各利益群体所做出的反应。为了保持政府与各利益群体之间的良性互动关系,就必须使后者参与到政策的规划、决策、实施和评价过程中。如果我们把这种互动关系和反应约束力称为现代社会的民主监督的话,那么它显然不同于上述各种制度性监督,即这种监督对政府及其公共部门不具有法律上的约束意义,属于"软"约束性质的监督。为此,美国公共行政学家查尔斯·吉尔伯特将其称为非制度性监督。非制度性监督也分为外部监督和内部监督。公共活动目标群体以及公共服务利害关系者的监督属于外部监督;而与此相对的政府及其公共部门内部做出的反应、其他相关利益部门以及公务员做出的反应等就属于内部监督。

政府预算与公共管理之间存在着密切的关系。公共管理通过政府预算编制作为公共受托责任的起点;政府预算执行是公共管理活动获取和使用公共资源,实现公共管理目标的过程,也是履行公共受托责任,实现财经纪律与总量控制、资源分配与配置效率和营运管理与营运效率等政府预算管理关键目标的过程;最终以实现政府预算和公共管理的绩效目标,提供政府决算报告,完成公共受托责任并接受审计和绩效评估作为终点。两者的关系清楚地表明:政府预算管理的核心是公共资源的"获取和使用"问题,这种公共权力源于宪法和法律的明确规定和授权;公共管理的核心是依照法律授权而行政,切实维护国家和社会公众的最根本利益,换句话讲,就是依法行政,执政为民,维护社会公众的根本利益。如何使两者目标一致,加强对政府预算监督尤为必要,它是实现公共管理目标的有力保证。

二、政府预算监督的意义与作用

预算作为公共财政体系的基本存在形式和制度载体,不仅体现了公共财政的职能与作用,而且也是政府治理的一个重要手段。随着我国公共财政的建立,加强对预算的监督已成为人们关注的热点问题。预算监督在世界各国之所以受到广泛重视,是由预算监督本身对一国政治、经济和社会的重要影响和作用决定的。在深化经济体制改革的今天,加强预算监督有着重要的意义和作用。

（一）预算监督是预算法律效力保证的重要手段

预算从本质上来讲，是具有法律效力的政府基本财政收支计划，是一个法律文件。财政部门作为履行人民赋予的管理国家财政、实施宏观调控职责的重要职能部门，在制定和执行预算的过程中，必须主动、自觉地接受同级人大及其常委会的监督、政协及民主党派的监督、司法机关的监督、人民群众和新闻舆论监督等来自社会各界全方位的监督制约。政府预算一经人大审议通过，即成为具有法律效力的文件，任何人、任何单位和部门都无权擅自更改。为了切实保证预算的法律性和维护预算法的权威性，必须加强对预算的监督工作。

（二）预算监督是国家财政职能实现的重要工具

在社会主义市场经济条件下，公共财政的基本职能就是满足社会公共需要，实现收入分配、资源配置、经济稳定和发展。在公共财政体系下，政府的预算资金来自公民缴纳的各种税费，是社会公共资金，体现了社会公共利益，政府应当对纳税人负责，并接受纳税人的监督。由于预算的管理者所掌握的有关预算资金来源和使用情况的信息比纳税人所知道的详细和完备得多，这使得预算单位很容易利用这种信息的不对称，从自身利益出发，使其行为有损于公民的利益。因此，国家必须制定、颁布和实施各种方针及规章制度，以维护公民的利益，要使这些财政政策和规章制度得到正确的贯彻及实施，必须有强有力的预算监督来保障。预算监督的目的是保证在编制、执行预算时，能够严格按照预算法的规定纠正违反财经纪律的现象，保证预算资金的筹集和分配能够保障国家财政实现其各项职能。

（三）预算监督是促进经济持续发展的重要保障

预算是加强政府宏观调控的重要工具，是纠正市场缺陷、保持市场经济正常运转的重要手段。从一般意义上讲，财政分配包括组织收入和运用资金两个方面，而这两个方面的活动都要通过预算反映出来。为使预算能够从收入和支出两个方面保证政府宏观调控的需要，必须对预算的全过程进行监督。预算监督能够促进政府各项分配政策和经济法制的贯彻落实，帮助、督促国民经济各部门、企业事业单位改善经营管理，贯彻经济核算，实行严格的节约制度，努力提高经济效益，强化其经济核算。预算监督可以督促各级政府和预算单位按照国家的方针政策和法制合理分配资金，调控投资规模和方向，促进固定资产投资规模与国家财力相适应，促进经济结构的调整和产品结构合理化，并从宏观上调控社会总供给和总需求大体适应，最终促进社会经济的持续稳定和协调发展。

（四）预算监督是防范和遏制腐败的重要保证

预算作为各级政府履行职责的物质保障，对它的监督就成为公民参与社会公共事务管理及监督政府行为的最有效方式。通过对预算的编制、执行和决算的监督，可以检查政府在履行职责、制定和执行各项公共政策过程中，是否遵守国家宪法和法律，资金使用效益是否符合社会公共利益，政府公务人员是否清正廉洁、遵纪守法。因此，预算监督对于正确贯彻执行党和国家的方针政策，维护财经纪律，纠正各种不正之风，制止铺张浪费，防止违法乱纪，反腐倡廉，促进社会主义精神文明建设等方面具有重要作用。通过预算监督还可以获得财政立法的实践来源，即在预算监督的过程中，可以发现各种违法行为和政策法规的不足之处，为进一步完善财政法规和加强财政立法奠定了一定的现实基础。此外，财政具有政治性。由于腐败经常都是经济行为和政治权力交织在一起，而预算监督正是一种既有政府部门内部监督，又有权力部门、社会中介机构和社会公众监督的有效监督体系。因此，这个有效的预算监督体系的建立，对防范和遏制腐败给予了经济上的必要的制度监督。

三、政府预算监督体系的组成

政府预算监督理论分析说明,政府预算监督体系涉及许多利益相关主体,从初始委托人到最后代理人之间多层次的预算监督主体应该包括立法机关监督、司法机关监督、审计部门监督、财政部门监督、社会中介机构监督和社会公众舆论监督等六个层次。

(一)立法机关监督

立法机关(议会、国会或人民代表大会)对政府预算监督是基于立法权和审议批准权以及调查权等。依据立法权实施监督,其内容包括两个方面,一是宪法层面,二是一般法规层面。前者是根本性的和立法机关特有的监督权,因为宪法直接决定了立法机关和其他监督机构的地位和权限;后者是指财政预算相关法规的立法权监督,包括财政法规、预算法规的立法以及年度政府预算、政府决算和拨款法案等一般法案的立法。依据审议批准权的监督是指通过审查、批准政府预算和政府决算、对政府预算执行的监督以及审议过程中的质询和立法听证等监督形式。

(二)司法机关监督

司法机关监督是指国家司法机关依照法定权力与法定程序对政府及其公共部门机关、公务人员的预算管理行为合法与否而进行监督,它包括检察机关的监督和审判机关的监督两个方面,是依据司法权对政府预算实施的监督。

(三)审计部门监督

独立、专业的审计部门是辅助立法机关或政府行政机关监督政府预算活动的重要机构,在政府预算监督中发挥着重要的作用,尤其是西方市场经济国家。现代政府审计制度是从经济监督角度出发对政府行政进行的一种制衡。由于世界各国政治制度和具体国情的差异,审计部门的组织结构呈现出多样性特征。

(四)财政部门监督

政府财政部门作为政府行政机关中具体负责财政资金分配、公共资源配置的职能部门,其职能本身即赋予财政部门在预算管理周期的各个阶段和环节对政府及其预算部门和预算单位的监督职责。财政部门依照法定权限和程序,履行对各级政府、政府部门和预算单位预算活动的合法性、真实性和有效性实施全方位、全过程的监督、稽核检查,从而确保预算资金科学分配、高效使用,是政府预算监督的重要力量。

(五)社会中介机构监督

社会中介机构(如注册会计师事务所、审计师事务所等)的监督权力来源于立法机关、政府行政机关和财政部门预算监督权的部分让渡以及政府部门和所属预算单位内部预算监督社会化的要求,履行社会监督职能,是审计监督和财政监督的有益补充。

(六)社会公众舆论监督

政府预算关系社会公众的公共利益,社会公众对政府及其公共部门履行公共受托责任的结果期待值越高,监督政府预算的动机也就越强,积极性也就越高。随着现代民主制度以及公共治理结构不断发展和变迁,社会公众舆论对政府预算的监督作用越来越明显了。社会公众作为监督主体行使监督权的方式主要有两种:一是作为选民进行公共选择间接参与对政府预算的监督；二是社会舆论监督的方式，包括新闻媒体的监督。这种监督方式虽然不具有权威性和法律效率，但可以将所有代理人和各个层次的监督主体代理人都囊括其中，监督的过程范围涉及政府预算周期的所有环节，贯穿于政府预算监督的各个层次。

　　市场经济国家政府预算监督体系的监督主体基本包含上述几个层次，因为它基本符合委托代理理论、宪政分权理论和现代公共管理理论对政府预算监督体系的设计要求。对于一个国家如何构建完整的政府预算监督体系和框架，体系框架中包含哪些要素，如何实施监督，以何种监督为主导机制和制度设计，需结合各国的具体国情和政治制度等条件。一般而言，市场经济国家对政府预算的监督是沿着正式的制度性监督/非制度性监督，组织内部监督/外部监督的两个标准来划分和建立的（见表8-1）。在现代代议制民主政治体制下，制度性的外部监督至少要分立为立法机关（议会或国会）、司法机关和隶属于立法机关或司法机关的审计机关的监督；制度性的内部监督也要分为政府行政系统组织的执行管理监督、政府财政部门组织的管理监督、隶属于政府的审计机关组织的审计监督以及被监督对象政府所属部门和预算单位内部实施的内部控制机制等。而且，随着公共治理结构的不断变革，非制度性监督呈现多样化的趋势。

表 8-1　市场经济国家政府预算监督基本框架图①

	制度性监督	非制度性监督
外部监督	立法机构 司法机构 外部审计机构	社会公众的舆论与评价 新闻媒体 信息公开请求 咨询机关、专业团体评价
内部监督	政府上级机关 财政部门 内部审计机构 内部控制机制 内部监察	职业道德和规范 公共道德 公务员评价

四、政府预算监督的模式

　　为了加强政府预算监督，市场经济国家普遍建立了政府预算监督机制和制度。政府预算监督贯穿于预算编制、预算审批、预算执行、预算评估和决算等各个环节。同时政府预算监督又涉及众多监督主体的共同参与，依法对政府预算实施全方位、严密的监督是市场经济国家的普遍做法。但是世界各国政治、社会、历史和文化传统的差异很大，所以，各国政府预算监督机制和制度设计呈现出多样性的特征，从而形成了各种各样的政府预算监督模式。

（一）立法型预算监督模式

　　立法型预算监督的特点是在各监督主体中突出立法机关的核心地位和权力，对预算的监督最集中体现于议会或国会对政府预算的审议和批准上；审计机关独立于政府，隶属于国会或议会，负责对预算进行审计监督，并向其报告工作；政府财政部门对预算进行全方位的财政监

---

①　西尾胜著.行政学[M].北京：中国人民大学出版社，2006：324.

督。这种模式的理论基础和制度前提是奉行议会至上主义和宪政分权学说以及公共权力相互制衡的基本理念,立法机关在管理公共事务中具有绝对的权威。目前美国、英国、加拿大、澳大利亚、新西兰等大多数国家普遍实行这种模式,其中,美国是立法型监督模式的典型代表。

美国是一个联邦制政体的国家,公共权力在立法机关、司法机关和行政机关之间有明确的分工。美国总统作为行政首脑在政府预算执行方面具有至高无上的权力,但是作为立法机关的国会在预算的决策和监督方面的权力也是毋庸置疑的。从监督机制和制度安排方面来看,国会的作用贯穿于政府预算周期的各个阶段和环节。第一,国会对政府预算的监督权来自联邦宪法和其他立法的明确授权,如 1921 年《预算与会计法案》、1974 年《国会预算与扣押管理法案》、1985 年《预算平衡和紧急情况赤字控制法案》、1990 年《预算实施法案》和《政府绩效和结果法案》等主要的预算法律。第二,国会对政府预算的审议、修正和批准权。由总统提交的预算咨文出于立法监督的需要,国会将花近 9 个月的时间来完成对预算的审议、修正和批准。根据美国现行的法律,对预算的审议是以参众两院的拨款委员会和预算委员会为主,经各自的拨款委员会和预算委员会详细审议之后再提请参众两院的全体会议审议和批准,最终形成预算法案,经总统同意签字后,预算由草案变成了法律。预算一旦变成法案,必须严格执行,任何未经国会批准而擅自改变预算的行为,都将视为违法。在审议过程中,各委员会或拨款小组还要举行各种形式的听证会以广泛征求意见,据此对预算进行修正。国会修改预算的法定权力是不受行政首脑即总统的约束,体现了国会的预算审议权所具有的实质意义。第三,在预算执行过程中,通过拨款法案授权政府行政进行预算支出,政府预算执行中调整或追加追减的权限也在国会,充分体现了国会对预算执行过程的监督和约束。第四,通过审计机关对政府预算进行监督。美国国家审计总署是根据 1921 年《预算与会计法案》建立的审计机构,隶属于国会,主管联邦政府的部委和政府机构的会计活动。作为联邦政府的外部审计机构,主要对行政机构的会计活动进行监督和对政府绩效进行评价,向国会负责,并向其提供审计报告。总审计长作为国家审计总署的首长,由总统提名并报国会参议院审批,任期为 15 年,非正当理由,其职位不能动摇。第五,财政部门的监督是通过财政总监制度来体现的。美国联邦财政部内设一名由总统任命的财政总监,负责监督政府预算的执行和财政政策的执行,处理财政税收方面的违法问题,既对总统负责,同时也对国会负责,可以直接向国会报告工作;联邦各部委内部也设立一名财政总监,由总统直接任命并向总统和联邦财政部负责,所在部门的每一笔开支均经过其签字才能拨付。

(二)司法型预算监督模式

司法型预算监督模式的特点是由国家司法机关依照法定权力与法定程序对政府及其公共部门机关、公务人员的预算管理行为合法性和有效性进行监督,处于预算监督主体的核心地位。它包括检察机关的监督和审判机关的监督两个方面。目前法国、德国、意大利、西班牙等国家采用这种监督模式。其中,法国是司法型预算监督模式的典型代表。

法国是一个单一制的中央集权制的国家,虽然公共权力在立法机关、司法机关和行政机关之间也有明确的分工,预算监督体系也由议会、财政部门和审计法院组成。但是,宪法赋予审计法院的职责是协助议会和政府监督财政法的执行,使得审计法院对政府预算实施的司法监督独树一帜、别具特色。审计法院是法国最高的经济监督机构,既独立于立法机关又独立于政府行政机关,属于司法范畴。审计法院的主要职责是审计监察中央政府、公共机构和国有企业的账目和管理。地方政府、地方公共机构和国有企业的账目和管理由地方审计法院或审计法庭负责审计。审计法院主要通过以下方式来实施对政府预算的监督:一是审查政府决算,对政府预算实施事后监督;二是对公共会计进行法律监督,通过再监督的方式确保其履行监督职责;三是监督政府预算开支决策人;四是监督国有企业遵守有关财政法规。除此之外,法国还通过公共会计、财政监督专员和财政监察总署等三种方式和渠道实施对政府预算的监督,监督过程涉及政府预算的全部环节和预算周期的各个阶段。2005年1月1日,法国新的预算法正式生效。新预算法的突出特点是进一步强化了立法机关的权力和以绩效管理为核心的制度安排,以实现对政府预算的有效监督。

司法型监督模式具有法定性、独立性、强制性、程序性和直接性等突出特点,是依法行政的最终保证;审计机关属于司法体系,拥有司法权,其审计法院的设置及其职权的规定尤具特色,权威性很高。实践表明,司法监督运用司法审判程序对各种违法违规行为进行独立、客观、公正的审判和处罚,对规范和约束政府预算行为,无疑是最具约束力和威慑力的一种监督机制。

(三)行政型预算监督模式

行政型预算监督的特点是,监督主体和监督制度的确立以政府行政为主导,即除了立法机关的预算监督制度以外,作为专设的预算监督机构隶属于政府行政机关,一般由政府财政部门内设机构或与财政部平行的政府机构承担。这些监督机构依照国家法律法规对政府及其所属公共部门和相关机构的预算管理活动和行为实施监督,并向政府行政或立法机关负责。其主要特点是强调政府的内部约束和监督。目前,瑞士、瑞典及部分东欧国家采用这种模式。其中,瑞典是这种模式的典型代表。

在瑞典,根据宪法规定和授权,政府设置了相对独立的国家审计办公室,下设年度审计司和效益审计司,分别负责审计政府机构、公共部门及中央对地方的补贴性转移支付、国有企业或国有参股企业的年度财务报告以及财政资金的运营效果。其中,年度审计司主要负责对所有政府机构及公共部门(包括国有企业)年度报告的公开性、真实性进行审计;效益审计司主要负责对财政资金的运营效果进行审计,一般采用抽审方式。审计结束后要出具若干项高质量的审计报告,并对被审计单位提出改进管理的意见和建议。瑞典议会根据宪法规定参与预算监督,设立议会审计办公室,主要负责监督政府内阁和政府所属各机构对财政资金和国有资产的有效使用以及资源分配的合理性和效果。议会审计结束后也要出具若干项审计报告,经媒体予以公开发布并广泛征求意见后提交议会审议,最后经议会全体会议表决通过并通知政府内阁和政府所属各部门。政府各部门对照议会的审计报告提出的意见和建议进行整改,并接受议会和公众的监督。议会审计办公室和政府审计办公室每年都要进行沟通,以避免重复审计。此外,瑞典政府还单独设置了相对独立的国家税务总局,隶属于财政部,是全国税收征管的最高权力机构。税务总局内设税务征管司和税务稽查司,分别负责税收征管和税收稽查。

行政型预算监督模式的监督主体是各级政府及其所属部门和机构、政府财政部门或政府预算管理机构以及审计部门。其特点在于:专业性、针对性强;事前、事中和事后监督相结合;审计机关隶属于政府行政机关,是政府的一个职能部门,一般在政府首脑的领导下实施预算审计,对其负责并报告工作,具有内部审计监督的性质;行政型预算监督侧重于对支出机构、预算单位等微观主体及其行为的监督。其不足之处在于:一是行政监督的合法性和权威性相对较弱;二是政府内部的监督机构与立法机关监督机构的职责范围不够清晰,分工不够明确;三是无法形成有效的监督制约机制;四是审计监督独立性较差,"内部人控制"色彩较重,监督力度不强。

通过上述市场经济国家不同预算监督模式的分析和比较,可以归纳总结出如下共同特征:一是预算监督的法制化程度高。以法律和法规形式规范预算监督机构的监督权力、被监督对象的预算行为、违法违规处罚条款以及审计标准和指导原则等,使政府预算监督有法可依、有法必依和违法必究落到了实处。如在美国,除了上述内容中介绍的重要法律法规外,与预算监督有关的法律法规还有:1978年《总监察长法案》、1982年《联邦管理者财务正直法案》、1990年《财务长法案》、1996年《联邦财务管理改进法案》以及由联邦审计总署颁布的《公认政府审计标准》等法律法规。美国预算监督的法律约束力之强,堪称市场经济国家之最。二是预算监督主体层次分明,预算监督权力配置合理,注重预算监督权力的制衡。崇尚和奉行预算监督权力之间的合理配置和相互制衡、"掌舵"与"划桨"之间的绝对分离是市场经济国家有效实施预算监督的一大特色。如在法国,议会对政府预算和决算进行监督、财政部门对财政收支进行监督、财政监察专员对部门和大区进行监督、公共会计对公共支出拨付进行监督、财政监察总署进行专项监督、国家监察署对国有企业进行监督、税收机关对纳税人进行监督,审计法院对公共会计、公共支出决策人、国有企业财务管理者的高层进行再监督等,都体现了监督权力之间的合理分工和相互制衡,有效地防范和控制了政府预算运行中的制度风险。三是预算监督贯穿预算周期全过程,预算监督范围涵盖内容全面。市场经济国家预算监督是针对政府及其公共部门在预算编制、预算执行、预算调整以及政府决算活动的合理性、合法性和有效性实施的监督,贯穿了预算周期的全过程。监督范围涵盖了政府、政府部门、预算单位和国有企业等所有受托责任对象,涉及政府预算收支、政府资产与债务以及与政府预算相关的所有财政财务活动等内容。注重对"受托责任人"和对"预算监督客体"监督相统一;事前防范、事中控制和事后追踪相结合;既注重外部控制,更注重内部控制,内外部相协调;既注重合规性监督,又注重绩效评价和审计,有效地提高了预算监督的力度和监督效率。四是独立、专业的审计机构是提高预算监督效率的关键。市场经济国家不论预算监督的模式有何不同,但都建立了独立性很强的审计机构和相应的审计制度。现代政府审计制度是从经济监督角度出发对政府行政权力的一种制衡机制,是保障公共权力分立与制衡原则和民主政治、民主监督原则得以实现的不可或缺的制度安排,成为辅佐立法机关对政府预算实施监督的重要机制和制度。

五、我国政府预算监督的特点

从本质上讲,我国的政府预算监督与其他市场经济国家一样,都是由上述监督主体和监督制度要素共同构成一定的监督模式。但是,由于社会制度的不同,政体组织结构以及社会、文化和习惯的差异,中国的政府预算监督有其自身的特点。

(一)监督主体的多元性

《中华人民共和国宪法》(以下简称《宪法》)第二条规定:"中华人民共和国的一切权力属于人民。人民行使国家权力的机关是全国人民代表大会和地方各级人民代表大会。人民依照法律规定,通过各种途径和形式,管理国家事务,管理经济和文化事业,管理社会事务。"第三条规定:"中华人民共和国的国家机构实行民主集中制的原则。全国人民代表大会和地方各级人民代表大会都由民主选举产生,对人民负责,受人民监督。国家行政机关、审判机关、检察机关都由人民代表大会产生,对它负责,受它监督。"由此推断出我国公共治理结构中的委托代理关系是通过"人民选举人大代表—人大代表组成各级人民代表大会—人民代表大会作为最高权力机构选举和产生人民政府,并依法授权于政府—人民政府依法行政,执政为民,履行公共受托责任—人民代表大会及其常务委员会依法监督政府行政,并最终向人民负责"这一责任关系链条而形成的。我国是以人民代表大会的形式来体现社会主义民主的,社会公众对政府预算的监督也是通过人民代表大会及其常务委员会的决议权和监督权体现的。这和大多数市场经济国家政府预算监督制度构建在"三权分立"的政体结构之上有本质的区别,体现了中国预算监督的特色。

1.人民代表大会及其常务委员会的监督

根据《宪法》和《预算法》等相关法律规定,各级人民代表大会及其常务委员会行使政府预算立法权、审批权和监督权。因此,对政府预算编制、预算执行、预算调整以及决算情况实施有效监督是各级人民代表大会对政府行为的一项最重要的监督制度。《宪法》和《预算法》明确各级人民代表大会的职权有:①政府预算、决算的审批权;②政府预算与决算的监督权;③对政府预算、决算不适当决定的撤销权(即各级人民代表大会全体会议有权改变或者撤销本级人民代表大会常务委员会做出的对预算、决算的不适当决定)。《宪法》和《预算法》明确各级人民代表大会常务委员会的职权有:①政府预算执行的监督权;②预算调整方案的审批权;③政府决算的审议批准权;④对政府预算、决算不适当决定的撤销权(即有权撤销本级人民政府和下一级人民代表大会关于预算、决算的不适当决定)。

2.政府财政部门的监督

根据《预算法》《中华人民共和国预算法实施条例》以及其他相关法律法规的规定,政府财政部门的预算监督权包括:①对本级政府所属部门、预算单位和下一级政府的财政部门所编制的预算、决算的合理性、合法性、真实性和准确性进行监督检查;②根据本级政府的授权对下一级政府预算执行情况进行监督检查;③对本级政府所属部门、预算单位的预算执行情况进行监督检查;④对本级政府所属部门、预算单位发生的财政收支、财务收支情况以及资金利用效益情况进行监督检查;⑤对政府所属部门、预算单位执行国家的财经纪律和法规、行政法规、规章制度以及党和国家政策的情况进行监督检查。中央政府财政部门实施预算监督还设立了驻各省、自治区、直辖市的中央财政监察专员办事处就地监督外,还在财政部内部设立了财政监察部门,各级地方政府财政部门也设置了相应机构,依法履行上述监督职责和实施内部监督。各级政府部门、预算单位必须依照法律和国家规定接受政府财政部门的监督。

3.政府审计机关的监督

根据《预算法》《中华人民共和国审计法》以及其他相关法律法规的规定,政府审计机关的预算监督权包括:①对本级政府预算执行情况进行审计监督。其中,审计署负责对中央政府预算的执行情况进行监督,各级地方政府审计机关负责对本级政府预算执行情况进行监督;②对本级政府各部门和下一级政府预算执行情况和政府决算进行审计监督;③对国家投资建设项目预算的执行情况和决算进行监督;④各级政府应当每年向本级人民代表大会常务委员会提出审计机关对预算执行和其他财政收支的审计报告。

4.政府行政监督

根据《预算法》及《中华人民共和国预算法实施条例》的相关规定,县级以上各级政府负责监督下级政府的预算执行;下级政府应当定期向上一级政府报告预算执行情况。由此看来,在我国,各级政府也是预算监督的主体之一,拥有预算执行监督权和对预算、决算方面不适当决定的撤销权(即各级政府有权改变或撤销本级政府各部门和下级政府关于预算、决算的不适当决定)。但在具体实施预算监督的过程中,县级以上各级政府除接受下级政府报告预算执行情况时履行监督职责外,一般授权本级政府财政部门对下一级政府预算执行情况实施具体的监督。

5.社会公众舆论的监督

社会公众舆论监督包括各民主党派、社会团体、社会公众和媒体以多种形式、多种手段和各种渠道积极主动地参与政府预算活动而实施的一种民主监督。《宪法》明确规定"中华人民共和国的一切权力属于人民"。各民主党派拥有参政议政的权利,并依法实施民主监督等项内容,社会公众舆论监督在政府预算监督体系中占有重要的地位,属于社会主义民主政治的重要组成部分。

通过这种多主体、多层次的预算监督,可以构成有效的预算监督体系,能够切实保证预算监督的客观公正。

(二)监督对象的广泛性

我国预算由中央预算和地方总预算组成,地方总预算由省以下各级预算汇总而成,各级政府预算又包含本级预算、主管部门汇总的行政事业单位预算、企业财务预算、基本建设财务预算等;而预算构成分为一般公共预算、政府性基金预算、国有资本经营预算、社会保障基金预算。可以看出,预算活动纷繁复杂,涉及社会生活的方方面面,对国家和地区的政治、经济和社会生活具有重大的影响力。它既涉及预算政策的制定,也涉及预算的编制与执行、预算调整与决算。这中间的每一个环节都关系到社会经济生活的正常运行,都需要对其进行有效的监督,以免出现不应有的失误。而预算监督是对预算主体预算活动全过程的监督,这种监督活动是通过预算业务活动来实现的,这中间既包括对预算主体的政策决策行为、预算编制的监督,也包括对预算执行、预算调整、决算、预算备案等各个环节的监督。为保证预算的合理、合法和高效,必须对其活动内容进行全面、系统、细化的监督,使政府的预算活动真正处于公众的有效监督之下,这就决定了预算监督涉及的对象范围很广泛,预算监督活动具有普遍性和广泛性的特点。同时,监督的形式也是多样化的。

(三)监督依据的法律性

预算监督是依法进行的监督。在我国,预算监督的主要法律依据是《预算法》《中华人民共和国预算法实施条例》等。预算反映了政府活动的范围和方向,体现着很强的政策性,对预算进行监督必须以国家的财经法律法规为依据进行依法监督。预算监督的实施及其结果具有法律性和约束性,这是维护财经秩序正常运行的重要保障。预算监督不以任何人的意志为转移,无论被监督者同意与否都应该接受和配合监督行为。否则,离开了国家的财经法律法规,对预算的监督也就失去了监督的依据和标准,就会无所遵循,预算监督也就会失去其应有的效力。

六、政府预算监督制度的创新与完善

改革开放以来,特别是随着近年来我国政府预算管理改革力度的不断加大,我国政府预算监督体系基本形成,相关法律法规不断完善,政府预算监督制度建设走上了快车道。由于缺乏相应的理念和理论支持,即使政府预算监督制度框架建设日趋形成和不断完善,政府预算监督的力度和效果还有待进一步提高。

我国政府预算监督制度创新和完善,需要借鉴西方发达市场经济国家的成功经验,同时也要结合中国国情和社会主义政治民主制度的特色。在政府公共治理理念和各种政府预算监督理论的指导下,按照"委托代理关系"链条所涉及的层次和方面,重塑各利益相关主体共同治理的政府预算监督框架体系,从而整合现有政府预算监督各方面的力量,建设具有中国特色的政府预算监督体系和制度安排,对于实现《中共中央 国务院关于新时代加快完善社会主义市场经济体制的意见》中提出的"完善标准科学、规范透明、约束有力的预算制度,全面实施预算绩效管理,提高财政资金使用效率"的改革目标,提高政府预算监督力度和效率都具有非常紧迫的现实意义。第一,建立健全预算监督的法律法规,逐步实现预算监督的法制化和规范化。以法律和法规形式规范预算监督机构的监督权力、被监督对象的预算行为、违法违规处罚条款以及审计标准和指导原则等,使政府预算监督有法可依、有法必依和违法必究落到实处,从而确保其权威性和严肃性。第二,强调古典预算原则的宗旨,强化人民代表大会对预算的监督制约作用。虽然市场经济国家已经从强调立法监督机关制约监督的古典预算原则走向强调以政府行政为主导的现代预算原则,但是结合我国政府预算管理实践和具体国情,强调古典预算原则,强化人民代表大会对政府预算的监督制约作用,更能够体现构建中国政府预算利益相关各方共同治理结构的发展方向。第三,推进立法型审计监督改革,逐步实现审计监督独立、客观和公正。现代政府审计制度是从经济监督角度出发对政府行政运用公共权力的一种制衡机制,是保障公共权力被恰当而有效运用以及民主监督原则得以实现的不可或缺的制度安排,成为辅佐立法机关对政府预算实施监督的重要机制和制度。对此我国也不应例外。第四,逐步建立健全政府预算监督机制。政府预算监督是国家监督的重要组成部分,立足我国国情和政体结构,逐步实现人民代表大会宏观监督、财政部门日常监督和专项监督、审计机关事后监督和绩效监督、社会公众舆论全程监督的政府预算监督机制。第五,将政府预算监督贯穿于政府预算管理周期的各个环节。第六,加强预算监督配套制度建设,充分发挥社会公众舆论监督的作用。细化预算编制是加强预算民主监督的基础,提高政府预算的透明度是实施民主监督的关键,客观公正的新闻媒体是实施民主监督的有效途径。对此,需要加强政府预算监督的配套制度建设,从而真正形成相关利益主体共同参与、共同治理的预算监督体系。第七,建立健全预算联网监督体系。推进预算联网监督工作,实现预算审查监督信息化和网络化,对于推动提高预算编制的科学性和民主性,增强预算执行的严肃性和规范性,提高财政预算管理水平,实施全面规范、公开透明的预算制度具有重要意义。对此,县级以上人民代表大会常务委员会应当建立健全预算联网监督体系,在与本级人民政府财政部门实现预算联网的基础上,逐步实现与收入征管、社保、国资和审计等部门有关信息系统的网络联通,并建立问题反馈处理机制,提升预算审查监督的科技化水平。

专栏 8-1　　　　　　新《财政法组织法》与法国财政预算监督

　　法国 2001 年 8 月 1 日颁布了新的《财政法组织法》,随着 2006 年该法予以实施,以议会、财政部门、税务部门、预算单位和审计法院等部门共同构成的财政预算体系进一步得到充实和完善。在这一监督体系中,法国财政部门扮演着重要的角色,财政监督贯穿于预算周期的全过程,具有监督层次多样、监督与管理同步和监督执法严格等诸多特征,在法国财政管理和社会经济管理中发挥着重要作用。

财政部门内设监督机构、人员及其监督职责

　　法国财政部门通过内设的相关司局、财政监察员、公共会计、财政稽查总署、经济财政监察总署、税务稽查等机构和人员履行监督职责。主要包括:财政监察员负责支出承诺、结算、支付指令的事前核准,公共会计负责支付环节的审核与记账,财政稽查总署负责进行事后监督检查,经济财政监察总署负责对国有领域的监督和公共管理咨询,税务部门对纳税人进行税务稽查等。

财政部门对政府预算的监督过程和做法

预算案经议会通过之后,就进入了财政预算的额度分配、支付执行、监控使用等环节,财政部门在每一个环节都实施严密的监督,以确保预算资金的规范、安全和有效。

1.预算额度的分配程序。总理在12月31日以前通过法令形式将议会通过的各项预算拨款指标分配到各部门。预算拨款的分配必须严格按照议会通过的预算进行,财政部门既不能改变预算拨款,也不能将其留作储备或机动。

2.支付执行程序与控制。决策与执行相分离是法国预算执行的一项重要原则,所有预算支出都要经历承诺、清算、发出支付指令、支付四个阶段,其中前三个阶段构成支出决策的过程,由支出决策者(或管理者)做出,第四阶段由公共会计执行。通常由各部部长授权本部门的支出管理人员作出支出决策,开具拨款凭证,经过财政监察员核准签字后,将拨款凭证送达公共会计由其支付和记账。在此过程中,财政部通过在各部和大区设置的财政监察员和公共会计实现对支付执行全过程的控制。

从2006年1月起,在政府各部整合设置了部预算财会监督办公室(简称CBCM),领导两个财政官员即财政监察员和部财会部主任。在26个大区设置由公共会计厅厅长领导,配备1名财政监察员的监察机制。也就是说,目前财政监察员有三个上级:第一个是政府各部预算财会监督办公室负责人或财政厅厅长;第二个是预算司,是业务主管;第三个是经济财政监督总署,是人事组织主管,工资由财政部发,由财政部部长直接任命。在监督重点上,将转向项目实施对议会预算许可的遵守和支出的可承受性评估,不再对除人员工资之外的事项进行合规性审核。对审核事项,财政监察员一般要在15天之内签署意见。如果支出部门对财政监察员拒绝签字有意见,可以通知财政部部长,由财政部部长决定是否给予支付。

公共会计在监督检查中只负责执行支付的责任,核查拨款是否有预算、是否有财政监察员签字等。如果出现差错,责任由公共会计个人承担。为避免风险,大多数公共会计都将收入的一部分投保,其他人一般不可强制支付,如果公共会计上级强制其支付,责任由强制者承担。随着新《财政法组织法》的实施,公共会计在履行原有职责的基础上,引入了两种新的监督方法:一种叫分级监督,就是以支出的性质、频率、风险等为标准将支出分为不同等级,根据等级不同决定对某项支出进行事前逐笔审核、事前随机抽查审核或事后监督三种方式;另一种叫平级监督,即对支出决策者的操作程序进行分析,对那些有良好内部监督机制的支出,监督相应减少。两种监督形式互为补充,事后还要对选择是否正确进行检查。

3.资金使用的监督。财政部门对资金使用的监督主要通过内设的财政稽查总署进行。它的任务是通过检查或评估,促进公共财政健康和有效的管理。财政稽查总署针对公共开支进行监督检查,设财政总监和财政稽查员,有权检查任何使用公共资金的部门,这使它超越其性质和名称所限,享有名副其实的跨部权限,工作更多涉及财政系统以外部门。财政稽查总署还随时根据部长指示对涉及国家财政收支的活动及其他有关事项进行专项检查或调查。不少财政稽查员还可能被赋予在政府机关和各类机构担任项目主管和在必须达成广泛共识的公共政策分析建议委员会里担任报告人的任务。

此外,财政部还通过内设的经济财政监察总署(改革于国家监察署)一方面负责财政监察员的人事组织工作,另一方面负责对国家持股至少50%的企业、有权征收费税的行业机构、工商性质的公共事业单位以及经政府批准的全国性社会保障机构、受国家资助的全资私有企业、法定接受国家监察的机构控股的子公司等实施经济财政监察。对纳税人的税务稽查由财政部门内设的税务机关进行。主要是通过查阅计算机中纳税人的档案来审查纳税人的申报是否正确和税务外勤检查,依法严格税收监督。

财政部门实施政府预算监督的特点

1.法国财政部门的监督是一种融入式监督。每一笔预算支出的每个环节都要经过监督审核同意,否则这笔支出就不能支付。财政部门设置的监督机制融入了预算支出执行的全过程。预算支出管理的过程就是支出执行监督的过程。

2.法国财政部门的监督充分重视预算的事前审核和拨付审核两个环节。为提高预算管理效率,法国财政部在各部和大区都派驻机构和人员,通过财政监察员和公共会计的工作,既代表财政部发挥事前监控的作用,又及时掌握预算执行中的信息和问题,以便应对。

3.法国财政部门非常注意各类监督机构的相对独立和相互制衡。首先,支出的决策者与执行者相互独立,保证了财政部门的监督不受被监督部门的制约。其次,财政部门内部各监督机构分工明确,相互协调。财政监察员由财政部经过严格选拔产生,具体监察业务管理工作由预算司专门负责。无论公共会计为哪个部门、单位或地区服务,都由财政部公共会计机构纵向管理。财政稽查总署直属于财政部部长。经济财政监察总署由财政部设立,并直接对财政部部长负责,但各部门的工作又是协调配合的。

4.法国财政部门监督与审计监督分工明确,相互协调。法国财政部门监督是围绕预算收支管理展开的。侧重于事前事中进行,是日常性的和连续性的,目的是避免问题并及时发现问题,保障财政管理水平。法国审计监督属于司法范畴,主要在事后进行,目的是检查管理水平和资金使用效益。由于两者实施监督的阶段和方式不同,所以交叉重复现象很少出现。

资料来源:法国财政部门实施全过程监督的做法及其借鉴[J].中国财政,2007(2):77-79.

思考提示:法国财政预算监督的经验对我国财政预算监督的启示与借鉴意义。

第二节　政府预算监督的内容与方法

一、政府预算监督的内容

《预算法》所指的预算监督,是指对预算、决算的监督,具体说就是对各级政府、部门和预算单位的预算编制、预算执行、预算调整以及决算等过程和活动的合法性、有效性实施的监督。由此看来,政府预算监督的内容非常复杂和广泛。从预算监督主体角度看,预算监督的内容随监督主体的不同而有所不同;从预算监督对象的角度看,预算监督的内容又随监督对象不同而有所不同;预算周期的各个阶段其监督内容和重点又有所不同。

《预算法》第八十三条规定:"全国人民代表大会及其常务委员会对中央和地方预算、决算进行监督。县级以上地方各级人民代表大会及其常务委员会对本级和下级预算、决算进行监督。乡、民族乡、镇人民代表大会对本级预算、决算进行监督。"第八十四条规定:"各级人民代表大会和县级以上各级人民代表大会常务委员会有权就预算、决算中的重大事项或者特定问题组织调查,有关的政府、部门、单位和个人应当如实反映情况和提供必要的材料。"第八十五条规定:"各级人民代表大会和县级以上各级人民代表大会常务委员会举行会议时,人民代大会代表或者常务委员会组成人员,依照法律规定程序就预算、决算中的有关问题提出询问或者质询,受询问或者受质询的有关的政府或者财政部门必须及时给予答复。"

（一）人民代表大会及其常务委员会预算监督的内容

1.政府预算编制监督

人民代表大会及其常务委员会对预算编制监督的内容,首先是对政府总预算收支规模的科学性、可靠性和合理性进行监督,这是立法监督的关键内容。其次是对总预算结构的合理性和有效性进行监督,包括预算收入结构和预算支出结构两部分,重点是预算支出结构。前者检查收入的可靠性和质量,后者审查预算分配的方向、范围是否合理有效。再次是监督政府部门预算编制的合理性和正当性,主要是监督部门预算编制是否符合法律法规和政策要求,是否科学、合理。

2.政府预算执行监督

财政决算是政府年度预算的执行结果,对政府预算执行过程的监督具体体现在政府预算执行过程和政府决算中。人民代表大会及其常务委员会对预算执行的监督主要分为两部分:一是日常监督,主要是监督政府预算资金的拨付。鉴于预算资金拨付的实际控制权由财政部门负责,人民代表大会及其常务委员会监督的内容首先是检查预算资金拨付进度以及是否按照批准的预算进行拨款;其次是了解情况、搜集信息,为政府决算审查做好准备。同时,在检查的过程中发现问题,进行督促和建议。二是政府决算审查。政府决算审查的内容包括:其一是总预算执行情况。通过政府预算收支实际完成情况与政府预算进行对比分析,评价政府总预算完成的规模和质量。其二是部门预算执行情况。通过部门预算实际执行情况与批复的部门预算进行对比分析,审查政府各部门是否按预算政策和法律规定执行,执行结果是否与预算相一致,预算执行结果是否真实、可靠和准确,部门预算支出是否实现了预期的经济效益和社会效益等。其三是预算储备资金和机动财力的使用情况。主要是审查这些资金的使用是否符合法定用途和法定事项以及是否符合法定程序等。其四是预算收支平衡和政府债务收支情况的监督。

3.政府预算调整监督

政府预算收支平衡是预算编制和预算执行的基本原则,由于不可预见因素的出现,对政府总预算、部门预算和项目预算在执行中进行调整是在所难免的。但是这并不代表政府预算调整可以不受人民代表大会及其常务委员会的监督和制约。政府预算调整监督的重点内容是审查政府预算调整范围是否合理合法、手续是否完备、程序是否符合法律规定等。

（二）财政部门预算监督的内容

在政府预算管理的委托代理关系中,政府财政部门作为具体负责公共资源配置、政府预算管理的政府职能部门,其职能本身即赋予财政部门在预算资金分配、使用和管理过程中对政府各部门、预算单位的监督职责,从而确保预算编制科学合理,预算执行规范有效。财政部门作为在政府预算监督过程中连接政府与政府所属部门的中间环节,其预算监督的内容主要体现在两个方面:

1.预算管理控制内容

（1）总额控制。预算总额控制不仅构成对预算编制的财政资源总量约束,而且对预算执行过程都具有强大的约束力。总额控制的具体内容包括政府预算收入总额、政府预算支出总额、政府预算收支差额和国债发行总量。其中,政府预算支出总额控制是最核心的内容。

（2）部门预算限额控制。总量预算限额确定后,必须分解为政府部门支出限额,反映了政府预算资源的配置结构,是对政府部门预算编制的总量约束,也具有强约束性。

（3）程序控制。主要是对政府预算执行过程中资金支付运行的控制,包括预算资金流程控制和政府会计账户控制等内容。

（4）财政部门内设监督机构实施的内部控制。目前,我国财政部门内部控制的主要内容仅限于财政部门及政府所属部门的内部审计,而没有对政府各部门支出行为实施实质性控制,即对预算资金支付不具有实质性的审核权。

2.政府部门预算监督内容

政府部门预算监督的内容随监督对象的不同而有所不同。政府部门预算监督的对象涉及面广,既包括政府所属部门以及部门所属预算单位,又包括预算收入征收部门和部门预算支出部门、机构以及项目建设单位等。政府财政部门对上述部门预算监督的重点有所不同,但其监督的主要内容包括:

（1）监督部门预算编制、执行是否符合政府的政策、施政目标和批准的政府预算,部门预算编制是否科学、合理,预算执行是否规范、有效。

（2）监督检查政府部门预算执行和各项经济、社会事业计划以及预算收支任务的完成情况;检查预算执行进度和支出效果,以保证政府的方针、政策、计划和制度的有效实施,从而实现社会经济规划目标。

（3）监督政府各部门是否及时、足额地完成收入预算,改进征收管理工作,降低征管成本,提高征管效率,实现应收尽收。

（4）监督部门是否依法批复预算,预算资金使用是否合理,从而确保部门绩效的实现。

（5）监督和查处违犯财政预算法律、法规和财政预算制度的行为,保证预算资金的安全和部门预算的依法有效执行。

（6）通过对政府部门预算有效监督和检查,加强部门预算编制和预算执行过程中的信息反馈和交流,及时发现和解决部门预算编制、执行过程中存在的问题,不断提高预算管理水平。

（三）审计机关预算监督的内容

《预算法》第八十九条规定:"县级以上政府审计部门依法对预算执行、决算实行审计监督。对预算执行和其他财政收支的审计工作报告应当向社会公开。"

在政府预算管理的委托代理关系中,审计制度是为社会公众代理人（立法机关）获取财政预算活动信息而设计的,目的是解决社会公众代理人与受托人（行政机关）信息不对称而导致的"委托代理"问题,有利于提高政府预算监督制度整体效能。审计机关预算监督的内容因各国国情、审计制度设计以及预算原则的区别而有所不同。1995年《中华人民共和国审计法》的实施,标志着我国政府预算审计进入制度化、法制化轨道,初步搭建起社会主义市场经济审计监督的基本框架。随着近几年我国经济转轨速度的不断加快和政治民主化进程的推进,审计监督在政府预算监督体系中的地位不断提升。但由于制度设计上的缺陷,审计监督的内容目前还停留在合规性审计阶段,审计监督的效能还没有完全发挥出来。如何借鉴发达市场经济国家的成功经验,并结合我国国情进行审计制度的创新,充实政府预算审计监督的内容具有积极的现实意义。表8-2是美国联邦政府预算审计的内容和目标,从中显现出政府预算审计监督的主要内容,对我国审计监督制度完善有一定的借鉴意义。

表 8 - 2　美国联邦政府预算审计内容及目标①

审计目标分类	审计内容
1.财务审计	
(1)财务报表审计	确定：①被审计单位的财务报表所呈现的财务状况、运营结果、现金流动和财务状况变动等财务信息，是否符合一般会计准则；②被审计单位所从事的可对财务报表造成实质性影响的交易和事件，是否遵守了法律规章
(2)相关财务审计	确定：①是否公允地提供了财务报表以及会计要素、账目、资金等相关内容；②财务信息的提供，是否依据了既有的会计标准；③被审计单位是否坚持了特定的财务要求
2.绩效审计	
(1)经济与效率审计	确定：①政府机构是否经济、有效地取得了经济资源(如人员、财产和场所)，并加以保护和使用；②导致无效率和不经济的原因；③在经济和效率方面，被审计机构是否遵守了相关的法律和规章
(2)程序审计	确定：①立法机关或其他授权单位所规定的目标和福利的实现情况；②组织、计划、活动或功能的有效性；③被审计单位是否遵守了适用于该计划的法律和规章

　　表 8 - 2 中政府预算审计内容是根据审计目标进行分类的。财务审计通过对财务记录的审查来确定政府预算执行：预算资金支出是否合法，收入记录和控制是否恰当，财务记录和财务报表是否完整可靠，预算执行中是否有舞弊行为等。这些审计内容集中反映了政府预算法案的遵从情况，以及预算运营机构所准备的财务报表是否准确、可靠。绩效审计所关注的是预算资金使用效益情况。绩效审计是确定政府、政府部门和预算单位是否以经济、效率和有效性的方式获取和使用公共资源，预算绩效目标的实现程度，什么因素和原因不利于绩效目标的实现，要达到绩效目标是否可能有其他选择等问题。古典预算原则强调预算的财务审计，即合规性审计，而现代预算原则强调预算的绩效审计，两者不可偏废。

(四)会计部门预算监督的内容

　　会计监督主要围绕经济社会发展和群众关心的热点、难点，开展重点行业会计信息质量检查，严厉打击会计造假，规范会计秩序，向投资者、债权人、政府及其有关部门和社会公众提供真实公允的会计信息，确保重大财税政策执行，提高资源配置的效率和公平性。同时，采取随机抽查和重点检查的方式，对会计师事务所和资产评估机构执业质量进行监督检查。探索建立日常监管和重点检查有机结合的监管新机制，充分发挥会计监督规范行业秩序职能，助力重大风险防范化解，推进现代化经济体系建设和全面开放新格局。

二、政府预算监督的方法

　　政府预算监督内容的广泛性和复杂性，决定了预算监督方法的多样性。要使政府预算监督取得较好的效果，也必须有正确的监督方法。监督检查方法主要有事前监督、日常监督和事后监督三种。

---

① 米克塞尔.公共财政管理：分析与应用：第 6 版[M].北京：中国人民大学出版社,2005:55.

(一)事前监督

事前监督是指各级政府预算年度总预算、政府部门预算和单位预算成立之前,对预算编制、审核和批准的过程进行的监督检查。事前监督的目的在于确保预算编制的合法性、合理性、科学性和可靠性。为此,预算监督工作要从审核政府、部门和单位预算编制入手,监督检查各级政府预算草案形成过程中是否符合党和国家的方针、政策,政府预算收支安排是否符合国民经济和社会发展规划指标,政府预算支出安排是否与政府活动范围和政府政策导向相衔接,预算收支的安排是否符合现行预算管理体制的要求,预算编制的内容是否符合编制预算草案的指示精神和基本要求等。政府预算草案完成后要提交各级人民代表大会,接受立法机关的质询、审议和批准,最终完成公共选择的过程。

事前监督是政府预算监督的关键环节和方法。由于政府预算的精心准备和编制是预算有效执行的前提条件,所以,对政府预算实施事前监督是损失最小、效益最大的监督。事前监督有利于政府、部门和单位正确编制财务计划和预算,优化公共资源分配结构,杜绝预算资金的浪费和不合理使用等现象,以保证党和政府的各项政策、预算法律和法规的有效执行。

(二)日常监督

日常监督也称事中监督,是指在各级政府财政总预算、部门预算和单位预算以及各项财务收支计划执行过程中的监督。它是从预算经立法机关审批成立产生法律效力起到预算年度结束止,对预算执行全过程进行的经常性监督工作。日常监督的目的在于及时发现和分析影响政府预算顺利执行的各种因素,随时检查、考核预算和各项财务收支计划执行情况,及时采取措施解决预算执行中存在的问题,以保证预算有效地执行,实现预算的预期目标。日常监督主要从预算执行全过程入手,主要对预算执行目标、收入征收、支出周期各环节管理、财务控制、会计核算、购买性支出管理等各个环节进行细化监督。监督政府、部门和预算单位严格按照计划和批复的预算使用预算资金,按支出项目和细化的支出分类进行内部控制,提高资金使用效益和政府绩效。

日常监督是政府预算监督的核心环节和方法。预算收支能否取得预期的效果,各项预算收支任务能否顺利完成,政府预算目标能否实现,关键在于预算的执行。因此,加强预算日常监督,是政府预算监督的关键环节。

(三)事后监督

事后监督是指在政府预算、部门预算和单位预算、财务收支计划的收支事项发生后,对其执行结果进行的定期或不定期监督检查。事后监督的目的在于发现问题,揭露矛盾,总结政府预算管理中的经验教训,纠正预算及财务收支计划执行中的偏差,对违反财政预算法律法规和制度的错误行为和当事人进行依法处理,以实现政府预算管理的法制化、民主化、制度化和规范化。事后监督注重分析检查收入预算完成情况及其影响原因、支出预算执行情况和执行效果及其原因;监督检查预算执行中财务会计记录、财务报告是否真实准确;对预算执行效果进行评估和审计,真实反映受托人的经济责任。在事后监督检查的基础上,及时总结经验,进一步改进政府预算编制、预算执行等管理工作,提高政府预算管理的整体水平。

事后监督是政府预算监督的最后环节,它能够对政府预算执行情况和执行效果进行综合分析和评价,相对于前两个环节而言,虽然是事后监督,但其涉及的内容更加丰富和全面,了解到的情况更加详尽和广泛,因而能够监察到预算周期各阶段、各环节存在的问题和不足。所以说事后监督对前两个环节和方法起着拾遗补缺的重要作用。

综上所述,事前监督、日常监督和事后监督是分别处于预算周期不同阶段的监督行为,各自的监督内容和重点也不相同。事前监督是对预算编制、审核和批准过程实施的监督,预防作用最明显;日常监督以预算执行的全过程为范围实施经常性监督,监督的内容和任务最重,但其效果也最明显;事后监督是对预算执行结果进行监督,是对事前、日常监督的进一步补充和完善。三种监督方法在分工的基础上有着十分密切的内在联系,其工作环节是相互衔接的,监督内容相互渗透和交叉,由此形成了相辅相成的统一监督整体。事前监督是前提,日常监督是关键,事后监督是补充。三种预算监督方法各有优势和不足,在实际的监督过程和工作中,应充分发挥各种方法的作用,形成优势互补的监督效能,取得预期的预算监督效果,完成预算监督任务。将监督嵌入预算管理,实现有机融合,着力形成覆盖所有政府性资金和财政运行全过程的监督机制。

专栏8-2　　　　　　　预算监督检查案例分析与对策建议

近年来,随着预算支出规模不断扩大,预算监督任务日益加重,如何更好地确保财政资金安全,严肃财经纪律,补齐预算监督短板,对预算监督工作也提出了新的要求。我们从浙江全省预算监督检查工作中挑选了部分案例予以分析,以探讨预算监督部门如何围绕财政中心工作,服务改革大局,严肃财经纪律,做好检查执法工作。

一、典型案例分析

在预算监督检查过程中,各类违规违纪的案例颇多,每个案例蕴含的风险也不止一种。为突出重点,我们选取了以下案例做侧重分析。

案例一:东阳市某局,为经费自理事业单位。2016年该局一分为二,涉及A职能的部分与他局相关部门合并成立某登记中心,涉及B职能的部分改为F管理处,纳入财政预算管理。为规范单位财务管理,2016年9月东阳市财政局对该管理局实施了会计监督检查。

检查人员通过对被检查单位2015年度的会计凭证、会计账簿、财务报表和其他会计资料的真实性、完整性进行全面检查,同时把会计监督检查工作与财政资金使用、税收征管质量、国有资本经营管理,以及"小金库"治理常态化有机结合,并对廉租房收入、财政土地收益金、经济适用房收益金等非税收入开展重点检查,发现该单位在会计基础工作规范、会计核算、税费、非税收入征收管理及会计核算等方面存在如下问题:

(1)启用账簿不规范,账簿登记不及时,银行存款日记账簿存在隔页、缺号、跳行登记;

(2)没有按规定做好账实核对,现金、银行日记账未逐日结出余额,无法做到账实核对;

(3)期末未按规定结账;

(4)未按规定取得合法的原始凭证;

(5)银行账户开设不规范,共开设了19个银行账户,其中8个定期账户。

东阳市财政局按照《中华人民共和国会计法》第四十二条第(三)、(四)款规定,对该单位处3万元罚款;责令该单位按照《中华人民共和国会计法》《事业单位会计准则》《中华人民共和国发票管理办法》等规定,纠正会计基础工作规范、会计核算等方面存在的问题,并按现行会计准则、会计制度规定设置和使用会计科目,进行会计核算;同时,要求其向税务机关补缴相关税费。

案例二：海盐县财政局于 2015 年采取就地检查的方式对各镇（街道）负责实施的 2014 年农村土地承包经营权流转财政补助经费的使用管理情况进行了专项监督检查。

检查人员采用询问查证法和会计资料核查法开展。通过询问查证，核查会计凭证、会计明细账、资金支付票据、银行对账单等会计资料，检查农村土地承包经营权流转财政补助资金的拨付使用等情况，是否存在虚报冒领、截留挪用等违规行为。发现海盐县 2014 年农村土地承包经营权流转财政补助经费在资金拨付、土地流转风险保障金的到位、土地流转协议的签订等方面存在一些违规问题，具体表现在：

（1）流出土地农户奖励资金滞留现象较为突出；

（2）部分县财政补助资金滞留镇（街道）财政；

（3）部分镇（街道）土地流转风险保障金不到位；

（4）部分镇（街道）流出土地农户奖励资金未通过"一卡通"发放；

（5）部分镇（街道）土地流转协议签订不规范。

海盐县财政局根据《财政违法行为处罚处分条例》（国务院令第 427 号）第六条规定，责令有关镇（街道）及时足额拨付土地流转补助资金，确保土地流转补助资金专款专用；根据县政府办公室相关要求，责令有关镇（街道）及时足额筹措土地流转风险保障金；责令各镇（街道）建立健全涉农（农民）资金"一卡通"发放机制，防止滞留、截留和挪用现象的发生；责令没有与农户签订土地流转协议的村，尽快补签协议，明确双方的权利和义务。

案例三：浙江省财政厅财政监督局在 2017 年度会计师事务所执业质量专项检查中发现某县某会计师事务所及相关注册会计师存在严重执业质量问题。

检查组通过实地查阅审计报告底稿、财务账册，询问相关当事人，赴被审计单位实地检查等方式实施检查。发现该所出具《某县某有限公司 2016 年审计报告》时，未执行必要的审计程序、未取得充分恰当的审计证据，出具保留意见审计报告。具体包括：

（1）审计意见保留事项不完整；

（2）某有限公司银行存款期末余额列报为 2.27 万元，但实际根据 3 家银行对账单数据合计仅为 0.93 万元，注册会计师未对发现的差异执行进一步的审计程序，未探究形成差异的原因；

（3）出具同一文号内容不一致的审计报告，供某有限公司申报 2016 年度省财政补偿资金。

省财政厅根据《中华人民共和国注册会计师法》第三十一条、第三十九条第一款，《会计师事务所审批和监督暂行办法》第六十四条规定，给予该所及签字注册会计师暂停执业六个月的行政处罚。

二、严肃财经纪律的对策举措

预算监督检查出的大多数违规违纪案例，反映出相关财务和会计人员业务能力不高、责任意识不强、法律意识淡薄等主观方面因素，单位存在财经法制宣传不到位、财经制度落实不到位、监管力度不到位、查处力度不到位等客观因素。因此，财政部门必须将日常财会管理和监督检查结合起来，注重从以下几个方面着手，进一步严肃财经纪律。

一是抓好业务能力，强化队伍建设。各单位应不断加强财会人员队伍建设，组织财会人员参加业务能力培训，及时更新专业知识，强化其职业素养和责任意识，使其能胜任本职工作。同时，加强宣传教育，增强法律意识。相关从业人员要深刻认识财务工作的重要性，认识相关法律法规及政策制度的严肃性。单位负责人和财会人员在进行政治理论、业务学习的同时，应注重财经法律法规知识的学习,切实提高财经法律意识。

二是落实相关制度,确保履职尽责。提高会计信息质量,必须建立健全单位内控制度,明确会计工作人员职责权限、工作规程和纪律要求。健全的内部控制制度和完善的内控执行机制是形成真实、合法会计资料以及推进相关项目建设的基础,也是各单位各项资产安全、完整的保障。只有全面地建立内部控制制度、推行内控执行并使之有效实施,治理会计信息失真、提高会计信息质量才能落到实处。

三是强化监督检查,加大问责力度。加大对重点行业领域、重大政策专项和会计师事务所的监督检查,发现一起,查处一起,依法对违法违规行为实施行政处罚,并将处罚结果予以公开,充分发挥财政监督的威慑作用。

此外,加强相关部门沟通交流,改进监督方式,建立长效机制,在加大检查力度的同时,定期进行检查落实情况回访,切实保障监督检查成效。

资料来源:浙江省财政厅监督局.财政监督检查案例分析与对策建议[J].中国财政,2019(16):40-41.

思考提示:如何进一步完善我国政府预决算审查监督制度。

🌐 关键术语

预算监督　内部监督　外部监督　会计监督　事前监督　日常监督　事后监督
监督体系　监督模式

❓ 思考与练习

1.简述政府预算监督的内涵及意义。

2.对委托代理框架下预算监督的必要性进行理论分析。

3.你认为应该如何构建和完善我国的预算监督体系?

4.合规性审计与绩效审计的内容有什么不同?

5.对不同预算监督模式进行比较分析。

参考文献

[1]中华人民共和国国务院令第729号.中华人民共和国预算法实施条例[M].北京:法律出版社,2020.

[2]全国人民代表大会常务委员会.中华人民共和国预算法[M].北京:中国民主法制出版社,2019.

[3]中华人民共和国财政部.2020年政府预算收支分类科目[M].上海:立信会计出版社,2019.

[4]王法忠.预算知识手册[M].北京:中国财政经济出版社,2020.

[5]米克塞尔.公共财政管理:分析与应用:第9版[M].北京:中国人民大学出版社,2020.

[6]马蔡琛.2020后的预算绩效管理改革前瞻[J].学术前沿,2020(14):38-44.

[7]马蔡琛.大数据时代全过程预算绩效管理体系建设研究[J].经济纵横,2020(7):114-121.

[8]王红梅.中西方政府预算绩效管理体系的共性与差异:基于1990—2018年的文献考察[J].财政税收,2020(4):15-25.

[9]陈志刚.中国政府预算偏离:一个典型的财政现象[J].财政研究,2019(1):24-42.

[10]徐旭川.政府预算管理[M].上海:复旦大学出版社,2019.

[11]安秀梅.财政学基础[M].北京:中国人民大学出版社,2019.

[12]吴敏,刘畅,范子英.转移支付与地方政府支出规模膨胀:基于中国预算制度的一个实证解释[J].金融研究,2019(3):28-35.

[13]马蔡琛.政府预算[M].2版.大连:东北财经大学出版社,2018.

[14]王金秀.国家预算管理[M].北京:科学出版社,2018.

[15]安秀梅.财政学[M].北京:中国人民大学出版社,2017.

[16]高培勇,汪德华."十三五"时期的财税改革与发展[J].金融论坛,2016(1):15-20.

[17]廖晓军.国外政府预算管理概览[M].北京:经济科学出版社,2016.

[18]沙安文.预算编制与预算制度[M].北京:中国财政经济出版社,2016.

[19]李燕.政府预算管理[M].2版.北京:北京大学出版社,2016.

[20]杨光焰.政府预算管理[M].2版.上海:立信会计出版社,2016.

[21]朱大旗.中华人民共和国预算法释义[M].北京:中国法制出版社,2015.

[22]陈益刊.中期财政规划实施编制预算放宽至三年期[N].第一财经日报,2015-01-26.

[23]郭庆旺,吕冰洋,等.中国分税制问题与改革[M].北京:中国人民大学出版社,2014.

[24]World Bank. Beyond the Annual Budget:Global Experience with Medium-Term Expenditure Frameworks[R]. International Bank for Reconstruction and Development,The World Bank,Washington,DC. 2013(27):75-88.

[25]倪志良.政府预算管理[M].天津:南开大学出版社,2013.

[26]倪红日,张亮.基本公共服务均等化与财政管理体制改革研究[J].管理世界,2012(9):7 - 18.

[27]李萍.财政体制简明图解[M].北京:中国财政经济出版社,2010.

[28]威尔达夫斯基.预算:比较理论[M].苟燕楠,译.上海:上海财经大学出版社,2009.

[29]王雍君.公共预算管理[M].2 版.北京:经济科学出版社,2007.

[30]彭键.政府预算理论演进与制度创新[M].北京:中国财政经济出版社,2006.

[31]尤建新.公共管理研究[M].上海:同济大学出版社,2006.

[32]沈葳.加拿大政府预算编制的特点[J].中国审计,2006(6):64 - 65.

[33]刘有宝.政府部门预算管理[M].北京:中国财政经济出版社,2006.

[34]王家林.发达国家预算管理与我国预算管理改革的实践[M].北京:中国财政经济出版社, 2006.

[35]彭键.政府预算理论演进与制度创新[M].北京:中国财政经济出版社,2006.

[36]尤建新.公共管理研究[M].上海:同济大学出版社,2006.

[37]樊勇明.公共经济学[M].上海:复旦大学出版社,2006.

[38]李炳鉴,王元强.政府预算概论[M].天津:南开大学出版社,2006.

[39]西尾胜.行政学[M].北京:中国人民大学出版社,2006.

[40]米克赛尔.公共财政管理:分析与应用:第 6 版[M].北京:中国人民大学出版社,2005.

[41]林玲.法国新预算法简析[J].中国财政,2005(9):61 - 62.

[42]马俊.中国公共预算改革:理性化与民主化[M].北京:中央编译出版社,2005.

[43]邓子基.财政学[M].北京:高等教育出版社,2005.

[44]谭建立,昝志宏.财政学[M].北京:中国财政经济出版社,2005.

[45]安秀梅.政府公共支出管理[M].北京:对外经济贸易大学出版社,2005.

[46]安秀梅.公共治理与中国政府预算管理改革[M].北京:中国财政经济出版社,2005.

[47]陈工.政府预算与管理[M].北京:清华大学出版社,2004.

[48]刘明慧.政府预算管理[M].北京:经济科学出版社,2004.

[49]马海涛.国库集中收付制度研究[M].北京:经济科学出版社,2004.

[50]课题组.财政国库集中收付制度研究[M].北京:经济科学出版社,2004.

[51]武彦民.财政学[M].北京:中国财政经济出版社,2004.

[52]李燕.政府预算理论与实务[M].北京:中国财政经济出版社,2004.

[53]苏明.财政理论与财政政策[M].北京:经济科学出版社,2003.

[54]财政部国际司.外国财政管理与改革[M].北京:经济科学出版社,2003.

[55]李炳鉴.政府预算管理学[M].北京:经济科学出版社,2003.

[56]马海涛.政府预算管理学[M].上海:复旦大学出版社,2003.

[57]陈纪瑜.政府预算管理[M].长沙:湖南大学出版社,2003.

[59]项怀诚.中国政府预算改革五年[M].北京:中国财政经济出版社,2003.

[59]马海涛,安秀梅.公共财政概论[M].北京:中国财政经济出版社,2003.

[60]马蔡琛.如何解读政府预算报告[M].北京:中国财政经济出版社,2002.

[61]楼继伟.中国政府预算:制度、管理与案例[M].北京:中国财政经济出版社,2002.

[62]王雍君.公共预算管理[M].北京:经济科学出版社,2002.

[63]李武好.公共财政框架中的财政监督[M].北京:经济科学出版社,2002.

[64]财政部国库司.财政国库管理制度改革试点培训资料汇编[M].北京:中国财政经济出版社,2001.

[65]项怀诚.中国财政管理[M].北京:中国财政经济出版社,2001.

[66]包丽萍,刘明慧,贺蕊莉.政府预算[M].2版.大连:东北财经大学出版社,2001.

[67]王金秀,陈志勇.国家预算管理[M].北京:中国人民大学出版社,2001.

[68]张弘力.公共预算[M].北京:中国财政经济出版社,2001.

[69]邓子基,邱华炳.财政学[M].北京:高等教育出版社,2001.

[70]麦履康,黄揾卿.中国政府预算[M].北京:中国财政经济出版社,1999.

[71]张国庆.行政管理中的组织、人事与决策[M].北京:北京大学出版社,1999.

[72]陈共.财政学[M].成都:四川人民出版社,1999.

[73]楼继伟.政府采购[M].北京:经济科学出版社,1998.

[74]李保仁.国家预算理论与实务[M].北京:北京经济学院出版社,1996.

[75]陈大杰.国家预算[M].北京:中国财政经济出版社,1996.

[76]麦履康,韩壁.国际预算[M].北京:中国财政经济出版社,1987.

[77]国家预算教材编写组.国家预算[M].北京:中国财政经济出版社,1980.